Klausbernd Vollmar

Handbuch der Traum-Symbole

Traum-Symbole von A–Z

KÖNIGSFURT-URANIA

Jubiläumsausgabe aus Anlass von mehr als 200.000 gedruckten Exemplaren des »Handbuch der Traum-Symbole«. Erstausgabe 1992, erweiterte Neuausgabe 2005. Entstanden nach einer Idee und unter Mitwirkung von Johannes Fiebig.

Bibliographische Information der Deutschen Nationalbibliothek
Die Deutsche Nationalbibliothek verzeichnet diese Publikation in der Deutschen Nationalbibliographie; detaillierte bibliographische Daten sind im Internet über http://dnb.d-nb.de abrufbar.

Jubiläumsausgabe
Krummwisch bei Kiel 2008

D-24796 Krummwisch
www.koenigsfurt-urania.com

Umschlaggestaltung: Stefan Hose, Götheby-Holm,
unter Verwendung eines Motivs von Mauritius, Mittenwald
Satz: Noch & Noch, Balve
Druck und Bindung: GGP Media GmbH, Pößneck
Printed in EU

ISBN 978-3-89875-201-5

Inhalt

Vorwort

»Der Traum belehrt uns auf eine merkwürdige Weise
von der Leichtigkeit unserer Seele,
in jedes Objekt einzudringen,
sich in jedes sogleich zu verwandeln.«

(Novalis)

Dieses Traumsymbol-Buch stellt ein neuartiges, modernes Nachschlagewerk für Zeitgenossen dar, die sich ausführlich mit ihren Traumen beschäftigen wollen. Das Neue in der Darstellung der aufgeführten Traumbilder liegt darin, daß ich davon ausgehe, daß ein Traumbild niemals nur eine einzige Bedeutung besitzt. Ein Traumsymbol unterscheidet sich von einem mathematischen Symbol durch seine Vieldeutigkeit. Jedes Traumsymbol und Traumbild ist nicht nur von dessen Stellung im Gesamtzusammenhang des Traumes, sondern auch von der Persönlichkeit des Träumers abhängig. Aus diesem Grunde bin ich von der von den Ägyptern (Hieratische Traumbücher, etwa 2000 v. Chr.[1]) bis heute verbreiteten Praxis abgewichen, in Traumsymbol-Büchern jedem Symbol allein eine Bedeutung zuzuschreiben. So ist dies kein Traumlexikon einfacher, normativer Zuordnung der Symbole geworden. Das andere Extrem liegt darin, daß man behauptet, wegen der fehlenden Eindeutigkeit eines Traumbildes sei ein Traumsymbol-Buch völlig unsinnig. Carl Gustav Jung betonte ausdrücklich in seinen Traumseminaren (von 1916–1941)[2], daß man Traumsymbole und -bilder ohne die Kenntnis des Träumers verstehen und in die Alltagssprache übersetzen kann. Seit Anbeginn wird die Menschheit mit ähnlichen Grundsituationen konfrontiert, die im Traum wiederkehrende Bilder und Symbole hervorrufen. Die von diesen urmenschlichen Situationen hervorgerufenen Traumbilder werden zwar im Traum einer/s jeden einzelnen von uns gemäß des Zeitgeistes und der persönlichen Geschichte überformt, variiert und konkret ausgestaltet, aber es bleiben letztendlich doch die gleichen oder vergleichbare Bilder.

Von diesen Überlegungen her bin ich zu folgender neuartigen Präsentation der einzelnen Traumbilder gelangt, die versucht, den Sinn in seinen vielschillernden Gestalten einzufangen:

1. Jedes Traumbild in diesem Nachschlagewerk wird von verschiedenen Seiten her dargestellt:
   a. Jedes Traumbild kann sowohl eine Herausforderung als auch eine Bestätigung für den Träumer darstellen.
      Als Herausforderung stellt das Traumbild dem Träumenden neuartige Sicht- und Verhaltensweisen dar, die er oder sie im eigenen Leben nicht anwendet. Es wird dem Träumer durch das Traumbild gezeigt, was ihm im alltäglichen Leben fehlt. C. G. Jung nannte dies »die komplementäre Funktion eines Traumes«, da diese Funktion die Sicht- und Lebensweise des Alltagslebens ergänzt.
      Die bestätigende Betrachtungsweise geht davon aus, daß dieses Bild geträumt wird, weil der Träumer die mit diesem Bild zusammenhängenden Erfahrungen und Botschaften kennt und versteht.
   b. Jedes Traumbild kann sowohl als Bild eines Gegenstandes oder einer Situation der Außenwelt gesehen werden als auch als Symbol für die Innenwelt des Träumers.
      Ein Traumbild oder -symbol kann uns auf die Beziehungen zu dem betreffenden Objekt verweisen, oder es kann unsere Beziehung zu Teilen unserer Psyche oder unseres Körpers ansprechen, die durch das entsprechende Objekt symbolisiert werden. Wenn wir z. B. von einem Haus träumen, kann sowohl dieses reale Haus (als Elternhaus, als etwas, das man besitzen möchte oder in dem man wohnt, usw.) gemeint sein als auch unsere Psyche oder unser Körper, die beide oft mit dem Bild des Hauses symbolisiert werden. Oftmals ist es für den Träumer wichtig, beide Standpunkte zugleich einnehmen zu können. C. G. Jung unterschied diese beiden Sichtweisen eines Traumes als »Objektstufe« (das Objekt wird als solches angesehen) und »Subjektstufe« (das Traumobjekt verweist auf das Subjekt des Träumers) eines Traumes.

2. Dieses Nachschlagewerk stellt übersichtlich dar, wie die verschiedenen Kulturen und psychologischen Schulen ein Traumbild unterschiedlich betrachteten.
   Nach meiner eigenen Auffassung zu jedem Traumbild finden Sie hier nach den Verweisen auf ähnliche Traumbilder die Betrachtungs- und Deutungsweisen der bekannten tiefenpsychologischen Schulen und, sofern es nützlich ist, diejenigen anderer, oft außereuropäischer Kulturen. Ich habe mich hier allein von der Praxis leiten lassen und im Sinne der leichten Benutzbarkeit dieses Nachschlagewerkes einzig diejenigen Deutungsansätze angeführt, die mir noch aktuell erschienen

und welche die moderne Beschäftigung mit dem Traum befruchten können.

3. Bei der Darstellung der einzelnen Traumbilder und -symbole bin ich nicht – wie traditionell seit Sigmund Freud – davon ausgegangen, daß ein Traumbild notwendigerweise auf eine krankhafte psychische Entwicklung verweist. Traumbilder treten meiner Erfahrung nach oft auf, um der/dem Träumenden zu zeigen, wofür er/sie im Augenblick offen ist und worauf er/sie sein Leben ausrichten kann. Das bedeutet weiterhin, daß ich ein Traumbild nicht nur in Hinblick auf die Vergangenheit des Träumers, sondern immer auch auf seine Zukunft hin bezogen sehe.

4. Soweit es mir möglich war, habe ich versucht, bei der Darstellung eines jeden Traumbildes praktische Orientierungshilfen einfließen zu lassen. Dies geschieht meist, indem ich dem Leser und der Leserin verschiedene Fragen stelle und so die Aufmerksamkeit auf die Lebenspraxis zu richten suche. Ich bin der Ansicht, daß man nicht autoritär anderen seine Verständnisweise aufdrängen sollte, daß aber auf der anderen Seite jede/r von uns einen Anstoß braucht, damit die Beschäftigung mit den Träumen auf die alltägliche Lebenspraxis wirkt. Jegliche Traumdeutung findet erst ihr Ende, wenn die Lehre des entsprechenden Traumes praktisch im alltäglichen Leben des Träumers umgesetzt wurde.

Tips zur Nutzung dieses Handbuchs

»Ich war und bin auch heute noch
hauptsächlich ein Träumer.
Aber was macht das, solange
das Träumen eine Art des Suchens ist.«

(George Sand)

Falls Sie bei einem oder mehreren Traumbildern Ihrer Träume (auch Ihrer Tagträume) keine Idee bekommen, was diese für Sie bedeuten können, schlagen Sie die entsprechenden Begriffe nach und lassen sich von den angeführten Bedeutungen inspirieren. Die Erklärungen und Erläuterungen wurden so gestaltet, daß sie zu neuen Ideen, Einsichten und Gefühlen führen.

Die Lektüre dieses Traumsymbol-Buches kann Ihnen ferner bei denjenigen Träumen helfen, mit denen Sie keinerlei Schwierigkeiten haben. Wenn Sie in diesem Fall die Symbole oder Bilder Ihres Traumes nachschlagen, werden Sie vielleicht zu weiteren Möglichkeiten des Verständnisses Ihres Traumes geführt; sicher werden Sie auf andere Verständnismöglichkeiten Ihrer Traumbilder aufmerksam gemacht, was Ihnen dabei hilft, kreativ und beweglich, offen und ideenreich Ihre Traumbilder zu betrachten. Es lohnt sich, auch ohne einen speziellen Traum zu haben, in diesem Nachschlagewerk herumzublättern und zu lesen, da dies zweifelsohne nicht nur Ihre Traumtätigkeit anregt, sondern auch zu mehr Phantasie im Umgang mit den eigenen Träumen führt.

Ein weiterer Effekt beim Lesen der Ausführungen zu den einzelnen Symbolen liegt in einer Einführung in die Geschichte der Traumdeutung. Verschiedene Traumforscher sahen zu den unterschiedlichsten Zeiten ein und dasselbe Traumbild ganz unterschiedlich. Indem wir das erkennen, lernen wir nicht nur einiges über den Zeitgeist der verschiedenen Epochen, sondern wir beginnen auch die Komplexität unserer Traumbilder mehr und mehr zu verstehen. Ein Traumbild ist selten eindeutig, sondern verweist oft in mehrere Richtungen zugleich, von denen zumindest einige historisch schon erkannt worden sind.

Sigmund Freud hat bestimmt recht, daß fast jedes Traumsymbol ein Abbild unterdrückter, oft infantiler, sexueller Wünsche darstellt, aber Carl Gustav Jung hat sicherlich genauso recht, wenn er etwa 20 Jahre später (nach dem Bruch mit Freud) davon ausgeht, daß jedes Traumbild einen schöpferischen Akt darstellt, mit dem sich der Träumer auf die kollektiven Urbilder der Seele (die Archetypen) bezieht. Zweifelsohne hatten die Menschen des klassischen Altertums ebenso recht, die im Kult des Heilgottes Asklepios[3] von der heilenden Wirkung eines Traumbildes ausgingen, das der Gott ihnen zur geistigen und körperlichen Ganzheit schickte. Traumsymbole wurden auch immer auf ihre Fähigkeit zur Voraussage von kollektiven oder individuellen Ereignissen gedeutet[4]. In Rom war es grundsätzlich üblich, ein Traumbild vorausdeutend zu sehen. So zeigte man in Griechenland und Rom besondere Träume der Regierung an. Jeder Traum besitzt alle diese Seiten mehr oder weniger ausgeprägt – und noch viele mehr! –, und alle diese Aspekte lassen sich auch in jedem Ihrer heutigen Träume zweifellos finden.

Es kommt für die Benutzer dieses Handbuchs darauf an, die eigenen aktuellen und komplexen Bedeutungen aus den Verstehensmöglichkeiten eines Traumbildes herauszufinden. Hierzu sollen die hier aufgeführten Symbolbedeutungen befähigen, indem sie neue, bisher unbedachte Verstehensmöglichkeiten eröffnen und den Benutzern dieses Nachschlagewerkes zu einer individuellen Traumarbeit verhelfen.

Klausbernd Vollmar

Der Autor ist für Rückfragen, Kritik, Anregungen, Beratungen und Kurse über den Verlag oder unter folgender Adresse zu erreichen:

Rhu-Sila · Cley-next-the-Sea · Holt · Norfolk NR 25 7UD
Tel. 0044-1263-740304 · Great Britain
www.traumonlinc.dc

---

1 Das älteste uns überlieferte Traumbuch aus dem mittleren Reich Ägyptens. Vgl. dazu genauer: Hermes, Laura: Träumen wie die alten Römer, Krummwisch 2002

2 Jung, Carl Gustav: Seminare. Kinderträume. Zur Methodik der Trauminterpretation, (Walter Vlg.) Olten/Freiburg 1987

3 Vgl. zur Trauminkubation des Asklepios genauer: Vollmar, Kb.: Traumdeutung. Personen, Methoden und Begriffe von A–Z, Krummwisch 2004, oder Büchsenschütz, B.: Traum und Traumdeutung im Altertum, Wiesbaden 1967

4 Vgl. dazu die einflußreichen Traumbücher von Artemidor: Artemidoros aus Daldis: Symbolik der Träume, Wien, Leipzig 1881 (er verarbeitete etwa 3000 Träume, die er weitgehend vorausdeutend betrachtete) und des Neuplatonikers Synesius: De Somniis. In: Iamblichus: De Mysteriis Aegyptiorum, Venedig 1497. Vgl. auch: Vollmar, Klausbernd/Lenz, Konrad: Kurs in Traumdeutung. Professionell Träume deuten Schritt für Schritt, Krummwisch 2005

A

Aal: ↗ Schlange.
Energiesymbol für das triebgesteuerte Unbewußte.
Dieses Traumsymbol kann für das männliche Glied, sexuelle Triebhaftigkeit, Anpassungsfähigkeit und Schnelligkeit stehen. Seltener weist es auf eine Vergeistigung der Gefühlswelt hin (da der Aal im ↗ Wasser lebt). Um das Symbol genauer verstehen zu können, muß man die Beschaffenheit des Wassers, in dem sich der Aal aufhält, betrachten und besonders die Einstellung, die der/die Träumende zu diesem Tier hat. Der Aal tritt als Traumsymbol oft auf, wenn man sich erstarrt und unlebendig fühlt. Er symbolisiert das Lebendige und drückt die Sehnsucht aus, sich wie ein Fisch im Wasser bewegen oder sich durchs Leben schlängeln zu können. Aale werden auch mit Kälte und Distanz verbunden. In seltenen Fällen weist der Aal auf eine verschlingende Mutter hin, die immer noch wirkt.
Wenn Sie von einem Aal träumen, sollten Sie sich fragen, was Ihre Bewegungsfreiheit in Gefahr bringt. Wird er gefangen, können Schwierigkeiten gemeistert werden (Erdung). Entgleitet er, macht Ihnen ein Problem zu schaffen, oder das Geld rinnt Ihnen durch die Finger. Fühlt man Ekel vor dem Aal, liegt oft eine kindliche Ablehnung der Sexualität vor, ebenso bei Flucht vor dem Aal. Er kann ein Sexualsymbol sein, das bei Frauen auf sexuelle Bedürfnisse oder eher Frustrationen hindeutet. Der Ekel vor einem Aal läßt sich oft bei Mann und Frau auf unbewältigte kindliche Vorstellungen von der Männlichkeit zurückführen.

Aas: Als Aas zeigt sich ein Problem, das viel zu lange nicht berührt wurde. Es muß dringend bewältigt werden.

Abbruch: 1. Beendigung, Schluß: Man sehnt sich nach der Beendigung einer Beziehung oder eines Zustandes, oder man befürchtet sie. Loslassen von Altem und eventuell der Wunsch oder die Notwendigkeit, etwas Neues auszuprobieren.
2. Zerstörung: Die Zerstörung weist auf die Notwendigkeit aggressiven Handelns hin oder zeigt Angst vor Aggressionen auf. Meistens ist dieses Traumbild der Ausdruck eines destruktiven Gefühls und/oder einer Enttäuschung. Der Abbruch steht auch für die Auseinandersetzung mit dem ↗ Tod, wenn ein ↗ Haus abgebrochen wird (ähnlich wie bei ↗ Beerdigung und ↗ Grab). Mit dem Abbruch eines Hauses wird ferner auf eine grundlegende Änderung der eigenen Persönlichkeit verwiesen, die notwendig ist, gegen die sich der Träumer oder die Träumerin jedoch zur Zeit des Traums noch sträubt. Es kann sich um berufliche oder private Veränderungen

handeln. Auf jedem Fall werden Sie auf das Ende des Gewohnten aufmerksam gemacht und damit zugleich auf neue Chancen.
Volkstümliche Traumdeutung: Günstiger Neuanfang auf dem Lebensweg.

Abend: Ruhige Zeit. Lebensabend. Übergang zwischen Tag und Nacht. Feierabend.

Abendessen: Das Traumsymbol »Abendessen« drückt die Sehnsucht nach oder die Angst vor dem ↗ Familienglück aus. Das Abendessen erinnert häufig an eine gemütliche Stimmung, die man entweder vermißt oder die einem zuviel ist. Dieses Traumbild kann einen Hinweis auf die spezielle Verbindung der Beteiligten erhalten.
Das Abendessen kann aber auch den Genuß am Lebensabend (↗ Abend) und unsere Sinnlichkeit meinen.
Volkstümliche Traumdeutung: Nachricht von einer ↗ Geburt.

Abendkleid/Abendkleidung: Wenn Sie vom Abendkleid träumen, fühlen Sie sich tief im Inneren schön. Bisweilen trägt man im Traum kühne Abendkleider, oder man ist halbbekleidet. Damit wird der Aspekt der ↗ Verführung angesprochen, der stets bei diesem Symbol mitschwingt. Die Abendkleidung drückt auch aus, daß etwas Wichtiges anliegt. Bedeutsam ist der Anlaß, zu dem Sie die Abendkleidung tragen. Sie ist »die Kleidung der Dunkelheit«. Von hohem Symbolwert ist auch die Farbe des Abendkleides. Das Abendkleid kann auch in einem Wunschtraum auftreten: Man wünscht gesellschaftlichen Aufstieg oder hat ihn erreicht – man freut sich über ihn oder weiß nicht mit ihm umzugehen.
Volkstümliche Traumdeutung: Je schöner eine Frau gekleidet ist, desto schlechter das Omen.

Abendmahl: ↗ Abendessen. Symbol für Gemeinschaft. Als Gottesdienst drückt sich in diesem immer seltener auftretenden Traumsymbol das Bedürfnis nach religiösen Ritualen oder deren Abwehr aus. Es symbolisiert Verrat oder Aufnahme in eine soziale Gruppierung. Es geht letztlich um Opfer und Verrat an der Liebe. Ferner ist hier die Doppelnatur von ↗ Wein und ↗ Brot wichtig, welche die Doppelnatur des Menschen widerspiegelt, der sowohl real in dieser Welt als auch in der geistigen Sphäre der Symbole und Wandlungen lebt.

Abendrot: ↗ Dämmerung. Symbol einer vollbrachten Leistung, für die man sich belohnt.

Abenteuer: Man ist sich in bezug auf seine Umgebung unsicher, oder man hat Angst vor gewagter Bezie-

hung und sehnt sich zugleich danach. Man lebt zu eintönig und benötigt das Abenteuer. Sie sehnen sich vielleicht nach dem Kühnen in einer Welt, die Sie als sinnentleert empfinden. Das Abenteuer ist das Gegenbild zur ↗ Arbeitsroutine (↗ Automat). »Abenteuer« (adventure) und »Ankunft« (adventus) leiten sich vom gleichen Wort her ab, und so bietet das Abenteuer die große Chance, bei sich selbst anzukommen. Seien Sie also froh über dieses Traumbild: Sie kommen sich selber näher und erreichen Ihr Ziel!
Achten Sie darauf, um was für ein Abenteuer es sich handelt und wie Sie sich dabei fühlen. Abenteuer ist ein klassisches Traumsymbol, das auf ↗ Männlichkeit verweist und somit auf den ↗ Held. Im Frauentraum ist die Heldin oder Femme fatale angesprochen.
Bedenken Sie jedoch auch, daß sich heutzutage Abenteuer eher im Inneren als im Äußeren abspielen und solch ein Traumbild auch auf die eigene innere Welt verweisen kann, jene kreative Welt, die uns zu Abenteuern inspiriert.

Abfahrt/Abflug: ↗ Abschied.

Abfahrtslauf: Der Abfahrtslauf, wie wir ihn vom Skifahren her kennen, ist eine Form des ↗ Abenteuers. Da diese Sportart ↗ Schnee voraussetzt, läßt Sie uns eine kühle, distanzierte Haltung assoziieren. Häufig weist dieses Traumsymbol daraufhin, daß Sie beim Erreichen Ihrer Ziele »cool« bleiben sollen.

Abfall: ↗ Schrott, ↗ Reinigungsbedürfnis. Man möchte sich befreien von dem inneren Müll, der uns belastet, ähnlich wie bei Abort und Abwässer. Es hat sich viel angesammelt, das entsorgt werden muß: Emotionaler Müll und realer Alltagsmüll. Man leidet an dem Umgang mit der Umwelt (und sich selbst).
Man macht eine wertvolle Entdeckung, denn gerade in seinem Abfall findet man das Seelengold, d.h. im Unscheinbaren und Abgelehnten liegt die Chance zur Selbsterkenntnis oder, wie Jung es ausdrückt, in der Annahme des abgelehnten Schattens besteht der erste Schritt zur Individuation.

Abgrund: Wird oft in einer Krise geträumt oder wenn diese fast überwunden ist, so daß ihr tiefer Grund sichtbar wird. Lebensschwierigkeit, kritische Situation, die Entscheidungen erfordert. Man hält nach Hilfe Ausschau. Eine Aufforderung, in die eigene Tiefe zu schauen, das eigene Abgründige anzunehmen.
Als Alptraum: Man fühlt sich überfordert, hat Angst vor kommenden Schwierigkeiten.
Abstieg in den Abgrund heißt, sich mit seinem Unbewußten zu be-

schäftigen, zumindest sich ihm zuzuwenden, denn dort liegt der Grund aller Schwierigkeiten, die einen jetzt behindern. Fällt man in ihn hinein, steigen oft Bilder depressiver Verstimmung wie auch bei Asche, Mord und Falle auf. Muß man am Abgrund umdrehen, dann sind neue Wege zu gehen. Beim Abwenden vom Abgrund werden oft vor Tatsachen die Augen verschlossen, das deutet auch auf seelischen Kummer hin.

Abhang: Angst vorm Fallen. Es geht entweder bergab, dann Angst vor Schwierigkeiten oder oftmals auch Aufforderung, sich fallenzulassen, loszulassen. Oder es geht bergauf: mit Schwierigkeiten kann man etwas erreichen, die Situation wird sich bessern.

Ablehnung: Sehnsucht nach Nähe oder nach Distanz. Man fühlt sich in sozialer Situation unsicher; man verschließt oder verweigert sich gegenüber etwas oder sollte es tun. Oft aber auch gegenteilige Bedeutung: wie bei ↗ Annahme, man wird angenommen (trotz der Befürchtung der Ablehnung).

Abmagerung: Man verliert an Substanz und nimmt nicht mehr soviel Raum ein oder aber, man nimmt viel zuviel Raum ein. Man will dem Schönheitsideal entsprechen. Das Traumbild verweist häufig auch darauf, weniger arbeiten zu wollen.

Abrechnung: Im Traum wie im Leben schließen Sie mit der Abrechnung etwas ab – symbolisch heißt das: Sie lassen etwas hinter sich. Haben Sie – mit wem auch immer – noch eine Rechnung zu begleichen? Dann sollten Sie das tun, ehe es Sie weiterhin belastet.

Abreise: Man will weg, oft bei Streß, Überarbeitung und/oder Ehekrach. Verantwortungslosigkeit. Aber man hat auch endlich seine Kräfte gesammelt, um sich aus der Situation herauszubewegen, man befreit sich.

Absatz (Schuh): Erdung und das, was einen größer erscheinen läßt. Verlust des Absatzes: Verlust der Erdung, die negativ sein kann, wenn man zu »abgehoben« lebt, oder die positiv sein kann, wenn man leichter und lässiger leben möchte.

Absatz (Treppe): Eine Etappe des (sozialen oder bewußtseinsmäßigen) Aufstieges ist erreicht. Oft hält man hier inne, um sich einen Überblick zu verschaffen. Die Treppe gilt auch als Zwischenbereich zwischen oben und unten (zwischen Kopf und Bauch, Gefühl und Verstand, Himmel und Erde).

Abschied: Änderung in der Lebensführung und Frage nach den eigenen Aufgaben. Trennung von etwas Wichtigem wie Personen, Verhaltensweisen, Gefühlen steht bevor, ist geschehen oder ist notwendig. Volkstümliche Traumdeutung: gutes Zeichen, denn man läßt etwas los.

Abschuß: Pollutionstraum, sexuelle Aggression. Es kann sowohl den Aggressor als auch das Opfer symbolisieren. Diese Aggression braucht keineswegs nur negativ gesehen zu werden, denn hierin steckt auch eine sexuelle Befreiung, man hat sein Ziel (Lustbefriedigung, Orgasmus) erreicht.

Absperrung: Begrenzung, Einengung oder: Man sollte sich besser abgrenzen. Häufiges Traumsymbol, wenn man sich beengt fühlt (vgl. Amputation, Käfig) und nicht mehr weiter kommt. Man sperrt sich gegen etwas, hält sich zurück. Zeichen gesellschaftlicher Gewalt.

Abstieg: Hier ist die Welt der Instinkte und der körperlichen Gefühle angesprochen. Wie bei ↗ Abgrund, Abhang und Tauchen geht es um das Eintauchen ins Unbewußte. Oftmals wird in diesem Traumbild auf die Welt der Frauen verwiesen, und es warnt vor einem zu einseitigen Leben des männlichen Archetyps. Besonders Frauen, aber auch Männer, finden ihren Kraftort und ihre eigene Identität in der Tiefe.
Gesellschaftlicher bzw. ökonomischer Abstieg, Angst vor Niedergang.
Wie sind Sie hinabgestiegen? Wohin sind Sie dabei gekommen? Machen Sie sich klar, was Sie wirklich wollen und woher Sie Ihre Kräfte nehmen.

Absturz: Warnung vor übertriebener Nüchternheit. Man sollte sich fallenlassen wie bei ↗ Abgrund, ↗ Abhang, ↗ Abschuß, ↗ Fallschirm und ↗ Fliegen und offen sein für etwas Neues (vgl. Tarotkarte: Der Turm), aber auch Angst vor Niedergang wie bei ↗ Abstieg. Verweist auf Verluste durch Fehleinstellung des Träumers (vgl. auch Dädalus und Ikarus), deutet auf ungerechtfertigte Euphorie oder Überheblichkeit. Wird oft bei Orgasmusschwierigkeiten und während der akuten Midlife-crisis geträumt.

Abszeß: Der Abszeß im Traum steht für ein Reinigungsbedürfnis (ähnlich wie bei ↗ Abwässer, Abfall und Waschen) und für Fehlhaltungen, die es zu überwinden gilt. Er gibt Anlaß zur Hoffnung, daß das innere ↗ Gift herauskommt. Er ist ein Ausdruck des ↗ Ekels gegenüber dem eigenen Körper oder seltener ein Symbol der Selbstreinigung des Körpers, auf die man sich verlassen kann.
Volkstümliche Traumdeutung: Sie sind gesund oder eine schnelle Ge-

sundung steht bevor. Eine Haltung oder Einstellung hat krankhaft überhand genommen.

Abt/Äbtissin: Der Archetyp des Seelenführers wird deutlich. Eine Autoritätsperson (männlich oder weiblich), die Askese und Würde ausstrahlt. Romantisierte Vater-/Mutterfigur, besonders bei bewußt oder unbewußt religiösen Menschen. Bei diesem Traumbild sehnt man sich zumeist nach einem Führer/einer Seelenführerin oder sieht sich selbst so.

Abtreibung/Fehlgeburt: Die seelische Verarbeitung realer Erfahrungen. Außerdem: Man will innere Konflikte loswerden wie bei ↗ Abort und ↗ Abwässer. Angst vor ungewollter Schwangerschaft. Körperliche Veränderungen. Trennung von geliebten Personen oder geliebten, jedoch ungünstigen (neurotischen) Eigenschaften.

Abwässer: Sich fließen lassen, im Gegensatz zum Traumbild ↗ Bach und ↗ Fluß schwingt hier Unreinheit mit. Oft auch Symbol des Schattens oder der Unterwelt (vgl. Abwasserkanäle). Man möchte sich reinigen (vgl. Toilette). Kann auch auf Sorgen um die Umwelt (Umweltverschmutzung) deuten.

Abzeichen: Zugehörigkeitssymbol, von dem oft geträumt wird, wenn man sich ausgestoßen fühlt. Wozu wird die Zugehörigkeit demonstriert? Wurde es für etwas verliehen?

Achat: Heilmittel und Aphrodisiakum. Man verwandte ihn als Schutz gegen Unwetter, Schlangenbisse und den bösen Blick. Als Traumsymbol deutet er jedoch eher auf die Eitelkeit hin – zumindest, wenn es sich um einen Schmuckstein handelt.

Achse: Bewegung des Lebens. Sie symbolisiert das Lebensrad (Rad der Fortuna). Man strebt der eigenen Mitte zu, wenn man die Achse im Traum erblickt.

Acht: Ganzheitssymbol. Sie ist Vollständigkeit (achtfacher Weg des Buddha, Oktave in der Musik) und Erdung, da der Würfel als Symbol der ↗ Erde acht Ecken besitzt. Die Acht kommt auch häufig vor in der Bedeutung von »Achtung!«. Sie symbolisiert die Unendlichkeit (Unendlichkeitszeichen ist die liegende 8). In seltenen Fällen bedeutet sie, ausgestoßen, geächtet zu sein.

Acker: Eine fruchtbare Lebensphase, besonders wenn man die ↗ Furchen sehr gut sieht. Er ist ein Symbol der fruchtbaren Frau beziehungsweise Mutter (Gaia, die Erdmutter, aber auch Demeter). Er verweist auf die Arbeit (man muß etwas beackern). Harte und ver-

krustete Schollen bedeuten Probleme oder Erstarrung.
Der Acker ist häufig auch ein Symbol der Landromantik bei Städtern (ähnlich wie ↗ Bauer und ↗ Furche). Man will der ↗ Stadt entfliehen. Man interessiert sich aus ökologischen Gründen für das Land.

Adam: Adam als erster Mensch symbolisiert den Rückbezug auf die eigene, ursprüngliche Männlichkeit. Er ist oft ein ↗ Vatersymbol. Adam ist der erste ↗ Mann: Man möchte der erste Mann sein. Die Gestaltung des eigenen Lebens sollte aktiver in die Hand genommen werden.
Adam ist ein heute wie alle biblischen Symbole ein eher seltenes Symbol.

Adelige/Adeliger: Sie wollen etwas Besonderes sein und sich von der Masse abheben. Dieses Traumsymbol tritt häufig auf, wenn man sich gekränkt oder zurückgesetzt fühlt.

Ader: ↗ Blut, ↗ Rot. Die Ader symbolisiert die Bewegungen in unserem Leben, den inneren und äußeren Kreislauf.

Adler: Der Adler ist ein bekanntes Symbol von Macht und Führertum, Stolz und Würde.
Er ist altes Herrschafts- und Machtsymbol (Reichsadler und Bundesadler). Der Adler kann sich selbst wie der ↗ Phönix verjüngen und ist so unsterblich. Er besitzt den Überblick, und dennoch liegt in diesem Symbol eine Warnung, daß kühne Pläne und Taten gefährliche Wendungen nehmen können. Immerhin wird der (Bundes-)Adler auch volkstümlich »Pleitegeier« genannt.
Der weiße Adler gilt als Glücks- und Vergeistigungssymbol. Ein fluglahmer Adler verweist auf Einengung und Einschränkung (ähnlich wie das Traumbild der ↗ Amputation und des ↗ Käfigs).
Freud sah im Adler ein ausgeprägtes, mächtiges Sexualsymbol. Transformierung zum Geistigen nach C. G. Jung. In William Blake, Hochzeit von Himmel und Hölle, wird der Adler als Symbol des (hochfliegenden) Genius gesehen.

Admiral: Männlichkeitssymbol wie auch ↗ Abt, Athlet, Kaiser und König. Autoritätsperson (Autorität über das Wasser als Gefühl: Verweist auf eine Tendenz zum Zwangscharakter oder seltener auf besondere Sensibilität). Leitfigur und Vorbild, aber auch das abgelehnte kriegerische Männliche. Starkes Selbstvertrauen des Träumers, der sein Lebensschiff gut steuern kann (wenn auch teilweise sehr aggressiv). Sexueller Anklang (Nelson-Säule), da das Schiff weiblich ist. Mann möchte Frauen beherrschen und besitzen. Immerhin

ist der Admiral ein Seemann, und der gilt als Symbol ungezügelter Sexualität.
Volkstümliche Traumdeutung: Wichtiges Ereignis steht bevor.

Adoption: Man nimmt etwas Fremdes an, man gibt Hilfe. Sehnsucht nach dem Kind in sich selbst. Hier sollte der Träumer immer fragen, was ihm zu seinem Glück fehlt und was er annehmen möchte und sollte.

Adresse: Wichtig, ob es die eigene oder eine andere ist: Eigene Adresse kann auf zu große Selbstbezogenheit deuten. Fremde Adresse: man sollte sich mehr auf andere beziehen. Gute Adresse: sozialer Aufstieg. Schlechte Adresse: sozialer Abstieg.

Affe: Entwicklungsschwierigkeiten, Regression. Verweist komplementär auf zu große Starrheit, man sollte spielerischer und lustiger sein (vgl. W. Busch: Fipps, der Affe), mehr die tierische Seite im Menschen ausleben (der Affe gilt als geiles Tier). Der Schatten des Ichs. Symbol der Nachahmung, das sowohl auf fehlende Eigenständigkeit als auch auf Selbstironie verweist. Vgl. Traum des Renaissancegelehrten Girolamo Cardano (Cardanus, G.: Des Girolamo Cardano von Mailand eigene Lebensbeschreibung, übersetzt von H. Hefele, Diederichs, Jena 1914, dort einige Träume dieses Gelehrten). Dort ist der Affe die Instinktseele, das urälteste Menschliche. Man sollte besonders auch die Art des Affen beachten.

Afrika: Der dunkle Kontinent, der eigene Schatten, die eigene verborgene Seite, der Trieb (↗ Urwald, ↗ Dschungel). Kontinent des Hungers und der chaotischen politischen Verhältnisse. ↗ Chaos, ↗ Hitze, ↗ Durst. Das Schwarze, Dunkle, aus dem alles hervorgeht, die weibliche Kreativität.

Agent (Spion): Verweist oft auf zuviel Phantasie, Abenteuerlust oder Unaufrichtigkeit. Man sollte den Bereich erst auskundschaften, in dem man handeln möchte, und nach der echten Wahrheit suchen. Häufiges Traumsymbol in als langweilig empfundener Lebenssituation, in der man etwas Neues, Aufregenderes sucht. Dieses Traumbild kann auch ganz allgemein ein Ausdruck der Suche sein, wobei Sie sich fragen sollten, was Sie suchen (und finden möchten). Es geht hier oft um ein intensives Leben in Gefahr, um das Bild des männlichen Helden, das auftritt, wenn man als Mann zuwenig Männlichkeit zeigt (in seltenen Fällen auch, wenn man zuviel Männlichkeit als Frau oder Mann zeigt).
Auf der anderen Seite pflegt dieses Traumbild auch aufzutreten, wenn

ein unbewußter Verdacht an einem nagt, der jedoch meistens unbegründet ist. Hier hilft es, eine positive Einstellung zum Leben einzunehmen (positives Denken).

Aggression: ↗ Gewalt.
Aggressionen erlebt man häufig im Traum. Sie verweisen stets auf die eigenen unterdrückten Aggressionen oder auf widerstreitende Tendenzen im Träumer bzw. der Träumerin. Bei Aggression im Traum sollten Sie sich fragen, ob Sie die Auseinandersetzung Ihrer inneren Ichs als schuldhaft erleben.

Ähre: Symbol des Tierkreiszeichens Jungfrau, der Fruchtbarkeit und des Wohlstands, auch phallisches Symbol. Es geht hier zumeist um die Fruchtbarkeit des eigenen Lebens. Was ist in Ihnen gewachsen? Was möchten Sie ernten?

Akrobat: Lust zu oder Angst vor riskanten Unternehmungen. Ein Bild für den modernen Lebenskampf. Man sucht Bestätigung wie bei ↗ Applaus und ↗ Beifall.
Nach Freud geht dieses Traumbild auf von Kindern beobachteten Geschlechtsverkehr bei Erwachsenen zurück. Wenn es hier auch nicht immer um die Sexualität gehen muß, so sind doch der Körper und die Körperlichkeit deutlich angesprochen. Wie gehen Sie denn mit Ihrem Körper um? Fühlen Sie sich beweglich? Dieses Traumbild kann dann auftreten, wenn Ihr Körper sich unterfordert fühlt, z.B. wenn Sie sich zu wenig bewegen.

Akt: ↗ Nacktheit. Der nackte menschliche Körper ist ohne Fassade und Maske *(Persona)*. Er zeigt den Menschen, wie er wirklich ist. Das symbolisiert Wahrheitsliebe, Vorurteilslosigkeit, Offenheit, und Ehrlichkeit – oder das starke Verlangen danach. Nacktheit kann aber auch Angst vor Entlarvung des wahren Ichs und vor Enthüllung des innersten Wesens ausdrücken oder seltener sogar eine Warnung vor Vertrauensseligkeit und Hemmungslosigkeit sein. Wenn Sie der/die Nackte im Traum sind, wie sind Ihre Gefühle dabei?

Akte: Wunsch nach oder Angst vor befriedigender Ordnung und Regulierung. Tritt oft auf, wenn man sein Leben als chaotisch empfindet. Dieses Traumbild verweist häufig auf seelische Belastungen, es hat sich sehr viel angesammelt (darauf achten, wie dick/dünn die Akte ist) oder Tendenz zum Zwangscharakter, ähnlich wie bei ↗ Admiral. Müssen Sie immer zwanghaft Ordnung halten oder schaffen Sie es nicht, Ihr Leben befriedigend zu ordnen? Hier meldet sich entweder das Über-Ich (das Gewissen) zu Wort, oder es drückt sich in diesem Symbol ein (berechtigtes) Gefühl der Einengung durch Institutionen oder den Staat (als Vatersymbol) aus.

Aktie: Spekulieren Sie zu viel? Sehnen Sie sich nach großem Reichtum und leicht verdientem Geld? Suchen Sie Sicherheit wie bei Familie, Beamter und Bürgersteig, die jedoch nicht unbedingt gegeben ist? Oder suchen Sie nur, an etwas Anteil zu nehmen? Woran wollen (oder sollten) Sie sich beteiligen?

Aktivität in Träumen: Verweist meist darauf, daß man auch im Leben aktiv ist (seltener darauf, daß man aktiv sein sollte). Gegensatz dazu: Man ist der Beobachter im Traum, dann ist man meist im Leben zu passiv. Kann auch auf zuviel Hektik und Streß im Leben des Träumers deuten. Achten Sie einmal darauf, ob Sie sich im Traum in voller Aktivität sehen oder ob Sie sich selbst aus dem Blickfeld verlieren.

Alarm: Es muß etwas aktiviert werden, es muß unbedingt sofort etwas geschehen (Warntraum). Oder Kriegstraum. Zeigen Sie eine Tendenz dazu, bewußtes Handeln und unbewußte Stimmungen oder Wünsche zu sehr voneinander zu trennen? Reaktiver Traum auf Klingeln des Weckers.

Albatros: Eleganz, Leichtigkeit, guter Überblick. Volkstümlich: Gute Nachrichten sind auf dem Wege, alles wendet sich zum Guten.

Albino: ↗ Weiß. Ist stets im Traum der Besondere oder der Außenseiter.
Alle weißen Tiere im Traum verweisen wie menschliche Albinos auf die Symbolik der Farbe Weiß. Hierbei handelt es um eine äußerst zwiespältige Farbe zwischen Aggressivität und Heiligkeit. Da Albinos ungewöhnlich sind, wird mit diesem Symbol in besonders eindrücklicher Weise auf die Symbolik von Weiß verwiesen.

Alchemist: Vergeistigung, Zusammenfügung innerer Kräfte, Veredlung des Charakters. Auch: der Abenteurer. Warnt vor zu abgehobener Romantik.

Alibi: Sucht der Träumer nach einem Alibi, so deutet das auf Hemmungen, Minderwertigkeitsgefühle und Schuldgefühle hin. Wird das Alibi gefunden, sind seelische Widerstandskräfte vorhanden, Schwierigkeiten zu überwinden. Kann kein Alibi erbracht werden, spitzt sich die Situation des Träumers gefährlich zu. Es wird darauf verwiesen, daß er sich nicht herausreden kann. Er muß Verantwortung übernehmen für seine Taten.

Alkohol: Vernebelung (Neptun-Symbol), fehlende Klarsicht, Hemmungslosigkeit, Berauschung, Emotionalisierung, Ergriffenheit. Kann auch konkrete Warnung vor zu großem Alkoholkonsum sein. Das Symbol verweist oft auf größere Klarheit und mehr Bewußtsein, die Ihr Unbewußtes von Ihnen fordert. Leben Sie zu »vernebelt« und verdrängen Sie wichtige Probleme? Im positiven Sinne werden hier soziale Fähigkeiten und Kommunikation sowie der heilende Aspekt des Rausches angesprochen.

Alligator: Man befürchtet, von Aufgaben und Arbeit aufgezehrt zu werden. Man sollte seine tierischen Aggressionen betrachten und sie nicht ständig unterdrücken oder projizieren.
Volkstümliche Traumdeutung: Warnung vor einem Feind.

Alltag und Beruf: Bilder aus Alltag und Beruf sind im Traum häufig. Freud sprach vom Tagesrest, also von der Macht der Bilder der vorangegangenen Tage, die wieder im Traum erscheinen. Diese Bilder aus dem Alltags- und Berufsleben benutzt der Traum als Mosaiksteine, mit denen er Ihnen seine spezielle Information mitteilt. Wenn Sie die Bilder genau betrachten, werden Sie bemerken, daß diese stets von den realen Bildern, wie Sie sie sahen, etwas abweichen. Diese Bearbeitung der Bilder durch den Traum gibt Ihnen wesentliche Hinweise zur Deutung. Achten Sie also stets darauf, wo und wie die im Traum erlebten Bilder von denen in Ihrem Alltagsleben abweichen.

Almosen: Besserung finanzieller Verhältnisse beim Gebenden, Verschlechterung beim Nehmenden (Bettler), kann in seltenen Fällen auch umgekehrt sein. Verweist auf harte Zeiten oder Verarmungsängste (siehe auch Asyl, Armut, Lumpen und Falschgeld), warnt vor Kleinlichkeit, Geiz und Selbstbetrug.

Alphabet: Ganzheit und Geschlossenheit als geistiger Reichtum wird erreicht. Ordnung. Wie bei Zahlen als Traumsymbol ist man auch hier sehr abstrakt ausgerichtet.
Volkstümliche Traumdeutung: Rückkehr eines Freundes.

Altar: Wie bekannt heiliger Ort, Ort der Kraft, Geistlichkeit und Persönlichkeitsentwicklung. Die eigenen Ideale werden angesprochen, die man hochhalten oder opfern sollte. Der Altar ist der Ort der Verwandlung und der Erhöhung.

Alter (Greis, alte Frau): Glück und Zufriedenheit werden erreicht. Auf der einen Seite fasziniert Sie ein reiferes Alter, das Lebenserfahrung und Urteilskraft ausdrückt, auf der anderen Seite fürchten Sie das Älterwerden. Haben Sie Angst, Ihre Attraktivität zu verlieren? Archetypisches Symbol der Weis-

heit. Hier stellt sich die Frage, was im Leben wirklich wichtig ist und wo Sie hin wollen. Was ist Ihr Selbstverständnis? In der Praxis geht es oft darum, das Leben mit allen Hoffnungen und bedrängenden Ängsten selbstverständlicher zu nehmen.
Der Alte/die Alte ist auch immer der/die Seelenführer/-in. Oft ist der (Groß-)Vater oder die (Groß-) Mutter des Träumers oder er selbst gemeint. Dieses Traumbild kann auch Sehnsucht nach Ruhe ausdrücken. Man steht abseits in der Gesellschaft wie der Anarchist. Man gewinnt an Freiheit, da man nichts mehr zu verlieren hat (vgl. Graue Panther).

Altersheim: Oft ist mit diesem Traumbild eine Aufforderung verbunden, sich selbst so anzunehmen, wie man ist, und geeigneten Zielen zu folgen.

Amazone: Gespanntes Verhältnis zu Frauen oder zur (eigenen) Weiblichkeit. Bei Frauen: Man wünscht sich mehr Stärke und Unabhängigkeit dem Männlichen gegenüber. Sehnsucht nach oder Angst vor aggressiver Weiblichkeit.
Im Traumbild der Amazone schwingt auch immer das Pferd mit, denn die Amazonen galten als die wilden Reiterinnen. Hier ist die Einheit von Roß und Reiterin angesprochen, die auf die Einheit von Weiblichem und Tierischem verweist. Es geht hier um den feinen Ausgleich von Beherrschung der eigenen Wildheit und einem Ausleben und der Freude an dieser Wildheit und Triebhaftigkeit. Astrologisch: Schütze.

Amboß: Härte, aber auch Formung sowie passive Duldung. Kann auf nicht ausgelebte sadomasochistische Anteile verweisen. Romantischer Blick zurück in die Zeiten blühenden Handwerks.

Ambulanz: ↗ Krankenwagen. Angst vor Unfall, man sucht Hilfe. Volkstümlich: schnelle Erfüllung der Wünsche.

Ameise: Klassisch psychologisch als Störung des vegetativen Nervensystems gedeutet. Überdenken des sozialen Standes ist nötig. Man muß für die Gesellschaft arbeiten, ist oft zu individuell. Geduld und zähes Arbeiten bringen Vorteil, oder man ist zu emsig. Hinweis auf zuviel Unruhe, Erregung. und Nervosität. Möglicherweise Warnsignal: »Abschalten« und Selbstbesinnung sind gefordert. Die Ameise gilt auch als ein Symbol der Klugheit (z.B. Physiologus).

Amerika: Land der unbegrenzten Möglichkeiten, kühne Unternehmungen sind förderlich (vgl. I Ging: förderlich ist es, das große

Wasser zu überqueren), Neuland. Amerika gilt einerseits als der Inbegriff des Anderen, Fremden und der Anderswelt schlechthin (vgl. F. Kafka). Andererseits Symbol des Kulturzerfalls, der Aggression und des Materialismus.

Amme: Nahrung, Behaglichkeit, Nähe, bei Frauen oft der Wunsch nach Befruchtung, Schwangerschaft und Kindern. Beim Mann oft auch Angst vor der Weiblichkeit und speziell der Mütterlichkeit.

Ampel: Verkehr, Streß, Ordnung. Ausdruck des Bedürfnisses, die Zeichen der Zeit zu verstehen oder gar selbst Zeichen zu setzen. Grün: Idee, Einsicht; rot: Hemmungstraum, jedoch auch Signalfarbe, Libido-Symbol.

Amputation: Man verliert etwas von sich, wird eingeengt und beschnitten in seinen Interessen (vgl. Abtreibung, Beerdigung, Scheidung, Tod und Trennung). Ausdruck von Verlustangst und Hinweis darauf, sich von Überflüssigem zu trennen. Wichtig ist, welches Glied amputiert wird.

Amsel: Vages Hoffnungszeichen. Singen: Fröhlichkeit und Leichtigkeit sind nötig. Volkstümliche Traumdeutung: unvorteilhaftes Omen, da die Amsel ein dunkler Vogel ist.

Amt: Man will etwas erreichen, wenn man ein Amt (im Sinne von öffentlicher Aufgabe) anstrebt. Der eigene Ehrgeiz ist hier angesprochen: Sind Sie zu ehrgeizig oder sollten Sie mehr Ehrgeiz zeigen? Erstarrung, Sturheit und Konvention.

Ananas: Als süße, saftige Frucht verweist sie auf Selbstbewußtsein, Lebensgenuß und Freude an Sexualität; weibliches Sexualsymbol (wie alle Früchte außer der Banane).

Anarchist: In Reinform tritt der Anarchist im heutigen Traum selten auf, aber als Individuum, das gegen Konventionen und Ordnungen ankämpft, ist er eine beliebte Traumperson. Er verkörpert den Ausbruch aus der Starrheit und die Notwendigkeit der Veränderung. Er ist Abenteurer (↗ Abenteuer) und ↗ Held, der mit der sozialen Situation unzufrieden ist, oder ein sozial Ausgestoßener. Immer, wenn im Traum Bilder der Rebellion und des Protestes auftauchen, sollte man sich fragen, was die eigenen Ziele sind. Oft sucht man bei diesem Traumbild nach dem Herrscher in sich oder nach einem tragenden Prinzip.

Andacht: ↗ Gebet. Sammlung ist notwendig. Die Andacht ist ein häufiges Traumbild bei einseitig materialistischer Haltung (komplementäre Funktion des Traums).

Sie weist darauf hin, daß man an etwas Wichtiges denken soll.

Andenken: Hinweis darauf, daß man an etwas denken soll. Man soll etwas nicht verdrängen, sondern behalten. Ferien oder andere Erinnerung.
Volkstümliche Traumdeutung: Wunsch, der in Erfüllung geht.

Andere/-s (der/die/das andere): Verweist komplementär meist auf zu großen Egoismus. Egoüberwindung liegt an. Die Begegnung mit dem anderen (dem Fremden oder dem Du) ist der Ausgangspunkt für jede Bewußtseinsbildung und Selbsterkenntnis. Als Aufgabe steht hier meist an, sich seiner persönlichen Situation bewußter zu werden. Häufig tritt das Traumbild des Ausländers und des Fremden auf, der einmal einen unbewußten Teil von einem selbst darstellt und zum anderen das Normale (des eigenen Lebens) in Frage stellt und so zur Selbsterkenntnis und Hinterfragung des eigenen Lebensstils herausfordert.

Anfall: Ausbruch aus der Normalität. Als Ekstase sexuelle Bedeutung. Bei sich wiederholenden Träumen von krampfartigen Anfällen (besonders wenn sie sich auf bestimmte Organe beziehen) sollte ein Psychologe aufgesucht werden.

Anfang: Ein Anfang verweist auch im Traum immer auf einen Neuanfang, der ansteht (wie ↗ Ankunft, ↗ Baby und ↗ Kind). Damit sind große Chancen angesprochen, denn in jedem Anfang zeigen sich unser kreatives Potential und unsere Tatkraft.

Angel: Entweder von jemanden abhängig sein oder jemanden von sich abhängig machen wollen, oft mit sexueller Note (»the happy hooker«). Etwas aus der Gefühlstiefe (Wasser) hervorholen. Ruhe und Beschaulichkeit.
Volkstümliche Traumdeutung: Enttäuschung oder Streben nach Erfolg.

Angeln: ↗ Angel. Die Suche nach der Wahrheit, Weisheit und Fruchtbarkeit (↗ Fisch).

Angriff: Aggressionshemmung bzw. -stau oder zu wenig Aggression wie bei ↗ Angriff, Brand(ung), ↗ Flamme, ↗ Gewalt, ↗ Gier und ↗ Hochspannungsleitung. Minderwertigkeitsgefühle, Verdrängung und Triebstau wie bei ↗ Abbruch, ↗ Anfall, ↗ Entjungferung, ↗ Harem, ↗ Hautausschlag und ↗ Hure. Kriegs- oder Aggressionsangst. Aber auch verzweifeltes Suchen nach körperlicher bzw. persönlicher Nähe. Volkstümlich: Warnung.

Angst: Meist ist die Angst selbst gemeint oder Fehler, die man ungeschehen machen möchte. Auf der anderen Seite stellt die Angst im Traum auch ein Zeichen dar, daß man sich von überholten Ängsten verabschieden sollte. Diese Angst kann sich bis zum Alptraum steigern. Sie weist den Weg, wie es in der Persönlichkeitsentwicklung weitergeht. Die Angst ist auch mit Enge verbunden und verweist zumeist auf die Suche nach Weite, Befreiung und nach Alternativen zum bisherigen Leben.

Anhalter: Vom Anhalter träumt man oft dann, wenn man sich an seine Jugend erinnert. Mit diesem Traumbild wird oft der romantisierende Blick auf die Vergangenheit angesprochen und damit die Erinnerung an mehr Freiheit und Unabhängig.
Vom Wort her ist der Anhalter derjenige, der anhält. In diesem Sinn fordert dieses Symbol Sie auf, innezuhalten und sich eine Pause zu gönnen – so, wie Sie es damals taten, als Sie als Anhalter aus der Alltagsroutine ausbrachen. Sind Sie selbst nicht als Anhalter gereist, dann drückt sich dennoch hier eine Sehnsucht nach Freiheit und Unabhängig aus, vielleicht eine Wehmut über verpaßte Chancen.

Anker: Selbstvertrauen, aber auch Stillstand.

Anruf: Ein Anruf im Traum verweist uns auf unsere Kommunikation. Vielleicht sehnen wir uns nach ihr oder wir sollten kommunikativer werden. Für die genauere Deutung ist es wesentlich, wer anruft und was gesprochen wird.

Ansprache: Man will etwas mitteilen, überzeugen und sich Gehör verschaffen. Es geht hier oft um einen begründeten Anspruch, anerkannt zu werden. Angst vor öffentlichen Auftritten bzw. öffentlicher Rede. Man möchte ankommen und gefallen (↗ Applaus, ↗ Beifall). Hält ein Politiker die Ansprache, ist fast ausnahmslos Lüge und Egoismus gemeint.

Antilope: Eleganz. Frauensymbol: rassige Frau, Begehren, Erotik.

Anwalt: Hilfe oder geschäftliche Sorgen. Verweist auf die Schwierigkeiten des alltäglichen Erwerbslebens. Gerechtigkeit oder deren Gegenteil ist angesprochen. Verweis auf die eigene Machtlosigkeit oder ungenutzte Einflußmöglichkeiten.

Anzug: Die starre, konventionelle Seite. Initiation in die Männlichkeit. Man will etwas im Leben darstellen, die Persona im Sinne Jungs (das, was man nach außen hin darstellt, im Gegensatz zur Nacktheit).

Apfel: Gesundheit und Natürlichkeit, auch Erneuerung des Lebens und Symbol der Unsterblichkeit (goldener Apfel). Verführung und Sexualsymbol für die Brust (antikes und mittelalterliches Ideal: Brüste wie Äpfelchen). Es wendet sich etwas verdientermaßen zum Guten (z.B. Wilhelm Tell) oder auch, allerdings seltener, zum Schlechten (vgl. Apfel des Paris). Nach Freud, wie fast alles Obst, Symbol für weibliche Brüste, besonders wenn es im Plural auftritt. Allgemein in der Psychoanalyse typisches Sexualsymbol. C. G. Jung: Sinnbild des Lebens, uraltes Fruchtbarkeitssymbol (wie auch die Äpfel der Hesperiden und der Granatapfel, Feige und Quitte).

Apfelsine: ↗ Orange. Die Apfelsine im Traum macht Sie darauf aufmerksam, sich gesund zu ernähren. Wie der ↗ Apfel kann sie als erotisches Symbol für die Brüste der Frau gesehen werden. Allerdings kann sie in einer negativen Bedeutung auftreten, wenn Sie »Orangenhaut« zu diesem Traumbild assoziieren.

Apotheke: Notsituation, Verlangen nach Hilfe von außen (Arznei). Symbol des Teuren (»Preise wie in der Apotheke«).

Applaus: ↗ Beifall. Eitelkeit aus Angst vor der Ablehnung oder vor dem Erfolg. Weist oft auf die Vermeidung von Kritik hin.

Aprikosen: Weibliches Sexualsymbol, Wohlergehen. Volkstümlich: Glück in der Liebe.

Aquarium: Künstlicher Lebensraum. Unnatürlichkeit, tiefes (verdrängtes) Verlangen nach natürlichem Leben.

Araber: Der Araber symbolisiert das Leidenschaftliche, nach dem man sich sehnt. Auf die Männerwelt – seltener auf die abgeschlossene Frauenwelt – und Frauenfeindlichkeit kann hier ebenfalls verwiesen werden. Er ist Symbol des Fanatismus und der Kriegsgefahr, aber mehr noch der Romantik. Es ist der eigene Trieb (bei Frauen deren männliche Seite) angesprochen.

Arbeit: Last und Mühe des Tages wird in den Schlaf mitgenommen. Abbild der Seelenarbeit im Traum.

Arbeiter: Man muß etwas tun und aktiv sein. Der Arbeiter im Traum kann aber auch die Angst vor dem sozialen Abstieg personifizieren oder ein Ausdruck von Sozialromantik sein.
Der Arbeiter muß häufig eine mühsame Arbeit tun, was auf den notwendigen Triebverzicht verweist, um überleben zu können. Damit wird die Erdung des Träumers oder der Träumerin angesprochen.

Arena: Die Arena ist der Raum, in dem das eigene Ich im Mittelpunkt steht (wie bei ↗ Aufführung). Sie steht für Kampf, Leistungswille und Erfolgsstreben.
Sieht man sich selbst dort, bedeutet dies, daß Aktivität, Selbstdarstellung und Kühnheit gefragt sind. Sieht man einen anderen dort, ist man selbst zu passiv. Was wird in der Arena gezeigt?

Ärger: Dieses Symbol im Traum verweist auf verdrängten Ärger im Leben und mag Sie auffordern, Ihre Gefühle auszudrücken. Hatten Sie jedoch einen Tag, an dem Sie Ihren Ärger frei ausdrückten, dann mag Ihnen hiermit ein Spiegel vorgehalten werden, und Sie sollten sich überlegen, ob es klug ist, so seinen Ärger auszudrücken.
Volkstümliche Traumdeutung: Freudiges Wiedersehen (komplementäre Deutung).

Aristokrat: Minderwertigkeitskomplex, man fühlt sich seiner gesellschaftlichen Umgebung unterlegen. Selbstwertsymbol, man will aufsteigen und fühlt sich zu kurz gekommen. Zeichen von Sozialromantik, indem man überholten gesellschaftlichen Vorstellungen und Werten kritiklos anhängt. Was wollen Sie wirklich in Ihrem Leben erreichen?

Arm: Grundlage des Handelns, man ergreift bzw. bekommt etwas in die Hand. Man will etwas bewirken (vgl. Arm des Staates z.B.).

Armband: Bindung; man fühlt sich handlungsmäßig eingeengt wie im Traumbild der ↗ Fessel oder des ↗ Käfigs. Auch: Betonung der Eigenständigkeit. Verweist als Schmuck auf Eitelkeit, wobei dies auch als Freude an der eigenen Schönheit gesehen werden kann.
Volkstümliche Traumdeutung: Man bekommt Geld oder eine Liebesaffäre.

Armbanduhr: Ordnung im alltäglichen Leben, Hetze, Streß und Termindruck. Uhr, Zeit. Neben diesen bekannten, mehr an der Oberfläche liegenden Bedeutungen wird hier auch die eigene Lebenszeit angesprochen. Wie nutzen Sie Ihre Zeit für sich? Die in diesem Traumbild angesprochene Zeit hängt eng mit Ihrer Persönlichkeit zusammen. Was haben Sie über die Jahre aus sich gemacht? Sind Sie damit zufrieden?

Armut: Großes geistiges Glück und Zufriedenheit. Oder Verarmungsängste ähnlich wie bei ↗ Almosen, ↗ Asyl, ↗ Bettler, ↗ Lumpen und ↗ Falschgeld. Warnung vor zu großem Materialismus. Wichtiger Hinweis auf verborgene Bedürfnisse. Was fehlt Ihnen denn wirklich?

Arznei: ↗ Apotheke. Die Arznei verweist auf eine Krankheitsangst des Träumers bzw. der Träumerin. Sie symbolisiert Hilfe, Bitterkeit, seelische oder körperliche Not. Sie drückt eine Angst aus vor Enttäuschungen, Schmerzen und/oder dem ↗ Alter. Die Arznei verweist oft darauf, wie man sich selbst heilen kann. Man muß etwas schlukken.

Arzt/Ärztin: Trost, Anteilnahme, Angst vor Schmerzen, Krankheit und Tod. Man ahnt bevorstehende Schwierigkeiten, sucht einen Ausweg, Rat und Hilfe. Kann auch für allgemeine Besserung und Stabilisierung stehen. Männlichkeitssymbol, weiser Mann bzw. kluge Frau, emanzipierte Weiblichkeit. Autorität und besonders Reichtum (vgl. Arzt-Romane).
Man sollte versuchen, im Traum mit dem Arzt oder der Ärztin zu sprechen und ihn/sie über seinen Zustand befragen. Die Antworten können einem wichtige Aufschlüsse nicht nur über die Gesundheit geben.
Wenn der Träumer selbst Arzt oder Ärztin ist, möchte er Herrschaft über Leben und Tod.
Im Freudschen Sinne auch erotisches Symbol: Eine Person, vor der man nackt dastehen darf.

Arzthelferin: Erotische, hilfreiche Frau. Helfersyndrom.

Asche: Die Bedeutung der Asche hängt mit ihrer Staubähnlichkeit und der Tatsache zusammen, daß sie der Verbrennungsrest nach Erlöschen des Feuers ist. Etwas ist vorbei und hat sich vollständig aufgelöst. Die Asche verkörpert oft eine Schwächung, den Abschied von der eigenen Lebendigkeit und verweist darauf, daß man sich wieder der Lebenslust und Freude zuwenden sollte.
Weitere mögliche Deutungen des Traumbilds Asche: Man fühlt sich ausgebrannt, antriebslos (depressive Verstimmung wie auch bei ↗ Abgrund und ↗ Mord). Kränkung, Enttäuschung, ↗ Krankheit und ↗ Tod einer geliebten Person können dieses Traumbild auslösen. Es kann ferner für Schuld und Sühne nach Ausschweifungen stehen (Aschenkreuz am ↗ Aschermittwoch).
Glühende Asche verweist auf Selbstreflexion und Läuterung.

Ast: Hilfe, Unterstützung (man soll nicht den Ast absägen, auf dem man sitzt). Symbol für den Rücken oder zumindest die Schultern. Naturverbundenheit. Trägt er Blätter, blüht er oder ist er winterlich kahl? Gebrochener oder abgesägter Ast: Man lädt sich zu viel auf.

Astronaut/-in: Bewußtseinserweiterung; es gibt viel Neues zu sehen und zu erfahren. Erkundung des

»Jenseits« und anderer Wirklichkeiten.

Asyl (Heim): Angst vor Schwierigkeiten, Verarmungsängste (vgl. auch Bettler, Almosen, Armut, Lumpen und Falschgeld), Angst vor dem Anderen und Andersartigen.

Atem: Symbol der Lebenskraft *(Prana)* und des Austausches mit der Umwelt. Außer Atem sein: Erschöpfung. Langer Atem: Geduld.

Athlet: Männliches Sexualsymbol, der Held. Männliche Kraft wie auch bei ↗ Bär. Häufiges Traumsymbol, wenn man sich schwach fühlt. Hinweis, daß man Sport betreiben sollte, allerdings auch oft ein Traumsymbol der Dummheit.

Atombombe: Bombe, Explosion. Sorge um Menschheit oder zumindest um soziales Umfeld. Todes- und Kriegsangst wie bei ↗ Abschuß und ↗ Helm. (Mehr) Selbstverantwortung in großen Lebensfragen, (mehr) Einflußnahme in wichtigen gesellschaftlichen Belangen.

Attentat: Aussichtslose Situation, es muß unbedingt etwas geschehen. Angst vor politischer Instabilität, ↗ Herrscher. (Mehr) Aufmerksamkeit im Alltagsleben.

Auferstehung: Entwicklungsprozeß, etwas muß absterben, abgelegt werden wie in ↗ Asche, Beerdigung und Phönix. Neuanfang, zähes Weitermachen. Bei christlichen Menschen hängt dieses Symbol immer mit dem jüngsten Gericht zusammen (Todesangst und Todesüberwindung).
Volkstümliche Traumdeutung: weite Reise.

Aufführung: Öffentlichkeit, Ende der Heimlichkeit, Eitelkeit und Oberflächlichkeit. Es muß etwas gezeigt werden. Man setzt sich zu sehr in Szene, macht zu sehr auf Show. Vgl. auch Arena. Was wird aufgeführt?

Aufgebot: Günstige Verbindung oder Sehnsucht nach fester Beziehung, Braut/Bräutigam. Konvention und Sicherheit wie bei ↗ Anker, ↗ Familie und ↗ Arche.

Aufhängen: Bei Wäsche usw.: Reinigung, Erhöhung, Verdeutlichung usw.; bei Menschen: Es muß etwas absterben, (vgl. Abtreibung, Amputation); ersticken, erwürgen.

Aufruhr: Veränderung und Dynamik. Angst vor politischen Wirren; vgl. auch Attentat, Anarchist.

Aufseher: Ordnung und Disziplin wie auf dem ↗ Amt. Einschränkung, männliche Autorität, kann auch negative Männlichkeit bedeuten. Arbeitsdruck, aber auch Überblick.

Volkstümliche Traumdeutung: beruflicher Aufstieg.

Aufstieg: Naheliegende Bedeutung: Erfolg durch Mühe. Wo möchten Sie hinkommen? Lohnt das Ziel den Aufwand? Treppe, Leiter.

Auftritt: Oft Erfolgsangst oder generell Angst vor Mißerfolg (besonders bei Lampenfieber im Traum). Wo findet Ihr Auftritt statt?

Auge: Spiegel der Seele, Fenster der Lebenskraft und des Willens. Da das Auge symbolisch mit der Sonne verbunden ist, verweist dieses Traumbild auf den Lebenswillen und die Kraft des Herzens. Körper, Geist und Seele werden hier angesprochen als Herz, Bewußtsein und Gefühl.
Oft Zeichen innerer Unruhe: Man befürchtet, etwas zu versäumen oder nicht mitzubekommen. Man weiß etwas, das man nicht sehen möchte, oder man ist einfach nur neugierig. Aufforderung, besser und gründlicher zu beobachten, genauer hinzusehen. Begierde (man ißt mit den Augen). Farbsymbolik ist wichtig.
»Blaue Augen Himmelsstern,/lieben und poussieren gern./Braune Augen sind gefährlich,/aber in der Liebe ehrlich./Grüne Augen Froschnatur,/von der Liebe keine Spur.« Allerdings werden in unserer heutigen Kultur die grünen Augen wie die blauen sehr erotisiert. Obwohl man sich im islamischen Bereich vor dem bösen Blick schützt, gilt angestarrt zu werden in der islamischen Traumdeutung als günstiges Zeichen: Man wird für wichtig gehalten, man ist interessant.
Von Freud und Jung wegen seiner Form als weibliches Sexualsymbol gedeutet (Selbstblendung des Ödipus als Kastrationssymbol).
Wenn man sich im Traum selbst sieht und sich selbst in die Augen schaut, dann bedeutet dies oft Selbsterkenntnis und ist eine Aufforderung, sich selbst mutig so zu sehen, wie man wirklich ist. Auch: Man soll eine unpersönliche Sicht einnehmen.
Wichtig ist es, im Traum darauf zu achten, wer wie schaut und wohin die Blickrichtung geht. Die Augen zu öffnen verweist auf Erkenntnisse und Offenheit, ein gebrochener Blick auf erlahmende Willenskraft.

Auktion: Es fällt einem etwas zu oder man muß geschäftlich aufmerksam und schnell sein. Man möchte etwas von Wert besitzen (meist Kunst oder Antiquitäten) in Zeiten des Werteverfalls.

Aula: Als Festsaal der Schule oder anderer Bildungsinstitutionen ist die Aula oft mit Angst vor ↗ Auftritten und Bewertungen verbunden. Die Deutung hängt davon ab, wie man seine Schulzeit erlebt hat.

Auseinandernehmen: Nach innen schauen, verstehen und analysieren. Tritt häufig als Traumbild auf, wenn man zu unreflektiert lebt. Achten Sie darauf, was auseinandergenommen wird und wie die einzelnen Teile aussehen? Puzzle.

Ausflug: Erholung, Freude und Ortsveränderung. Bekanntes Traumsymbol in Zeiten der Überarbeitung. Wo geht der Ausflug hin?

Ausgrabung: Alte Emotionen (Verschüttetes) müssen bewußtgemacht werden, psychologische Arbeit an einem selbst. Ähnlich wie bei ↗Auseinandernehmen liegt Selbstbesinnung an. Wichtig ist, was man bei der Ausgrabung entdeckt (ein verschüttetes Potential?). Freud sah den Prozeß der Psychoanalyse wie eine Ausgrabung an.

Ausland: Das Andere und Fremde. Der Träumer muß sich mit Neuem konfrontieren. Das Ausland ist immer das fremde Land im eigenen Inneren. Deutet auf eine Reise und Urlaub, besonders in Zeiten der Überforderung. Was symbolisiert das entsprechende Land für Sie?

Auspuff: Mit diesem Traumsymbol wird die Entsorgung negativer und giftiger Gedanken angesprochen. Der Auspuff ist häufig ein Hinweis darauf, sich mehr um eine positive Geisteshaltung zu bemühen.

Ausrutschen: Ausrutschen heißt, sich schlecht zu benehmen oder keine Erdung zu besitzen. Es ist der Ausdruck der Angst, (durch Unaufmerksamkeit) zu Fall zu kommen, oder des Bedürfnisses danach, sich unangepaßt zu benehmen. Sie verhalten sich nicht mehr der Norm entsprechend, sondern haben Ihre eigene Verhaltensweise gefunden. Haben Sie Mut, Ihren eigenen Lebensstil zu leben!
Man fällt oft plötzlich im Traum, weil man zuwenig oder (selten) zuviel Demut im Alltagsleben zeigt.

Aussaat: Die Aussaat ist ein bekanntes Sexualsymbol: Man möchte befruchtet werden oder selbst befruchten. Man will etwas bewirken. Dieses Traumbild tritt häufig auf, wenn man sich als unproduktiv empfindet. Es kann außerdem als die romantische Sehnsucht nach dem einfachen Landleben gedeutet werden.

Aussicht: Symbolisiert, wie bekannt, Überblick und Bewußtsein. Deutet fast immer auf die Zukunft hin. Die Aussicht tritt im Traum oft als Spiegel der Augen und des eigenen Gesichtskreises auf, d.h. sie stellt ein Abbild der persönlichen Identität dar. Was haben Sie in Aussicht? Ist die Aussicht gut oder schlecht? Was sehen Sie?

Aussteigen: Flucht oder notwendige Abgrenzung vor etwas wie bei ↗ Auswanderung. Man will etwas nicht mehr mitmachen oder es nicht mehr in dieser Art machen. Wichtig ist, woraus man aussteigt und mit welchem Gefühl.

Ausstellung: Man sollte etwas (von sich) zeigen wie bei ↗ Ausziehen. Man möchte kultiviert sein oder zumindest so erscheinen. Selbstdarstellung wie bei ↗ Arena und ↗ Aufführung.

Austern: Luxus, sozialer Aufstieg, Wunsch nach materiellem Überschuß. Weibliches Sexualsymbol gemäß der klassischen Tiefenpsychologie. Volkstümliche Traumdeutung: Mühe.

Auswanderung: Sich ein neues Betätigungsfeld suchen, aber auch Angst vor anstehender Neuorientierung. Kann wie ↗ Aussteigen oder ↗ Ausland gedeutet werden oder eine Warnung davor sein, die Realität nicht sehen zu wollen.

Ausweis: Symbol der Persönlichkeit und Identität. Personalausweis, Paß und Führerschein werden zum Beispiel oft im Traum gesucht, was auf eine Identitätssuche oder auf Angst vor Neuem verweist.

Ausziehen (Kleidung): Man sollte sich offen zeigen und jede Verstellung ablegen, wie auch bei ↗ Blöße und ↗ Nacktheit. Man soll sinnlich die Schönheit seines Körpers oder des Körpers eines anderen genießen. Möchten Sie sich, worin auch immer, offenbaren? Warnung vor Distanzlosigkeit und Unverschämtheit. Das Ausziehen eines Kleidungsstückes ist nach Jung immer das Ablegen eines Teiles von sich selbst.

Ausziehen (Wohnung): Wie ↗ Auswandern, ↗ Aussteigen und ↗ Ausland.

Auto: Eines der häufigsten Traumsymbole des modernen Menschen. Es zeigt den Übergang zu etwas Neuem an. Individuelles Transportmittel, Statussymbol, motorische Energie, die auch sexuelle Symbolik besitzen kann. Im modernen Sinne meist ein Symbol des täglichen Unterwegsseins, der seelischen Kraft und Beweglichkeit. Wie beim »Wagen« im Tarot stellt sich die Frage nach dem eigenen Lebensweg als Bestimmung des eigenen Kurses. Symbol der Umweltverschmutzung, die im Traum oft auf ein Bedürfnis nach innerer Reinigung verweist. Fahren Sie selbst oder werden Sie gefahren? Um welche Art von Auto handelt es sich? Sportwagen: Potenz; Geländewagen: Man möchte in jeder Situation zurechtkommen. Welche Farbe hat das Auto? Was tun Sie mit dem Auto? Reparieren oder fahren? Nach Freud ist während der Analyse das Auto oft Symbol für die Behandlung. Ein schnelles Auto ironisiert nach Freud die langsame Analyse. Nach Jung wie auch ↗Wagen und ↗Kutsche Symbol der Ortsveränderung.

Autobahn: Lebensweg, auf dem man schnell vorankommt oder im Stau steht. Hetze oder entspannende Reise. Als Verkehrssymbol wie ↗Autofahren und ↗Auto schwingt hier fast immer eine sexuelle Bedeutung mit.
Ist die Autobahn überfüllt (ich muß mich gegen viele Konkurrenten durchsetzen) oder leer (ich sehe mich alleine meinen Weg gehen)? Gibt es Komplikationen bei der Fahrt, wie Unfälle, Pannen oder schwierige Straßenverhältnisse? Dies deutet immer auf entsprechende Probleme des jetzigen Lebensweges hin.

Autofahren: ↗Auto, ↗Autobahn. Sich fortbewegen. Es kommt hierbei auf die Art der Fortbewegung an und darauf, mit welchem Gefühl man diese Fortbewegung erlebt. Wird die Fahrt als hektische oder als beschauliche Reise empfunden, kommt man schnell vorwärts oder hat man gar einen Unfall? Es ist wichtig, ob es sich um einparken, starten, überholen etc. handelt. Alles das ist symbolisch auf die eigene Fortbewegung zu beziehen.
Oft handelt es sich bei diesem Traumbild um einen Hinweis auf den eigenen subjektiven Bewegungsspielraum. Der Traum zeigt uns, wie wir uns täglich im »Konzert der vielen« bewegen und bewähren, wo es dabei Schwierigkeiten, Möglichkeiten und Aufgaben gibt.

Automat: Langweilige Alltagsroutine, Unselbständigkeit und Unmenschlichkeit. Man sollte beseelter und bewußter handeln. In Streßsituationen oft der irreale Traum vom Leben ohne Arbeit. Allerdings kann dieses Traumbild auch auf die Erleichterung der Arbeitsroutine verweisen, die eine Voraussetzung zur kreativen Arbeit und Selbständigkeit darstellt. Nimmt man sich selbst als Automat wahr, dann wird man womöglich auf unbewußt gebliebene Selbstverständlichkeiten und Gewohnheiten aufmerksam gemacht. Man sollte hier genau beobachten, was im Detail im Traumbild gezeigt wird.

Autor/-in: Selbständigkeit. Eine Person, die ihr Leben selbst kreativ gestaltet. Der kluge Mann/ die kluge Frau, nicht unbedingt der weise Mann/die weise Frau! Man will produktiv sein und geistige Werte schaffen.
Jede/-r hat etwas zu sagen. Drükken Sie es aus und teilen Sie sich mit. Vielleicht müssen Sie selbst

mehr, deutlicher und/oder häufiger das Wort ergreifen? Wollen Sie jemandem gründlich und ehrlich Ihre Meinung sagen?

Autoritätspersonen: Autoritäten drücken verinnerlichte Ansprüche, Erwartungen und Normen der Eltern aus. Auf der Objektebene ist Ihre Beziehung zu Vorgesetzten und Untergebenen angesprochen. Alle Autoritätspersonen sind auf unsere Erfahrungen mit unserem Vater zurückzuführen. Diese Erfahrungen prägen unbewußt unseren Blick auf Autoritäten. Um diese unbewußten Verhaltensmuster zu erkennen, wird uns unser Verhalten gegenüber Autoritätspersonen im Traum gezeigt.
Wie verhalten Sie sich im Traum den Autoritätspersonen gegenüber? Wie verhalten Sie sich Untergebenen gegenüber?

Autoschlüssel: Schlüssel zur Bewegung.

Axt: Durchsetzungsvermögen und Machtstreben, wobei man hier oft zu weit geht und sich daneben benimmt (»er benimmt sich wie die Axt im Walde«). Das Bild der Axt verweist auf das Holzhacken als rhythmische Bewegung des Eindringens und stellt so immer auch eine sexuelle Handlung dar, die mit Aggression verbunden ist. Es geht hier oft um Grobschlächtigkeit. Allerdings kann bei diesem Traumbild zugleich auch die Freude an der sexuellen Kraft ausgedrückt sein.

B

Baby: Verweist bekanntlich auf etwas Neues, Erfolg und Entwicklung. Ein Wunsch geht in Erfüllung. Kinderwunsch. Oder Kindlichkeit und Unreife des Träumers; er will mehr umsorgt werden. Weist häufig auf eigene Hilflosigkeit hin. Auch Symbol des Liebhabers, der Liebhaberin (»my baby, my sugarbaby« etc.).

Bach: Fluß, Wasser. Fließen der Gefühle, sich los- und fallenlassen wie auch bei ↗ Abhang. Sollten Sie sich mehr treiben lassen, oder lassen Sie sich zu sehr treiben? Ähnliche Symbolstruktur bei ↗ Fliegen, ↗ Schlitten und ↗ Fallschirm. Sehnsucht nach Ruhe und Natur. Beachten Sie auch immer, daß es sich bei den hier angesprochenen Bewegungen hauptsächlich um innere Gemütsbewegungen handelt.

Backen: Ist wie Kochen mit einer Umwandlung verbunden, vgl. auch ↗ Alchemie und ↗ Apotheke. Sehnsucht nach Häuslichkeit, Gemütlichkeit und Geselligkeit wie auch bei den Symbolen ↗ Abendessen und ↗ Abendmahl. Verweist häufig auf Kreativität. Was wird gebacken und nach welchem Rezept?

Backofen: Hitze, Triebe. Man brütet etwas aus, es entwickelt sich etwas in einem. Romantische Flucht in die sogenannte gute alte Zeit. Nach Freud weibliches Sexualsymbol, Gebärmutter.

Bad: Naheliegende Bedeutung von Reinigung (rituelle Reinigung von Sünden). Diese Reinigung hängt meist mit der »Seelenpflege« zusammen. Entspannung und Erholung sind hier oft angesprochen. Gleichzeitig hängt das Bild des Bades immer auch mit der Vorstellung des Jungbrunnens zusammen. Ähnliche Symbolstruktur wie bei Bad finden wir bei ↗ Dusche, ↗ Sauna und ↗ Seife.
Kaltes Wasser verweist auf Kummer, zu heißes Wasser darauf, nicht recht bei Verstand zu sein (»als Kind zu heiß gebadet worden sein«).

Badeanzug/Badehose: Dieses Traumsymbol sollte man stets als Sehnsucht nach direktem Gefühlskontakt deuten. Beim Badeanzug und der Badehose ist auf den Schnitt zu achten. Er drückt aus, welche erotische Einstellung ihre Trägerin oder ihr Träger besitzt. Deuten Sie, was der Badeanzug und die Badehose verhüllen und was sie nicht verhüllen. Wichtig ist auch die Farbsymbolik.

Badewanne: ↗ Wanne, ↗ Badezimmer.
Die Badewanne im Traum ist (wie ↗ Bad und ↗ Sauna) meistens als Reinigung und Entspannung zu deuten. Bei dieser Reinigung müs-

sen Sie sich in Ihr Gefühl begeben (Wasser), deswegen wird hier wahrscheinlich die Reinigung Ihrer Gefühle angesprochen. Volkstümliche Traumdeutung: Harte Zeiten brechen an, wenn die Wanne leer ist, gute dagegen, wenn sie gefüllt ist.

Badezimmer/Badehaus: Ort der Reinigung wie Bad. Erotischer Ort, an dem man sich nackt (Nacktheit) auszieht wie beim Arzt. Entspricht oft besonders bei Klienten in der Psychotherapie dem Konsultationsraum des/der Psychologen/-in. Ort der Gefühle.

Bagger: Stärke oder zerstörerische Kraft. Man muß etwas aus der eigenen Tiefe hervorholen, Fundamente freilegen und nach dem Schatz in der Tiefe graben. Gelegentlich ein Traumsymbol des Monströsen wie bei ↗ Monster.

Bahnhof: ↗ Eisenbahn, ↗ Zug. Sehr häufiges Traumsymbol. Veränderung der Lebenssituation. Auf dem Bahnhof erfahren wir oft, wie es auf unserer Lebensreise weitergehen soll. Auch ein Bild für Hetze (»es ist höchste Eisenbahn«); warten auf etwas oder »aus der Bahn geworfen sein«. Die Bahnbeamten, die wir eventuell fragen, symbolisieren die besser informierte Seite unseres Wesens. Ob der Zug kommt, ob wir im richtigen Zug sind, wohin/worauf wir umsteigen können, der Wartesaal: alle diese Symbole können leicht auf die eigene seelische Befindlichkeit bezogen werden. Der Zug ist in der Tiefenpsychologie das Unbewußte selbst, das uns auf den rechten Weg bringen möchte.

Bahnsteig: ↗ Bahnhof. Symbol für Verreisen und Warten. Häufig auch das Treffen anderer Personen.

Bahnwagen: Wie ↗ Bahnhof und ↗ Bahnsteig. Häufiges Traumsymbol für Unterwegs-Sein. Wichtig ist, welche Menschen man im Bahnwagen trifft.

Bahre: Symbol des Ausruhens, besonders häufig in allgemeinen Streß-Situationen. Unterstützung und Hilfe; aber auch Angst vor Unfall und Tod.

Balkon: Übersicht, Bewußtsein und Planung. In der klassischen Psychoanalyse Symbol der weiblichen Brust wie auch alles Obst, besonders Apfel und Pfirsich. Verweist in der volkstümlichen Traumdeutung auf Hindernisse.

Balkonbrüstung: Man bezieht seine Sicherheit aus dem intellektuellen Überblick. Verweist häufig auf zu einseitige Intellektualität und übertriebenes Sicherheitsbedürfnis oder auf eine Sehnsucht nach Sicherheit und Intellektualität.

Ball (Spiel): Traumsymbol des Laufenlassens wie ↗Wasser und Bach. Besinnung auf eigene Kindlichkeit. Ballspiel ist ein Symbol des Selbstausdrucks. Allerdings drückt der Ball auch wie beim Fuß- und Handballspiel das aggressive Eindringen und Vorpreschen aus. Hier wird die männliche Seite der Lust bei Mann und Frau angesprochen. Zumeist verweist das Auftreten dieses Traumbildes darauf, daß diese Lust mehr auszuleben und zu genießen ist. Bei Mann und Frau findet man hier häufig die Lust an der Unterwerfung ausgedrückt. In seltenen Fällen tritt dieses Traumbild als Symbol der Angst vor Aggressionen auf.
Ganzheitssymbol, Symbol konzentrierter psychischer Energie nach Analytischer Psychologie. Wird tiefenpsychologisch auf das Erleben der eigenen Sexualität bezogen.
Sieht man sich selbst als (Spiel-) Ball, verweist das auf mangelnden Willen, Festigkeit und Zielgerichtetheit.

Ball (Tanz): Unzufriedenheit mit gesellschaftlicher Situation (ähnlich wie bei ↗Aristokrat) oder Freude und gesellschaftliche Anerkennung. Der Ball gilt auch als Ort der Einweihung in die kultivierte Leidenschaft.

Ballon: Man selbst war oder ist oft schwermütig, jetzt liegt es an, sich daraus zu erheben. Andererseits Warnung vor einem Abheben. Auch Symbol für Aufgeblasenheit oder den Wunsch aufzusteigen, ähnlich wie bei ↗Aristokrat und Auktion. Seltener Traumsymbol für Ideen. Fliegt der Ballon oder platzt er?

Bambus: Nach dem chinesischen Traumbuch »Meng-Shu« aus der Tang-Zeit (618–906 n. Chr.) deutet der Bambus auf das Einsiedlertum hin und damit sowohl auf Einsamkeit als auch auf Vollendung. Ob diese, an die chinesische Kultur gebundene Vorstellung im Westen zutrifft, wage ich zu bezweifeln. Bambus im europäischen Traum erinnert eher an den Rohrstock und an Strafe.

Banane: Allgemein bekanntes Penissymbol. Als »Affennahrung« verweist sie auf den Mut zu lustvollem Quatsch und ausgelassenem Blödsinn.

Band/Schnur: Es kann auf den roten Faden durchs Leben verweisen wie auch auf die Entwirrung der Lebenssituation (Knäuel).

Bandage: Unterstützung, Hilfe und Sicherheit wie bei ↗Apotheke und ↗Arznei. Kampf (harte Bandagen anlegen), Fesselung und Handicap.

Bank (Geldinstitut): Angst vor Geldverlust, warnt vor Verschwendung. Aber auch Ansehen, Macht und Energie. ↗ Geld, ↗ Reichtum.

Bank (Parkbank): Ausruhen, Rast, Beschaulichkeit wie auch ↗ Armsessel, ↗ Andacht und ↗ Medizin. Die »lange Bank« verweist auf Verzögerungen.

Bankett: Innerliche Nahrung, Freude, ein gesellschaftliches Ereignis. Oft Symbol für den Wunsch nach gesellschaftlichen Aufstieg ähnlich wie z.B. bei ↗ Aristokrat, ↗ Austern und ↗ Ball.

Bankrott: Verlustangst. Entschuld(ig)ung. Man fühlt sich häufig durch Überarbeitung am Ende, weiß nicht mehr weiter und sollte sich damit auseinandersetzen, statt diese Erfahrung zu verdrängen. Wunsch nach Offenbarung (»Offenbarungseid«) und einem Neuanfang. Was würden Sie anders machen?

Bar: Der erotische Ort, das Verbotene, die Entspannung ähnlich wie bei Armsessel und ↗ Bank z.B., nur mit erotischer Bedeutung.

Bär: Besonders beim Mann große Kraft (bärenstark) wie bei ↗ Athlet; auch der gefährliche Mann. Für unsere Vorfahren noch reale Gefahr und Bedrohung. Wer sich das Bärenfell überzog, der wurde zum Berserker, er erlebte eine ungeheure Kraftsteigerung und wurde unbändig wild. Kann auch der dümmliche, aber gutmütige Mensch sein. Verweist oft auf Enttäuschungen oder Täuschungen (einem einen Bären aufbinden). Häufig ein Symbol des vernachlässigten (aussterbenden) Tierischen. Nach Jung Symbol des negativen Aspektes der männlichen Stärke. In der nordischen Mythologie symbolisiert der Bär meist weibliche Eigenschaften, auch die Gläubigen der Artemis nannten sich »arktoi« (Bären). So gilt er seit dem Altertum als mütterliches, erdhaftes Tier, das die weibliche Triebwelt darstellt. Astrologisch entspricht der Bär dem Stier-Prinzip.

Barfuß: ↗ Fuß. Erdung, Askese, Gesundheit und häufig auch Urlaub.

Barriere: Schwierigkeit im sozialen Kontakt (Gegensatz zum Traumbild ↗ Gast) oder im Handeln. An eine Grenze stoßen, was meistens auf eine Herausforderung verweist.

Bart: Bekanntes Symbol männlicher Kraft und Potenz, Herrschaftssymbol. Unterstützung durch einen weisen Mann; Weisheit durch das Alter (Saturn-Symbol). Seine männliche Seite pflegen. Männliche Überlegenheit, Autorität (beim Bart des Propheten).

Abschneiden des Bartes bedeutet fast immer Kraftverlust und (Angst vor) Impotenz. Allerdings gibt es auch eine andere Seite der Bedeutung des Bartabschneidens: Man legt durch das Abschneiden seines Bartes sein Gesicht frei, zeigt sich offen der Umwelt und in diesem Sinne kann das Abschneiden des Bartes in der heutigen Zeit auch als Potenzsteigerung angesehen werden.

Batterie: Batterien sind im Traum Ihre eigenen, inneren Energiespeicher und Energiequellen. Sie stehen für die Quellen der Lebenskraft und für Aktivität.

Bau/bauen: Der Bau wie das ↗ Haus symbolisieren fast immer den menschlichen Körper oder die persönliche Identität. Wichtig ist, auf die Art des Baus zu achten. Der Vorgang des Bauens hängt meist mit Selbständigkeit zusammen und damit, sich selbst wieder aufzubauen (in harten Zeiten).

Bauch: Hier ist darauf zu achten, ob tatsächlich Störungen des Magen- und Darmbereichs vorliegen. Die Küche des Leibes, der Ort der Umwandlung (vgl. Alchemist), aber auch der Lust und des Triebes (vgl. auch Bauchtanz). Vermögen, was einem selbst gehört (»mein Bauch gehört mir«). Zeigt oft die Verbindung von Willen und Gefühl an, von unbewußten und bewußten Bedürfnissen. Dünner Bauch verweist häufig auf unbefriedigte Sexualität; dicker Bauch auf zuviel Sex (oder Sexersatz) und Ausschweifung.

Bauer: Im Traum des Städters meist der Wunsch nach natürlichem und einfachem Leben ähnlich wie bei ↗ Acker, ↗ Ähre und ↗ Bauernhof. Bei diesem Traumbild ist fast immer die persönliche Fruchtbarkeit, in welcher Hinsicht auch immer, angesprochen, denn der Bauer will etwas pflanzen, um es zu ernten. Was müssen Sie tun, um etwas zu ernten? Was wollen Sie ernten?

Bauernhof: Farm. Wendung zur Natur hin wie bei ↗ Acker, ↗ Ähre und ↗ Bauer. Naturseite des Träumers, das Natürliche (das Triebhafte und Tierische) muß geordnet werden. Annahme und Einordnung der Triebkräfte, materieller Erfolg, Erdung und gute Gesundheit.

Baum: Schutz, archetypisches Symbol des Lebens (Lebens-, Welten- und Stammbaum) und des Menschseins: In der Erde verwurzelt, reicht die Krone des Baumes wie der menschliche Kopf in den Himmel. Man hat an zwei Welten Anteil: An der Natur und der Notwendigkeit (Erde) und der des Geistes und der Freiheit (Himmel).

Persönliche Entwicklung und Wachstum der/des Träumenden. Familiensituation über mehrere Generationen hin. Naturverbundenheit wie bei ↗ Acker, ↗ Ähre, ↗ Bauer und ↗ Bauernhof. Sorge um die Umwelt (und auch das eigene Wachstum).
Trägt der Baum Früchte? In welcher Jahreszeit sieht man ihn? Wie ist der Zustand von Wurzel (Symbol des Wurzelgrundes der Seele), Stamm und Krone? Wo steht der Baum und wie steht er dort (allein, kleine Gruppe, im Wald oder Park)?
Nebukadnezars Traum: Die Zerstörung des Baumes als Zerstörung des Königs.
Der Baum symbolisiert besonders als Baumstamm nach Freud das männliche Glied.

Baumblüte: Glück, Fülle. Ein häufiges Traumsymbol bei nächtlichem Samenerguß.

Baumstamm/Stamm: Sicherheit, Stabilität und Leistungsvermögen ähnlich wie bei ↗ Familie und ↗ Aufgebot. Meist negative Bedeutung, wenn der Stamm durch- oder abgesägt wird. Allerdings kann der Aspekt des Holzmachens auch auf Wärme (Nahrung für das eigene innere Feuer) und die (Einteilung der) eigenen Energien verweisen. Ist der Stamm gerade gewachsen und kräftig?

Baustelle: ↗ Bau. Lebensplanung, Existenzaufbau und Persönlichkeitsentwicklung.

Beamter: Symbol des gediegenen, sicheren Mannes, der dem Staat (der Allgemeinheit) dient, wobei besonders auf den Aspekt des Dienens zu achten ist. Erstattung, Konvention und Sicherheit wie bei ↗ Aktie, ↗ Anker, ↗ Arche, ↗ Aufgebot, ↗ Bürgersteig, ↗ Elternhaus und ↗ Familie. Langeweile ähnlich wie ↗ Amt. Ökonomische Ängste wie bei ↗ Brötchen.

Becher: Zunächst sollte man sich fragen, ob man Durst im Traum gehabt hat; Getränk, Wasser. Das Spendende (vgl. der Gral), das Mysterium. Aber auch Lebenslust, Aufstieg und Luxus wie ↗ Austern, ↗ Ballon und ↗ Champagner. Warnung vor Alkoholismus. Aus welchem Material besteht der Becher? Womit ist er gefüllt? Möglicherweise ein Giftbecher, wobei zu fragen ist, was denn das Gift ist. Klassisch tiefenpsychologisch: weibliches Sexualsymbol (vgl. Ballade: »Es war ein König in Thule«).

Beerdigung: ↗ Begräbnis. Häufiges Traumsymbol. Es soll etwas vergessen und abgeschlossen werden, das absterben muß, um Neuem Platz zu machen wie bei ↗ Baby und ↗ Geburt (dort allerdings mehr die Betonung auf das Neue, das kommt). Ähnliche Symbolstruktur bei ↗ Abtreibung und Amputation. Streitigkeiten werden begraben, unerfüllbare Wünsche oder lästige, unpassende Gewohnheiten werden aufgegeben. Beziehungen zu Personen sterben ab wie auch bei ↗ Tod, ↗ Scheidung, ↗ Abtreibung und ↗ Abschied. Wird man selbst beerdigt, stirbt meistens das alte Ich ab.

Beeren: Man hat Freuden und Genüsse. Appetit auf Beeren ist oft Ausdruck sexueller Bedürfnisse. Kann aber auch Warnung vor Achtlosigkeit bedeuten (schon im Altpersischen). Sehnsucht nach Gesundheit und Natürlichkeit wie bei ↗ Bauer, ↗ Acker, ↗ Ähre und ↗ Aussaat.

Begleiter/-in: ↗ Bruder, ↗ Schwester, ↗ Freund/-in, ↗ Schatten.

Begräbnis: ↗ Beerdigung, ↗ Leiche.

Behälter: ↗ Büchse, ↗ Dose. Der Inhalt ist wichtig. Weibliches Sexualsymbol nach Freud, das Mysterium nach Jung (vgl. auch die Büchse der Pandora, die den Menschen geschickt wird und alle Übel auf der Welt verbreitet, falls diese sie öffnen).

Behörde: ↗ Amt, ↗ Beamter.

Beichte: Entlastung durch Kommunikation, Ehrlichkeit. Man muß Schuldgefühle loswerden und/ oder sich von zu strengen Moralvorstellungen befreien. Ähnliche Symbolstruktur auch bei ↗ Bestrafung.

Beifall: ↗ Applaus. Man ist von Neid und Eifersucht umgeben. Warnt vor Eitelkeit. Auch Ausdruck des Strebens nach Anerkennung. Sich und andere sollte man mehr loben. Auf jeden Fall wünschen Sie, daß man sich mit Ihnen auseinandersetzt. Was tun Sie dafür?

Bein: Bewegung aus eigenem Antrieb im Gegensatz zu der in Fahrzeugen wie ↗ Auto. Symbolisiert auch die Lebenseinstellung und besonders die Erdung.
In älterer Psychoanalyse Sexualsymbol: Schönes Bein - befriedigender Beischlaf; Beinbruch wurde als Ehebruch angesehen (wohl heute weniger zutreffend).

Beischlaf: Sehnsucht nach oder Angst vor Beischlaf. Höhepunkt und Entspannung. Bild der persönlichen, körperlichen Sexualität, das oft auf den Selbstzweck der Sexualität verweist. Es werden hier sexuelle Lust, Kraft und Stärke angesprochen und zugleich die Herausbildung des Selbst, die nur in der intensivsten Kommunikation mit dem anderen erfolgen kann. Der sexuelle Höhepunkt zeigt uns (nicht nur im Traum), wie wir unsere persönliche Kraft und Lust zentrieren und einsetzen. Nach alchemistischer Symbolik und Analytischer Psychologie werden Gegensätze hier verbunden und gelöst (mysterium coniunctionis).

Bekannte/-r: Günstige Neuigkeit, etwas Verlorenes wird wiedergefunden. Sehnsucht nach sozialem Kontakt ähnlich wie bei ↗ Gast und ↗ Begleiter.

Belagerung: Enge und Eingeschlossensein wie bei ↗ Bernstein, ↗ Falle, Fahrstuhl, Dorf und Käfig. Kriegsangst wie bei ↗ Helm, ↗ Bajonett, ↗ Abschuß und besonders ↗ Atombombe. Unfreiheit. Welche Vorräte (psychischen Eigenschaften) stehen Ihnen während der Belagerungszeit zur Verfügung?

Beleidigung: Unzufriedenheit oder Überheblichkeit. Bezieht sich aber auch häufig auf real empfangene oder ausgeteilte Beleidigung. Allerdings scheint hier oft der Wunsch nach Verständnis und neuen Einsichten durch.

Bellen: Warnung vor Gefahr. Aggression.

Benzin: Treibstoff, körperliche oder seelische Energie, Nahrung. Der Antrieb.

Berg: ↗ Gebirge. Schutz und Bewußtsein. Überblick, über der Situation stehen wie bei den Vogelsymbolen. Der mühsame Teil des (Lebens-)Weges steht bevor. Naturromantik und Einsamkeit, Stadt- und Kulturflucht.

Bergab: Sich fallenlassen, Angst davor, nach »unten« (in das Gefühl, die Sexualität etc.) zu gehen wie bei ↗ Abstieg.

Bergauf: Mühen des Aufstieges, Gelingen einer Sache.

Bergbesteigung: Annäherung an ein wichtiges Problem. Hindernisse und Mühen auf dem Weg zeigen wirkliche Schwierigkeiten. Wie sieht der Berg aus?
Nach Freud ist der Berg wie der Fels oft Symbol des männlichen Glieds.

Bergführer/-in: Autorität, Sachverstand und Umsicht. Helfer/-in, Betreuer/-in auf dem Weg zum Gipfel. Astrologisch ist das Prinzip des Steinbocks angesprochen.

Bergkristall: Der Schatz, der im Inneren von einer/m selbst wächst. Findet man diesen Schatz, bekommt man höchste Klarheit geschenkt, die Reinheit der Seele. Warnt auf der anderen Seite vor Undurchsichtigkeit, Unzugänglichkeit und eitler Faszination (besonders als Schmuck, vgl. auch ↗ Bernstein und andere Kristalle, Steine und Schmuckstücke).

Bergwerk: Die Tiefe der Seele oder des Körpers, übertriebene Selbstversunkenheit, aber auch gute Geschäfte.

Bernhardiner: ↗ Hund. Mit diesem Traumsymbol ist Ihre Hilfsbereitschaft und Gutmütigkeit angesprochen.

Bernstein: Versteinerung, Enge (eingeschlossenes Leben) wie ↗ Belagerung, ↗ Fahrstuhl, ↗ Dorf, ↗ Käfig und ↗ Falle, Warnung vor Stolz. Eitelkeit wie bei allen Schmuck(-steinen) z.B. ↗ Bergkristall.

Besen: Reinigung wie ↗ Bad und ↗ Abfall. Bekanntes Hexensymbol. Hinweis auf ein Problem, das es zu lösen gilt. Penissymbol und Zauberstab.

Besteck: ↗ Gabel, ↗ Messer. Das Besteck im Traum richtet unseren Blick auf das Essen und die Ernährung. Essen hängt mit Aggression zusammen, da bei ihm die Speisen zerkleinert werden. Das Besteck hilft, diesen Zerkleinerungsprozeß durchzuführen. Dazu kommt noch die Bedeutung der Zerlegung (Analyse).
Achten Sie darauf, woraus das Besteck besteht. Silberbesteck verweist auf die Gefühlsqualität, da ↗ Silber dem Mond zugeordnet wird, welcher der Herrscher unserer Gefühle darstellt. Stahlbesteck deutet auf Härte hin, Plastikbesteck auf Vergänglichkeit.

Bestie: Die Bestie symbolisiert die tierische Seite unseres Schattens, die – da sie nicht angenommen wird – sich uns gegenüber zerstörerisch verhält. Mit diesem Symbol wird der Blick auf den Umgang mit unseren Trieben gelenkt. Bei diesem Traumsymbol wird häufig die Selbstdisziplin angesprochen, die nötig ist, die Bestie zu zähmen. Ist Ihre Bestie zu gezähmt und besitzt gar nichts Erschreckendes mehr?

Bestrafung: Schlechtes Gewissen und Masochismus. Moralische Probleme ähnlich wie bei ↗ Beichte. Hier kann auch die Aufgabe angesprochen sein, jemanden zur Rechenschaft zu ziehen oder jemandem verzeihen zu können.

Besuch: Veränderung, Entwicklung, Übergangsstadium, Einsamkeit. Sehnsucht nach oder Überfluß an sozialem Kontakt wie bei ↗ Bekannte/-r.

Beton: Unnachgiebigkeit, Gefühllosigkeit, Härte. Häßlichkeit und Abschirmung. Der Charakterpanzer im Sinne W. Reichs.

Betrug: Verweist oft auf sexuelle Hemmung. Lebensangst. Wer hat wen betrogen?

Bett: Lager. Sehnsucht nach häuslichem Glück und Ruhe, auch erotische Situation. Oft Konfrontation mit sexuellem Problem, dann gibt die Beschaffenheit des Bettes Hinweis auf die Sexualität des Träumers.
Im I GING steht das Bett für die intime Situation (vgl. Zeichen 23). Nach Jung immer Ort des Schutzes und der Pflege, auch Symbol für den Schlaf und die Unbewußtheit. Entstehungsort der Kinder und Stätte des Sterbens, somit Sinnbild des ewigen Kreislaufs.

Bettdecke: Schutz vor Kälte (des Lebens, des Gefühls). Es ist wichtig, mit wem man da drunter steckt! Ist aber häufig auch auf realen Kampf mit der Bettdecke im Schlaf zurückzuführen.

Bettler: Härte des Existenzkampfes, Minderwertigkeitsgefühl, Verarmungsangst. Loslassen und Selbstgenügsamkeit. Man bekommt etwas geschenkt. Müssen Sie lernen, um etwas zu bitten oder Forderungen zu stellen?

Beute: Man erlangt etwas durch eigene Mühe und Anstrengung. Haben-Modus nach E. Fromm wie auch bei ↗ Auktion, ↗ Beute, ↗ Börse und ↗ Brieftasche.

Beutel: Wichtig ist, was sich in dem Beutel befindet. Praller Beutel: Egozentrik; leerer Beutel: innere Leere.

Bewerbung: Man bemüht sich um etwas, das man nicht so leicht bekommt. Wofür bewerben Sie sich? Stehen neue Aufgaben an, bei denen Ihnen unbekannte Talente gefordert sind?

Bezahlen: Spielt die Bezahlung im Traum eine Rolle, dann sollten Sie sich fragen, wie bereitwillig Sie für alle Ihre Gaben bezahlen. Meistens ist damit Ihr Umgang mit Zuwendung, Ablehnung oder Neutralität angesprochen. Es wird mit Gefühlen bezahlt. Wohin geben Sie Ihre Energien und was bekommen Sie dafür?

Bibliothek: Symbol des geistigen Lebens wie ↗ Buch; großes Wissen. Warnt vor zu einseitiger Intellektualität ähnlich wie bei ↗ Balkonbrüstung. Dieses Traumbild fordert oft zur ganzheitlichen Bildung und der Entwicklung der Persönlichkeit auf.

Biene: Emsiger und arbeitsamer Mensch. Wie oft bei Insekten: positive soziale Eigenschaften und der Wunsch nach Persönlichkeitsentfaltung. Mit der Biene ist auch der Honig angesprochen als die süße Nahrung; ebenso die »flotte Biene«. Müssen Sie sich selbst mehr Gutes zuführen?
Wird man von Bienen bedroht, verweist das auf Spannungen mit

der Umwelt (man muß sich in die Gesellschaft fügen), verweist oft auf Probleme mit Teamwork oder Gruppen. Altes Symbol der Merowinger sowie des Tierkreiszeichens Jungfrau.

Bienenstich: Sexualverkehr. Schon die Griechen und Römer deuteten den Stich einer Biene im Traum eines Mädchens als Verliebtheit; Stachel.

Bier: Fröhlichkeit, Geselligkeit und Vernebelung oder Erhellung (Neptun-Symbol). Volkstümliche Traumdeutung: finanzielle Verluste.

Bild: Nicht die Realität! Egozentrik oder Selbstreflexion. Suche nach geeignetem Weltbild oder eigenem Selbstbild.
Wer oder was ist dargestellt?

Bildhauer: Kreativität und Gestaltung des Harten trotz großer Widerstände. Negativ: Man scheut sich, die Dinge und sich selbst so zu nehmen, wie sie sind bzw. wie man ist. Vielleicht, weil man befürchtet, kein gutes Bild abzugeben. Oder positiv: Sie arbeiten daran, zum Kern einer Sache bzw. Ihrer selbst vorzustoßen und das Wesentliche für sich herauszuarbeiten.

Billard: Erfolg um mehrere Ecken. Spiel und Erholung. Das Vermögen, etwas anzustoßen (in Gang zu bringen) und Impulse zu geben. Zeugungskraft.

Birke: Junges, schlankes Mädchen. Genügsamkeit. Die Birke verbindet schwarz und weiß in der Färbung der Borke. Verbindung der Gegensätze. Im Mittelalter Zauberschutz gegen Hexen und böse Geister.

Birne: Weibliches Sexualsymbol (wie alle Früchte), gegebenenfalls Anfang einer Schwangerschaft.

Bischof: Männlichkeitssymbol wie ↗ Autor. Autorität wie ↗ Papst, ↗ Vater und ↗ Weiser.
Volkstümliche Traumdeutung: schlechte Gesundheit wie auch bei i Abt.

Biß: Aggression (man ist bissig), Zerkleinerung. Oft Verweis auf die tierische Seite des Menschlichen. Persönliche Bissigkeit, soziale Beißhemmung hängen auf vielfache Weise mit der Annahme/Ablehnung der eigenen »animalischen« Seiten sowie auf einer weiteren Ebene mit den Eßgewohnheiten, mit dem Kauverhalten u. a. m. zusammen. ↗ Essen, ↗ Gebiß.
Wer beißt wen? Von einem Tier gebissen zu werden: Kontakt mit den eigenen Trieben.

Blasebalg: Anfeuerung der Triebkraft und Energie. Man braucht mehr »Feuer«. Sich aufblasen und sich aufpumpen.

Blasinstrument: Symbol für Entspannung und Kunstgenuß oder einen inneren Aufschrei. Meist wird hier eine große Kraft ausgedrückt, die sich in Harmonie befindet oder zumindest zur Harmonie fähig ist. In diesem Sinn möchte Sie dieses Traumbild daran erinnern, daß Sie Ihre Kraft sehr wohl harmonisch einsetzen können (statt zerstörerisch). Und bekanntlich kann jedes Blasinstrument als Sexualsymbol auftreten.
Klassische Tiefenpsychologie: Penissymbol.

Blässe: Angst, Krankheit oder Blasiertheit.

Blatt (einer Pflanze): Man ist einem Wandel unterworfen oder kann sich fallenlassen, ähnlich wie bei ↗ Abhang, Bach und teilweise ↗ Fallschirm, nur spielerischer.
Welkes Blatt: Sorgen; grünes Blatt: man lebt auf, Erfüllung eines Wunsches.

Blatt (Papier): Müssen Sie etwas unbedingt festhalten oder ausdrücken? In welcher Beziehung sehen Sie sich wie ein beschriebenes, in welcher Weise wie ein unbeschriebenes Blatt?

Blau: Weist auf Treue und tiefe Gefühle hin, aber auch auf den Wunsch nach Entspannung. Symbolfarbe der Seele, da Blau die Tiefe des Meeres und die Höhe des Himmels ausdrückt. Es steht auch für das Unbewußte sowie für Ferne, Weite und Unendlichkeit. Das reine, klare Wasser, die fernen Berge und der Himmel. Blau symbolisiert die erlöste Natur. Helligkeitsstufen des Blaus sind zu beachten!
Romantische Sehnsucht: die »blaue Blume« (Novalis, »Heinrich von Ofterdingen«; dort kommen erstaunlich viele Blaustufungen vor). Kann auch Neptun-Symbol sein. Die Vernebelung (blau sein als betrunken sein), vgl. Alkohol. Auch Symbol der Niedergeschlagenheit (»I feel blue«). Nicht zuletzt Symbol der Kälte (besonders metallisches Blau).
Blau kann auch wie in dem Begriff »blaue Berge« die Verbindung zwischen Himmel und Erde symbolisieren: Die Farbe des Himmels kommt auf die Erde, und so verbinden sich ganz im Sinne von Thomas Mann Geist und Natur, oder, wie Jung es ausdrücken würde, es findet die Hochzeit zwischen Himmel und Erde statt.
Weise Frauen tragen blaue Mäntel. Farbe des Himmelsmantels Marias: Der Schoß, aus dem Christus geboren wurde, ist ein Symbol des »geistigen Gefäßes«. Blau ist in der Alchemie die Farbe des Mondes, Stellvertreter des Silbers, und die Farbe der Seele. In der Alchemie steht Blau im Gegensatz zum

Rot und bezeichnet einen kühlen, beruhigenden Zustand (Blau wirkt im Farbheilen beruhigend).
Im Osten steht Blau stellvertretend für Schwarz als Unterweltsfarbe. In Ägypten wird der unterweltliche Osiris schwarz oder blau dargestellt. Die Sufis (eine mystische Gruppe der Mohammedaner) beziehen das Blau auf das Innerste der Flamme. Für sie drückt diese Farbe die höchste Leidenschaft aus. In unserem Kulturbereich tritt auch ein Abglanz dieses leidenschaftlichen Blau in den Begriffen wie »blaue Stunde« und »blue movies« auf (vgl. auch »Blues-Musik«).

Blech: Quatsch (z.B.: Blech reden), Formbarkeit, geringer Wert.

Blei: Saturn-Symbol, Körperlichkeit, Schwere (Schwerfälligkeit), aber auch relative Weichheit; ist haltbar, läßt sich jedoch gut einschmelzen und umgestalten. Blei ist giftig und wurde schon in der Antike mit dem Fluch assoziiert. Sind Sie giftig zu anderen, oder ist man Ihnen gegenüber giftig gewesen? Auch: Beschwerung, Beschwerden, Schwerpunkt.

Bleistift: Nachricht, Notiz. Kommt oft im Traum vor, wenn man etwas zu vergessen droht, was man besser behalten sollte (man sollte es aufschreiben). Penissymbol nach Freud.

Blendung: Täuschung, meist durch Großartigkeit. Zu viel Sonne oder zu wenig Schatten, Überbelichtung: Dahinter steht die Aufforderung, die eigenen dunklen Seiten zu erhellen.

Blick: Augen. Wahrnehmung. Was sollten Sie genauer betrachten? Von wem möchten Sie (mehr) gesehen werden?

Blindheit: Gefahr! Man sieht etwas nicht oder will sich der Selbstverantwortung bzw. -reflexion entziehen. Man ist unbewußt. Der Augenschein führt nicht weiter. Suchen Sie nach (neuen) Erkenntnissen?

Blindschleiche: ↗ Schlange. Obwohl die Blindschleiche eine Eidechse ist, wird sie im Traum als Schlange betrachtet – allerdings mit dem Schwerpunkt auf die positiven Aspekte der Schlange (weil sie nicht giftig ist). Ansonsten kann bei diesem Traumsymbol auch weitgehend die Bedeutung von ↗ Blindheit angesprochen sein.

Blitz: Wenn Blitz nur leuchtet: plötzliche Eingabe (Gedankenblitz). Descartes sah in seinen Träumen am 10.11.1619 u. a. einen Blitzstrahl, der ihn zeigte, daß er nun seine eigene Methode des Verstehens gefunden habe. Vgl. hierzu auch Engel.

Als gewaltsames Naturereignis: Affektstau, Verdrängung, die durch plötzliches aggressives Handeln abreagiert und ausagiert werden möchte; unkontrollierte Entladung großer Energien. Streit (»jemanden abblitzen lassen«).
Nach Artemidor gutes Omen. Nach Freud phallisches Symbol. Jung sagt ebenfalls, daß alles, was einschlägt, als phallisches Symbol zu deuten sei.

Blond: Diese Haarfarbe wird mit ↗Gold in Verbindung gebracht. Symbol vor allem der weiblichen Schönheit. Das Blonde ist im Traum meist das Gute, die Anima stellt sich fast immer blond dar. Im Gegensatz zum Witz ist im Traum eine blonde Person selten dumm.

Blöße: Nacktheit, Ausziehen. Häufiges Traumsymbol, wenn man etwas verstecken will. Oder die Suche nach den »nackten Tatsachen« ist hier angesprochen.

Blume: Traditionelles Symbol für Gefühle (der Blumenstrauß, besonders Rosen), die man indirekt ausdrückt (»sage es durch die Blume«), und für Schönheit und Fruchtbarkeit. Werden und Vergehen einer Blume parallel zum Lebenslauf der/des Träumenden. Erwartung und Hoffnung in Liebes- und Beziehungsdingen. Wichtig sind die Farben und die Art der Blumen. Rote Rosen verweisen auf sexuelle Liebe, weiße Rosen und auch andere Blumen auf Unschuld, blaue Blumen auf die Kraft der Seele und des Gefühls. Schneeglöckchen weisen auf Überwindung der Kälte hin, Astern auf den Herbst und den Tod.
Blumen zu pflücken gilt als Symbol sexueller Erfahrung (vgl. die Doppeldeutigkeit des lat. Wortes »deflorare«, auf die mittelalterliche Narren oft anspielten, und ebenfalls William Blake in »Visionen der Töchter Albions«), gebrochene Blumen bedeuteten im Mittelalter Sexualverkehr.
Für die indische Traumdeutung (Jagaddeva) höchstes Glückssymbol. Bei Freud in der »Traumdeutung« sehr ausführlich behandelt, symbolisiert Frau, Zärtlichkeit, weibliches Genital und das Genitale allgemein wie auch die Blüte (vgl. auch Anaïs Nin, »Das Delta der Venus«). Nach C. G. Jung bedeuten Blumen Gefühle.

Blumenkohl: Von der Form erinnert er an das Gehirn: Mehr Denken und besser durchdachtes Handeln bringt Nahrung, ein behagliches Zuhause und wie bei allen Gemüsen eine gute Gesundheit.

Blumentopf: Häuslichkeit und Kultivierung der Natur. Die Eigenschaft des Hegens und Pflegens wird hier angesprochen. Allerdings kann dieses Traumbild auch

auf den Ersatz des Echten verweisen: Die Blume im Topf ist die beherrschte (und im Grunde die unechte) Natur.
Nach Freud weibliches Symbol wie ↗ Vase.

Blut: ↗ Rot. »Blut ist ein ganz besonderer Saft« (Goethe: Faust 1), es ist das Lebendige im Leben, die Triebsubstanz, es drückt Feuer und Passion aus (darin sind sich Freud und Jung einig). Leben, Liebe und Leidenschaft, aber auch Verletzung und Enttäuschung. Das Blut verweist oft auf die Mutter und kann die Seele und den Willen symbolisieren. Wo »die Stimme des Blutes« spricht, ist eine besondere Empfindsamkeit oder auch Triebhaftigkeit angesprochen.
Austausch von Blut (Blut trinken) stellt eine Verbindung der Lebenskraft (Blutsbrüderschaft) dar. Das Blut Christi wird beim Abendmahl getrunken, es ist das universale Heilmittel. Blutverlust symbolisiert meist Liebesverlust; Bluttransfusion entsprechend Bereicherung der Lebenskraft. Menstruation, Blutung.

Blüte/blühen: Wie ↗ Frühling: Freude, Fülle, körperlicher Aspekt des Gefühlslebens, Sexualität (besonders die weibliche).
Nach Freud Bezug zur weiblichen Sexualität: besonders die Farbe der Blüten ist wichtig: weiße Blüten sexuelle Unschuld, rote dagegen sexuelle Reife.

Blutegel: Ekelgefühl (vor eigenem Körper). Das Gefühl, ausgesaugt zu werden, wie bei ↗ Vampir. Nach volkstümlicher Traumdeutung ein Glückssymbol, da Blutegel heilen.

Blutung: Leben, Leidenschaft, Kühnheit oder Enttäuschung wie bei ↗ Blut, aber auch Laufenlassen, sich hingeben wie bei allen Wassersymbolen. Menstruationstraum. Verweis auf eine Verwundung oder Verwunderung. Geheimnis des Lebens. Ist diese Blutung mit Schmerzen verbunden?

Bock: Bekanntes Symbol erdhafter Urkraft, Geilheit (Bock und Hahn gelten schon in mittelalterlichen Allegorien als Bilder einer männlichen, aber auch hexenhaften Geilheit und Fleischlichkeit), das Tierische und Wilde, aber auch die Dummheit. Die Aufgabe, den Bock zum Gärtner zu machen, d.h. ihn zu entwickeln und ihm menschliche Züge zu verleihen.

Boden: Erdung und Erdverbundenheit. Basis und Grundlage einer Angelegenheit.

Bogen/Bogenschütze: Zielgerichtetheit, Konzentration auf ein Ziel, Disziplin.

Bogen/Torbogen/Brückenbogen: Spannung und Überbrückung von Gegensätzen.

Bohne: Symbolisiert wie alles Keimende das weibliche Geschlechtsorgan, aber auch die männliche Sexualität und ganz allgemein die Nahrung. Etwas Geringes (nicht die Bohne wert).

Bohrmaschine/Bohrer: Bekanntes Penissymbol. Der Vorgang des Bohrens bedeutet Geschlechtsverkehr. Heute häufiges Traumsymbol des Zweifels oder in die Tiefe gehen, um dort Widerstände zu überwinden.

Boje: Orientierungshilfe, Hoffnung und Sicherheit wie bei ↗ Anker und ↗ Arche, aber auch ↗ Familie, ↗ Aufgebot und z.B. ↗ Beamter.

Bombe: Aggression und Zerstörung, Kriegsangst wie bei ↗ Helm, ↗ Bajonett und ↗ Belagerung. Häufiges Traumsymbol, wenn man zu dominierend und aggressiv ist oder es mehr sein sollte.
Für die Psychoanalyse symbolisiert das Einschlagen der Bombe den Orgasmus. Das Bild der Bombenexplosion verweist auch auf Befreiung und Entladung. Es ist die Enthebung und das Sprengen von Grenzen angesprochen.

Boot: ↗ Schiff.

Bordell: Neue Erfahrung. Man tut etwas um des Geldes willen, was man besser nicht täte. Ausdruck der Berechnung in der Sexualität. Sehnsucht nach oder Angst vor geiler Sexualität. Meist ein Symbol der Entfernung und des Suchens nach neuem Ausdruck seiner Lust.

Börse: Riskante Geschäfte, man spekuliert auf etwas (dessen Ausgang ungewiß ist). Haben-Modus nach Fromm wie bei ↗ Auktion, ↗ Beute, ↗ Börse, ↗ Brieftasche und ↗ Aktie. Bezieht sich meist auf eigene Finanzen.

Bote/Botin: Spielen Sie die Rolle einer vermittelnden Person? Sind Sie zufrieden damit oder würden Sie lieber in eigener Sache tätig werden? Was haben Sie mitzuteilen?
Kommt ein Bote zu einem, empfängt man wichtige Nachrichten. In jedem Fall ist die Art der Nachricht wichtig.

Boxkampf: Durchsetzungsvermögen und Aggression als naheliegende Bedeutung. Häufiges Traumbild für die Berufs- oder Ehesituation. Kann aber auch auf positives Kämpfen verweisen.

Brand: Feuer. Häufiges Traumbild bei Angst vor oder Sehnsucht nach eigenem Feuer. Warnung vor Unbedachtsamkeit. Hier ist immer das Lebensfeuer angesprochen.

Man zerstört etwas oder setzt ein Zeichen (Fanal). Triebstau.

Brandung: Triebstau wie bei ↗ Brand und ↗ Feuer, aber von größerer Gefühlstiefe (Wasser). Gefühlswallungen, aber auch Urlaub, Ferien und Naturerlebnis. Meist drückt die Brandung die Wogen der Seele aus, die als Naturkraft erfahren werden. Es können auch ozeanische Gefühle angesprochen sein, vor denen man Furcht empfindet oder nach denen man sich sehnt.

Braten: Man hat beruflich etwas vor, das gelingen soll. Sehnsucht nach Häuslichkeit wie oft bei Symbolen vom Essen wie ↗ Abendessen, ↗ Backen und ↗ Festmahl. Lebensart und Lust finden Sie hier ausgedrückt, aber Achtung: vgl. »Nichts anbrennen lassen!«

Braun: Natur, Naturverbundenheit, Vitalität, Erdung und auch Urlaub und Sonne. Lehm, Matsch, Fäkalien. Verweist gegebenenfalls auf Unterdrückung und die »braune Gefahr« in und aus der deutschen Geschichte.

Braut/Bräutigam: Ein entscheidendes Ereignis für die eigene Entwicklung wird erwartet. Der Wunsch nach einem Partner, einer Partnerin und nach Bindung oder nach Ausgleich innerer und äußerer Gegensätze. Sehen Sie hier Ihren Traumpartner? Dieser Traumpartner oder diese Traumpartnerin stellt sehr oft ein Bild Ihrer Seelenideale dar. Selten Warnung vor unerwünschter Schwangerschaft wie auch bei ↗ Baby.
Unglückliche oder häßliche Braut/Bräutigam weist auf Partnerkonflikte hin.
Alchemistisches Symbol für die Verbindung der Gegensätze, die Verbindung männlicher und weiblicher Seelenanteile nach Jung. Bedeutet erstaunlicherweise in der volkstümlichen Traumdeutung durchweg Unglück und große Enttäuschung, besonders wenn man selbst Braut oder Bräutigam ist.

Bremsen: Hindernis, fehlende Beweglichkeit und Hemmung. Oft drückt sich in diesem Traumbild der Anreiz oder auch der Zwang zu größerer Genauigkeit oder Mäßigkeit aus. Wichtig ist zu sehen, was bremst und was gebremst wird. In seltenen Fällen die Bedeutung von Sicherheit.

Brennen: Wie ↗ Feuer oft ein eindringliches Wandlungs- und Reifungssymbol.
Im Traum verbrennen oft Vater, Mutter oder Kinder – auch Eltern- und Bauernhäuser. Das verweist auf eine Ablösung von den Eltern (bzw. der Elternrolle) unter Schuldgefühlen. Deswegen will der Träumer in solchen Träumen immer das Feuer löschen.

Brennholz: Antrieb, kurze Affäre.

Brett: Das Flache, Glatte und Verbindende. Wichtig ist die Funktion des Bretts.

Brief: Verbindung (zur geliebten Person), Nachricht, Kommunikation mit der Außenwelt. Botschaft, die noch nicht ins Bewußtsein gedrungen ist.

Briefmarke: Wert der Kommunikation nach außen. Wichtig ist der Wert der Marke wie auch ihr Bild.

Brieftasche: Geld, Reichtum. Sinnbild des Eigenen, denn die Brieftasche tragen wir immer bei uns. Verlust der Brieftasche kann auf Identitätsverlust verweisen.

Brieftaube: Romantisches Symbol der zärtlichen und leichten Kommunikation. Bei der Taube schwingt stets die Bedeutung von Friede und Sanftheit mit.
Volkstümliche Traumdeutung: Eine Nachricht von Ihrer Geliebten wird ins Haus flattern.

Briefträger: Der Überbringer von Nachrichten. Vielleicht werden Sie aufgefordert zu schreiben – oder erwarten Sie einen Brief? Im Traum kann damit auch stets der Brief an sich selbst gemeint sein, d.h., daß man sich etwas vornimmt oder klarmacht.

Brille: Hilfe oder Hindernis, etwas genauer zu erkennen. Hier wird auf die eigene Optik verwiesen und der Mut zur subjektiven Sichtweise angesprochen. Einsicht, Weitsicht, Überblick wie bei ↗ Auge und teilweise bei ↗ Vogel, hier ist jedoch ein Hilfsmittel nötig. Auch Ausdruck der gefährdeten, geschützten oder geschärften Subjektivität (und Emotionalität). Sonnenbrille weist auf Sommer, Ferien und Blendung; Schutzbrille auf Arbeit. Vgl. auch »rosarote Brille«.

Brombeere: Verweist auf Natürlichkeit. Klassisch tiefenpsychologisch wie alle Beeren sexuelle Anspielung (Kitzler). Volkstümliche Traumdeutung: schlechtes Omen aufgrund der schwarzen Farbe.

Brosche: Wie bei allen Schmucksymbolen Verweis auf Eitelkeit oder Bereicherung des Lebens. Man möchte Anerkennung, etwas darstellen im Leben oder beschenkt werden.

Brot/Brötchen: Lebenserhaltende Speise, Stärkung, nährende Substanz. Ökonomische Sicherheit wie bei ↗ Beamter, aber nicht derart materiell wie bei ↗ Aktie, ↗ Auktion und ↗ Brieftasche. Wegen der Form häufig Symbol für das weibliche Genital. Dieses Symbol verweist ferner auf das Alltägliche (»unser täglich' Brot gib uns heute«). Achten Sie darauf, ob Sie große oder kleine Brötchen backen. Nach Jung der Leib (Brotlaib), vgl. auch Schaubrote im Tempel Davids oder Abendmahl der Christen. Häufiges Traumsymbol, wenn die Triebenergie auf die vorsexuelle Stufe (orale Befriedigung) zurückfällt (Jung). Freud nennt das die Regression in die orale Phase.

Brücke: Ein häufiges mythologisches und Traumsymbol ist die Brücke über dem Abgrund. Oft Ort der Gefahr und des Absturzes im Traum, man überschreitet eine Grenze. Vor dieser Gefahr schützt im katholischen Glauben der Heilige Johannes von Nepomuk (Schutzheiliger der Brücken). Vereinigung, Wiederaufnahme von Beziehungen, Gegensätze werden überbrückt. Hat der Träumer große Sicherheit, schwindet die Angst vor dem Abgrund, die Brücke wird breiter und sicherer, aber sie bleibt ein potentieller Ort der Gefahr.
Wichtig ist der Zustand der Brücke, ihr Material. Wie fühlt man sich auf der Brücke? Man hat ein gutes Stück Seelenarbeit geleistet, wenn man über die Brücke gelangt ist, eine Änderung hat sich vollzogen (man ist am anderen Ufer).
Im Koran: Brücke über die Hölle, die dünn wie ein Faden ist und die nur der Gerechte überschreiten kann. Auch bei den Kelten gibt es die Brücke der Schrecken, die nicht breiter als ein Faden ist. Die Brücke leitet meist über einen Abgrund, in dem sich fast immer ein Geist, Teufel oder Gott befindet. Oft muß man ihm im Traum ein Opfer bringen, um über die Brücke zu gelangen. Auf Brücken stehen deswegen manchmal Kapellen, wo solche Opfer dargebracht werden können (Paris und Leeds).
Jung bezieht die Brücke immer auf unsichere Stellen des Bewußtseins. Psychologisch repräsentiert sie nach Jung das dünne, unsichere Bewußtsein, das immer wieder vom Unbewußten bedroht wird. Zeigt aber auch die Bewußtseinskontinuität, denn sie verbindet die einzelnen Bewußtseinsinseln.

Bruder: Beim Mann das zweite Ich. Man ist ganz auf sich selbst angewiesen, bekommt Hilfe aus sich selbst heraus oder die männliche Seite sollte gestärkt werden. Bei der Frau ihre männliche Seite.

Brunnen: Häufig in Träumen von Schwangeren als Ursymbol des Lebendigen (z.B. Jungbrunnen). Kapital des Menschen, aus dem er schöpft. Tiefe (der Seele), weibliches Sexualsymbol wie auch ↗ Quelle.

Brust: Starke Mutterbindung, Regression, Nahrung, weibliches Symbol. Beim Mann: Leidensfähigkeit, Geduld, treue Freundschaft. Ausruhen und Heilung wie auch bei ↗ Busen. Hier wird häu-

fig die Aufgabe angesprochen, sich selbst zur »guten Mutter« zu werden und sich selbst als »eigenes Kind« anzunehmen.
Freud: frühkindliches Sexualsymbol.

Buch: Belesenheit und Klugheit als naheliegende Bedeutung. Man sollte sich mehr dem realen Leben zuwenden. Im »Buch des Lebens« ist das eigene innere Wissen niedergeschrieben, d.h. hier finden wir das Drehbuch oder das Skript zu unserem Leben. Der Inhalt des Buches, sein Titel und die Farbe des Einbandes sind wichtig.

Buchhandlung: Ob Sie der Besitzer der Buchhandlung sind oder diese als Kunde besuchen, immer geht es um Information und Wissen. Entweder möchte dieses Traumbild Sie darauf hinweisen, daß Sie sich mehr bilden sollten, oder es zeigt Sie als einseitig intellektuellen Menschen. Außerdem drückt die Buchhandlung die Sehnsucht nach Ruhe und Muße aus.

Büchse: ↗ Behälter. Besondere Bedeutung bekam die Büchse der Pandora, aus der das Böse in die Welt entlassen wurde. Nach vielen Tiefenpsychologen ist die Büchse ein klassisches weibliches Sexualsymbol. Im heutigen Traum symbolisiert sie entweder Ordnung, oder sie wird durch ihren Inhalt bestimmt.

Buckel: Altes Glückssymbol (Glöckner von Notre Dame), Periode vieler Belastungen. Mehr Aufrichtigkeit wird von Ihnen gefordert. Sie können aber auch Ballast abwerfen.

Bückling (Fisch): Der Bückling ist ein ↗ Fisch und zugleich ein ↗ Nahrungsmittel. Es kommt bei seiner Deutung darauf an, ob Sie Bücklinge mögen oder nicht. Der Bückling hat den Ruf, Speise der Armen zu sein.

Bückling (Verhalten): Demutsgeste.

Büffel: Der Büffel ist ein bekanntes männliches Sexualsymbol. Er steht für männliche Triebkraft (wie ↗ Bulle und ↗ Bock) und Stärke.

Bügeleisen: Es gibt etwas zu verbessern, »auszubügeln«. Könnten Sie zu konventionell sein? Häuslichkeit wie bei ↗ Abendmahl, nur daß hier die soziale Bedeutung mehr oder weniger fehlt.

Bühne: Verweist auf eine wichtige Stellung oder Stelle im Leben. Man möchte wie bei ↗ Arena mehr im Rampenlicht stehen. Kommen Sie aus sich heraus und zeigen Sie sich! Welche Rolle haben Sie gespielt, oder hinter welcher Maske versteckten Sie sich? Welches Stück haben Sie gesehen?

Bulldozer: Kraft, etwas beiseite (bzw. aus dem Weg) zu räumen, oder fühlen Sie sich abgeschoben?

Bulle: Männliches Sexualsymbol wie ↗ Büffel und ↗ Bock. Polizist, Symbol des Feindes, aber auch der Hinweis auf Ruhe im Sinne von In-sich-Ruhen.

Burg: ↗ Schloß, ↗ Stadt. Macht und Abkapselung, aber auch Symbol der Mitte. Als Muttersymbol bergend, vereinnahmend oder schützend.
Nach Freud sind Burg, Schloß und Festung wie auch Stadt immer Symbole der Frau.

Bürgersteig: Verweist fast immer auf Sicherheit, nach der man sich sehnt, um weiterzukommen wie auch bei ↗ Aktie und ↗ Beamter.

Büro: Berufliche Tätigkeit, Arbeit, Gemeinschaftsgefühl.
Das eigene Büro verweist auf Ihre eigene Arbeitshaltung, ein fremdes Büro mag darauf hinweisen, daß Sie sich zu sehr (in Ihrer Arbeit) nach anderen richten.

Bus: ↗ Omnibus. Schnelles Vorwärtskommen auf der Lebensstraße, aber im Gegensatz zum Auto mit der Gemeinschaft verbunden. Man will mit Gewalt und meist auch allein zum Ziel kommen, was dem Träumer nicht gut tut. Weniger Gewalt und mehr Ausdauer wären besser. Erinnert ans Kollektive; die Kraft, die viele mitzieht. Verreisen, Ortsveränderung.
In welchem Zustand befindet sich der Bus? Wie verläuft die Fahrt?

Busch/Gebüsch: Heimlichkeit (hinterm Busch halten). Schutz vor unangemessener Öffentlichkeit oder Angst vor Offenheit. Weibliche Gefühle, Neigungen und Wünsche (Merlin wird von Viviane hinter einem Weißdornbusch verführt).
Ist der Busch kahl oder blüht er? Ist etwas im oder hinter dem Busch versteckt (Gott erscheint Moses im brennenden Busch)?

Busen: Sehnsucht nach Verbundenheit, Zärtlichkeit, Ruhe wie bei ↗ Brust. Wen man an seinen Busen nimmt, der ist einem verwandt. Nach altgermanischem Recht wurden Verwandtschaftsgrade durch Körperteile bezeichnet; »Busen« gehörte zu den nahen Blutsverwandten.

Butter: Positives Symbol, alles ist in Ordnung (»in Butter«). Symbol des Nahrhaften und der Verfeinerung. Hier ist auch die sprachliche Nähe zu Mutter zu beachten.

C

Café: Naheliegendes Symbol für den Ort der Muße und Erholung; Genuß. Treffpunkt und intellektuelle Anregung.
Was nehmen Sie im Café zu sich?

Campingplatz: Vgl. auch Zelt. Wunsch nach Erholung und Urlaub. Gemeinschaftsgefühl, Sehnsucht nach einfachem Leben.

Cello: Harmonie wie bei ↗ Chor. Tiefe, Erdung und Führung ins Unbewußte. Spielen Sie selbst oder hören Sie zu?
In der Psychoanalyse der weibliche Körper.

Champagner: ↗ Sekt. Aufstieg, Ausgelassenheit, man sollte sich etwas gönnen. Luxus wird ersehnt wie bei ↗ Austern, warnt zugleich vor Verschwendung.
In Champagner zu baden, gilt als Symbol prickelnder Sexualität und des dekadenten Luxus.
Volkstümliche Traumdeutung: unglückliches Zeichen in bezug auf Liebesbeziehungen (Fremdgehen oder Verschwendungssucht des Partners).

Champignon: Erdverbundenheit.

Chaos: Wandlungssymbol. Nach dem Psychologen G. Harnisch sind chaotische Traumbilder wörtlich zu deuten. Meines Erachtens richtet das Chaos im Traum die Aufmerksamkeit des Träumers auf seine Einstellung zur Ordnung. Chaos ist der Zustand, aus dem alles entsteht, und deswegen zeigt es uns unsere kreativen Chancen an. Chaos ist stets ein Symbol der Wandlung. Es ist heilsam und energiereich. Als Abwertung bedeutet Chaos, das Leben in sich zu verneinen. Das Chaos ist ein verpönter, aber nach Leben rufender Teil der Seele. Chaos ist Zeichen der inneren Unordnung, der fehlenden seelischen Struktur und mangelnder Lebensbewältigung. Chaos ist Ausdruck von Angst und Panik.
Wenn im Traum auf das Chaos Bilder der Ordnung folgen, wird der Träumer meistens darauf verwiesen, mehr Ordnung walten zu lassen. Folgen auf Ordnung Bilder des Chaos, wird der Träumer häufig darauf verwiesen, mehr Chaos zuzulassen, um seinen kreativen Ausdruck zu befreien.

Charakter: Charakter ist Individualität – Charakter ist Starrheit (Wilhelm Reich).
Der Charakter einer Traumperson symbolisiert auf der Subjektstufe Ihre Eigenschaften und Fähigkeiten, mit denen Sie sich beschäftigen sollten.

Chauffeur: Man bewegt sich nicht aus eigenem Antrieb, man wird gesteuert, was auf die Seele oder das Unbewußte verweisen kann, das uns vorwärts bringt. Fremde Hilfe (wenn man gefahren wird). Ist man selbst der Chauffeur, wird mehr Demut angesagt sein, man sollte dienen statt herrschen, ähnlich wie bei ↗ Kellner. Wie steht es um Ihre Selbsterfahrung?

Chef: Symbol der männlichen Autorität wie der ↗ Vater. Der reale eigene Chef. Oder der Chef als Sinnbild der eigenen obersten Instanz in jedem/r von uns: Fähigkeit zur Selbst-Regierung. Positive Färbung dieses Traumsymbols: die positive Männlichkeit, »Herrscher« in eigener Sache. Sich selbst als Chef zu sehen, ist meist ein Wunsch oder kompensatorischer Traum: man fühlt sich unterlegen und minderwertig. Oder man nutzt seine Macht zu wenig.
Vom eigenen Chef zu träumen soll nach volkstümlicher Traumdeutung Aufstieg anzeigen und somit Wohlstand. Nach Jung spricht hier meist die herrschsüchtige männliche Seite in uns.

Chemie: Alle Begriffe der Chemie und alle Hinweise auf die Chemie verweisen auf Kräfte der Bindung und der Abstoßung. Es geht also um Ihre sozialen bzw. emotionalen Reaktionen.

Chemiker: ↗ Alchemist, ↗ Apotheke. Es geht um neue Zusammensetzungen oder Analyse und Veränderung. Oft Hinweis, daß man entweder zu einseitig intellektuell ist oder intellektueller sein sollte. Wie der Arzt und Apotheker der Mann im weißen Kittel, der reine Mann (Hinweis auf den Geist, dem die weiße Farbe zugeordnet wird). Träumen Frauen vom Chemiker, klingt hier fast immer deren Animus-Bild an.

Chirurg: Durch Abschneiden (Vergessen) muß etwas geheilt werden. Der Retter in der Not. Autorität, häufig männlicher Held oder dessen Beschränktheit im zeitgenössischen Frauentraum. Auch der angehimmelte Mann der Arztromane und Fernsehserien.

Chor: Verschmelzung, Fröhlichkeit, Harmonie (himmlische Chöre) und Kunstverstand. Wie können Sie sich in eine Gruppe einordnen, und wie können Sie dort Sie selbst bleiben?
Singen Sie mit oder hören Sie nur zu?

Clown: Das Leben sollte nicht so ernst genommen werden. Spiel, Leichtigkeit. Angst, sich lächerlich zu machen aus einem Minderwertigkeitsgefühl heraus, oder man hat zu große Ansprüche an sich und andere. Wichtig sind die Handlungen und Stimmungen des Clowns.

Cocktail: ↗ Alkohol. Der Cocktail ist ein animierendes Getränk, das häufig eine erotische und zumindest gehobene Stimmung symbolisiert. Man sehnt sich nach solchen Stimmungen, die man im Leben häufiger erleben sollte. Mit wem trinken Sie den Cocktail? Wie empfinden Sie die Situation?

Computer: Arbeitshilfe, unpersönliche Perfektion, gefühllose Präzision: es fehlt Gefühl und Seele. Warnt vor Karrierismus. Symbol des geistigen Ordnungs- und Kombinationsvermögens.

Couch: Ruhe, Rast. Couch hat fast immer sexuelle Anklänge.

Cowboy: Abenteuerlust und Selbständigkeitsdrang. Übertriebene Geltungssucht. Wunsch nach Unmittelbarkeit und Nähe zu sich selbst. ↗ Schütze.

Creme: Jede Creme verweist im Traum auf die Charaktermaske im alltäglichen Leben. Man möchte schöner sein, als man ist. Allerdings stellt die Creme auch den »Seelenbalsam« dar. Im tieferen Sinne ist hier die Schönheit der Seele angesprochen, und die schöne Seele ist im übertragenen Sinne die wahre Seele.
Man sollte bei der Deutung dieses Traumbildes immer bedenken, daß das zu pflegende Gesicht sowohl Identität als auch Image verkörpert.

D

Dach: Geborgenheit, Schutz, Kopf und Intellektualität. Bereich der bewußten Gehirntätigkeit. Wir sprechen vom »Dach über dem Kopf«, d.h. im Bild des Daches drückt sich häufig ein höheres geistiges Fassungsvermögen aus. Sollten bei Ihnen neue Erkenntnisse anstehen? Das Dach kann auch für das ganze Haus stehen.
Die volkstümliche Traumdeutung spricht vom Wohlergehen und Wohlstand.

Dachboden: Dort liegen vergessene Ansprüche und Erwartungen. Nach Jung Ort erster sexueller Erfahrungen, wie auch im Märchen »Dornröschen«, wo der Spindelstich in der Turmkammer, also im »Oberstübchen« geschieht. Hier auf dem Dachboden und im Oberstübchen sind die Tabus im geistigen Bereich angesprochen. Neben der Sexualität ist das selbständige Bewußtsein eines dieser Tabus. Hier auf dem Dachboden liegen vorzugsweise die Gedanken, die wir uns nicht zu denken trauen und Einstellungen, die wir nicht zu äußern wagen.
Volkstümliche Traumdeutung: Verlobung (weil es da so romantisch ist).

Dachdecker: Der Dachdecker personifiziert den Überblick und den Intellekt. Als ↗ Handwerker spricht er die Geschicklichkeit des Träumers oder der Träumerin an.

Dachgiebel: Guter Rat und Sicherheit wie bei ↗ Arche.

Dachs: Man hat Arbeit vor sich. Seltenes Sexualsymbol im Traum.

Dachziegel: Schutz, Sicherheit wie bei ↗ Dach(-giebel) und ↗ Arche. Volkstümliche Traumdeutung: Beförderung im Beruf.

Dackel: Ein guter Kamerad, der uns zwar nicht hilft, dafür aber lustig ist. Wir müssen für das Tierische (in uns) sorgen und mehr auf unsere Instinkte achten. Man soll nicht so »hündisch« sein.

Dahlie: Wie bei allen Blumen: man blüht auf. Buntheit und Offenheit.

Damm (wie Staudamm und Deich): Einengung, Aggressionsstau ähnlich wie bei ↗ Dampf, beherrschte Gefühle, unterdrückte Wünsche. Auch Sicherheit und Stütze wie ↗ Anker, ↗ Arche und ↗ Boje (vgl. Th. Storm »Der Schimmelreiter«).

Damm (wie Bahndamm): Dieses Traumbild weist immer auf einen bestimmten vorgegebenen Weg hin. Der Bahndamm besitzt dabei möglicherweise sexuell-erotische Bedeutungen als zwielichtiger Ort erster sexueller Erfahrungen. »Damm« wird ferner die Körperzone zwischen Geschlechtsorgan und After genannt.

Dammbrüche: Aggressive oder triebhafte Entladung. Sich auf dem Damm befinden: gesund sein.

Dämmerung: Die Morgendämmerung ist im Traum oft mit Ängsten verbunden, jedoch auch teilweise ein Symbol des Neuanfangs, der Neugier und der Offenheit. Morgen- und Abenddämmerung sind Zeiten der Lust. Die Abdämmerung ist darüber hinaus ein Symbol des Abschieds oder Abschlusses im Traum.

Dampf/Dampfkessel: Gestaute seelische Energie wie bei Damm, die sich entladen möchte (Dampf ablassen). Man steht unter Dampf oder ist der Hans Dampf in allen Gassen. Steht der Dampf nicht unter Druck, dann sind eher Auflösungserscheinung und die Lust, sich zu verströmen gemeint: Der Dampf als Symbol der Hingabe. Der Dampf als Mischung von heißem Wasser (»heiße Gefühle«) und Luft (Intellekt) weist auf bewußte Leidenschaften hin.

Dampfer: ↗ Schiff. Kreativ verwandelt man seine inneren Spannungen zu einer konstruktiven Haltung, mit der man sein Gefühlsleben ordnen kann. Der Dampfer kann aber auch »nur« eine Ferienerinnerung wachrufen und somit die Sehnsucht nach Ruhe und Entspannung ansprechen.

Dampflokomotive: Symbol für Energie und Sexualität. Sie verkörpert ferner eine auf die Vergangenheit fixierte Lebensweise. Freud hatte Angst vor Dampflokomotiven und deutete deswegen dieses Symbol als Angstsymbol.

Dattel: Symbol des weiblichen Geschlechtes. Nach orientalischer Auffassung eine sinnliche Frucht; verweist dort auf eine sich anbahnende leidenschaftliche Beziehung.

Daumen: Weist auf die Produktivität bei Mann und Frau (auch auf Penis/Klitoris). Symbolischer Ausdruck der Kreativität. Deutet häufig auf die eigene Person, die als klein empfunden wird. Daumenstellung kann Leben oder Tod bedeuten, zum Beispiel bei den Gladiatorenkämpfen im alten Rom. Volkstümliche Traumdeutung: Hindernisse liegen im Weg. Nach Freud Symbol für sexuelle Triebhaftigkeit.

Daumenlutschen: Flucht in die Kindlichkeit. In der Psychoanalyse ein bekanntes Onaniesymbol.

Deck: ↗ Schiff. Das Schiffsdeck steht für Reise und Erholung (obwohl es ein gefährlicher Ort ist). Befinden Sie sich auf dem Ober- oder Unterdeck? Das verweist darauf, ob Sie zur Zeit mehr im Kopf oder im Bauch zentriert sind.

Decke (Bettdecke): Schützen und wärmen, verbergen und verheimlichen. Mit einem anderen unter einer Decke zu stecken, zeigt engste Verbunden und Vertrautheit an.

Decke (Zimmerdecke): Begrenzung des Denkens und der Ideen. Im Traum fällt einem die Decke entweder auf den Kopf und macht so ein Gefühl der Enge und des Eingesperrtseins drastisch klar, oder sie ist unendlich hoch und man versucht, sich nach ihr zu strecken, um sie zu erreichen. In jedem Falle ist entweder noch mehr intellektuelle Anstrengung nötig oder man strengt sich zu sehr intellektuell an.

Defekt/defekte Gegenstände: Träume von reparaturbedürftigen Gegenständen wie beispielsweise von Häusern, Autos und Haushaltsgegenständen können immer als Träume von Eigenschaften des Träumers gedeutet werden. Das Reparaturbedürftige und Defekte symbolisiert das Kranke, das geheilt werden muß, damit Körper, Bewußtsein oder Gefühl wieder funktionieren können. Achten Sie bei diesen Träumen auf die Symbolik des Gegenstands und seines Defekts. So symbolisiert zum Beispiel ein liegengebliebenes Auto mit einem platten Reifen ein Problem mit der Beweglichkeit und speziell mit der Erdung. Es fehlt die Luft im Reifen, was in der Sprache des Traums bedeutet, daß man überlegter seine Bewegungen planen sollte (Luft entspricht dem Intellekt).
Es hilft häufig weiter, wenn man schaut, wie der entsprechende Defekt behoben werden kann. Das gibt dem Träumer Hinweise darauf, wie der Weg der Heilung aussehen könnte.

Degen: Machtstreben wie bei ↗ Denkmal und ↗ Aggression. Häufiges Symbol geistiger Arbeit, da der Degen trennt und so zu Unterscheidungen führt. Mit dem Degen hält man sich einen anderen von Leib, so ist er häufig ein Bild für Distanz und Individualität.
Nach Freud Penissymbol wie auch ↗ Dolch. In heutiger Psychoanalyse: Trennung bzw. Angst vor Trennung wie bei ↗ Aas, ↗ Abschied, ↗ Abtreibung, ↗ Leiche, ↗ Tod, ↗ Scheidung und ↗ Beerdigung.

Delphin: Der kluge Fisch, das hochentwickelte Tierische, intelligente Emotionen.

Demonstration: Sind Sie beteiligt oder betrachtend? Was empfinden Sie in dieser Traumszene? Wer demonstriert wofür? Und die wichtigste Frage, die Sie sich bei diesem Traumbild stellen sollten: Was würde ich fordern oder wünschen? Welche Ziele setzen mich in Bewegung?

Denkmal: Erfolg, Belohnung für Mühen, Machtstreben wie bei ↗ Degen, nur nicht derart aggressiv.

Detektiv/-in: Die Wunder und Gefahren des Alltags. Dieses Traumbild zeigt oft die Suche nach den eigenen unbekannten Möglichkeiten, aber auch Gefahren an.

Diadem: Eitelkeit oder Freude an der eigenen Ausstrahlung. Volkstümliche Traumdeutung: bei Frauen Ambitionen; bei Männern: sie wollen das Juwel, die Frau besitzen.

Diamant: Archetypisches Bild für das Selbst des Menschen und sein durchsichtiges, unveränderliches, hartes Wesen. Der Diamant steht für das reinste Wasser und die gereinigte Erde. Er ist ein Symbol seelischer Ganzheit, Klarheit und des besonders Wertvollen. Wer den Diamant besitzt, der kann nicht nur nach buddhistischer Auffassung allen Anfechtungen trotzen. Auf der anderen Seite kann dieses Traumsymbol auf Eitelkeit (wie jeder Schmuck) und auf unnötige Härte und kühle Distanz verweisen. Sehen Sie den durchsichtigen Diamanten im Traum, dann sollten Sie sich zu Ihrem eigenen Wesen rückhaltlos bekennen und trotz aller Unvollkommenheiten zu sich stehen. Sie mögen sich auch fragen, ob Sie genug Klarheit und Härte im Leben besitzen. Nach dem »Physiologus« der Sonnenstein, der nur nachts gefunden werden kann und nicht im Feuer schmilzt. Höchste Vollendung des irdischen Körpers nach Jung (der Auferstehungsleib).

Dichter/-in: Verlangen nach kreativer Tätigkeit, Phantasie und Inspiration. Die Vorstellung des Schaffens aus dem Leiden heraus wird häufig mit diesem Traumbild verbunden. Letztendlich geht es hier meist darum, sein Leben zu verdichten, es dichter werden zu lassen, d.h. es zu intensivieren und gezielter auf das persönliche Wesentliche hin zu leben.

Dieb/Diebstahl: Angst vor Verlust, besonders in persönlichen Beziehungen, oder man möchte sich aus der Beziehung wegstehlen. Werden Sie bestohlen oder sind Sie der Dieb? Was wird gestohlen?

Diener: Verweist wie Chauffeur meist auf notwendige Demut oder zu viel Unterordnung. Symbol des eigenen Verstandes oder auch ein Zeichen der Faulheit.

Diktator: Chef, nur stärker und besonders aggressiver. Angst vor dem anderen. Wie sieht es mit Ihrer Geltungssucht aus? Vgl. auch ↗ Admiral.

Dinosaurier: Häufig »die großen Eltern«: Großeltern, Ahnen etc.,

Erinnerung an eine Kindheitssituation, denn Kinder sehen ihre Eltern als sehr groß an (Perspektive des kleinen Kindes). Das Bild verweist auf frühe Phasen der Evolution, auf ererbte oder frühkindliche Erfahrungen. Es geht hier auch nicht zuletzt um die Faszination des Großen und Monumentalen. Entweder sehnt man sich nach Größe, oder man ist in seine Größe zu verliebt.

Diplom: Man möchte sich intellektuell auszeichnen und öffentlich anerkannt werden. Oder streben Sie zu sehr nach dieser Anerkennung? Im Prüfungstraum tritt meist die Angst vor der Diplomprüfung auf.

Diplomat: Seien Sie diplomatischer, wägen Sie Ihre Worte und Taten mehr ab. Oft der Ausdruck eines Bedürfnisses nach Welt- und Selbsterfahrung.

Dirigent: Autoritätsfigur ähnlich wie ↗Chef und ↗Admiral. Man möchte etwas leiten, damit alles harmonischer wird.

Dirne/Hure/Prostituierte: Das Triebleben meldet sich zu Wort, besonders häufiges Traumsymbol bei zu starren Lebensprinzipien. Sehnsucht nach wilder Sexualität in Zeiten unfreiwilliger Enthaltsamkeit. Verweist auf Schwierigkeit der/des Träumenden, Liebe und Sexualität zu verbinden. Häufig beim Typ des ewigen Junggesellen und bei Männern mit Mutterbindung, wie auch bei besonders behüteten Mädchen. Stehen Sie mehr zu Ihren Trieben und haben Sie den Mut, Sie selbst zu sein!
Deutet bei Jung auf Schattenproblematik, auf verdrängte Wünsche in bezug auf das Ausleben des eigenen Trieblebens bei Freud.
Bedeutet in der volkstümlichen Traumdeutung einen Lotteriegewinn und allgemein Glück im Spiel um Geld.

Diskothek: ↗Jugend, ↗Tanz. Auch ein Traumsymbol entfremdeten Kontaktes bei gleichzeitiger Sehnsucht nach Kontakt. Körperliches Ausagieren. Jahrmarkt der Eitelkeiten und Sehnsucht nach bunter Lebensintensität.

Diskussion: Oft bei Bearbeitung von ungelösten intellektuellen Problemen (Tagesresten); unbewußte Problemlösungsstrategie. Hinweis, daß ein bestimmtes Problem nur kollektiv gelöst werden kann.

Distel: Arbeit, Mühsal und Streit. Nach Artemidor Sorgen und Schwierigkeiten mit einem Mann.

Doktor/-in: Als Arzt: Helfer, Heiler, der weise Mann, der Ratgeber und Führer. Symbol der heilenden Kraft in einer/m selbst, auf die man sich verlassen kann. Auf der anderen Seite weist der »Doktor« als Titel auf das hin, was wir gerne öffentlich zur Schau stellen. Ist dies der Fall, dann sollten Sie sich immer die Frage nach Ihrem wahren Ich stellen.

Dokument: ↗Brief. Dokumente mahnen daran, etwas verbindlich zu nehmen. Was wird dokumentiert?

Dolch: Machtstreben, Aggression und Männlichkeitssymbol. Der Dolch kann aber auch auf Schutz und Sicherheit verweisen. Oft finden Sie hier Ihre inneren Leiden und Leidenschaften angesprochen, es wird auf Ihre inneren Geheimnisse verwiesen, die Sie zu verbergen suchen. Die Frage, wie Sie Ihre unbewußten Kräfte nutzen, mag hier weiterführen. Können Sie Ihre Wunden zeigen und Ihre Verletzlichkeit zugeben? Sehen Sie, daß eine Wunde und eine Verletzlichkeit Sie menschlich und sympathisch machen? Wenn man zu seinen Wunden steht, braucht man keine Angst zu haben, sich selbst nicht behaupten zu können, dann ist keine aggressive Abgrenzung mehr nötig.
Nach der Psychoanalyse bei Frauen der Wunsch nach völliger Hingabe. Volkstümliche Traumdeutung: Verrat und Betrug.

Dom (Kirche): Der Dom ist ein heiliger Ort. Er steht für Besinnung und Ruhe in Zeiten der Unrast (wie ↗Kapelle und ↗Kirche, nur stärker, da er größer ist). Er symbolisiert Nostalgie und Erinnerungen an alte Zeiten. Die Gestaltung des eigenen Lebens kann man als Dom sehen: Er ist das große Werk, das die Vereinigung vieler Kräfte verlangt. Er verkörpert verwirklichte »Berufung«.

Domina: Sie verkörpert die dunkle Seite der Lust: entweder die Lust an der Unterwerfung oder die Lust an der Beherrschung. Als meist schwarz gekleidete Frau gehört sie zu den weiblichen Schattensymbolen (selbst bei Träumerinnen und Träumern mit einem Hang zum Sadomasochismus).

Dompteur/Dompteuse: Dieses Traumbild stellt die Frage danach, wie wir unsere Triebe beherrschen. Dabei ist es wichtig, darauf zu achten, mit welchen Tieren der Dompteur oder die Dompteuse umgehen. Beherrschen Sie Ihr Triebleben?

Donner: ↗Blitz. Man sollte sich mehr durchsetzen und sich nicht alles gefallen lassen. Man sollte einmal »losdonnern«. Hier steht als Aufgabe an, sein Leben und seine persönliche Welt mehr zu gestalten.
Volkstümliche Traumdeutung: große Schwierigkeiten.

Doppelgänger: Tritt ein Doppelgänger von Ihnen im Traum auf, können damit entweder abgespaltene Persönlichkeitsanteile verdeutlicht werden, oder es werden Ihnen in seinen Handlungen oder Eigenschaften Möglichkeiten gezeigt, die ungenutzt in Ihnen schlummern. Der Doppelgänger ist stets das *Alter ego*, ein Bild von uns selbst, das wir leben wollen.

Dorf: Symbol der Persönlichkeit der/des Träumenden: natürlich und ausgeglichen (zumindest als Ideal). Kann aber auch Enge wie bei ↗ Belagerung, ↗ Bernstein und ↗ Falle sowie falsche Romantik bedeuten. Schon in altägyptischer Traumdeutung: friedliches Dasein, Familie, Schutz, Zugehörigkeit.

Dornbusch: Ein Dornbusch im Traum spricht Probleme und Schwierigkeiten an, die oft in der Partnerschaft liegen.

Dornen: ↗ Stachel, ↗ Distel, ↗ Rose.
Dornen drücken die weibliche und die männliche sexuelle Aggressivität aus. Meist besitzen sie einen sexuellen Anklang.
Volkstümliche Traumdeutung: Armut.

Dose: ↗ Behälter, ↗ Büchse. Weibliche Sexualität. Wichtig ist, was sich in der Dose befindet und was Sie damit anfangen können. Dosen, Schachteln, Behälter, Büchsen symbolisieren den Frauenleib nach Freud.

Drache: Angst vor einer Frau, meist die Partnerin oder Mutter. Große Reichtümer und Glück. Der Drache kann bedrohlich und kriegerisch wirken (bei Blake geistiger Krieg). Oft wie in den allegorischen Darstellungen vom Hl. Michael oder St. Georg und dem Drachen Symbol des Triebes, den es um der geistigen Entwicklung willen zu bekämpfen gilt. Verweis auf die eigenen »giftigen« und zerstörerischen Anteile. Horten Sie zuviel? Welche Schätze möchten Sie besitzen?
Nach Artemidor: Reichtum und Schätze. Chinesisches Glücksymbol (vgl. auch »Die unendliche Geschichte«).

Draht: Verbindung zu jemanden, zu einem anderen Ort (einen heißen Draht haben); informiert und clever sein (auf Draht sein). Häufiges Symbol der Nerven und der geistigen Verbindungen. Ein elektrisch geladener Draht zeigt meist Spannungen der/des Träumenden an.

Dreck: Unsaubere Gefühle, die den Träumer belasten. Häufig sexuelle Gefühle, die Eltern den Kindern gegenüber als »dreckig« bezeichnet haben. Die Aufgabe, sich zu reinigen und eine Angelegenheit zu bereinigen, wird in diesem Bild oft angesprochen.

Drei: Drei ist Spannung, Dynamik, Rhythmus (vgl. Hegels Dialektik) und Vollständigkeit (hl. Dreieinigkeit). Sie ist ein Symbol des Geistes, da sie der dritten menschlichen Bewußtseinsstufe (nach körperlich und emotional) zugeordnet wird. Im Nahen Osten gilt die Drei als heilige Zahl. Die Drei steht immer mit der Zeit in Verbindung: Vergangenheit – Gegenwart – Zukunft. Schicksalsgöttinnen der Römer treten fast durchgehend als drei Göttinnen auf (z.B. die drei Parzen). Die Weiblichkeit stellt man sich seit alten Zeiten unter drei Aspekten vor: die Jungfrau (Artemis), die Frau (Hera) und die alte Frau (Hekate). Faust muß dreimal rufen, ehe Mephisto eintritt, auch dreimalige Verleugnung Christi durch Petrus: dreimaliges Tun des Gleichen ist ein Wirksamkeitszauber, er stellt die Verbindung mit der Wirklichkeit her.

Verweist nach Freud auf männliche Genitalität. Nach Jung ist die Drei eine numinose Zahl, die drei Dienerinnen der Königin der Nacht in der Zauberflöte, die drei Hexen in Macbeth, die drei Wünsche, die man frei hat, und die drei goldenen Haare des Teufels im gleichnamigen Märchen. Dies alles geht wie die vielen Göttertrinitäten auf eine ursprüngliche Dreiheit Vater-Mutter-Sohn zurück. Es ist hier ausdrücklich das männliche Kind gemeint, da die Drei nach westlicher Tradition (z.B. Kabbala) als ungerade und dazu noch als Primzahl eine genuin männliche Zahl ist. Außerdem wird in dieser Tradition im Kind vor allem die männliche Zeugungskraft gesehen. Die Drei als weibliche Zahl andererseits gehört eher in den Mittelmeerbereich, woher wir die dreifaltige Göttin kennen, die über die christlich-katholische Marienverehrung und die Wiederentdeckung der Matriarchate auch in heutiger Zeit von Bedeutung ist.

Nach Jung hängt die Drei mit dem Teuflischen zusammen: Die Triebhölle in der Alchemie wird als dreiköpfige Schlange dargestellt (serpens mercurii). Die dreiköpfige Schlange ist in der Mythologie immer Satan (bei Dante im Inferno hat der Satan drei Köpfe als Gegenbild zur christlichen Trinität).

Die Drei gehört nach Jung der Jugend an und verweist seit Urzeiten in China und im patriarchalen antiken Griechenland auf das männliche Attribut und dessen Funktion. Goethes »Faust. Der Tragödie zweiter Teil« dagegen endet mit den bekannten Worten: »Das Ewig-Weibliche/Zieht uns hinan« sowie mit der Anrufung der großen Göttin in ihrer dreifachen Gestalt als »Jungfrau, Mutter, Königin«.

Dreieck: Vergeistigung. Weibliches Sexualsymbol, wenn Spitze nach unten deutet. Männliches, wenn Spitze nach oben deutet (siehe heilige geometrische Abbildungen im Tantrismus und die Form der Schambehaarung bei Mann und Frau).
Dreiecksverhältnis nach volkstümlicher Traumdeutung.

Dreizehn: Obwohl die Dreizehn seit dem Altertum als Zahl mit ungünstigem Vorzeichen gilt, tritt sie im Traum häufig als Glückssymbol auf. Sie war die heilige Zahl der Frauen, da in einem Jahr dreizehnmal der Vollmond erscheint und Frauen ebenfalls dreizehnmal menstruieren. Mit zunehmendem Einfluß patriarchalen Denkens wurde die Dreizehn als Frauenzahl dämonisiert. Da der Traum jedoch mit dem Weiblichen verbunden ist, blieb in seiner Sprache die Zahl 13 positiv besetzt.

Droge: Vernebelung (Neptun-Symbolik); man sollte wacher, klarer und bewußter werden.

Drossel: Wie alle Vögel Vermittler zwischen Himmel und Erde, zwischen Göttlichem und Menschlichem. Überblick. Vermittelt Frauen im Traum neue Bekanntschaft und Männern unerwartete Zuneigung nach mittelalterlicher Traumdeutung. Siehe das Märchen »König Drosselbart«.

Dschungel: Weist oft auf Schwierigkeiten hin, besonders wenn man sich im Traum einen Weg durch den Dschungel bahnen muß. Symbol des Erwerbs- und Alltagsleben. Beängstigende und undurchschaubare Situationen (meist emotional), Urwald.
Volkstümliche Traumdeutung: finanzielle Schwierigkeiten.

Duell: ↗ Duett. Ärger mit Umwelt. Widersprüchliche Gefühle. Dieses Traumsymbol kann auch sexuellen Aspekt besitzen. Häufiges Traumbild, wenn man mit sich selbst im Krieg steht (»zwei Seelen wohnen, ach, in meiner Brust«, Faust).

Duett: Widersprüchliche Gedanken und Gefühle wie bei ↗ Duell, nur harmonischer. Harmonie, besonders in Beziehungen.
Volkstümliche Traumdeutung: häusliches Glück.

Duft/Geruch: Zunächst ist einmal zu schauen, ob nicht ein realer Duft im Schlaf einem in die Nase drang. Dufterfahrungen sind sehr selten im Traum, verweisen auf Lebensgenuß und Sinnlichkeit. Die Art des Duftes zeigt, wie man der duftenden Sache gegenüber eingestellt ist (man kann jemanden nicht riechen).

Nicht nur nach Freud können gerade Gerüche sehr gut Erinnerungen an bestimmte Orte und Personen wachrufen.

Düne: Reiseerinnerung; Vergänglichkeit. Etwas versandet, läuft aus. Treibsand, Sand, Strand.

Dunkelheit: Finsternis. Bekannte Schattensymbolik, wobei der Schatten vor allem etwas Unsichtbares darstellt. Angst vor Menschen, Gefühlen, Gedanken, Handlungen und Situationen, die wir nicht verstehen. Man sollte seinen Weg nicht aus den Augen verlieren. Was im Dunkeln liegt, das kann man nicht durchschauen. Unklare Ahnungen, Unwissenheit, Geheimnis und Zweifel. Fast immer ist mehr Bewußtsein (Licht) nötig: Entweder sollte man das Dunkle (geistig) erhellen oder bewußter mit dem Unbekannten leben.

Dunst: Unklarheit, wie ↗ Dunkelheit, nur nicht ganz so stark. Sonst wie ↗ Dampf und ↗ Nebel (Neptun-Symbolik).

Durchfall: Träumt man vom Durchfall, ist dies ein Zeichen dafür, daß eine Reinigung anliegt. Ferner kann der Durchfall die Träumerin oder den Träumer darauf aufmerksam machen, daß sie Schwierigkeiten haben, etwas festzuhalten. Häufig rinnt ihnen in diesem Fall der Erfolg oder der Besitz durch die Finger. Sie müssen lernen, etwas festzuhalten und auszubauen.

Dürre: Ökonomische Verluste, Leiden. Biblischer Traum des Pharao: sieben magere und sieben fette Jahre.

Durst: Häufig realer Durst im Schlaf. Innere Unruhe. Hindernistraum.
Wichtig ist, wonach einen dürstet. Oft ein Zeichen seelischer Sehnsucht.

Dusche: Wunsch nach Reinigung wie bei ↗ Bad, ↗ Seife und ↗ Sauna, die Verschmutzung wird aber nicht so negativ wie bei Abort, Abszeß und Abwässer empfunden. Der Wunsch, wieder neue Kraft und Lebensgeister zu bekommen (seelische Erneuerung). Entspannung.

Düsenjäger: Schnelligkeit der Gedanken, Kriegsangst wie bei ↗ Helm, Bajonett und Bombe nur noch unpersönlicher und technischer. Aggression. Ist häufig auf realen Düsenjägerkrach zurückzuführen.

Dynamit: Dynamit ist ein bekanntes Symbol für aufgestaute Aggressionen. In diesem Traumbild ist aber zugleich die entspannende Entladung angesprochen. Die Triebenergien möchten freigesetzt werden. Dynamit tritt ferner als Bild für eine energische und oft cholerische Person auf.

Dynamo: Hierbei handelt es sich um ein Energiesymbol. Sie werden aufgefordert, sich bewußt zu machen, woher Sie Ihre Energien schöpfen und wie Sie mit ihnen umgehen. Es wird Ihre Dynamik – als Ihre Beweglichkeit in jeder Hinsicht – angesprochen.

E

Ebbe (Tide): Die Ebbe drückt eine seelische Entspannung aus oder aber eine Spannungslosigkeit und Leere des Gefühlslebens. Einem stehen zur Zeit wenig Energien zur Verfügung – aber die nächste ↗ Flut kommt bestimmt. Die Ebbe ist der Zustand, in dem das ↗ Meer den Boden freigibt, was in der Sprache des Traums zeigt, daß nun eine geeignete Zeit ist, sich seinem Gefühlsleben zuzuwenden.
Weitere Bedeutung: Es geht einem ökonomisch schlecht (»Ebbe im Portemonnaie«).

Ebenbild: ↗ Doppelgänger. Ihr Ebenbild im Traum verweist auf eine narzißtische Struktur. Zur weiteren Deutung ist es wichtig, gerade auf die Abweichungen zwischen Ihnen selbst und Ihrem Ebenbild zu achten.
Beschäftigen Sie sich zuviel mit sich selbst?

Ebene: Im Traum sehen wir bisweilen endlose Ebenen. Sie verweisen entweder auf Langeweile oder auf Ausgeglichenheit. Gleichzeitig sind sie ein Bild der Voraussicht und Übersicht. Vielleicht werden Sie darauf hingewiesen, daß Ihnen Ihr Weg geebnet wurde.
Volkstümliche Traumdeutung: Materielle Gewinne.

Ebenholz: ↗ Schwarz, ↗ Holz. Ebenholz symbolisiert stets Exotik und eine edle Haltung.
Volkstümliche Traumdeutung: Reise in ein fernes Land.

Eber: Der Eber verkörpert die animalischen männlichen Triebkräfte (wie auch ↗ Bock und ↗ Bulle). Auch im Frauentraum verweist der Eber auf sexuelle Sehnsüchte. Ferner ist der Eber ein Symbol der Aggression und Gefahr.

Eberesche (Vogelbeere): Die Eberesche soll vielen zeitgenössischen Traumdeutungsbüchern zufolge zärtliche Leidenschaft symbolisieren.

Echo: Der Traum von Echo wird meist durch Geräuschimpulse der Umwelt erzeugt. Man sollte mehr die Wirkungen der eigenen Rede beachten. Alles, was man aussendet, fällt auf einen zurück. Man hofft auf Reaktionen der Umwelt. Erinnerungen an etwas längst Gesagtes, das sich womöglich in einem neuen Sinn darstellt.
Volkstümliche Traumdeutung: Man hört von einem positiven Ereignis.

Ecken und Winkel: Wagen Sie mehr Direktheit und Offenheit in Ihrer Kommunikation. Es ist möglich, daß sich etwas vor Ihnen versteckt, oder verstecken Sie etwas? Nach dem Volksglauben versteckt sich der ↗ Teufel in Ecken und Winkeln. Wobei aus heutiger Sicht der Teufel auf noch unbekannte Gefahren oder noch unerkannte Chancen bezogen werden kann.

Edelstein: Edelsteine bedeuten Beständigkeit und Zuverlässigkeit, aber auch Stolz. Je glänzender der Stein, desto mehr wird der Stolz und die Eitelkeit betont. Ferner können Edelsteine begehrenswerte Frauen, seltener Männer symbolisieren.
Die Farbe und die Art des Steins sind zu beachten. Angestoßene Steine haben einen negativen Symbolwert.
In der Analytischen Traumdeutung ist der Edelstein der Schatz des eigenen Inneren, das Höhere Selbst. Er verweist darauf, daß im eigenen Inneren etwas Wertvolles gereift ist.

Edelweiß: Das Edelweiß ist eine geschützte, seltene ↗Pflanze. Sie verbildlicht Askese und Achtung. Außerdem gibt sie einen Hinweis darauf, daß selbst unter schwierigsten Bedingungen etwas Reines entstehen kann. Diese Reinheit wird beim Traumbild »Edelweiß« durch die weiße Farbe betont.

Efeu: Festigung bestehender Verhältnisse, aber auch Warnung vor falschen Freunden. Man kann erdrückt werden (Parasit an Bäumen); vgl. auch Vampir. Allerdings finden wir hier auch die Beständigkeit und die Belastbarkeit angesprochen (der Efeu ist eine immergrüne Pflanze).
Volkstümlich: gute Gesundheit.

Ehe/Ehefrau/Ehemann: Ausgleich und Versöhnung von Gegensätzen, Verschmelzung männlicher und weiblicher Kräfte. Hier sind meist Persönlichkeitsanteile der/ des Träumenden selbst bezeichnet. Wunsch nach Partnerschaft besonders häufig in Scheidungs- und Trennungssituationen oder Angst vor der Ehe und Bindung. Mit dem Bild der Ehe hängen auch die Entdeckung und das Sich-Einlassen auf den anderen zusammen. Können Sie das Fremde und Andere annehmen und akzeptieren? Können Sie den Abstand zwischen sich und dem anderen wahren und positiv erleben? Allerdings sollten Sie sich hier auch fragen, ob Sie die Erfüllung Ihrer Wünsche vom anderen, von Ihrem Partner erwarten, statt sich selbst darum zu bemühen. Übertragung.

Ehebruch: In diesem häufigen Traumsymbol drückt sich entweder ein Bedürfnis oder eine Befürchtung aus. Ihr Freiheitsbedürfnis wird hier angesprochen.
Volkstümliche Traumdeutung: Nehmen Sie sich vor Feuer in acht (Ehebruch als Spiel mit dem Feuer).

Ehering: Der Ehering symbolisiert entweder eine Trennung oder die

Sehnsucht nach einer engen Verbindung. Es kommt allerdings darauf an, welche Rolle der Ehering im Traum spielt. Wird er verloren, ist die Beziehung in Gefahr.
Volkstümliche Traumdeutung: Trennung.

Ehescheidung: ↗ Scheidung. Wie bei ↗ Ehebruch wird hier ein Bedürfnis oder eine Befürchtung ausgedrückt. Allerdings werden hier die Konsequenzen einer Trennung oder Entfremdung angesprochen.
Analytische Psychologie: Sie müssen darauf achten, daß Sie Ihrem gegengeschlechtlichen Anteil genügend Raum geben.

Eheschließung: ↗ Heirat. Durch den Wortbestandteil »Schließung« wird die Angst vor Freiheitsverlust betont. Würde der Träumer oder die Träumerin das Wort »Ehe« wählen, stünde diese Angst nicht so stark im Vordergrund.

Ehre: Wenn es im Traum um die Ehre geht, dann ist stets das Ego angesprochen, das sich in diesem Fall oftmals zu sehr aufgebläht hat.

Ehrenwort: ↗ Eid. Binden Sie sich zu stark an etwas, oder sollten Sie mehr auf Ihre Ehre achten?

Ehrung: Anerkennung wie ↗ Applaus und ↗ Beifall.

Ei: Symbol des Anfangs. In vielen Mythen entsteht die Welt aus einem Ei. Wiedergeburtssymbol: vgl. Ostereier. Das Zerbrechliche. Sehnsucht nach oder Angst vor Schwangerschaft wie bei ↗ Baby und ↗ Geburt.
Im Koran: unberührte Frauen, die wie wohlverwahrte Eier sind. Verweist auf weibliche Sexualität und Mütterlichkeit bei Freud. Symbol des Tierkreiszeichens Krebs.

Eiche: Persönlichkeit des Träumers bzw. der Träumerin. Wichtig sind der Zustand und die Eigenart des Baumes. Trägt er z. B. Blätter oder gar Früchte? Ist er unbelaubt, steht er im Wald oder alleine? Verkörperung der Naturkräfte (vgl. Druidentum).
Nach der Psychoanalyse deutet die Eiche im Frauentraum auf Unbefriedigtheit hin. Volkstümliche Traumdeutung: glückverheißendes Omen.

Eichhörnchen: Flinkes, scheues, neugieriges Tier, das Ideen, Pläne und Hoffnungen symbolisiert. Natursehnsucht.
Volkstümliche Traumdeutung: harte Arbeit steht einem bevor.

Eid: Wahrhaftigkeit, man möchte willensstark und zuverlässig in Zeiten der (inneren) Unsicherheit sein; Bindung an etwas.

Eidechse: Im Traum oft die harmlose Miniaturausgabe eines ↗Drachen, bringt Glück.
Volkstümlich: Verrat.

Eifersucht: Eifersucht im Traum bezieht sich oft auf Mutter oder Vater, an die man zu große, infantile Besitzansprüche hat. Entweder hat man zuviel oder zuwenig Liebe und Zuneigung erfahren. Hieraus entspringen unrealistische Ansprüche und das Klammern an eine Person. Wenn Eifersucht in Neid übergeht, dient sie oft der Identifikation mit dem Objekt der Eifersucht.

Eigenheim: Heimat und Geborgenheit, aber auch Abnabelung und seelische Eigenständigkeit. Achten Sie auf die Art des Hauses, das oft ein Bild für die eigene Identität wiedergibt, teilweise auch für die Gestalt Ihrer Persönlichkeit.

Eile: Trotz Eile kommt man im Traum meist nicht ans Ziel. Man befürchtet, etwas zu versäumen, soll auf seine Planung achten, innehalten und in sich gehen.
Bei allen Traumbildern, die mit der Zeit zusammenhängen, ist immer zu bedenken, daß »Zeit« oftmals nur ein anderes Wort für »Persönlichkeit« darstellt.
Volkstümlich: warnt vor Gefahr, besonders Unfall und Feuer.

Eimer: Gefäß, das gefüllt werden möchte oder gefüllt ist. Das volle Gefäß zeigt immer an, daß man viel zu geben hat. Weibliches Sexualsymbol. Etwas wird zunichte gemacht (»alles im Eimer«).

Einbahnstraße: Einseitigkeit (oft im Sinne von Gefangensein), aber auch Zielgerichtetheit.

Einbrecher: Bedürfnis, sich heimlich etwas anzueignen. Besitzgier (man bricht selbst ein). Man kann Menschen seiner Umgebung nicht trauen. Einer verletzt die Grenzen des Träumers gefühlsmäßig oder physisch (eine andere Person bricht ein). Es bricht etwas Neues herein: Angst vor Verlust (wie bei Elster) bei Veränderungen.
Was nehmen die Einbrecher mit?

Einbruch: ↗Einbrecher. Es bricht etwas in Ihr Leben ein, von dem Sie befürchten, daß es Ihnen etwas nimmt. Was wird Ihnen entwendet? In der Tradition der Benediktiner (christliche Traumdeutung) werden Einbruchträume ambivalent gesehen. Entweder bricht etwas in die Träumerin oder den Träumer ein, das diese abgewehrt oder verdrängt haben, oder die Träumenden werden von etwas ihnen Fremden bedroht, das man besser abwehrt.

Einfahrt: Offenheit. Sexuelle Bedeutung naheliegend.

Einhorn: Uraltes Symbol der Unschuld und Reinheit. Es legt sein Horn in den Schoß der Jungfrau, anders ist es nicht zu fangen. Es kann allen Giften ihre Wirkung nehmen, liebt die Lustigkeit. Ein Traumbild, das auf die Flucht in die irreale Märchenwelt deuten kann. Heute bedeutet das Einhorn sowohl die Hoffnung auf die Aufhebung von Gegensätzen als auch die Angst vor Widersprüchen. Unschuld und phallischer Drang werden im Bild des Einhorns verbunden, und so stellt sich der/dem Träumenden die Frage: Wie sehen meine Triebe ohne jedes Schuldgefühl aus? Es ist die Frage nach der »geläuterten Animalität«.
Bei Jung Symbol des Selbst.

Einkaufen: Sich der Möglichkeiten des Lebens bedienen. Bedürftigkeit. Man muß sich entscheiden und Chancen wie Sonderangebote nutzen.

Einladung: Einsamkeit, Sehnsucht nach sozialem Kontakt. Oder man lädt (einen Teil von) sich selbst ein.

Eins: ↗ Einheit, ↗ rund, ↗ Kreis und ↗ Ball. Das Unteilbare, das Individuum.

Einsamkeit: Innerer Ruf nach sozialen Kontakten wie bei Einladung. Man hat sich selbst im Stich gelassen (ist sich untreu geworden). Neigung, zu sehr auf sich bezogen zu sein. Selbständigkeit, man muß auf eigenen Füßen stehen.

Einsiedler: ↗ Eremit. Gefahr, den Kontakt zu anderen Menschen zu verlieren. Selbstbesinnung, Läuterung, Verinnerlichung, Weltflucht oder aber Selbstbestimmung und Autonomie.

Einssein/Symbiose: Meist läßt sich diese Symbolik auf das Einssein der Mutter mit dem Kind und umgekehrt zurückführen. Ein Bedürfnis nach Regression wird angesprochen.

Einwanderung: Wenn Sie im Traum in irgendein Land einwandern, sind damit grundlegende Veränderungen Ihrer Lebensverhältnisse angesprochen. Wichtig ist die symbolische Bedeutung des Landes, in das Sie einwandern. Sie zeigt Ihnen Ihre Möglichkeiten und Chancen auf.

Einzug: Ähnlich wie bei ↗ Einwanderung wird bei Einzug auf eine grundlegende Änderung verwiesen. Dabei werden besonders die emotionalen Verhältnisse angesprochen.
Analytische Psychologie: Persönlichkeitswandel.

Eis: Erfrieren. Man ist zu »cool«, zu distanziert. Einfrieren von Be-

ziehungen, seelische Kälte wie bei Eisen, Vereinsamung. In seltenen Fällen wird hier darauf verwiesen, daß das ↗Wasser (der Seele und Emotionen) sich als tragfähig erweist.
Einbruch ins Eis: Gefahr vor Gefühlseinbrüchen.

Eisbär: Die starke männliche Seite in uns. Die positive Männlichkeit wird durch die Farbe ↗Weiß noch betont, allerdings darf hier die Gefährlichkeit des Eisbären nicht übersehen werden.

Eisberg: Große Stärke durch Disziplin. Distanz wie bei ↗Eis.

Eiscreme: (Sexual-)Genuß, Sommerfreuden, Ausspannen.

Eisen: Stabilität, Willensstärke, Widerstandskraft, Härte und Kälte wie bei ↗Eis. Man kann allerdings auch seine »Eisen im Feuer haben«, was auf Lebenskraft und Verwandlung (Umschmieden, Formung) hinweist.
Volkstümliche Traumdeutung: Schwierigkeiten.

Eisenbahn: ↗Zug. Urlaubs- oder Geschäftsreise? Angst, nicht zum Zuge zu kommen, oder »es ist höchste Eisenbahn« (Eile). Vorwärtsentwicklung der Persönlichkeit, Erfolgsstreben und Kontaktfreudigkeit. Flucht aus jetziger Situation.
Sehen Sie einen Zug nur von außen oder fahren Sie im Zug (Sie sehnen sich nach der Bewegung oder sind selbst Teil dieser Bewegung)? Welche Ereignisse gibt es auf der Zugfahrt, was charakterisiert diese?
Für Freud verweist das Abreisen mit der Eisenbahn und mit der Eisenbahn zu fahren auf den Tod (Freud litt allerdings an einer Eisenbahnphobie).

Eiszapfen: Glück und Zufriedenheit oder Gefühlskälte wie bei ↗Eis.

Elch: In der Natur: deutet auf natürliches Leben und Sehnsucht nach Freiheit und Einfachheit; eingesperrt: Man kann seine Triebe nicht ausleben; männliche Triebhaftigkeit, Umherziehen. Mit dem Bild des Elchs ist auch die Vorstellung von großer Weite verbunden, die meist die Sehnsucht nach geistiger Klarheit und Offenheit ausdrückt. Als mächtiges großes Tier ruft das Bild des Elchs ein Erstaunen über die Natur der Triebe hervor.

Elefant: Machtvolle Selbstdarstellung, oder man läßt etwas nicht an sich heran. Macht, Gelassenheit und Ruhe, aber auch Schwerfälligkeit. Kraft des Unbewußten, die dem Bewußtsein nicht zugänglich ist, vor der man sich fürchtet. Dickhäuter, der sich seiner zerstörerischen Kraft kaum bewußt ist

(»Elefant im Porzellanladen«). Warnung vor der eigenen verdrängten Sexualität. Man sollte geduldiger (dickhäutiger) sein, oder man besitzt eine übermäßige Geduld.
Stoßzähne und Rüssel stellen männliche Sexualsymbole dar. Kranker oder schwacher Elefant weist auf gefühlsmäßige Verletzungen. Friedfertiger Elefant: Man kann mit seinem Unbewußten gut umgehen.
Nach frühchristlicher Auffassung (Physiologus) besitzt er keinen Geschlechtstrieb und ist ein mächtiger Feind der Schlangen; Elefantenhaare und -knochen sollen im Haus verbrannt vor bösen Geistern schützen.

Elektrizität: Energiesymbol, das Zufluß und den Umsatz von Energie anzeigt. Es kann einem aber auch verdeutlichen, daß man unter Spannung steht.
Bei Unfällen mit Elektrizität: Man kann mit seiner inneren Spannung nicht umgehen. Es liegt ein Triebstau vor.
Symbol für Leben und Lebenskraft. Stromausfall zeigt ein Sinken der Lebenskraft an (indirekter Hinweis darauf, daß man auf dem falschen Weg ist, auf dem man sich verausgabt).

Elfe: Hilfreiche Naturgeister, Lichtgestalten. Als komplementäres Symbol verweisen sie oft auf innere Spannung und Unausgeglichenheit wie teilweise auch Elektrizitätswerk. Diese Wesen stellen Gefühle und Situationen des alltäglichen Lebens dar und sind dem Menschen gegenüber freundlich. Solche Traumsymbolik deutet u. a. auf Flucht in die Märchenwelt und auf Realitätsflucht hin. In diesem Bild wird dem Träumer/der Träumerin eine ihm/ihr unbekannte Leichtigkeit, Sorglosigkeit und Selbstlosigkeit gezeigt.
Die Fee ist nach Jung die Seelenführerin. Auf der anderen Seite haben nach dem Volksglauben Elfen keine Seele, und der Tanz der Elfen wurde seit dem Mittelalter als Verleitung zur »Unzucht« betrachtet.

Elfenbein: ↗ Elefant. Männliche Sexualität. Das Wertvolle, das gesucht und geraubt wird; auch das Geschützte.

Ellipse: Wie ↗ Kreis, jedoch mit zwei Brennpunkten, doppeltem Zentrum.

Elster: Der Vogel, der Schwarz und Weiß auf sich vereinigt wie die Birke im Pflanzenreich. Licht und Schatten sind im eigenen Inneren zu verbinden wie bei ↗ Hochzeit, ↗ Beischlaf und ↗ Bräutigam. Die Elster ist diebisch: Es wird einem etwas genommen wie bei Einbruch.

Eltern: Vater, Mutter. Man hofft auf Hilfe von außen wie bei

↗ Arzt, ↗ Arznei und ↗ Apotheke, doch ist die Gefahr nicht so groß. Häufig ein Zeichen ausgeprägter Kindlichkeit bei Erwachsenen. Oft deuten die »Traumeltern« darauf hin, daß man sich selbst ein guter Vater bzw. eine gute Mutter sein sollte. »Bemuttern« Sie sich selbst genug? Sind Sie sich selbst ein liebevoller Vater?

Elternhaus: Ablösung von den Eltern, Neuanfang (besonders wenn man aus dem Elternhaus auszieht). Sicherheit wie bei ↗ Familie, Aufgebot, Bürgersteig und Beamter. Hinweis auf Unselbständigkeit. Tritt dieses Traumbild auf, sollten Sie sich immer fragen, wie Sie Ihre Kindheit erlebt haben. Wie hängen Gefühle Ihrer Kindheit mit Ihrem heutigen Leben zusammen? Außerdem wird hier die Frage nach der Elternschaft angesprochen: Was werden Sie neu in die Welt bringen?

E-Mail: Eine E-Mail symbolisiert die Kommunikation, die der Sinnlichkeit entbehrt. Auf der anderen Seite kann eine E-Mail eine enge und schnelle Kommunikation bedeuten.
Wie sieht es mit Ihrem Kontaktbedürfnis aus? Kommunizieren Sie genug – oder zuviel?

Embryo: Der Embryo symbolisiert bekanntlich Entwicklung und Reifung. Mitunter zeigt sich in diesem Traumbild eine Unselbständigkeit und Undifferenziertheit des Träumers oder der Träumerin. Die Unreife wird angesprochen.
Im Frauentraum kann dieses Symbol einen Kinderwunsch ausdrücken oder die Angst vor einer Schwangerschaft.

Ende: Das Ende tritt im Traum in zweierlei Gestalten auf: entweder als Symbol eines Ziels, das man erreicht hat, oder als Ende einer Beziehung, vor dem man sich fürchtet.

Endstation: Man ist entweder am Ende, fühlt sich erschöpft wie bei Sackgasse oder hat sein Ziel endlich erreicht.

Enge/Spalte: Große Anstrengung wird auf dem Lebensweg vorhergesehen. Man fühlt sich eingeengt wie bei ↗ Belagerung, ↗ Bernstein, ↗ Falle und ↗ Dorf.
Weibliches Sexualsymbol nach allen tiefenpsychologischen Schulen.

Engel: Lichtes Gegenbild des Teufels, vermittelnde Funktion. Boten Gottes, im übertragenen Sinne Boten des eigenen Inneren bzw. des Höheren Selbst, die den Träumer oder die Träumerin führen. Eine Frau oder auch ein Mann, in die/den man verliebt ist und die/den man zu überhöhen neigt.
Engel sind oft Animus-Gestalten im Sinne Jungs: Sie stellen häufig

abgespaltene, noch unfertige, unverstandene, überraschend neue Geistesgaben, Gedankenkräfte oder Persönlichkeitsideale dar.
Volkstümliche Traumdeutung: Glück in der Liebe (ein Engel wird einem beschert), Wunsch nach Harmonie und Reinheit.

Entdeckung: Etwas Neues oder Vergessenes kommt auf einen zu. Was wurde entdeckt? Das sind fast immer eigene, oft unbekannte Eigenschaften.

Ente: Symbol für (befreundete) Frauen, aber auch für Falschheit (Zeitungsente).

Entführung: Eine Entführung verdeutlicht einen Triebstau. Sie weist auf Verdrängung und Minderwertigkeitsgefühle hin. Man sehnt sich danach, aus seiner Situation gerissen zu werden, ist aber nicht aktiv genug, um selbst etwas zu tun. Sind Sie der Entführer, der Entführte oder nur der Beobachter?
Volkstümliche Traumdeutung: Die eigene Lage verbessert sich zusehends.

Enthaltsamkeit: ↗ Askese. Symbol der Selbstbeherrschung und des Verzichts. Enthaltsamkeit ist die Unterdrückung von Bedürfnissen, Neigungen und Wünschen.

Enthauptung: Man wird kopflos, verliert sein Bewußtsein, sieht nicht klar seine Situation. Man sollte seinen Kopf als Kontrollorgan verlieren, oder man soll wieder vernünftig werden.

Entjungferung/Defloration: Man verliert seine Naivität oder man öffnet sich der Lust und den Lebensfreuden. Es wird hier auf etwas verwiesen, das nicht mehr rückgängig zu machen ist. Außerdem wird mit diesem Traumbild auf eine tiefe Erfahrung verwiesen.

Entkleiden: Offenheit, sich preisgeben. Was liegt hinter der Oberfläche (der Verkleidung)?

Epidemie: In diesem Traumbild melden sich häufig Schuldgefühle und tief verdrängte Ängste zu Wort. Man fühlt sich bedroht. Epidemien wurden in früheren Zeiten als Strafe Gottes für moralische Vergehen angesehen. Spricht Ihr Gewissen mit diesem Traumbild zu Ihnen?
Wenn Sie tatkräftig bei der Seuchenbekämpfung helfen, zeigt Ihnen das den Weg aus Ihrer Misere an.

Erbrechen: Unverdaute Eindrücke und Gefühle werden losgelassen, man muß sie loswerden, sich reinigen (ähnlich wie bei Abwässer und Toilette). Entlastung von unangenehmen Gefühlen.

Erbschaft: Erbstück. Die eigenen Anlagen, seine eigenen Mittel sind besser zu nutzen. Man hat viel, auf das man zurückgreifen kann. Man sehnt sich danach, Geld ohne Arbeit zu bekommen.

Erbse: Weibliches Sexualsymbol (Kitzler). Leichte Irritierbarkeit oder gute Empfindsamkeit (im Märchen »Die Prinzessin auf der Erbse«). In Anlehnung an das Märchen »Aschenputtel« verstehen wir das geflügelte Wort von der »Erbsenzählerei«, das entweder Kleinlichkeit, Kleinkariertheit oder auch Genauigkeit und Sorgfalt im Umgang mit dem Unscheinbaren bedeutet.
Volkstümlich: Glückverheißender Traum, nur etwas Geduld.

Erbstück: Erbschaft. Wertvolle Eigenschaft. Talent und/oder eine Aufgabe, die mit der Bewahrung von Überkommenem zusammenhängt.
Volkstümlich: sich nicht dominieren lassen.

Erdbeben: Großes Ereignis, starke seelische Erschütterung, oft Verweis auf selbstzerstörerische Kräfte. Zeichen von allgemeiner Verunsicherung.
Hat nach Jung immer die Bedeutung einer Erschütterung des Standpunktes; es tritt etwas an einen heran, dem man nur gewachsen ist, wenn der alte Standpunkt gänzlich aufgegeben wird. So zeigt dieses Traumbild immer auch eine Chance zu einem Neuanfang an.

Erdbeere: Sexualsymbol (Analogie zu Brustwarze). Ehe und Mutterschaft, Sommerfreuden.
Volkstümlich: Zeichen unerwarteten Erfolgs.

Erde: Verwurzelung, Erdung, Schutz. Im Schoß der Erde wächst alles empor: Symbol der Mütterlichkeit und Fruchtbarkeit. Die Art der Erde kann auf die eigene Person deuten(z.B. Lehm, Sand, Humus etc.). Tief in der Erde wohnen die Erinnerungen und die Ahnen. Auch Symbol der schwer verdaulichen Realität.

Erektion: Erektionen während der Traumphasen sind normal, allerdings geht es hier um das Bild der Erektion im Traum. Symbolisch gesehen verweisen sie auf Angst vor Impotenz oder auf der anderen Seite auf die Freude an der männlichen Kraft. Es geht um die Eigenschaften des Willens und der Tatkraft in Mann und Frau. Fast immer führt bei diesem Traumbild die Frage nach der Zielgerichtetheit des eigenen Verhaltens weiter. Für Männer wie für Frauen ist dieses Traumbild auf ein Bedürfnis nach Hetero-, Auto- oder Homosexualität deutbar.
Nach Freud im Frauentraum Hinweis auf Penisneid.

Eremit: ↗ Einsiedler. Einseitigkeit und Kummer, Sehnsucht nach sozialem Kontakt, aber auch Weisheit (siehe im Tarot die Karte »Der Eremit«). Der Eremit ist einsam oder aber allein im Sinne von ganz eins mit sich und ganz sicher einer, auf den man sich verlassen kann und den man um Rat fragen kann. Wenn Sie den Eremiten-Traum erinnern, fragen Sie den Eremiten, sprechen Sie ihn an, und Sie werden sehen, daß Sie (aus Ihrem Inneren) eine Antwort bekommen. Seit alters her gilt der Eremit als ein Wegweiser durch den oft grauen und herben Alltag. Der Eremit ist derjenige, der Ihnen Wärme, Zuneigung, Brillanz und Weisheit bringen kann.

Erfolg: Sehnen Sie sich nach Erfolg? Worin besteht der Erfolg? Was sind seine Konsequenzen?

Erkältung: Man sehnt sich nach Wärme, hat die Nase voll und möchte allen eins husten. Man lebt zu distanziert.

Erlösung: Verweist fast immer auf Sehnsucht nach Freiheit.

Ernte: Sehnsucht nach Anerkennung, Erfolg und Sicherheit wie z.B. ↗ Aktie, Besitz und geistiges Gut. Hier stellt sich die Frage nach den Lebenszielen. Was möchten Sie in Ihrem Leben erreichen (ernten)? Hierbei können sowohl kurzfristige Tagesziele als auch längerfristige Ziele angesprochen werden. Wie ↗ Ähre, ↗ Acker und ↗ Bauerhof romantische Sehnsucht nach dem Land und einfachen Leben beim Städter.
Mißernten verweisen auf Minderwertigkeitsgefühle. Volkstümlich: Glück (in der Liebe).

Eröffnung: Bekanntes Symbol des Neuanfangs wie bei ↗ Baby, ↗ Geburt und ↗ Kind.

Erotische Kleidung: Die erotische Kleidung signalisiert im Traum wie im Leben die Lust an der Erotik. Sollten Sie sich trauen, Ihre Erotik deutlicher zu zeigen und zu pflegen, oder ist Ihr Leben zu erotisiert?

Erotische Träume: Erotische Träume sind einerseits Ausdruck des Bedürfnisses nach Vereinigung mit abgespaltenen Persönlichkeitsanteilen, andererseits können sie dem Bedürfnis nach Liebe und Zärtlichkeit Ausdruck verleihen. Mit dem erotischen Traum bejahen wir unsere Lebenskräfte und unsere Lust. Erotische Träume sind oft inspirierend.
Außerdem können erotische Träume uns dazu anregen, unsere sexuellen Verhaltensweisen zu ändern, zu unserer Lust zu stehen und diese einzufordern. Oftmals werden in diesen Träumen die

Themen Kontrolle und Kontrollverlust angesprochen.

Erschießen: Etwas in sich (gewaltsam) abtöten, das kann eine Beziehung, ein Gefühl, ein ungenutztes Talent oder was auch immer sein. Auf der anderen Seite ist genauso häufig eine große Befreiungstat angesprochen, bei der sich seelische Energien lösen. Häufiges Traumsymbol am Ende depressiver Phasen, da man nun beginnt, nach einer (Er-)Lösung und Befreiung zu suchen.
Solche Träume setzen immer etwas symbolisch in Szene und sind als solche keineswegs auf reale Todesgefahren bezogen!

Erspartes: Kräfte, auf die man zurückgreifen kann im Sinne von inneren Reserven und innerem Rückhalt. Es können auch zurückgehaltene Energien hier gemeint sein, die man besser ausdrücken würde. Außerdem geht es hier um Einsparungen, was sowohl auf Geiz als auch auf gutes und kluges Haushalten deutet. Hängt bisweilen mit Verarmungsängsten, wie auch z.B. bei ↗ Almosen, ↗ Armut, ↗ Asyl und ↗ Bettler, zusammen. Allerdings nicht so negativ, eher wie bei ↗ Besitz, ↗ Lebensmittel und ↗ Münze.

Erstaunen: Gutes kommt auf einen unerwartet zu.

Erstechen: Erschießen, Mord. Deutliche sexuelle Komponente, da hierbei der ↗ Stachel und der ↗ Stich anklingt und so das Eindringen in die Haut und Blut symbolisiert wird. Der Stich weist, wie in dem Märchen »Dornröschen« und »Schneewittchen« auf das erwachende Bewußtsein. Man öffnet sich, und etwas ganz Eigenes (das Blut) tritt heraus. Eine solche Traumsituation weist häufig auf erlittene Verwundungen hin. Wo liegt Ihre Wunde? Können Sie sich gegen Verwundungen wehren?
Wurden Sie erstochen, oder erstachen Sie? Wie geschah es? Von vorne, in den Rücken?
Wie in der Traumsituation des Erschießens ist auch diese Traumsituation ein symbolischer Hinweis auf innere Kräfte in Ihnen und hängt als solche nie mit realer Lebensgefahr zusammen!

Ersticken: Erst ist zu klären, ob reale Atemnot im Traum vorlag (z.B. häufig bei Schnupfen). Fühlen Sie sich zu beengt? Gibt es da ungelöste und unklare Gedanken, die Ihnen die Luft nehmen, die Sie bedrängen und Krampf und Anspannung erzeugen?
Es geht es nicht um reale Lebensgefahr, sondern um ein Verlangen nach mehr Luft als symbolischer Ausdruck von mehr Intellekt und größerer geistiger Klarheit.

Ertrinken: Versinken im Unbewußten, Hilflosigkeit, mangelnde Lebensplanung, man wird vom Gefühlsfluß weggerissen.
Angst vor der Rückschlingung ins Unbewußte nach E. Neumann.
Wie es beim Ersticken um mehr Luft geht, so geht es hier um mehr Sicherheit im Wasser: um solche Gefühle und (seelische) Bedürfnisse, welche Ihnen mehr Kraft und inneren Halt verleihen.

Erwachen: Man wird sich seiner selbst oder bestimmter Eigenschaften bewußt. Oder Angst vor bösem Erwachen (böse Überraschungen). Positive Bewußtseinsentwicklung, neue Perspektiven, Wunsch nach Neuem, neuer Anfang wie bei ↗ Eröffnung und auch ↗ Baby und ↗ Geburt.

Erwürgen: Ihnen wird die Luft genommen, etwas schnürt Ihnen die Kehle zu. »Spucken Sie aus, was Ihnen im Halse steckt!« Schauen Sie sich genau an, was Sie bedrängt, und werden Sie es so los. Sie schreien nach mehr Freiraum. Geraten Sie nicht in Panik bei einem solchen Traum, er gibt Ihnen die Chance zu sehen, was Sie behindert!

Esel: Naheliegende Bedeutung: Dummheit (Eselsbrücke). Aber auch sexuelle Kraft und Vitalität (in der Bildersprache des 15. und 16. Jahrhunderts bedeutet »den Esel treiben«, das männliche Glied erregen, vgl. z.B. Liederbuch des Arnt von Aich um 1500). Heute hat dieses Symbol seinen mehr oder weniger negativen Charakter gewandelt, da der sprichwörtliche Eigensinn des Esels als seine Stärke angesehen werden kann Er folgt seinem eigenen Sinn und besitzt einen Sinn für das Eigene (H. Hesse). Und in der Verfolgung seiner Triebe kann der Esel auch sehr schlau sein (der Trieb muß nicht immer dumm sein! Vgl. das Märchen vom »Goldesel, streck dich ...«).
Nach Artemidor: Wer einen lasttragenden Esel sieht, der bekommt eine Last abgenommen. Im Physiologus beißt der Vater dem jungen Eselfohlen die Geschlechtsteile ab (Kastration), von daher kommt die Sitte der Eunuchen. Volkstümlich: Liebesglück.

Essen: Erdung, etwas in sich aufnehmen, sich berühren lassen von sinnlichen Genüssen. Im weitesten Sinne handelt es sich hier stets um seelische Nahrung. Was müssen Sie tun, um Ihre Seele zu nähren?

Eule: Symbol der Weisheit. Eulen können im Dunkeln sehen, man unterstellt ihnen deswegen ein tiefes Ahnungsvermögen, man fühlt sich durchschaut.

Exekution/Hinrichtung: Geraten Sie nicht in Panik bei diesem

Traumbild! Es geht hier um eine symbolische Aussage und um keine realen Bedrohungen. Die Exekution kann unter Umständen ein sehr positives Traumbild sein, da endlich etwas stirbt, das Sie schon lange bedrängte. Werden Sie als Träumer hingerichtet, dann mag dieses Symbol auf starke negative Emotionen wie Selbstzweifel und Schuldgefühle hinweisen. Wird ein anderer hingerichtet, dann symbolisiert dieser andere meist Eigenschaften oder Verhaltensweisen, die Sie unbedingt abstellen sollten.

Ex-Freund/-in: Letztendlich ist diese Symbolik auf das Vater- oder Mutterbild zu beziehen. Der objektstufige Bezug auf den real Verflossenen/die real Verflossene ist bei therapeutischen Deutungen auf Elternbeziehungen hin zu betrachten.

Exil: Gefühl des Fremdseins und des Vertriebenseins. Sehnsucht nach Zugehörigkeit. Oder sehen Sie einen Teil von sich, den Sie bislang »in die Verbannung« geschickt hatten? ↗ Eremit.

Explosion: Seelischer Ausbruch, heftigster (innerlicher) Streit. Triebstau wie teilweise bei Elektrizität und besonders auch bei ↗ Bombe, ↗ Abbruch, ↗ Anfall, ↗ Angriff, ↗ Brand(ung), ↗ Entführung und ↗ Entjungferung. Sie sollten einmal richtig explodieren! Wichtig, was auf welche Weise explodiert.

F

Fabrik: Gemeinschaftsgeist, Team, kollektives Handeln, gute Einordnung, und dies alles auch als Symbol der Zusammenarbeit verschiedenster Persönlichkeitsanteile. Aber ebenso Schufterei, Arbeit und Ausnutzung (vgl. z.B. Charlie Chaplins Film »Modern Times«). Auch Verarmung, gesellschaftlicher Abstieg und Entfremdung. Verlust der Ganzheit, Zerstückelung.
Bei Streit in der Fabrik: schlechte Einordnung in die Arbeitswelt.
Volkstümlich: Unerwartete Begebenheit.

Fackel: Altes Symbol für die ↗ Ehe, denn das Feuer des eigenen Herdes wurde rituell durch die Fackel entzündet. Symbol der Weitergabe psychischer Energien und Ideen (olympischer Fackellauf), das Licht der Vernunft und Freiheit (Freiheitsstatue). Heute allerdings eher ein Symbol des Lichtes und somit des Bewußtseins, das in das Dunkle (das Unverstandene) eindringt. Auch Symbol der Ehrung (Fackelzug).

Faden: Flüchtige Ideen, spontane Einfälle oder ein Sinnzusammenhang. Der (rote) Faden der Ariadne (Labyrinth) symbolisiert den Lebensweg und das Leben als solches.

Fahne: Leidenschaft, Intellekt (Luft, Wind) und Idealismus, aber auch Krieg.

Fähre: Ein Zeichen des Übergangs (manchmal auch der Initiation), das in vielen Märchen, Mythen und Träumen eine große Rolle spielt. Man kommt mit ihr ans andere Ufer. Reise in eine andere Welt. Brücke. Neues Ziel des Lebensweges.
Volkstümlich: Warnung vor Gefahr.

Fahren: Verweist immer auf die Lebensreise, auf die Entwicklung in Ihrem Leben. Hierbei ist besonders Ihre Beweglichkeit angesprochen. Welches Fahrzeug benutzen Sie? Wie ist die Fahrt? Fahren Sie selbst oder werden Sie gefahren? Siehe genauer ↗ Auto, ↗ Bus, ↗ Eisenbahn und ↗ Zug, ↗ Flugzeug und ↗ Fahrrad.
Symbolisiert den Geschlechtsverkehr nach Freud oder bezeichnet oft bei Patienten der analytischen Behandlung den analytischen Prozeß.

Fahrkarte: Reiselust, neue Lebenspläne und Veränderungen.

Fahrrad: Einsetzen der eigenen Kräfte, um vorwärtszukommen. Individualität und Selbständigkeit; man geht eigene Wege. Umweltbewußtsein.
Die Art des Fahrrads weist auf die Persönlichkeit des Träumers: Kinderrad: kindlich oder kindisch. Sportrad: schnell, lebendig. Altes Rad: man fühlt sich alt. Reibungs-

loses Radfahren: wir gehen problemlos aus eigener Kraft unseren Lebensweg. Volkstümlich: wichtige Entscheidung.

Fahrstuhl: Aufzug, Lift (Symbol der Kundalini, der Lebensenergie im Yoga). Aufstieg und Wunsch nach Erfolg und Selbstbestätigung oder aber Angst vorm Fallen wie ↗ Abhang, ↗ Abgrund, ↗ Absturz, ↗ Falltüre und besonders ↗ Abschuß. Enge wie auch bei ↗ Belagerung, ↗ Bernstein, ↗ Dorf und ↗ Falle, nur nicht so extrem. Seelische Wandlung, man wird mühelos bewußter.

Fährte: Man ist etwas oder sich selbst auf der Spur. Man sucht etwas.

Fahrzeug: Fahren. Bewegungsfreiheit. Man möchte weg. Man möchte sich in Bewegung halten. Man möchte ankommen. Das entsprechende Fahrzeug zeigt an, ob man einen persönlichen Weg geht und wie man auf ihm vorankommt. Auch: Symbol der seelischen Eigenständigkeit und Eigendynamik.

Fakir: Der Fakir im Traum symbolisiert unseren irrationalen oder nach Freud unseren sadomasochistischen Anteil. Er kann aber auch die Askese und die Transformation ungünstiger Verhältnisse zur Fortentwicklung symbolisieren.

Falke: ↗ Adler, ↗ Vogel. Symbol der Freiheit, des Überblicks und des Erfolgs. Der Falke ist ein beliebtes Aggressionssymbol (wie ↗ Habicht). Er symbolisiert die aggressive oder leidenschaftliche Seite des Träumers.

Falle: Schwierige Situation, Gefangensein, mehr Umsicht und Vorsicht ist nötig. Enge, wie auch bei ↗ Belagerung, ↗ Bernstein, ↗ Dorf, ↗ Käfig und ↗ Fahrstuhl. ↗ Fallen.

Fallen: Zweifel und Unsicherheit. Man sollte sich fallenlassen wie bei ↗ Bach, ↗ Blatt und ↗ Fallschirm. Man träumt oft vom Fallen, wenn man am Übergang zu einem neuen Lebensabschnitt steht. Besonders wenn man etwas Neues ausprobiert, fällt man zuerst einmal im Traum wie im Leben häufig auf die Nase. Ein Falltraum weist so oft darauf hin, daß man gegen seine Begrenzungen ankämpft. Es hilft sehr, wenn man versucht, Fallträume in Flugträume zu verändern. Fallträume haben nach Freud immer sexuelle Bedeutung: Bei Frauen geht es besonders um die Nachgiebigkeit gegenüber erotischen Wünschen (gefallene Mädchen).

Fallschirm: Kein gefährlicher Sturz; sich sanft fallen lassen; sexueller Anklang wie bei ↗ Fallen, ↗ Bach und ↗ Blatt. Man läßt sich durch die Luft gleiten, was sich symbolisch auf den assoziativen, kreativen und spielerischen Intellekt bezieht. Dieses Traumbild kann auch allgemein auf alle Situationen verweisen, in die Sie sich angenehm fallen lassen können. Öffnet sich der Fallschirm nicht, dann meist die Bedeutung von angstbesetztem Fliegen.

Falltüre: Im Gegensatz zu Fallschirm unangenehmes Fallen wie bei ↗ Abhang, ↗ Abgrund und besonders ↗ Absturz und ↗ Abschuß. Versteck, aber auch Zugang zu den tieferen Persönlichkeitsschichten.

Falschgeld: Unehrlichkeit und Verstellung. Man lebt falsch, und zwar zu materialistisch. Verarmungsangst ähnlich wie bei ↗ Almosen, ↗ Asyl, ↗ Armut und ↗ Bettler, allerdings nicht so drastisch, hier traut man eher seinem Besitz nicht.

Falte: Meist weibliches Sexualsymbol. Es ist nicht alles so glatt, wie man möchte. Haben Sie etwas auszubügeln?

Falter: ↗ Motte. Sieht man den Falter in der Nacht, kann er nächtliche Inspirationen verbildlichen. Am Tag ist er ein Bild der Leichtigkeit (der Gedanken).

Familie: Erfüllung des Bedürfnisses nach Sicherheit und Geborgenheit wie bei ↗ Aufgebot, ↗ Beamter, ↗ Baumstamm, ↗ Arche, ↗ Bürgersteig und ↗ Elternhaus. Auf der Objektstufe: Die eigene Familie, die man oft unbewußt aggressiv erlebt. Auf der Subjektstufe: Bedürfnisse, Gefühle und Persönlichkeitsanteile von einem selbst. Es können Gruppen aller Art (Arbeitsgruppe, Freundeskreis etc.) damit gemeint sein.
Familie als Traumsymbol weist nach Freud auf ein Geheimnis hin.

Farben: Psychisches Erlebnis, es wird besonders auf das farbige Symbol verwiesen. Siehe ↗ Rot, ↗ Gelb und ↗ Blau. Farbensymbolik ist hier wichtig.
Einige moderne Traumforscher meinen, Menschen, die farbig träumen, besäßen besonders viel Temperament.

Farn: Erholung und Freizeit. Gute Zeiten, Vorhaben zu verwirklichen. Märchenwelt.
Volkstümlich: üppiger Farn zeigt, daß die Natur einem hilft.

Fasan: Der Fasan kam im Mittelalter von Asien nach Europa, wo er im Laufe der Zeit verwilderte. Er ist ein Symbol der Kraft der Natur und ihrer Schönheit (ähnlich wie das Tierkreiszeichen Löwe), aber auch ein Bild der Unfähigkeit, Entschlüsse zu fassen (nach Brehms Tierleben gilt der Fasan als unentschlossener und ausgesprochen

dummer Hühnervogel). Können Sie sich häufig nicht entscheiden, da Sie meinen, Ihnen ständen alle Möglichkeiten offen? Fürchten Sie sich, einfach Ihren Trieben und Bedürfnissen zu folgen, und verbieten sich deshalb schon vieles im voraus? Wie wäre es, wenn Sie das Wagnis eingingen, Ihren Gefühlen zu folgen?
Der Sage nach stammt der Fasan aus Kolchis. Er wurde von den Griechen unter Jason auf deren Argonautenfahrt dort entführt und nach Griechenland gebracht.
In China Symbol des Wohlstandes. Der Fasan war das Wahrzeichen des Kaisers Yü. In Japan weibliches Symbol der Mutterliebe und des Schutzes.

Fassade: Es geht um den gesellschaftlichen Status und um die Selbstdarstellung nach außen.
Nach Freud der aufrechte menschliche Körper, nach Jung das, was man gesellschaftlich vorgibt zu sein.

Fasten: Verweigerung, etwas von der Umwelt an- oder aufzunehmen. Eitelkeit. Man sollte weniger Raum einnehmen.
Wichtig ist, aus welcher Motivation man fastet.

Faulheit: Passivität, Regression. Von der Faulheit spricht das eigene Gewissen im Traum. »Du bist zu faul!« sagt die Stimme unseres Antreibers, der beständig Leistung von uns fordert.

Fäulnis: Gehört alchemistisch zur Schwärzung (nigredo) und ist ein Symbol der völligen Unbewußtheit, des Verfalls. Häufiges Symbol in Albträumen. Das, was verfault, weist häufig auf Eigenschaften von Ihnen selbst, die wie abgestorben sind und unbedingt entweder endlich losgelassen oder aber wiederbelebt werden müssen. Angst vor Krankheit. Aufforderung zu mehr Selbstkritik und Selbstvertrauen.

Fax: Effektive Kommunikation, Informationsverarbeitung, Mitteilungskraft, nicht zuletzt auch in seelischen Belangen. Treffendes Symbol der »Übertragung«, welche in der psychoanalytischen Traumdeutung eine prominente Rolle spielt.

Feder: Reisen, Leichtigkeit und Bewegung, sich sanft fallen lassen wie auch bei ↗ Blatt. Vgl. auch ↗ Bett, ↗ Bleistift. Weiße Federn: Unschuld.

Fee: Verlangen nach Rat und Hilfe von außen wie etwa bei ↗ Eltern, ↗ Arzt und ↗ Apotheker. Tendenz zur Kindlichkeit. Die Fee ist ein Seelenwesen und astrologisch ein Krebssymbol. Sie verweist auf die innere Weiblichkeit (Anima im Sinne Jungs) bei Mann und Frau.

Die »gute Fee« ist die befreite Weiblichkeit (die fruchtbare Mutter im Sinne E. Neumanns), die »böse Fee« ist die verzauberte Weiblichkeit, die befreit werden muß (die furchtbare Mutter im Sinne Neumanns).

Fehler: Weist meist auf realen Fehler im Wachleben hin. Etwas fehlt. Volkstümlich: Erfolg (komplementäre Deutung).

Fehlgeburt: Abtreibung. Kann auf tatsächliche Körpervorgänge verweisen. Man wird hinderliche Eigenschaften los. Oder aber ein Neuanfang gelingt nicht (kann ein Warntraum sein!).

Feile: Sich mit etwas Hartem auseinandersetzen, etwas glätten wollen wie bei ↗ Bügeleisen.

Feind: Auf der Objektstufe: Menschen der Umgebung, die man ablehnt. Auf der Subjektstufe: eigene Eigenschaften und Fehler.

Feld: Symbol für Frau(en). Betätigungsfeld.

Fell: Symbolisiert Natürlichkeit und Weiblichkeit (Anima), Bedürfnis zu kuscheln.
Bei ↗ Pelzmantel: Wohlstand, ↗ Luxus wie bei ↗ Austern, ↗ Champagner und ↗ Aristokrat. Selbstbewußtsein, Eitelkeit und Geltungsbedürfnis. Wichtig ist, um welche Art von Fell es sich handelt.

Fels/Felsbrocken: Geistige, körperliche und/oder seelische Stärke. Härte. Es liegt einem etwas im Weg.
Altägyptische Traumdeutung: Wer auf einen Felsen klettert, dem stellen sich viele Hindernisse entgegen. Nach Freud Symbol des männlichen Glieds. Moderne Traumdeutung: Man strebt nach Höherem, hat es aber nicht leicht dabei.

Fenster: Haus. Hier ist fast immer Ihr Innen-außen-Bezug angesprochen. Wichtig ist bei diesem Traumsymbol die Perspektive durch das Fenster. In welche Richtung wird geschaut? Ist das Fenster sauber und klar oder undurchsichtig? Alles das ist sehr symbolträchtig.
Nach Freud verweist es auf Körperöffnungen (das Haus ist der Körper, die Fenster dessen Öffnungen, die Augen).

Fensterbrett: Nach Freud Vorsprung im menschlichen Körper, z. B. ↗ Busen.

Ferien: Die Ferien symbolisieren die Zeit der Entspannung und häufig der Erotik. Der Traum von den Ferien weist meistens darauf hin, daß man sich nach ihnen sehnt. Von Bedeutung ist, wo und wie Sie Ihre Ferien verbringen.

Fernglas: Nicht wegen jeder Kleinigkeit in Panik geraten, nicht alles größer sehen oder machen. Genau die Zukunft betrachten. Oder etwas näher heranholen, auch im Sinne von etwas in Erinnerung rufen. Zugang zum Unbewußten suchen. Das Sichtbare klarer sehen.

Fernsehen: Aufgeschlossenheit, Kontaktfreudigkeit oder Armut, Stumpfsinn, Oberflächlichkeit und Ablenkung. Evtl. Spiegelbild des Traumes. Orientierungssuche.
Treten Sie dort selbst auf oder was sehen Sie sich an? Wichtig ist, welches Programm dort abläuft. (Das Programm gibt die innere Stimmung der/des Träumenden wieder.)

Ferse: Der wunde Punkt des Träumers, Ort der Verletzung (Achillesferse). Sind Sie gut geerdet?

Fesseln: Verweist meist auf die Arbeitssituation oder die Partnerschaft des Träumers. Man fühlt sich unglücklich gebunden. Auf der anderen Seite hält die Fessel auch etwas zusammen und zwingt einen, nicht gleich wegzulaufen. ↗ Schatten.

Fest/Fete: Genuß nach getaner Arbeit, sozialer Austausch und Kommunikation, Wohlergehen, Spaß und Freude. (Im Traum:) Ausdruck des gesuchten oder gefundenen eigenen Zentrums, einer Lebenssituation, in welcher die persönliche Eigenart viele Anregungen und Bestätigungen erfährt.
Volkstümlich: ungünstiges Omen.

Festival: ↗ Fest/ Fete.

Festmahl: Sehnsucht nach sozialem Kontakt wie ↗ Abendessen und ↗ Abendmahl. Essen kann auf alle möglichen Bedürfnisse bezogen werden, die hier befriedigt werden wollen.

Festnahme/Verhaftung: Das eigene Leben wird aufregend als Krimi gesehen und erlebt. Man fühlt sich schuldig. Man sollte bestimmte Eigenschaft schnell ablegen, da sie sonst zu Komplikationen führen. Man erfaßt »den Täter oder »die Täterin« in sich, d.h. man begegnet sich selbst, seinen eigenen Motiven, Taten, Absichten und deren Auswirkungen.

Festung: Burg, Schloß. Geborgenheit, Heimatsuche und Unverwüstlichkeit. Ferienerinnerung, Sehnsucht nach Ausspannen. Man muß oder will sich schützen bzw. schützt sich zu sehr, zieht sich zu sehr zurück.
Nach Freud Symbol der Frau und des Weiblichen allgemein.

Fett: Zu viel Wohlleben belastet. Oft mit Ekel verbunden.

Feuer/Flamme: ↗ Brand. Seelische Läuterung. Psychische und physische Energie (Lebensflamme), Wille. Zerstörerische Gefahr, Vernichtung, Verzehrung und Umwandlung. Sexuelle Leidenschaft bis hin zur Verfallenheit (»meine Flamme«) oder bis zur passionierten, bewußten Leidenschaft. Verschmelzungsdrang oder aber Kraft zur Vereinigung bzw. Aufhebung von Gegensätzen.
Das Feuer wurde von allen Völkern an den Vorabenden großer Feste und Veränderungen angezündet. Die Feuerbestattung soll die Wiedergeburt fördern (Asche). Heraklit läßt die Welt aus dem Feuer entstehen und im Feuer vergehen. Bei Heraklit (und Jung) ist das Feuer das eigentliche Symbol des Lebens, aus gleichem Grund wird dem Paten bei der Taufe eine brennende Kerze überreicht.
Volkstümlich: große Warnung zur Vorsicht.

Feuerstelle: ↗ Feuer. Häuslichkeit, Sicherheit wie bei ↗ Elternhaus und bei allen Traumsymbolen des ↗ Kochens, ↗ Backens und ↗ Bratens.
Nach Jung Umwandlung, alchemistischer Prozeß, es möchte etwas transzendiert werden.

Feuerwehr: Faszination des Feuers für den Träumer, die er sich nicht eingesteht. Angst vor zu viel innerem Feuer.

Feuerwerk: Illusionsspiel. Macht auf die Besonderheit eines Ereignisses aufmerksam. Blendende Leistung, Lust, Orgasmus und Begeisterung.
Volkstümlich: Vorsicht.

Fichte: ↗ Baum.
Als Nadelbaum ist die Fichte ein Ausdruck der Beständigkeit.

Fieber: Oft wird dieses Traumsymbol dadurch erzeugt, daß es einem im Schlaf zu heiß ist oder man tatsächlich Fieber hat. Ansonsten ist es ein Ausdruck großer innerer Spannung.
Es ist ein Symbol für Krankheit, die häufig als ein Entwicklungssymptom zu werten ist.

Fiedel: ↗ Geige.

Figur (anatomisch): Spielt Ihre Figur oder die Figur einer Traumperson eine Rolle, dann wird Ihre Eitelkeit angesprochen. Sie sollten sich mit Ihrer Einstellung zur Schönheit beschäftigen.

Figur (Plastik): ↗ Statue.

Film: Kino, Fernsehen. Es geht hier um »seelische Geschichten«. Evtl. Spiegelbild des Traums. Der Abstand zu den inneren Bildern wird gesucht.

Finger: Geschicklichkeit. Nach konventioneller Psychoanalyse Penissymbol. Volkstümlich soll das Anschauen der eigenen Finger Streit bedeuten.

Fingerhut als Pflanze: Tod und Wiedergeburt, Medizin und Gift. Volkstümlich: allgemeines Glückszeichen.

Fingerhut zum Nähen: Schutz vor Verletzung.
Volkstümlich: Glückszeichen für Ehe, Familie und Beziehung. Das Verlieren des Fingerhuts soll sehr glückverheißend sein. Auch Zeichen für Jungfräulichkeit der/ des Geliebten.

Finsternis: Dunkelheit. Teil des Schattens, durch das eigene Dunkel gehen; mehr Bewußtsein ist gefordert. Die eigenen Schatten bleiben nicht mehr unsichtbar, was ein großer Fortschritt und eine Befreiung ist. Es gibt auch »helle Schatten« (↗ Engel, ↗ Fee), die allerdings in solch einem Traumbild selten angesprochen werden.

Fischerin/Fischer/Fisch: Ein Leben aus der Tiefe unserer Seele und unserer Gefühle, denn Fische leben in den Tiefen des Wassers. Sich »wie ein Fisch im Wasser« fühlen, in seinem Element sein. Das Merkmal der Fische ist die Totalität, da sie gänzlich im Wasser (im Gefühlsbereich) leben. Fische sind meist freßgierige Tiere, sind ungeheuer fruchtbar, sie schlafen mit offenen lidlosen Augen und bleiben immer empfänglich für die Außenwelt. Manche Fische verändern ihre Farbe ihren Umständen entsprechend. Sie sind ein Traumsymbol für hohe Sensibilität. Aber sie sind auch kalt und unfaßbar.
Der Fisch ist ein Christussymbol.
Der Salm der Weisheit tritt in der irischen Mythologie auf. In der Psychoanalyse ist der Fisch ein Symbol männlicher Sexualität. Ist man selbst ein Fisch, kann man sich nach Jung im Wasser (Gefühl) erneuern.
In der Analytischen Psychologie nach Jung stellt der Fisch ein Ganzheitssymbol dar.

Flagge: Welche Flagge sahen Sie? Unter welcher Flagge traten Sie an? Wie die Flagge im Wind steht, gibt mögliche Hinweise auf Ihr Sexualleben.
Volkstümlich: gutes Omen, besonders finanziell.

Flammen: Weitgehend wie ↗ Feuer. Ein gutes Zeichen von Lebensenergie, wenn die Flammen unter Kontrolle stehen, sonst Aggression und Triebentladung.
Altägyptische Traumdeutung: großer Geldzugewinn. Nach Freud stets das männlich Genitale (da der Ofen als Symbol des Frauenleibes gilt).

Flasche: Gefäß, Retorte. Männliches und weibliches Sexualsymbol

(nach Freud allerdings immer weiblich).
Welcher Geist ist in der Flasche eingeschlossen? ↗ Glas, ↗ Vase.

Flechten: ↗ Faden. Das Verknüpfen der Lebensfäden, d.h. verschiedener Lebenssituationen und Persönlichkeitsanteile.

Flecken: Dunkle Seelenstellen, Beschmutzung und Schuldgefühle. Oft mit Peinlichkeit verbunden, wenn es auch den »lustvollen Klecks« gibt, der allerdings seltener im Traum auftritt. Hier wird bisweilen auf die Erkenntnis eines »blinden Flecks« verwiesen.

Fledermaus: Die Fledermaus steht im Traum primär für das Aussaugen: Man wird ausgesaugt oder saugt selber aus. Ferner verkörpert sie triebhafte und bedrohliche Gefühle. Positiv drückt dieses Traumbild Sensibilität und differenzierte Instinkte aus – wobei die negative Bedeutung des Traumbilds Fledermaus wesentlich häufiger vorkommt.
Fledermäuse sind im Traum wie in jeder Fiktion die Schatten der ↗ Engel. Die schwarz dargestellte Fledermaus verkörpert das Böse wie der Engel das Gute verkörpert. Die Begriffe Engel und Dämon – und die Fledermaus wurden als einer angesehen – waren noch bis zur Zeit von Paulus (dem Kirchengründer) austauschbar.

Fleisch: ↗ Wurst. Körperliche, meist sexuelle Energien. Das Traumbild Fleisch tritt oft auf, wenn man sich zwingt, vegetarisch zu leben und noch nicht dazu bereit ist.
Rohes Fleisch weist auf Körperkraft, Leidenschaft und Potenz, zubereitetes Fleisch deutet auf Genuß(-sucht). Ablehnung von Fleisch zeigt Keuschheit an.
Nach indischer Tradition (Jagaddeva): Herrschaftsgelüste oder Wunsch nach großer Nachkommenschaft.

Flieder: Liebe, Zärtlichkeit und Romanze (vgl. Gassenhauer: »Wenn der weiße Flieder wieder blüht«). Warnt vor Einbildung und Betörung.
Volkstümlich: Liebesbegegnung.

Fliege: Überreizte Nerven. Widerstände, Erregtheit und leichte Irritierbarkeit wie bei ↗ Floh. Kann auch auf Fliegen verweisen. Das Kleine, was sehr stören kann.
Volkstümlich: Zeichen eines unüberwindbaren Hindernisses.

Fliegen/Flugträume: Selbstübersteigerung oder Flucht aus Problemsituation. Sehnsucht nach Leichtigkeit in schwerer Situation. Fliegen und Fallen treten wie ↗ Abgrund, Abhang, Absturz, Fahrstuhl und Falltüre zumeist in angstbesetzten Träumen auf oder wie Bach, Blatt und teilweise ↗ Fall-

schirm in ausgesprochen angenehmen Befreiungsträumen. Flugträume sind besonders bei Jugendlichen oft ein Hinweis auf Überforderung durch überstiegene Erwartungen und Erfolgsdruck der Umgebung. Sie gleichen oft einem Rauscherlebnis mit Abheben und Leichtigkeit wie beim Liebesrausch. Die meisten alten Mythen kennen den Zusammenhang zwischen dem Fliegen und der Sexualität. Heute, wo das Fliegen eher alltäglich geworden ist, bleibt zwar die alte Bedeutung noch bestehen (»nur Fliegen ist schöner« als Werbespruch und »Angst vorm Fliegen« von Erica Jong), aber es findet eine Überlagerung durch die moderne Symbolik des Fliegens statt: Weltoffenheit, große Ideen und Kommunikation. Symbol kreativer Ideen (Gedankenflüge). Kann auch eine Warnung sein, nicht zu sehr abzuheben und sich von seiner Wirklichkeit durch die Phantasie zu entfernen. Möglicherweise jedoch eine Ermunterung, eine zu einseitige Erdgebundenheit aufzugeben und/oder sich zu größeren Dimensionen aufzuschwingen.
Die Ägypter sahen solche Träume als Flucht aus Schwierigkeiten. Schon bei den Griechen und Römern wurden Flugträume als Liebesrausch interpretiert. Nach Freud sexuelle Wunsch- und Erektionsträume (sehr ausgiebig von Freud behandelt). Freud erklärte Flugträume durchweg als sexuelle Wunschvorstellungen. Moderne Traumexperten, besonders in den USA, interpretieren Flugträume durchgehend als Wunsch, einer Problemsituation zu entgehen oder die eigenen Grenzen zu überschreiten. Einige biologisch ausgerichtete Traumforscher gehen davon aus, daß wir im Traum auf Stadien unserer vorgeburtlichen Entwicklung zurückgehen können und so Kontakt mit dem Stadium der Vögel machen. Wir verwirklichen im Traum das uns angebotene Potential zum Fliegen. Nach dem zeitgenössischen Wahrtraumforscher Jack Maguire zeigen Flugträume oft nur an, daß wir uns erholen und erfrischen wollen.

Fliesen: Fliesen stehen im Traum für eine glatte Oberfläche. Ferner symbolisieren sie Reinlichkeit und Kälte. Fliesen können ferner auf eine harte Oberfläche verweisen. Was wollen Sie glätten?

Fließen: Sich treiben lassen, nicht alles kontrollieren wollen, ähnlich wie ↗ Fluß und Wasser. Sind Sie im Lebensstrom? Lassen Sie sich vom Leben bewegen?

Floh: Nervliche Überreizung, Streß wie bei ↗ Fliege. Ein Hinweis darauf, daß das Unscheinbare mehr beachtet werden möchte.

Floß: Auf dem Wasser des Gefühls kommt man (mit einfachsten Mit-

teln) voran. Der Träumende soll sich nicht treiben lassen, das ist gefährlich, da das Floß schwer steuerbar ist. Zum anderen liegt hier zugleich das Vertrauen vor, daß das Wasser einen trägt. Es kommt sehr darauf an, wie die Floßfahrt verläuft.
Volkstümlich: abwechslungsreiches Leben.

Flöte: Eines der ältesten Musikinstrumente, ihr Klang soll die Menschen und Götter verzaubern (vgl. auch »Die Zauberflöte«). Harmonie, Gleichklang, Schönheit und Zärtlichkeit. Mehr Lebensfreude zulassen. Penissymbol (Pans Instrument) und gelegentlich ein Zeichen autoerotischer Selbstbezogenheit (vgl. die Märchen »Hans mein Igel« und »Der singende Knochen«).

Flotte: Emotionale Konfliktsituation, Angst vor gefühlsmäßiger Auseinandersetzung.
Volkstümlich: Wie fast in jedem Fall gelten Schiffe auf See als schlechtes Omen.

Fluch: Größere Vorsicht ist geboten. Man verstrickt sich leicht in Schuld.

Flucht: Verdrängung, besonders wenn man die Auseinandersetzung mit dem eigenen Schatten (unbekannte Gedanken und unbewußte Gefühle) scheut, wie es oft bei Flugträumen der Fall ist. Fliehen Sie vor einem Teil von sich selbst? So etwas kann ohne weiteres aus gutem Grund geschehen! Wenn sich allerdings die Flucht schon im Traum zeigt, dann möchte das, wovor wir fliehen, auch verstanden und angenommen werden, sonst würde es sich nicht zeigen. Wenn man sich auf der Flucht befindet, dann sucht man auch immer etwas. Fragen Sie sich nach Ihrem Ziel.

Flügel (zum Fliegen): Man sollte das Leben leichter nehmen, sich mehr den spielerischen Energien öffnen, mehr Vergeistgung (mehr Höhenflüge) wagen. Hier werden Sie geradezu aufgefordert, im großen Stil zu denken und sich Großes zu trauen. Das ist die Situation, die im I GING mit der Formel »förderlich ist es, das große Wasser zu überqueren« ausgedrückt wird. Nach Homer symbolisieren die Flügel den Gedanken.

Flügel (Klavier): Bekanntes Harmonie- und Venussymbol.

Flugplatz: Flugträume. Der Ausgangspunkt des Fliegens. Freiheit und Reise.

Flugzeug: Flugträume. Flugzeug und Fliegen gelten als Symbol für weitreichende Gedanken, Ideen und neue Einsichten. Nach Freud Symbol des männlichen Gliedes, das sich entgegen der Schwerkraft emporrichten kann.

Flugzeugabsturz: Illusionen, überfällige Einstellungen müssen abgelegt werden.

Flur: Weg aus der Enge (seltener in die Enge).

Fluß: Strom, Wasser. Strom des Lebens und Fluß der Zeit. ↗ Fließen. Eine Flußfahrt entspricht oft dem Lebensweg. Als Hindernis treten oft reißende Ströme auf, die auf Triebschwierigkeiten und störende Gefühle verweisen. Die Art der Wasserbewegung ist zu beachten! In der altchinesischen Philosophie wird das Tao mit dem Fluß verglichen (mit seinem Gefühl und dem Lebensstrom im Fluß sein).

Fluß-/Nilpferd: Verschlingende Mutter oder Frau, das verschlingende Unbewußte, das Tierische, ebenfalls das Lustige. Im Traum nach Jung oft das Ungeheuer, das Böse, das verschlingen möchte.

Flut: Überwältigung, ein Feind greift an. Angst vor dem Versinken in der Gefühlswelt, Rückschlingung in die Triebwelt, in den weiblichen Archetypen (vgl. dazu genauer Erich Neumann: Ursprungsgeschichte des Bewußtseins: Es geht hier um die Angst des bewußten Menschen vor der verlockenden Triebwelt). Die Kräfte des Geistes und der Vernunft stehen gegen einen Einbruch der Natur ins bewußte, zivilisierte Leben. Man muß »schwimmen lernen«, d.h. bereit sein, sich wie ein Fisch im Wasser zu bewegen. Dazu gehört das Sich-Einlassen auf den Fluß des Lebens wie auch die Wendigkeit. Überschwemmung: Verweis auf viel Gefühl. Man wird überwältigt und weggerissen und hat im Traum fast immer Angst davor, auch wenn es durchaus wünschenswert ist. Ebbe und Flut: Rhythmus von Spannung und Entspannung im alltäglichen Leben.

Fohlen: Lebensfreude. Volkstümlich: Geburt eines Kindes.

Folter: Etwas Geheimnisvolles, Unergründbares (jemanden auf die Folter spannen). Hängt meist mit Angst und Schmerzlust zusammen. Foltert man andere, dann liegen häufig Aggressionen gegen eigene Eigenschaften des/der Träumenden vor, die diese anderen nur symbolisieren. Wird man selbst gefoltert, dann tut man sich selbst etwas an (Hang zum Masochismus, wie er möglicherweise in jedem von uns lebt).
Auf der anderen Seite scheint hier das Bedürfnis nach mehr Spannung im eigenen Leben durch. Oft steht hinter solchen Traumsituationen eine unbewußte sadomasochistische Haltung, die nach Befreiung verlangt. Machen Sie sich

immer klar, daß solche letztendlich sexuellen Gelüste keineswegs unreif oder gar »verboten« sind, sondern zur vollen Bandbreite des sexuellen Lustgefühls gehören können.
Auf wieder einer anderen Seite kann solch eine Traumsituation auch ganz unsexuell als Spannung aus unterdrückten Rachegefühlen angesehen werden. Und was ich mich (aus moralischen Gründen) nicht traue, anderen zuzufügen, das wird mir zugefügt. Das ist ein durchgehendes Gesetz, nach dem der Traum seine Bilder in Szene setzt.

Forelle: Lebensfreude, man kann sich frei im Wasser des Gefühls bewegen.
Volkstümlich: Schwierigkeiten verschwinden, natürlicher Einklang der Gefühle.

Förster: Der Förster im Traum verkörpert Natürlichkeit und oft eine falsche Romantik.

Foto/Fotografie: Vergangenheit des Träumers oder der Träumerin, Erinnerungen an alte Erlebnisse (auch im Sinne von Festhaltenwollen) und Idealisierung. Spiel mit dem Licht und dem Schatten (mit den sogenannten hellen und dunklen Seiten), d.h. das Leben nach seiner freien Wahl sehen zu können. Man möchte die Optik scharf stellen: scharf sehen und erkennen. Man muß die (inneren) Bilder ordnen. Man arbeitet mit dem Objektiv als Hinweis, objektiv zu sein.

Fotocollage: Wie ↗ Fotografie, allerdings größere Betonung auf dem kreativen Aspekt. Es geht hier um die Teile des eigenen Lebens, die wie ein Puzzle zusammengesetzt werden.
Wichtig, was in welcher Weise zusammengesetzt wird.

Frau: Wenn eine Frau von einer Frau träumt, ist fast immer ihr Schatten und selten ihr Selbstbild gemeint. Träumt ein Mann von einer Frau, verweist dies auf die Gefühlsseite des Mannes, die letztendlich auf seine Mutterbeziehung hindeutet. Beim Mann gibt das Verhalten der Frau im Traum oft Aufschluß über das (unbewußte) Lebensbild des Träumers, auf (unbekannte) Eigenschaften, Triebanteile und Verhaltensweisen in ihm selbst.
In der altägyptischen Traumdeutung bedeutet das Bild einer schönen Frau eine Warnung vor zu großen Aufgaben. Die unbekannte Frau zeigt nach Jung im Männertraum immer die weibliche Seite der Seele des Träumenden an, die sogenannte ANIMA. Jung meint außerdem, daß die Frau immer die Seelenführerin des Mannes im Traum darstellt.
Die Frau tritt meist als alte (weise Frau oder Hexe, Hekate in der

Antike), geile (bedrohliche, befreite Frau wie Lilith in der jüdischen Mythologie), gefangene (triebgehemmte wie Rapunzel), häßliche (auch oft die Hexe, vgl. Kundrie in »Parzival«), junge (die Verführerin), mächtige (Mutterbild letztendlich, wie Morgana, die Fee in der keltisch-walisischen Mythologie des »Mabinogions«) und schöne Frau (die Geliebte, das Ideal, vgl. »Schneewittchen«) auf.

Freiheit: Wer von der Freiheit träumt, dem fehlt sie im Leben. Sie sollten versuchen, sich zu befreien.

Freimaurer: Die Angst vor Geheimgesellschaften wie den Freimaurern ist oft die Angst vor dem eigenen Unbewußten. Will man im Traum in eine Loge aufgenommen werden oder ist man Mitglied einer Loge, wird damit meistens angesprochen, daß man unterstützende Verbindungen benötigt oder sucht. Suchen Sie nach Ihrem eigenen Maßstab oder Ihrer eigenen Bedeutung?

Fremd: Alles, was einem im Traum fremd ist, wurde entweder verdrängt oder gehört dem eigenen Schatten an. Fremd ist das Neue, das vor uns liegt (uns aber infolge von elterlichen Geboten [Über-Ich] unbekannt oder gefährlich erscheint).
In der Analytischen Psychologie verweist das Symbol des Fremden auf die Schattensymbolik, eben auf das eigene innere Fremde. Der Fremde wird als abgelehnte Eigenschaft bei sich selbst gedeutet, die man nicht sehen möchte.

Fremder: Etwas Neues kündigt sich an. Das Symbol kann auf die Schattensymbolik (das eigene, innere Fremde) verweisen. Abgelehnte bzw. unbekannte Eigenschaft bei sich, die man (nicht) sehen möchte.

Fremdgehen: Überwechseln auf die Schattenseite. Schattendasein. Erlösung von Verdrängtem.

Fremdsprache: Die Sprache des anderen, auch die eines unbekannten Teils in einem/r selbst. Man versteht etwas nicht oder will etwas nicht verstehen. Ihre Aufgabe liegt in der Übersetzung und somit im Verständnis des Unbekannten und Fremden. Sollten Sie mehr Verständnis zeigen oder zeigen Sie zu viel Verständnis?

Freude: Innere Ausgeglichenheit oder man braucht mehr Freude.

Freudenhaus: ↗ Bordell. Wer das Traumsymbol »Bordell« spontan als Freudenhaus bezeichnet, der betont damit seine positive Einstellung sexuellen Freuden gegenüber. Psychoanalyse: Der Traum vom Bordell geht stets auf sexuelle Wünsche zurück.

Freudenmädchen: ↗ Dirne. Gleiche Bedeutung wie bei ↗ Freudenhaus: Wer das Traumsymbol »Hure« spontan als Freudenmädchen bezeichnet, der betont damit seine positive Einstellung sexuellen Freuden gegenüber.

Freund(-in): Meist (unbekannte) Aspekte der eigenen Persönlichkeit. Sehnsucht nach sozialem Kontakt und Hilfe.

Friedhof: ↗ Begräbnis, ↗ Tod. Sehnsucht nach Ruhe in Phasen der Überarbeitung. Klassischer Ort der Gespenster.

Frieren: Wer im Traum friert, dem ist es oft im Bett kalt. Symbolisch ist das Frieren im Traum als Gefühlskälte zu sehen. Sie sollten entweder »cooler« sein oder mehr Gefühl zeigen. Es kann ein Appell sein, sich mehr Fürsorge und Wärme zu geben, aber auch ein Zeichen von Erstarrung und Depression. Das Leben schwindet.
Ein frierendes Kind ist oft ein Zeichen dafür, daß das Infantile im Träumer abstirbt.

Friseur/Coiffeur: Die Haarpflege zeigt die Einstellung zur eigenen Sexualität. Eitelkeit wie bei allen Schmucksymbolen.
Volkstümlich: ökonomische Schwierigkeiten.

Frosch: Besonders häufig bei Mädchen. Angst vor der Sexualität. Es geht um die seelische Beziehung zu dem sexuellen Partner (vgl. »Der Froschkönig«). Dadurch, daß der Schatten als dasjenige, wovor man sich zutiefst ekelt, aufgelöst wird, verwandelt man sich. Dies ist teilweise als Aufforderung anzusehen, über seine Ekelschwelle hinauszugehen und zu schauen, was dann geschieht. Meist kommt es durch die Überwindung zu einer Selbstbefreiung, besonders im Bereich der Sexualität.
Dieses Traumbild kommt bei Männern fast nie vor. Männer träumen eher von Kröten. Falls Männer doch vom Frosch träumen, ist meist Feigheit gemeint (»sei kein Frosch«).
Volkstümlich: geschäftlicher Erfolg.

Frost: Man soll sich mit Menschen versöhnen. Warnt vor zuviel innerer Kälte und Distanz wie bei ↗ Eis.

Frucht/Früchte: Obst. Das Erotische in der Natur, Erfolg und Glück. Erinnert an die sinnlichen Freuden des Sommers. Das, was man pflücken kann und muß. Pflückt man sie nicht, verpaßt man Chancen (vgl. »Frau Holle«). Das Saftige und Pralle.
Ungenießbare oder verfaulte Früchte verweisen auf Probleme (oft auf Krankheiten) und Gefahren.

Altägyptische Traumdeutung: angenehme Begegnung. Klassisch indische Traumdeutung: persönliches Glück besonders, wenn man sie pflückt oder sammelt. Bei Freud in Anlehnung an den »Faust« als Brüste gedeutet.

Frühling: Allgemein bekanntes Symbol für Potenz, Fruchtbarkeit und Jugend. Ostern.

Frühstück: Neubeginn, guter Anfang.

Fuchs: Klassische Verkörperung der Klugheit und Schönheit.
Der Fuchs im Traum ist ein geliebter oder geiler Mensch, oder man sieht sich selber so. Er verkörpert die Klugheit unserer Instinkte, List und Berechnung. Der Fuchs gilt als Seelenführer und Wegbegleiter, als Totemtier gemäß der schamanischen Traumdeutung.
Ein tollwütiger Fuchs steht für unkontrollierbare Instinkte.
Nach C. G. Jung (Analytische Psychologe) ist der Fuchs ein »ausgefuchster«, listiger, alter Mann (vgl. auch Goethes »Reinecke Fuchs«).

Führer: Der Führer tritt im Traum meist als Wagenführer oder ↗ Bergführer auf und ist ein bekanntes Autoritätssymbol (wie der ↗ Vater und der weise ↗ Alte). Er ist ein grundlegendes Männlichkeitssymbol (wie ↗ Herrscher). Bei Menschen während einer Psychotherapie verkörpert er oft den Psychotherapeuten oder die innere Seelenfigur, denen sich der Träumer/die Träumerin auf dem psychotherapeutischen Weg anvertraut. Auf ihn projiziert sich die verinnerlichte Elterninstanz.

Führerschein: Symbolisiert Identität. Man hat die Reife zugesprochen bekommen, Führer sein zu dürfen. Man darf sich frei bewegen (Freiheitssymbol).
Verlust des Führerscheins: Verlust der Identität, Unreife. Suche nach dem Führerschein: Suche nach der Identität.

Führung: Wenn man selbst die Führung im Traum übernimmt, sollte man sie erst recht im Leben übernehmen. Wird man dagegen geführt, kommt es bei der Deutung darauf an, wie man das empfindet. Ist es einem unangenehm und entstehen Konflikte, sollte man sich mit seiner Einstellung zur Autorität auseinandersetzen. Kann man diese Führung gut ertragen, dann mag das Ihnen nahelegen, mehr Demut in Ihrem Leben zu zeigen.

Füllfederhalter/Füller: ↗ Bleistift. Es gilt etwas schriftlich festzuhalten, um es nicht zu vergessen. Symbol der Kommunikation.

Fundament: Die Grundlagen des eigenen Lebens bedürfen der Überprüfung. Sehnsucht nach größerer Sicherheit.

Fünf: Der natürliche Mensch, der Mensch in Harmonie, denn der Mensch bildet ausgestreckt mit Armen, Beinen und Kopf ein Fünfeck/ Pentagramm.
Fünf hat auch immer die Bedeutung von »Quintessenz«, d.h. der Wesenskern, das Wesentliche.
Chinesisch: Zahl der Mitte.

Funke: Feuer, Flamme. Der sogenannte Seelenfunke, das Göttliche im Menschen.

Furche: Weibliches Sexualsymbol (Gegenbild zu Pflug) und/oder romantische Sehnsucht des Städters nach dem vermeintlich einfachen und natürlichen Landleben wie z.B. auch bei ↗ Acker, ↗ Ähre und ↗ Bauernhof.

Furcht: Es gibt sehr unterschiedliche Ausformungen von Furcht im Traum, aber immer handelt es sich um einen Hindernistraum, der meist unbewußte Ängste und Unsicherheiten im alltäglichen Leben widerspiegelt. Angstträume haben häufig organische Ursachen (zu viel gegessen, geraucht, Alkohol getrunken). Oft geht es um Krankheitsangst (Hypochondrie), die man bannen sollte.
Wichtig ist zu schauen, was als furchterregend empfunden wird.

Fuß: Bein. Eigener Standpunkt. Unabhängigkeit (auf eigenen Füßen stehen). Immer ein Erdungssymbol wie auch iFundament und iFußboden (astrologisch entspricht dieses Traumsymbol dem Tierkreiszeichen Fische).
Verschwendungssucht, wenn man auf großem Fuß lebt.
Nach Freud Phallussymbol, und der Schuh ist dann die Scheide.

Fußball: Spielerische Auseinandersetzung (als Lernaufgabe?) Der Ball drückt fast immer geballte Lebensenergien und/oder die eigene Mitte aus. Hierbei stellt sich die Frage, ob Sie Ihre eigene Mitte mit den Füßen treten oder ob Sie sich selbst ins Spiel bringen.
Wichtig ist, welche Rolle Sie im Spiel übernehmen: Stürmer, Verteidiger, Schiedsrichter oder Zuschauer usw.

Fußboden: Äußerer und innerer Halt, persönlicher Standpunkt. Hängt wie ↗ Fuß und ↗ Fundament immer mit Erdung zusammen. Der Fußboden kann auch als dasjenige gesehen werden, das eine/n vom Untergrund (als Urgrund oder der Natur) trennt. Estrich.

Fußmatte: Man fühlt sich minderwertig oder getreten, jeder Schmutz wird bei einem abgeladen.

Futter: Sie nähren das Tier in sich.

G

Gabel: Verweist zumeist auf das Essen (besonders wenn man im Traum Hunger hat). Der Teufel und Neptun tragen als Symbol die Gabel (den Dreizack als Zeichen der alten Dreiheit, die eine Einheit bildet, vgl. Drei), um etwas damit zu fangen.
Als Grabgabel in die eigenen Tiefen vordringen, Erdung, auch Arbeit. Als Gabelung wie in Weggabelung verweist dieses Traumbild auf Ihre Fähigkeit zur Ent- und Unterscheidung. Als Stimmgabel Zeichen für Orientierung und Harmonie (die richtige Stimmlage). Was oder wen »gabeln Sie auf«?
Volkstümlich: Zeichen für Streit.

Galgen: Man hängt seine Lasten daran auf oder wird selbst daran aufgehängt, äußerste Bedrohung. Drastisches, altertümliches Bestrafungssymbol, das allerdings keineswegs immer alptraumhaft sein muß.

Gang: Oft ein Geburtstraum. Besonders ein dunkler Gang kann auf Ratlosigkeit hinweisen.

Gangster: Der Gangster drückt Ihre zurückgehaltenen Aggressionen aus. Er ist immer jemand oder etwas, das uns aus dem eigenen Inneren bedroht. Er kann auch Freiheit und einen Protest gegen die Gesellschaft symbolisieren.

Ganove: ↗ Räuber, ↗ Gangster. Es ist von symbolischer Bedeutung, in welche dunklen Geschäfte der Ganove verwickelt ist.

Gans: Dumme Gans. Aber auch: Fruchtbarkeit und Lebendigkeit, eheliche Liebe.

Gänseblümchen: Symbol für Mädchen wie bei ↗ Gans. Kindlichkeit und Natürlichkeit, die man entbehrt.
Volkstümlich: Glück.

Garderobe: ↗ Kleidung.

Garderobe (Ort, an dem man Jacken und Mäntel ablegt): Die Garderobe symbolisiert Ruhe und Stillstand, aber auch Entkleidung und damit Offenheit. Welche Kleidung hängt dort? Was wollen Sie dort ablegen oder anziehen?

Gardine: Man will etwas verbergen (Streit? vgl. die »Gardinenpredigt«). Man durchschaut etwas nicht. Andererseits wird die Notwendigkeit der Abschirmung angesprochen.

Garn: Unwahrheit (Seemannsgarn) oder Gedanken und Gefühle, die nur langsam Form annehmen. Faden.
Volkstümlich: Wohlstand. Garn spinnen wird volkstümlich mit Liebesglück verbunden.

Garten: Feld. Im Garten findet die Hochzeit von Seele und Natur statt. Er symbolisiert Sehnsucht und Verlangen, Fruchtbarkeit und ein befriedigendes Liebesleben. Er ist der Ort der gepflegten Natur, die einem gepflegten eigenen Inneren entspricht.
Der häusliche, umfriedete Bereich im Gegensatz zum wilden Feld oder gar Wald. Wenn wir den Garten betreten, flüchten wir meist vor der Härte des alltäglichen Lebens in der Außenwelt und suchen hier Schutz und Erholung. Altägyptische Traumdeutung: Spaziergang durch einen Garten bedeutet schöne Lebensgestaltung. In Ägypten war der Garten schon immer ein Symbol für die Frau(en). Sexualität der Frau bei Freud.

Gärtner: Der Gärtner symbolisiert die partnerschaftliche Beziehung zu anderen oder zur eigenen Natur. Er ist Ihre natürliche und damit Ihre erotische männliche Seite.

Gas: Einflüsse, die einen vergiften wollen. Etwas Undurchschaubares (Unsichtbares), das einem Angst macht. Aber sehen Sie auch die positive Seite dieses Traumbildes: Sie nehmen etwas Unsichtbares wahr. Was ist dieses Unsichtbare für Sie?

Gast/Gastgeber: Sehnsucht nach sozialem Kontakt wie bei ↗Bekannter und Begleiter. Man soll mehr auf seine Mitmenschen achten und Freundschaften pflegen. Die Aufgabe kann hier auch darin bestehen, zu sich selbst freundlicher zu sein und sich sozusagen selbst der beste Gast zu sein. Man möchte sozial akzeptiert und eingebunden sein.
Altägyptisch: große Aufgaben stehen an.

Gasthaus: Restaurant. Kontaktfreude, Kommunikation und Offenheit. Speisen, Essen. Wichtig: Art des Gasthauses? Wie geht es dort zu? Wie fühlen Sie sich dabei? Volkstümlich: gutes Zeichen, sich selbst dort zu sehen.

Gauner: Falschheit, Warnung vor ökonomischem Risiko.

Gebäck: Vernaschen (süßer Genuß). Eigentlich liegt die Zeit des Naschens in der Kindheit und dennoch erfreuen Sie sich noch heute am Süßen und am Naschen. Sehnen Sie sich nach Ihrer Kindheit zurück? Wünschen Sie sich mehr Geborgenheit und umsorgt zu sein? Fehlt Ihnen das »süße Leben« heutzutage? Vielleicht sollten Sie in Ihrem Leben mehr Raum für dieses »süße Leben«, für Geborgenheit und auch kindlichen Genuß schaffen?
Freud zitiert hier Volkelt (J.: Die Traumphantasie, Stuttgart 1875): Glattes Gebäck drückt Nacktheit aus. Volkstümlich: Vorsicht in der Liebe.

Gebärmutter: Fruchtbarkeit und innerer Reichtum. Erinnern Sie sich mit diesem Bild an Ihre eigene Herkunft oder gar an Ihr vorgeburtliches Leben?

Gebäude: Haus. Person des Träumenden nach Freud und Jung und allen gängigen Schulen der Traumdeutung.
Wichtig ist der Zustand des Hauses, dessen Atmosphäre und Lage.

Gebet: Verweist oft auf kindliche Haltung des Träumers oder der Träumerin. Bedeutet häufig, daß man aktiv werden oder sich mehr nach innen wenden soll. Auf der anderen Seite hängt das Gebet auch außerhalb der christlichen Praxis mit Geben und Bitten zusammen.

Gebirge: ↗ Berg. Wo befinden Sie sich im Gebirge? Die Beantwortung dieser Frage zeigt Ihnen Ihre innere Entwicklung: Oben auf dem Berggipfel haben Sie den Überblick, den Ihnen Ihr Intellekt gewährt. Stehen Sie vor dem Gebirge und müssen Sie die Berge besteigen, drückt sich darin Ihre Befürchtung aus, daß der Weg zum Bewußtsein noch vor Ihnen liegt und mit Anstrengungen verbunden ist. Der Lohn ist dann der Überblick von oben.

Gebiß: Das Gebiß zeigt die Angst an, seine Aggressionen und sein Durchsetzungsvermögen zu verlieren. Es ist ein Symbol der Eitelkeit.

Gebrüll: Gebrüll im Traum weist wie im Alltag auf Verärgerung hin. Möglicherweise ist es ein Hinweis darauf, daß man seine Emotionen besser unter Kontrolle halten sollte – oder ganz im Gegenteil mehr Emotionen ausdrücken sollte.

Geburt: Bezieht sich konkret zunächst auf tatsächliche Geburten, sei es die eigene, die der eigenen Kinder oder die von anderen. Wünsche und Ängste, Schmerzen und Freuden der persönlichen Menschwerdung oder des eigenen Umgangs mit Kindern können sich hier darstellen.
Zusätzlich gilt in übertragener Bedeutung: Beginn einer allgemein günstigen, kreativen Zeit. Entstehen von etwas Neuem. Absoluter Glückszustand und Klarheit. Auf der anderen Seite finden wir hier häufig die Sehnsucht nach einer Neugeburt, d. h. nach persönlicher Veränderung ausgedrückt. Oftmals tritt dieses Traumbild auf, wenn wir unmittelbar vor oder nach einem Neuanfang stehen. Gelegentlich drückt es in der Verehrung des Neuen auch einen Widerstand gegen Abschluß des Alten, gegen Reife und Vollendung aus. Bei diesem Symbol sollten Sie sich fragen, was Sie mit Ihrem Leben machen und wohin Ihre Sehnsüchte gehen. ↗ Kind.

Geburtstag: Volkstümliches Glückssymbol in jeder Hinsicht. Der Geburtstag ist eine magische Zeit, zu der Wünsche in Erfüllung gehen und man auch verhext werden kann (vgl. »Dornröschen«). Wichtig sind die Geschenke, die Feier und wie alt man im Traum geworden ist. Die Geschenke symbolisieren meistens Eigenschaften des Träumers oder Personen, die der Träumer trifft und die eine Bereicherung seines Lebens darstellen. Außerdem: Hier wird gefeiert, daß die persönliche Existenz und die individuelle Eigenart ein Geschenk sind und so auch gewürdigt werden. Achten Sie auf die Begleitumstände der Geburtstagsfeier. Wie haben Sie sich gefühlt?

Gedränge: Sie brauchen mehr Freiheit und mehr Raum für sich wie auch bei ↗ Gefängnis und ↗ Käfig. Es ist einem zu eng – das kann real im Bett sein.
Können Sie sich oft genug im Alltag durchsetzen und selbst behaupten? Benötigen Sie mehr Freiraum?

Gefängnis/Gefangenschaft: Kann Einschränkungen und Abhängigkeiten jeglicher Art symbolisieren. Meist braucht man mehr Freiheit und Raum wie auch bei Gedränge, Fessel und Käfig. Man fühlt sich eingeengt (oft durch eine Beziehung oder Arbeitsverhältnisse) oder befangen. In seltenen Fällen wird hier auf einen blinden Fleck verwiesen oder auf den wunden Punkt des Träumers oder der Träumerin.
Freud träumte in seiner Jugend von einem Gefängnis in Form eines Kastens, und für ihn bedeutete dieses Symbol die Gebärmutter.

Gefäß: ↗ Flasche, ↗ Retorte, ↗ Vase. Alle Gefäße symbolisieren den Leib der Frau und die weibliche Sexualität zumindest im Traum des Manns. Der männliche Körper und die männliche Sexualität, stellen sich fast nie als Vase dar; wenn er durch ein Gefäß symbolisiert wird, dann tritt zumeist das Faß oder sehr häufig die Flasche auf. Bei Mann und Frau kann allerdings die Vase das Innere im Sinne des Unbewußten andeuten, allerdings tritt auch hier eher die Büchse (die Büchse der Pandora) oder das Kästchen bzw. die Schatztruhe auf.
Wichtig ist, was die Gefäße beinhalten (welcher Geist in der Flasche wohnt).
Schon nach Freud sind Gefäße immer sexuell: Leere Gefäße bedeuten Potenzschwierigkeiten. Ausgießen von Flüssigkeit aus einem Gefäß oder dessen Entkorken ist nach der klassischen Psychoanalyse meist ein Symbol für den Geschlechtsverkehr.

Geflügel: Gewöhnliches Leben.

Gefühle: Alle Gefühle, die Sie im Traum zeigen oder Ihnen entgegengebracht werden, stellen eigene Gefühle des Träumers oder der Träumerin dar, die nach Beachtung rufen.

Gegenstände: Gegenstände symbolisieren im Traum stets abgespaltene Gefühle. Sie stehen für das stärker Verdrängte im Gegensatz zu ↗ Personen, die das weniger Verdrängte verkörpern. Sie sind auch ein Symbol für das Entfremdete.

Gegner: Sich widersprechende Ideen, Meinungen und Aspekte von einem selbst. Oft das, was man bei sich nicht sehen möchte.

Geheimnis: Verdrängung von Wahrheit oder gerade ein Hinweis darauf, daß wir auch Geheimnisse brauchen.

Gehen: Man kommt auf dem Lebensweg durch eigene Kraft langsam, aber stetig und sicher voran. Selbständigkeit.
Wie man geht, zeigt den gegenwärtigen Zustand deutlich an.

Gehirn: Das Traumbild »Gehirn« ist eine Aufforderung, seine Intellektualität besser zu nutzen, oder im Gegensatz dazu die Aufforderung, nicht einseitig intellektuell durch das Leben zu gehen.

Gehorsam: Verweist auf notwendige oder unnötige Disziplin.

Geier: Ausbeutende Einstellung im Leben, deswegen oft Schwierigkeiten mit der Umwelt.
Volkstümlich: gefährliche Feinde.

Geige: Idealisierung des weiblichen Körpers. Oder die erste Geige spielen wollen. Wie bei allen Musikinstrumenten ist hier die Harmonie angesprochen, und wie bei allen Saiteninstrumenten werden im Bild der Saite die Nerven und die Stimmungen und Spannungen eines Menschen symbolisiert. Der Resonanzkörper des Instrumentes verweist auf den Widerhall im Inneren, man könnte von »seelischem Echo« sprechen.

Geizhals: Man sollte großzügiger, offener und beweglicher sein. Oder sind Sie unersättlich, weil Sie Ihre wahren Bedürfnisse unbefriedigt lassen? ↗ Gier.
Schlechtes Omen, besonders für Liebende, nach der volkstümlichen Traumdeutung. Wie man mit dem Geld umgeht, so geht man auch mit seiner Liebe um.

Gejagter: Daß Sie gejagt werden, ist die klassische Situation im Verfolgungstraum. Das, was Sie jagt, möchte von Ihnen wahrgenommen werden. Es ist Ihr verdrängter Persönlichkeitsanteil.

Gelb: Verweist auf Intuition und Geistigkeit (auch im Sinne von Bewußtheit). Symbolfarbe der Sonne. Gelb steht für leicht irritierbare Intuition und geistige Konstitution, was sich u. a. darin ausdrückt, daß psychisch Kranke wie van Gogh in ihren Bildern die gelbe Farbe bevorzugen. Die gelbe Gefahr warnt vor geistiger und körperlicher Krankheit (vgl. auch »Gelbsucht«). Hier kann man gut sehen, wie ein politischer (differierender) Begriff auf einer archetypischen Bedeutung aufbaut und so zu neuen Assoziationen führt, die sich aufdrängen, ob man nun dieser politischen Ansicht ist oder nicht. Die Werbung arbeitet ähnlich.
Bei Goldstich reiche Ernte, geistige Aktivität. Dunkles oder gar verschmutztes Gelb dagegen symbolisiert Neid, Geiz, Eifersucht und Verrat.
Bei den Hindus symbolisiert Gelb das Licht des Lebens, bei den Buddhisten Demut und Freiheit.

Geld: Verweist selten auf ökonomische Probleme, sondern deutet eher auf unser Verhalten in der Liebe. Wohl das häufigste und allgemeinste Sexualitäts- und Machtsymbol. Bei den älteren Münzen verweisen Taler (wovon Dollar abgeleitet ist) auf die Talente und Begabungen des Träumers. Das Geldstück verweist allgemein auf Erfolg und Sicherheit. Wägen Sie immer alles ab und planen und durchdenken Sie jede Situation? Haben Sie Angst, die Kontrolle über sich und die Situation zu verlieren? Oftmals zeigt Ihnen dieses Traumbild, daß Sie sich dem Leben öffnen und Ihre Wildheit wahrnehmen sollten. Hingabe an das Leben ist hier anstelle der Kontrolle angesagt.
Für Freud und Jung Symbol der Libido: Silbermünzen Hinwendung zu Frauen, Goldmünzen zum Mann. Für einige moderne Psychoanalytiker Potenzsymbol.

Geleise (Bahngeleise): Vorgezeichneter Lebensweg, Sicherheit und Starrheit (es verläuft alles in festgefügten Bahnen).

Geliebte/Geliebter: Dieses Traumbild zeigt deutlich die bewußten und unbewußten Ansprüche, die den Träumenden bei der Wahl seiner Bekanntschaften bestimmen. Es geht um sein Suchbild. Das gilt vor allem für sexuelle Beziehungen. Mit dem oder der Geliebten im Traum wird stets unser innerer Geliebter bzw. unsere innere Geliebte angesprochen (siehe auch ↗ Liebe und ↗ Liebhaber).

Gelübde: Man sollte sich in einer wichtigen Angelegenheit festlegen, oder man hält wichtige Verpflichtungen (sich selbst gegenüber) nicht ein, an die man erinnert wird.

Gemälde: Man sucht ein klareres Bild von sich oder anderen. Künstlerisches Sehen und Handeln statt nur logisches wird gefordert. Bilder zeigen fast immer die Persönlichkeitsstruktur der/des Träumenden. Jedes Bild ist ein Selbstbildnis bzw. ein Symbol der persönlichen Weltsicht.

Gemse: Geschicklichkeit, Genügsamkeit und Scheu (astrologisch entspricht dieses Bild dem Tierkreiszeichen Steinbock).

Gemüse: Jugendliche und Kinder (»junges Gemüse«). Nahrung.
Nach C. G. Jung meist erotische Anspielung.

General/Oberst: ↗ Chef, nur aggressiver bzw. autoritärer. Herrscher.

Genesung: Man gesundet an Körper und/oder Seele.

Genitalien: Geschlechtsorgane.

Genuß: Genuß im Traum spricht stets Ihre Genußsucht an. Entweder leben Sie einseitig zu sehr im Genuß oder Sie sollten sich mehr Genüsse gönnen.

Gepäck: Koffer, (Hand-)Tasche, Rucksack, Paket und Schachtel symbolisieren Belastungen (»jeder hat sein Päckchen zu tragen«) oder seltener Kraft und Pläne. Kraftreserven. Hier wird auch die Bedeutung von Mitgift und Erbe angesprochen, die sowohl auf eine Last als auch auf eine Chance verweist. Welche Begabungen stehen Ihnen zur Verfügung? Welche Aufgaben ergeben sich daraus?

Gepäckträger: Derjenige, der die Last der anderen trägt.
Sind Sie das oder ist es ein anderer für Sie?
Volkstümlich: Verleumdung.

Gericht: Schlechtes Gewissen, man hält über sich selbst Gericht. Sie sollten mit sich nicht zu streng sein. Suche nach Gerechtigkeit. Wollen Sie »es« immer richtig machen? Liegt es für Sie an, Ihrem Leben eine bestimmte klare Richtung zu geben? Worauf könnten Sie sich ausrichten?

Gerichtsvollzieher: Der Gerichtsvollzieher symbolisiert Hilflosigkeit und Bedrängnis. Man ist schlecht mit seinen Energien umgegangen.

Gerippe: Das Gerippe stellt auch im Traum eine bekannte Todessymbolik dar, die auf das, was Bestand hat und somit wesentlich ist, verweist. Das Gerippe ist ein möglicher Hinweis auf mehr Struktur.

Gerste: ↗ Getreide.
Volkstümlich: gutes Omen.

Geruch: Duft. Schlechte Gerüche symbolisieren Abneigung (man kann jemanden nicht riechen), gute Gerüche Zuneigung. Außerdem schwingt hier die Bedeutung der »goldenen Nase« bzw. des »richtigen Riechers« mit, die Sie auf Ihre Intuition verweist, auf die Sie sich entweder verlassen oder auf die Sie sich mehr verlassen sollten.

Gerüst: Neuanfang, Selbsthilfe und Unterstützung.

Gesang: Seelische Erleichterung, friedliche Zeiten, Harmonie, Ausgeglichenheit und Entlastung.

Gesäß: Wer sein Gesäß entblößt, der/die gibt sich eine Blöße, er oder sie hält die eigenen »Nachteile« nicht im Verborgenen (vgl. »Der Narr« im alten Tarot).
Freud: Infantiles Sexualsymbol.

Geschäft (als ökonomische Aktivität): Das Geschäft hängt meistens mit Ihrer eigenen Geschäftigkeit im Alltagsleben zusammen. Sie sind entweder zu geschäftig oder zu passiv. Wie bei ↗ Fabrik stellt das Traumbild »Geschäft« ein Symbol des Austauschs dar, das auf die Wechselbeziehungen Ihrer einzelnen Persönlichkeitsanteile verweist. Ferner steht das Geschäft für alle Möglichkeiten, die uns das Leben bereitstellt.

Geschäft (als Ladenlokal): Geschäfte und Ladenlokale verweisen auf das ↗ Kaufen und häufig indirekt auf den Austausch von Emotionen. Es stellt sich die Frage, was Sie nehmen und was Sie geben. Um welche Art des Geschäftes handelt es sich? Was wird dort verkauft und welche Rolle spielen Sie dort?

Geschäftsmann: Meistens ist der Geschäftsmann im Traum ein Erfolgssymbol. Für die weitere Deutung ist es wichtig, in welchem Geschäft das Engagement vorliegt und ob der Geschäftsmann erfolgreich oder erfolglos ist.

Geschenk/Gabe: Die Beziehung zur Umwelt soll verbessert werden. Es geht um das Teilen der Freude und die Freude am Geben. Das Leben als Geschenk. Geburtstag.

Geschirr: Häuslichkeit. Zerbrochenes Geschirr bedeutet volkstümlich Unglück (im Gegensatz zu zerbrochenem Glas).

Geschlechtsorgane: Sexuelle Bedürfnisse als naheliegende Bedeutung. Auf der anderen Seite verweisen alle direkten sexuellen Traumbilder auf den Zustand des Selbst der/des Träumenden. Oftmals drücken sich andere Energien wie z.B. Liebe oder Angst, Macht und Geld in sexueller Symbolik aus.

Freud unterschied ganz deutlich zwischen der genitalen und der allgemeinen Sexualität. Einerseits erweiterte er den Begriff der Sexualität: »Erstens wird die Sexualität aus ihren allzu engen Beziehungen zu den Genitalien gelöst und als eine umfassendere, nach Lust strebende Körperfunktion hingestellt, welche erst sekundär in den Dienst der Fortpflanzung tritt; zweitens, so Freud weiter, »werden zu den sexuellen Regungen alle die bloß zärtlichen und freundschaftlichen gerechnet, für welche unser Sprachgebrauch das vieldeutige Wort ›Liebe‹ verwendet«.

Das bedeutet: Die Sexualität ist für Freud ein umfassendes Luststreben, das sich am und im gesamten Körper äußert. Er vertritt die Auffassung, sexuelle Regungen und zärtliche, freundschaftliche Liebesempfindungen miteinander in Verbindung zu sehen und nicht den einen Teil der Person dem anderen vorzuenthalten. Insoweit geht es um die »Loslösung der Sexualität von den Genitalien« (Freud), also um das, was wir als Sinnlichkeit bezeichnen, um den Abschied davon, »immer nur das Eine« zu suchen, wo vieles des Wollens wert ist.

Zugleich betont Freud den Unterschied zwischen allgemeiner/unorganisierter Sexualität und genitaler Sexualität. Erst in der genitalen Phase werde »die volle Organisation« aller Triebe (und nicht nur von Teiltrieben) bewirkt. ↗Erektion, ↗Beischlaf, ↗Sexualität.

Geschmack: Die Art des Geschmacks bewertet das Symbol, das mit diesem Geschmack verbunden ist. Der Geschmack ist das, was einem auf der Zunge liegt, was man spürt und was man ausdrücken sollte.

Geschwindigkeit: Typisches Streß-Traumsymbol. Lassen Sie sich mehr Zeit, oder Sie müssen schneller sein, um eine Chance zu wahren. Allerdings kann man mit Geschwindigkeit den Streß auch überwinden.

Geschwister: ↗Bruder, ↗Schwester. Unterschiedliche Anteile in einem selbst.

Hiermit ist nach Freud oft das Genital gemeint. Ältere Geschwister deuten nach Jung auf entwickelte Fähigkeiten hin, auf das, wo man hin will, was man bewundert.

Geschwür: Verweist wie ↗Pickel, ↗Abszeß und ↗Hautausschlag auf Minderwertigkeitsgefühle. Ekelsymbol. Allerdings mag der Traum auch im konkreten oder im übertragenen Sinne zeigen, daß ein Gift Ihren Körper verläßt, und daß der Ekel vor diesem Symptom falscher Lebenseinstellungen, unterdrückter Gefühle und der Entgiftung des Körpers unberechtigt ist. Seien Sie immer froh, wenn sich

Ihre unakzeptierte Seite (der Schatten) ausdrückt. Was zum Ausdruck gelangt, das kann uns nicht mehr unkontrolliert bedrängen.

Gesetz: Das Gesetz ist das, woran der Träumende sich halten sollte. Es symbolisiert entweder Grundeinstellungen des Träumers oder die gesellschaftlichen Normen. Das Gesetz ist ein häufiges Symbol, wenn man ein schlechtes Gewissen hat: Es ist in diesem Fall ein klassisches Über-Ich-Symbol.

Gesicht: Gesichtsausdruck steht für die seelische Befindlichkeit des/der Träumers/-in, für seine Selbstachtung und Selbsteinschätzung. Es ist ein Symbol der Identität und der Willens- und Intuitionskraft.
Entstelltes Gesicht: Wut, Aggression, Angst. Verzerrtes Gesicht: innerliche Unruhe. Undeutliches oder schemenhaftes Gesicht: Ausdruck der Identitätssuche. Ist das Gesicht eine Maske, geschminkt oder offen und frei?
Volkstümlich: freundliches Gesicht ergibt ein gutes Omen, unfreundliches ein schlechtes Omen. Viele fremde Gesichter zeigen, daß man bald umziehen wird.

Gespenst/Geister: Hier sind meist die sogenannten Lebensgeister, also das, was ein spezifisch menschliches Leben auszeichnet, gemeint. Ferner wird möglicherweise auf einen ungenutzten oder falsch benutzten geistigen Apparat verwiesen. Man jagt einem Phantom nach. Warnung vor Illusion und falscher Einsicht. Wesen aus dem Märchenreich haben immer etwas Unheimliches an sich. Sie können hilfsbereit oder böse sein. Gespenster sind oft Ausdruck von Schuldgefühlen und Gewissensängsten. Wenn solche Bilder zu oft mit Angst verbunden auftreten, dann sollte therapeutische Hilfe zu Rate gezogen werden. Die Aufgabe bei diesem Traumbild liegt oft im besseren Verständnis und in der klügeren Anwendung seiner Geistesgaben.
Meist weibliche Personen (im weißen Nachtgewand) nach Freud.
Volkstümlich: Eine Zeit voller Ärger steht bevor.

Gespräch: Ruhige Gespräche symbolisieren Kontaktfreude und Aufgeschlossenheit, diskussionsartige Gespräche bilden oft innere Konflikte ab.

Gestank: Gestank kommt meistens nur im Alptraum vor und zeigt großen Ekel an. Wichtig ist die Quelle des Gestanks bei der Deutung. Gestank bedeutet stets Distanz.

Gestein: ↗ Stein.

Getränk: Oft sehen wir Getränke im Traum, wenn wir Durst haben.

Jedes Getränk kann Gefühle symbolisieren – und speziell den Liebesgenuß. Was haben Sie getrunken?

Getreide: Alle Getreidearten symbolisieren geistige und physische Bedürfnisse, sie können aber auch über die Assoziation »Schnitter« und »Sensemann« auf die verwandelnde Kraft des ↗Todes verweisen. Jedesmal ist damit auch die Frage der persönlichen Fruchtbarkeit angesprochen.
↗ Feld, ↗Ernte. Reiche Ernte, bedeutet Selbstvertrauen und Gesundheit, Mißernte das Gegenteil. Ein Getreidefeld zeigt » den Acker des Lebens« und »das Feld der Erfahrungen« an. Hier können Sie erfahren, woran Sie jetzt zu arbeiten haben. Ist das Traumbild vom Gefühl der Ruhe und des Friedens geprägt, dann spricht es die Sehnsucht nach dem natürlichen Leben und der Entspannung (beim Städter) an. Hinweis, daß das Leben zu Frucht und Reifung führt. Getreide nährt. Glückszeichen in volkstümlicher Traumdeutung: Erfolg nach harter Arbeit.

Gewächshaus: Künstlich regulierter und kontrollierter Lebensraum, dort ist keine Aggression zulässig (wer im Glashaus sitzt, darf nicht mit Steinen werfen). Leben Sie isoliert, um eine bestimmte Aufgabe zu fördern? Dies können Sie für eine bestimmte Zeit erfolgreich tun, aber Sie müssen darauf achten, daß diese Isolierung Ihnen nicht zum »Zuchthaus« wird. ↗Glashaus.
Volkstümlich: gutes Omen.

Gewalt: Disziplin ist notwendig oder aufzugeben, ähnlich wie bei ↗Gehorsam und ↗Aggression. ↗Triebstau.

Gewebe: Alles ist miteinander verbunden. Symbol des Lebensfadens, das darauf verweist, die vielen Fäden der Erfahrungen und der eigenen Persönlichkeit zu einem Ganzen zu verbinden. Faden.
Die Art des Gewebes gibt häufig Ihre Gefühle wieder.

Gewehr: Der Träumer will durch Macht und Stärke imponieren oder wird durch sie eingeschüchtert. Allmachtsphantasie, Symbol für Aggressionen. Ausdruck der Kriegsangst wie auch bei ↗Helm, ↗Bombe, ↗Bajonett und ↗Abschuß.
Wohl das berühmteste Sexualsymbol der klassischen Psychoanalyse. Kommt in dieser Bedeutung auch noch heute häufig vor.

Geweih: Aggressive, männliche Triebkraft wie auch bei ↗Gewehr und allen Waffen. Untreue (einem Hörner aufsetzen).
An den Wänden hängende Geweihe: Erinnerung an frühere Potenz.

Gewicht: Bedrückung, Belastung wie bei Gepäck oder man sollte nicht alles so schwer nehmen. Kann auch aufs Abwägen hinweisen.

Gewinn: In jedem Fall ein Erfolgssymbol.

Gewitter: ↗ Blitz. Das Zerstörerische und das Reinigende. Sie sollten Ihrer Aggressivität Ausdruck verleihen.

Gewölbe: Wie ↗ Höhle ein Mutter- und Schutzsymbol.
Volkstümlich: Schwierigkeiten.

Gewürz: Schärfe im Sinne von Intellekt und Klugheit. Psychische Reizbarkeit, aber auch Extravaganz und Raffinesse.

Gicht: Eingeschränkte Bewegung, fehlende Bewegungsfreiheit wie bei ↗ Gefängnis und ↗ Käfig, hier jedoch aufgrund unbewußt gebliebener oder »ungelenker« eigener Natur.
Volkstümlich: Überanstrengung vermeiden.

Gier: Man soll gemäßigter sein, oder man fühlt sich zu kurz gekommen. Triebstau. Wie bei ↗ Geiz wird hier auf die Unersättlichkeit verwiesen, die eine unangemessene Befriedigung der eigenen Triebe anzeigt. ↗ Wolf.

Gießkanne: Überfluß und Reichtum. Oder sparsame Zuteilung von Energien.
Wie Wasserhahn nach Freud Symbol des männlichen Gliedes, da hier aus der phallischen Tülle etwas ausfließt, das Fruchtbarkeit bringt.

Gift: Bosheiten und Aggressionen werden verdrängt. Oft vergiftende Gedanken und Gefühle. Alles, was dem/der Träumer/-in widerspricht, oder in seltenen Fällen seine Medizin.

Gipfel: Das Erreichen von höherem Bewußtsein, Vergeistigung. Kann aber in anderem Zusammenhang auf Überheblichkeit, Karrierismus und fehlende Demut verweisen. Wozu fühlen Sie sich berufen? Welchen Preis sind Sie bereit, für Spitzenleistungen zu zahlen? Ferner wird hier die Verbindung zur eigenen Mitte (und zu Gott) im Alleinsein angesprochen. Nehmen Sie sich genügend Zeit für sich? Symbolisiert Entwicklung und Reifung als Ziel des Lebensweges, aber auch Angst vor Tiefe und Auseinandersetzungen.

Gips: Man bleibt hängen, kleben (an Beziehung, Beruf z.B.). Man glättet etwas mit Gips wie beim ↗ Bügeln. Mit Gips macht man die Kopie von einem Original (was kopieren Sie?). Unechtheit. In volkstümlicher Traumdeutung: falsche Anschuldigungen.

Giraffe: Das Besondere, Ferne und Exotische. Der Überblick als Wunsch, alle anderen zu überragen und nicht mehr das kleine Kind zu sein. Allerdings beachten Sie, daß Kopf und Körper hier weit voneinander entfernt sind!

Gitarre: Leidenschaft und Gefühl. Oft sexuelle Bedeutung wie ↗ Geige und ↗ Bratsche (Frauenleib). Spielerische Selbstdarstellung.

Gitter: Trennungstendenz, Beengung.

Gladiator: Aggression und Minderwertigkeitsgefühl, das durch Heldentraum(a) kompensiert wird.

Glas: Gefäß des Geists. Durchsichtigkeit und Klarheit als Zeichen von Vergeistigung. Zerbrechlichkeit und Überempfindlichkeit. Glasgefäße, Glas und Kristallkelche (vgl. Gral) stellen den Bewußtseinsprozeß dar. Zerbrochenes Glas bedeutet Verletzung, Zerstörung der Unschuld (auch im Sinne der ↗ Entjungferung), aber auch Glück (wenn es kein Spiegel ist). Gelegentlich ein Symbol der Zerbrechlichkeit im Sinne der Flüchtigkeit und Unfaßbarkeit (vgl. das Sprichwort »Glück und Glas, wie leicht bricht das«). In der Alchemie wird der Stein der Weisen (lapis) auch Glas (vitrum) genannt, weil er eben geistig ist. Nach Freud symbolisieren Glasgefäße die weiblichen Genitalien (vgl. auch Lenins Glas-Wasser-Theorie über den Geschlechtsverkehr, die besagt, daß der Geschlechtsverkehr nicht mehr und nicht weniger als das Trinken eines Glases Wasser bedeute). Das trifft jedoch heutzutage selten zu. ↗ Vase.

Glashaus: ↗ Gewächshaus. Abschirmung wie ↗ Glaswand. Man sollte offen und durchschaubar sein. Das Gefäß, die Retorte, in der die Wandlung und das Wachstum des Menschen wie der Pflanze stattfinden. Der Uterus, auch der gläserne Sarg des Schneewittchens. Mythologisch ist oft ein Schwitzhaus (vgl. genauer Jung, GW 12,3 § 437 ff.) gemeint, in dem die Verwandlung des Königssohns stattfindet.

Glaswand: Häufiges Traumsymbol, wenn man gefühlsmäßig von anderen oder vom Objekt abgeschnitten ist, kontaktmäßige Isolation. Man sieht etwas, das man nicht erreichen kann. Hier sollten Sie Ihre Ziele überprüfen oder sich fragen, ob Ihre Kraft ausreicht, die gesetzten Ziele zu erreichen. Ggf. Gegenbild zu ↗ Magnet.

Glatteis: ↗ Eis. Glatteis warnt vor gefährlichen Unternehmungen und vor Übermut. Das Traumsymbol Glatteis ist häufig ein Ausdruck von Ängsten, daß man auf seinem Lebensweg mit einer gefährlichen Situation konfrontiert wird. Man hat Schwierigkeiten, seine Richtung einzuhalten.

Glätten: Glätten im Traum ist oft ein Hinweis darauf, daß man sein Emotionen mehr »glätten« sollte (siehe ↗ Falte). Also ist innere Ruhe angesagt.

Glatze: Vergeistigung, Tonsur (verweist auf das Kronenchakra). Alter und Verlust der Lebenskraft. Auch Brutalität (Skinheads) oder Strahlenkrankheit.
Artemidor: Verlust von Verwandten oder Güter. Nach Phaldor intellektueller Mißerfolg. Volkstümliche Traumdeutung: entweder schlechte Gesundheit oder Liebesprobleme.

Gletscher: ↗ Eis.

Globus: ↗ Atlas, ↗ Kugel. Reiselust. Man sucht nach allgemeinen (globalen) Lösungen.

Glocke: Die Glocke steht für Beständigkeit und Harmonie, aber auch für einen Einschnitt, wenn sie im Traum läutet. Mit der Kirchenglocke ist Ihr Zeitmaß angesprochen.
Man hört Glocken läuten: Man erwartet etwas Neues.
Volkstümliche Traumdeutung: Gefahr durch Glücksspiel in Traumbüchern bis zum 18. Jahrhundert, in Traumbüchern des 19. Jahrhunderts findet man häufig die Deutung: Sie werden bald heiraten (man hört schon die Kirchenglocken läuten).

Glück: Wer im Traum Glück hat, der besitzt entweder eine positive Einstellung zu sich und dem Leben, oder der Traum möchte ihm diese nahelegen.

Glucke: Die Glucke ist ein bekanntes Muttersymbol.

Glücksspiel: Deutet im Traum häufiger auf Risiko als auf Vertrauen.

Glühbirne: Die Glühbirne symbolisiert Einsichten, Inspiration und neue Ideen.

Glut: Seelische Stabilisierung, innere Wärme, intensive innere Kräfte. Symbol der Lebensmitte und der inneren Sonne als Lebensenergie, Willens- und Intuitionskraft, aber auch des Stresses (»Midlife-crisis«, die einen Wendepunkt bzw. eine Wandlung anzeigt).
Darauf achten, ob die Glut erlischt oder zum Feuer wird.

Gold: Die Sonne in der Seele und die Unsterblichkeit, kann aber ge-

nausogut auf Verblendung, Gier und Materialismus verweisen.
Nach Freud meist mit Kot verbunden. Nach Jung und Nachfolgern Symbol der höchsten Kostbarkeit des Träumers, sein größter Schatz, das höhere Selbst. ↗ Diamant, ↗ Geld, ↗ Herz, ↗ Sonne.

Goldfisch: Gold. Der besondere Fisch. Das Leben im Wasser der Gefühlswelt bringt den wahren Kern der Persönlichkeit zum Ausdruck.

Gorilla: Gewalt und undifferenziertes Seelenleben (obwohl der Gorilla ein friedlicher Pflanzenfresser ist, der ein soziales Leben pflegt). ↗ Gladiator.

Gottesdienst: Man sollte in sich gehen wie bei ↗ Gebet. Ausdruck des Wunsches »Gott zu dienen« bzw. einer höheren Aufgabe zu dienen.

Grab/Gruft: Lebensangst, Resignation und Aufgabe. Ruhe und Frieden. Hier wird auf die Ahnen und im Anklang auf die Ahnungen verwiesen. Was haben Sie begraben oder sollten Sie besser begraben? Oder gibt es etwas auszugraben? ↗ Tod.

Graben: Weibliches Sexualsymbol. Hindernisse stehen einem im Weg. Man muß durch die (eigene) Tiefe gehen.

Grabstein: Bei diesem Traumsymbol ist seine Inschrift zu deuten und eventuell die Symbole, die den Grabstein zieren.

Graffiti: Graffiti gelten im Traum als Symbole des Widerstands gegen seine eigenen biederen Anteile. Sie sind eine Form des Selbstausdrucks und entsprechen dem Zeitgeist.

Granat: Als Schmuckstein verweist der Granat auf Ihre Eitelkeit, auf die *Persona* im Sinne Jungs. Er symbolisiert wegen seiner roten Farbe die Leidenschaft.

Granate: Granatträume (und auch Bombenträume) stellen nach Jung die einzigen Träume neben Träumen von traumatischen Unfallsituationen dar, wo der Traum eine bloße Wiederholung eines vorhergehenden Erlebnisses darstellt. Es ist der Versuch des Unbewußten, den Schock psychisch zu integrieren.

Gras: Wachstum, Naturverbundenheit und Erdung. Etwas, das tief verwurzelt ist.
Wichtig ist der Zustand des Grases. Gesundes grünes Gras bedeutet Gesundheit, vertrocknetes, niedergetrampeltes Gras Unzufriedenheit und Krankheit, zu hohes, verwildertes Gras unrealistische Ideen.

Gräte: Gräten verweisen auf die Angst zu ersticken, d.h. im Traum, daß einem die Ausdrucksfreiheit genommen wird. Das Symbol kann auch subjektstufig so gedeutet werden, daß man etwas in sich aufnimmt, das einen gefährden kann.

Grau: Farbe des noch Unbewußten und Undefinierten, eine unbunte Mischfarbe, in der das Helle aus dem Dunkeln auftaucht. Verbindung der Gegensätze (Grau ist als Mischung von Komplementärfarben definiert) wie bei Hochzeit usw. Grau steht an der Grenze von Tag und Nacht, Hell und Dunkel und fordert im Traum zur klaren Unterscheidung auf. Der »graue Alltag«: Hier tritt uns Grau als Symbol des Unscheinbaren entgegen, auf der anderen Seite kann das Un-Scheinbare auch auf das Echte und Wesentliche im Leben hindeuten. ↗ Maus, ↗ Schatten.

Grenze: Häufiges Traumsymbol für Begrenzung und Einschränkung der Möglichkeiten des Träumenden. Man muß die Widerstände des Lebens überwinden, und zugleich sollten Sie jedoch nicht vergessen, daß sich in der Begrenzung der Meister zeigt.

Groß: Was im Traum größer wird, dem soll besonders Aufmerksamkeit geschenkt werden.

Großmutter: Weitgehend wie ↗ Mutter, allerdings vielmehr auf die Vergangenheit bezogen. Die übermächtige Mutter als die archetypische Mutter (das Mutter-Prinzip) im Gegensatz zur persönlichen Mutter. Großmütter sind wie Großväter oft weise Traumführer und Ratgeber.

Großvater: ↗ Großmutter. Der übermächtige Vater als der archetypische Vater. Im Gegensatz zu dem persönlichen Vater wird hier das Vater-Prinzip angesprochen.

Grotte: ↗ Höhle. Das Urweibliche. Grotten sind heilige Orte und haben so magische Bedeutung. Gebärmutter.

Grube: Vaginasymbol. Mystischer Ort des Todes und der Wiedergeburt (Löwengrube, Grab als Grube). Nach Freud Symbol des weiblichen Körpers.

Grün: Farbe des naturhaften Lebens. Es entwächst etwas dem Stadium der Unreife.

Gummi: Geschmeidigkeit und Anpassungsfähigkeit.

Gurke: Penissymbol. Genesung und Gesundheit.

Gürtel: Der Gürtel zeigt an, wo Liebe und Schönheit (bzw. die Faszination) ihren Platz haben. Die

Gürtellinie als körperlicher Ausdruck der Verbindung von Bewußtem und Unbewußten stellt uns vor die Entscheidung, ob wir den Weg der Triebe oder den der Vergeistigung gehen wollen. Im Ideal verbinden sich beide Wege und führen zu einer Harmonisierung von Körper, Geist und Seele. Beim Traumsymbol Gürtel stellt sich immer die Frage nach dem Umgang mit der Sinnlichkeit und Sinnenfreude.

Allerdings tritt im Traum dieses Symbol meistens dann auf, wenn man sich durch etwas eingeschnürt und bedrängt fühlt. Ist dies nicht der Fall, sieht das Unbewußte keinen Anlaß, solch ein Traumbild zu erzeugen. Deswegen wird mit dem Gürtel meist auf Einengung durch den Ehepartner (fast immer die Frau) verwiesen. Der Gürtel ist ein Ursymbol für Macht, Stärke und Einfluß der Frau (im Nibelungenlied der Gürtel der Kriemhild, Gürtel der Amazonenkönigin im Herakles-Mythos). Er verdeutlicht im Traum von heute unterdrückte Gefühle, besonders sexuelle, bei Mann und Frau. Im Frauentraum stellt der Gürtel oft ein Symbol der Tugend und Reinheit dar, im Männertraum ein Symbol der Kraft und Potenz.

H

Haar: ↗ Glatze, ↗ Bart. Vermögens- und Potenzsymbol. Im Mythos entspricht das Abschneiden der Haare der Kastrierung. Samson war seiner Kraft beraubt, als Delila ihm seine Locke abschnitt. Haare sind beim Mann Zeichen der Freiheit, lange Haare bei der Frau Zeichen der Weiblichkeit. Nach Robert Bly (Eisenhans. Ein Buch über Männer. Kindler, München 1991) sind der wilde Mann und die wilde Frau immer mit Haaren bedeckt. Wer von sehr behaarten Wesen träumt, der ist auf dem Weg, seine eigene Natur zu befreien. Er sehnt sich nach seiner Vitalität. Dieses Sehnen nach Befreiung der eigenen »wilden Kräfte« drückte sich deutlich in dem Musical »Hair« aus, das den Mythos der 68er Generation ausdrückte.
Heute tritt das Haar im Traum häufig in der Bedeutung des Images auf. Es drückt die Seite aus, die wir gerne der Außenwelt präsentieren. Im Gegensatz dazu kann bei diesem Bild auch die »Haarspalterei« angesprochen sein.
Altindische Traumdeutung: Abgeschnittene Haare bedeuten Kummer und Not. Nach Artemidor bedeuten Haare nahe Verwandte, nach Phaldor geistige oder intellektuelle Güter. Bei Freud besitzen sie als sekundäres Geschlechtsmerkmal phallische Bedeutung. Haareschneiden nach Freud und W. Steckel Kastration. Volkstümlich: Viele Haare bedeuten Wohlstand, wenig oder graue Haare Sorgen. Im Volksglauben sind Haare Zeichen der Weisheit. In der Mythologie der Völker spielen Haare und Bart eine große Rolle: Die Häuptlinge der Masai fürchten, daß sie von ihren übernatürlichen Kräften verlassen werden, wenn sie sich Haare und Bart schneiden. Bei vielen primitiven Völkern bilden Haare ein Tabu. Um vor Gefahren gefeit zu sein, dürfen sie nie geschnitten werden. Bei den fränkischen Königen hätte Haarschneiden Verzicht auf den Thron bedeutet. Haare bedeuten also Macht, Kraft und magische Potenz. Bei den Germanen schnitten die jungen Krieger sich erst dann Haare und Bart, nachdem sie ihren ersten Feind getötet hatten.

Haarnadel: ↗ Haare. Aggression (die tödliche Waffe der japanischen Frau gegen den Mann im Bett), Ordnung und Eitelkeit wie bei allen Schmucksymbolen.

Habicht: Kommende Verluste werden befürchtet, oder man nimmt sich etwas unrechtmäßig. Aggressionssymbol wie ↗ Falke.

Hacke: Aggressive und sexuelle Bedeutung, aber auch auf der anderen Seite das Werkzeug, mit dem wir die harte Oberfläche auflockern, um in sie einzudringen.

Hafen: Schutzort vor den Lebensstürmen. Lebensbewältigung in schwierigen Zeiten oder auch Zeichen der Lebensangst.

Hafer: ↗ Getreide. Übermut.

Häftling: ↗ Gefangener. Versuchen Sie zu konkretisieren, was Sie unfrei macht. Schauen Sie sich genau an, wie Sie in diese Situation geraten sind. Vielleicht zeigt Ihnen der Traum, wie Sie diese Situation wieder verlassen können.

Haftung/Gewährleistung: Man wird für etwas zur Rechenschaft gezogen oder sollte selbst ein Sicherheitsversprechen abgeben.

Hagel: Bekanntes Streitsymbol (Unwetter).

Hahn: Wunschtraum von der potenten Männlichkeit (Bock und Hahn gelten schon seit dem Mittelalter als Symbol der Geilheit) und zugleich Sehnsucht danach, umsorgt zu werden. Auf der anderen Seite ein Symbol des Erwachens (auch im Sinne von Bewußtwerdung) und der Pünktlichkeit.

Hai: Vitalität und Aggressivität, brutale Hemmungslosigkeit. Projektionsfigur für emotionale Ängste aller Art.
(Vgl. den Katastrophenfilm »Der weiße Hai«).

Haken: An etwas hängenbleiben, nicht mehr loskommen. Häufiges Traumsymbol bei akuter Suchterkrankung. Man fühlt sich (emotional) gefangen wie bei ↗ Käfig, Gefängnis und Haft.
Volkstümlich: Sie bekommen ein Geschenk.

Halbmond: ↗ Mond. Wenn Sie die Mondsichel im Traum sehen, bedeutet das meistens, daß Sie tief in Ihr Unbewußtes abgesunken sind. Zunehmender Mond: Mehrung oder Schwangerschaft. Abnehmender Mond: Verminderung.

Hälfte: Wenn eine Hälfte im Traum auftaucht, steht diese meistens für ein gerechtes Teilen, oder es wird vor dem Verlust der anderen Hälfte (meist eine Eigenschaft) gewarnt.

Halle: Kommunikation und Handel. Oft Teil von einem selbst (das der Ausweitung bedarf).

Hals: Zunächst ist abzuklären, ob Halsschmerzen, wie z.B. oft bei Erkältungen, vorlagen. Verbindung zum Kopf: entweder man ist man zu intellektuell oder zu wenig intellektuell bzw. bewußt. Der Ort, wo die Worte stecken bleiben.

Haltestelle: Ihre Energien (Ihr »Drive«) kommen zum Stillstand, aber es bieten sich neue Chancen und Ziele. Wenn man im Traum die Haltestelle sucht, spiegelt dies oft die Ruhelosigkeit des Träumers oder der Träumerin wider. Kommt an der Haltestelle kein Verkehrsmittel an, drückt dies die Furcht aus, seine Ziele (Lebensziele und Lebensaufgaben) nicht zu erreichen.

Hammer: ↗ Axt. Gewalt, aber auch konstruktive praktische Betätigung. Tatkraft und Durchsetzungsvermögen ähnlich wie bei Hand.
Nach Freud wie alle Werkzeuge männliches Sexualsymbol.

Hand: Tatkraft und menschliches Handeln wie bei ↗ Hammer.
Verlust oder Verletzung der Hand bedeutet Handlungsbeschneidung. Nach klassischer Psychoanalyse bedeutet die linke Hand die weibliche, die rechte Hand die männliche Energie. Kann auch das männliche Glied nach Freud symbolisieren (jedes Glied kann für Freud stellvertretend für das männliche Glied stehen).

Handeln: Wer im Traum handelt, der ist auch meistens im Leben aktiv. Es ist günstig, im Traum zu handeln, denn ständige Passivität im Traum ist ein Zeichen psychischer Probleme.

Handgelenk: Grundsätzlich sind Beweglichkeit und Anmut angesprochen. Tritt im Traum das Handgelenk auf, dann ist es oft gefesselt oder wird festgehalten, d.h. der Handlungsspielraum und der Bewegungsspielraum werden eingeschränkt. Schmuck am Handgelenk verweist auf die gleiche Problematik.

Handgranate: ↗ Granate.

Handschellen: Handschellen sind Symbol einer stark empfundenen Einschränkung. Es ist für die Deutung wichtig zu beachten, warum man selbst oder eine andere Traumperson mit Handschellen gefesselt wird. Sieht man nur die Handschellen, wird die Einschränkung befürchtet.

Handschuhe: Distanz zu den eigenen Handlungen. Zurückhaltung und (oft übertriebenes) Sicherheitsbedürfnis, Angst vor direkter Berührung und Gefahr der Isolation. Ein häufiges Traumsymbol bei (meist) irrationalen Aids-Ängsten. Einen Handschuh hinwerfen ist ein altes Zeichen der Wut und der Herausforderung zum Streit (vgl. Götz von Berlichingen).

Handsäge: ↗ Säge.

Handtasche: Weibliches Sexualsymbol (im Frauentraum sehr häufig). Auf der einen Seite steht die Handtasche für das persönliche Gepäck (die Belastung), auf der anderen Seite klingt hier auch das

Notizbuch an, das als Symbol für das Gedächtnis zu sehen ist.

Handtuch: Man möchte etwas wegwischen, ungeschehen machen. Oder: Wenn man das Handtuch schmeißt, gibt man etwas auf (auch sich selbst). Das nasse Handtuch ist ein Sinnbild des Unpassenden und Unfunktionalen.

Handwerker: Tatkraft, praktische Intelligenz und Konstruktivität.

Handy: ↗Telefon. Symbol der Sehnsucht nach Kommunikation und Verbindung mit seinen unterschiedlichen Persönlichkeitsanteilen. Das Handy kommt heute häufig im Traum vor, wenn eine Angst vor Vereinsamung herrscht. Es kann bisweilen ein Image-Symbol sein. Persona-Symbol nach Jung. Zunehmend wandelt sich die Bedeutung des Handys im Traum zu einem Streßsymbol.

Hängen: Fast alles, was im Traum hängt, braucht Hilfe und Unterstützung. Hängen bedeutet immer, seine Erdung verloren zu haben. Wenn etwas hängt, symbolisiert es ferner Willenlosigkeit.

Harem: Sexueller Triebstau oder Enthemmung (↗Hahn). Sehnsucht nach exotischer Sexualität und sexueller Anerkennung, meist in Zeiten von Minderwertigkeitsgefühlen beim Mann.

Volkstümlich: Es kommt Verborgenes zum Ausdruck.

Harfe: Feierlichkeit, Besinnlichkeit. Ein Symbol des Himmels. Wichtig ist, welche Art von Musik gespielt wird. Spielen Sie selbst oder hören Sie zu?

Hase/Kaninchen: Der Hase braucht Schutz, er ist schwach und ängstlich und ein Symbol der Fruchtbarkeit. Natursehnsucht, besonders beim Städter.

Haß: Aggressionsstau, der oft auf unterlassene Abgrenzung zurückzuführen ist. Zeichen eines unfertigen Selbstschutzes und einer schwachen Immunität. Fürchten Sie sich vor Auseinandersetzungen oder setzen Sie sich zu aggressiv durch?
Es ist notwendig herauszufinden, worauf Sie im alltäglichen Leben einen Haß haben. Werden Sie öfter im Traum von Haßgefühlen überwältigt, dann sollten Sie einen Psychotherapeuten um Hilfe bitten.
Volkstümlich: positives Zeichen der Entlastung.

Häßliche Menschen: Alle Menschen, die vom Träumer oder der Träumerin als häßlich und ekelhaft empfunden werden, stellen unsere Schattenseite dar. Versuchen Sie, konkret zu beschreiben, was Sie an dieser Person als häßlich empfinden. Deuten Sie das symbolisch. Eine besonders starke Verdrängung des Schattens liegt vor, wenn Sie sich selbst als häßlich und ekelhaft im Traum empfinden.

Haube: Herkömmlich sehnt man sich bei diesem Traumsymbol nach einer festen Beziehung (»unter die Haube kommen«). Es zeigt den Übergang vom Mädchen zur Frau an und deutet auf den Kopf und auf das Bewußtsein hin. ↗ Helm.

Hauptstadt: Weitgehend wie ↗ Stadt, nur mit einer Verschiebung der Betonung zum »Kapitalen« hin. In diesem Traumbild finden wir auch immer die Bedeutungen von Herrscher und Regierung angesprochen.

Haus: Die seelische und körperliche Verfassung des Träumers, die eigene Persönlichkeit, der eigene Körper. Ort des Schutzes und der Geborgenheit. Gehäuse der Seele, einzelne Räume symbolisieren die verschiedenen seelischen Funktionen. Wichtig ist darauf zu achten, ob Türen und Fenster offen stehen oder geschlossen sind, und in welchem Zustand sich das Haus befindet.
Das Haus gilt auch als universales weibliches Ursymbol.
Vgl. C. G. Jungs Traum vom Haus, in dem er bei der Erforschung des Hauses eine Treppe zum Keller findet, in dem Knochen und menschliche Schädel liegen. Dieser Traum war wichtig, um Jung zu der Idee des kollektiven Unbewußten zu bringen.
Dachboden und Keller sind Orte der verdrängten Inhalte, obere Räume bieten einen Überblick, Schlafzimmer sind sexuell, die Küche gilt als alchemistischer Ort der Transformation, das Bad symbolisiert die Reinigung, die Arbeitsräume die Alltagssituation.

Hausapotheke: Das Bild der Hausapotheke zeigt dem Träumer und der Träumerin, daß man Hilfe im eigenen Heim – das heißt, bei sich selbst – findet, falls man gefühlsmäßig verletzt wird.

Hausarbeit: Die Hausarbeit ist ein Erdungssymbol. Man bringt Ordnung in sein Innenleben, man arbeitet an sich selbst.

Hausarrest: Man fühlt die häuslichen Aufgaben als Strafe und Einengung. Häufig zeigt diese Symbolik auch an, daß man aus der Familie ausbrechen möchte.

Hausecke: In sich geschlossene Persönlichkeit oder eine Person »mit Ecken und Kanten«.

Haushalt: Entspricht der eigenen Psyche und dem Seelenhaushalt.

Hausmeister: Einer, der es sich gut eingerichtet hat, der sich in Ordnung hält. Häufiges Traumsymbol

für das Gewissen. Verweist nicht selten darauf, daß Sie sich mehr um Ihren Körper oder Ihre Seele kümmern müssen.
Hier sei auch daran erinnert, daß der Vorname »Heinrich«, wörtlich »der Hauskönig« (auch im Sinne von Hausmeister: der Meister des Hauses) bedeutet.

Haustiere: Entweder »zurück zur Natur« oder gebrochene Natur. Die Spannung zwischen Tierischem und Kulturellem.

Haut: Zeigt als Spiegel der Seele den nervlichen und seelischen Zustand des Träumers an. Abgrenzung zur Außenwelt, Schutz der Person.

Hautausschlag: Seelische Spannungen, Triebstau, Aggressionsstau. Innen und Außen sind aus dem Gleichgewicht geraten, die Grenze zur Außenwelt ist sozusagen defekt.

Hebamme: Kinderwunsch oder Angst vor Schwangerschaft. Wunsch oder Angst, etwas ans Licht zu bringen, neuer Lebensabschnitt. Eine Idee oder eine Verhaltensweise braucht noch etwas Hilfe, um angenommen zu werden.

Hecke: Abgrenzung, Hindernis, aber auch natürlicher Lebensraum. Die Grenze zwischen zwei Welten (die Hexen pflegten im Mythos auf den Hecken zu sitzen, mit dem einen Bein in dieser, mit dem anderen in der Anderswelt).

Hefe: Was uns treibt, die wichtigen Kleinigkeiten des Lebens. Volkstümlich: Geld, das angespart wurde.

Heft: Angst, etwas zu vergessen, oder auch die Überlistung der eigenen Neigung, vergeßlich zu sein.

Heide: Spröde Zurückhaltung, seelische Spannung. Natürlichkeit und Askese.
Volkstümlich: Glück.

Heiler: ↗ Arzt.

Heilige/Heiliger: Dieses Traumsymbol warnt vor Idealisierungen und fehlender Erdung. Oft warnt dieses Traumbild auch vor extremem Verhalten.

Heilung: Eine Heilung im Traum weist stets auf den geeigneten Weg zur Ganzheit.

Heimat: Sicherheit, die von dem stimmigen Platz in der Welt ausgeht, den man sucht oder gefunden hat. Dieses Traumbild hängt oft mit den Eltern zusammen, ähnlich wie Elternhaus. Allerdings sollte mit zunehmendem Alter der Zusammenhang von Heimat und Eltern gelöst werden. Sehnsucht

nach Ruhe, Verwurzelung und Zugehörigkeit.
Volkstümlich: Wohlstand.

Heirat: Verbindung der Gegensätze in Ihnen selbst (oft die männliche und die weibliche Seite). Wunsch nach fester Bindung.
Volkstümlich: ungünstiges Omen, denn nach dem vermeintlichen Happy-End geht »es« erst richtig los.

Heiserkeit: Es verschlägt einem die Sprache.

Held/-in: Wie bekannt, das Sehnen nach Anerkennung und Bestätigung, wenn man selbst der Held oder die Heldin ist; wenn man einen sieht: Hoffnung auf Hilfe, auch Kindlichkeit. Abenteuerlust, Geltungsstreben, übertriebene unreife Männlich- oder Weiblichkeit, aber auch Tatkraft und Durchsetzungsvermögen ähnlich wie bei ↗Hammer. Kann aber auch das Gegenteil bedeuten, daß man sich als Versager fühlt oder alles unter Kontrolle haben möchte. Heldenträume gehören meist zu den sogenannten großen Träumen, die man als Kind, kurz vor der Pubertät, in den Krisen des mittleren Alters oder kurz vor dem Tod träumt. Nach Jung gehört der Held zu den wichtigen Archetypen.

Helligkeit (im Traum): ↗Licht. Die Helligkeitsverhältnisse im Traum spiegeln die Stimmung des Träumers oder der Träumerin wider.

Helm: Aus dem Schutz des Kopfes wird häufig der Kopf als Schutz. Es ist auch der harte, der dicke Kopf. Symbol der Kriegsangst wie bei ↗Abschuß, ↗Bombe, ↗Bajonett, ↗Düsenjäger, ↗Belagerung und ↗Gewehr.

Hemd: Zeichen des Bildes, das man von sich in der Außenwelt gibt; wie man gerne gesehen werden möchte. Die Rolle, die man spielt. Sagt oft etwas über die ökonomischen Verhältnisse aus (das Totenhemd hat keine Taschen, oder es wird einem das »letzte Hemd« genommen).

Hengst: ↗Pferd. Zuwachs an Kraft, auch Zähmung der eigenen Kräfte.
Nach Freud sexuelles Symbol, besonders bei Triebunterdrückung bei Mann und Frau.

Henker: Man muß etwas ausmerzen, z.B. Schuldgefühle. Haben Sie noch etwas zu erledigen? Exekution, Mord, Tod.

Henne: Mutter, Glück, Biederkeit und Häuslichkeit wie bei ↗Backen, ↗Braten bzw. ↗Bratpfanne, ↗Kochen und ↗Abendessen, aber auch ↗Blumentopf, ↗Porzellan, ↗Schürze und ↗Bügeleisen.

Fruchtbarkeit und Angst vor der Schwangerschaft wie bei ↗Ei.

Herbst: Zeit der Ernte und Auswertung, eine Zeit, in der man sich über sein Leben bewußt wird, so daß man zu neuen Zielen gelangen kann. Man sollte sich Ruhe und Erholung gönnen, seine Situation reflektieren. ↗Ernte, ↗Reife, ↗Erfolg und ↗Wohlstand.

Herd: Früher zentraler Ort des Familiengeschehens, Nahrung, Familie, Mütterlichkeit, Frau und Ehe ähnlich wie bei ↗Haube. Heute weisen Herde kein direktes Feuer mehr auf, die Umwandlung der Nahrung vom Rohen ins Gekochte steht jetzt eindeutiger im Vordergrund. Der Herd wie die Küche ist eines der häufigsten Wandlungssymbole im heutigen Traum.
Gefahr, wenn das Feuer erlischt. Nach Freud Symbol der Frau und des weiblichen Körpers.

Herde: Folgen Sie Ihrem eigenen Inneren oder der allgemeinen Meinung und Mode? Symbol für Opportunismus oder Gemeinschaftsgeist.

Hering: ↗Fisch. Früher das Essen der Armen, heute eher ein Fruchtbarkeitssymbol (Symbol der Fülle), als das der Hering aufgrund seiner starken Vermehrungsfähigkeit schon immer galt.
Volkstümlich: gutes Omen, ökonomischer Erfolg.

Herrscher/-in: Selbstbestimmung und Selbstherrschaft. Herrscher/-in im eigenen Reich. ↗Führer/-in, ↗Kaiser/-in, ↗Kanzel, ↗König.

Herz: Körperliche Lebensenergie, Liebe und Mut, aber auch Organ des Leidens. Schon im Traum des Gudea v. Lagasch (sumerisch 2144–2124 v. Chr.) wird das Herz als das Organ des Gefühls angesehen. Tun Sie etwas mit ganzem Herzen?
Im Märchen wie im Traum kommt die Herzensprüfung vor, bei der durch die weise Frau oder den weisen Mann, von einem Menschen in Not, einem bedrängten Tier oder den Elementarwesen die Frage gestellt wird: »Hast du ein offenes Herz für mich?« Reagiert der Held bzw. das Traum-Ich mit Mitgefühl und Herzensgüte, dann wird die Prüfung bestanden. Vgl. hierzu »Die Sterntaler«, »Die goldene Gans« u. v. a.

Hetze: Hetzen Sie im Traum von einer Stelle zur anderen oder erleben Sie, wie andere von einem Termin zum anderen hetzen, dann sollten Sie Ihren Lebensstil überdenken. Wahrscheinlich will dieser Traum Ihnen sagen, daß Sie langsamer, vielleicht auch weniger oberflächlich leben sollten.

Hetzjagd: Eine Hetzjagd kommt fast ausnahmslos im Alptraum vor. Dieses Traumbild entsteht dadurch, daß man sich von äußeren Umständen getrieben fühlt, denen man schutzlos ausgeliefert ist.

Heu: Im Heu machte man früher erste erotische bzw. sexuelle Erfahrungen.
Volkstümlich: sehr günstig, Glück auf allen Gebieten (vgl. »Geld wie Heu«, ↗ Reichtum).

Heuschrecke: Zu große ↗ Gier, Verlust.

Hexe: Hecke. Negatives Muttersymbol, die überstarke, magische Frau, vor der man sich fürchtet. Weist oft auf die Mutter (besonders in Kinderträumen), die ihre Pflicht den Kindern gegenüber schlecht erfüllt. In selteneren Fällen verweist das Traumbild Hexe (besonders im Frauentraum) auf die weise Frau hin, die eine große Ausstrahlung (Magie) besitzt. Die Hexe ist fast immer ein Symbol für die Kraft des Unbewußten. ↗ Zauber.
Im Märchen wie im Traum spielt die Hexe eine wichtige, geradezu archetypische Rolle, da sie den Helden bzw. das Traum-Ich von seinem (königlichen) Ursprung trennt, auf daß er ihn nach bestimmten Prüfungen zurückgewinnen muß.

Himmel: Reich des Geistes, der Gedanken und Intuition. »Des Menschen Wille ist sein Himmelreich«. Hier ist der Mensch als Bürger zweier Welten gefordert, dessen Kopf in den Himmel ragt und dessen Füße auf der Erde ruhen. So weist das Traumbild Himmel oft auf die Notwendigkeit der Erdung hin, aber auch auf gute Stimmung (himmlisch). Das Luftschloß, das Phantasiereich der Wünsche finden wir hier häufig angesprochen. Das Himmelssymbol im Traum spricht meist den Konflikt Phantasiewelt – Realität an.
Trüber, bewölkter Himmel symbolisiert depressive Verstimmung oder Unklarheit (oft in bezug auf die eigenen Wünsche oder Ziele). Im I GING bezeichnet der Himmel den schöpferischen und starken Vater. Er stellt den Ort der Wunscherfüllung nach Freud dar. Die irreale Welt, in der man seine Erdung verliert, nach Jung.

Hindernis: Hindernisse im Lebensweg. Die Widerstände des Lebens, die es zu überwinden gilt. Die positive Seite dieses Traumbildes liegt darin, daß in ihm unbekannte Widerstände gesehen und so bewußt werden, was eine Voraussetzung ist, sie aus dem Weg zu räumen. Wichtig ist die Art des Hindernisses.

Hinken: Psychische Verletzung, durch die man auf seinen Lebensweg nur langsam vorwärts kommt. Vgl. den griechischen Gott Hephaistos, den Gatten der Aphrodite, den diese mit Ares betrügt (Ares/Mars wird auch bisweilen als andere Seite des Hephaistos aufgefaßt). Hephaistos gilt als eine Personifikation des Feuers.

Hinrichtung: Exekution. Seelische und geistige Neuorientierung, Änderungen sind notwendig. Henker.

Hinterhof: Verborgener Ort, Geheimnis. Armut und Unbewußtes. Volkstümlich: Verlobung.

Hintertür: Weitgehend wie ↗ Hinterhof. Auch häufig der Ausweg. Volkstümlich: schlechtes Zeichen.

Hirsch: Symbol der Selbstentwicklung und der Erlösung (vgl. der »Hubertus-Hirsch« als weißer Hirsch mit dem Kreuz zwischen seinen Geweihen; ihn zu sehen bedeutet eine besondere Gnade), aber auch männliche Macht und Vorherrschaft (Platzhirsch).
Volkstümlich: erotische Bedeutung.

Hirse: ↗ Getreide. Volkstümlich: größtes Glück.

Hirte: Großes Vermögen. Archetypisches Symbol des Seelenführers.

Historische Persönlichkeit: Diese Träume verschlüsseln meiner Erfahrung nach Botschaften, die von der Kultur, in der diese Persönlichkeiten gelebt haben, abzuleiten sind.
Nach Freud fast immer Vater- bzw. Muttersymbol. Wenn nach Jung ein historischer Name im Traum auftritt, soll unbedingt nachgeschlagen werden, was für ein Mensch durch ihn bezeichnet wird, womit er umgeben war, was er tat.

Hitze: Symbol der Leidenschaften und Triebe. Man braucht entweder mehr Hitze oder sollte »cooler« sein.

Hobel: Zielstrebiges Ordnungsstreben, alles Glätten um jeden Preis. Oft geht es hier um Ausleseprozesse.

Hochhaus: Meist wie großes ↗ Haus. Großer Überblick, Verlust oder Einschränkung der Individualität, doch auch deren Erhöhung.

Hochsitz: Überblick oder Warnung vor Selbstüberhöhung und Überheblichkeit.

Hochspannungsleitung: Der Trieb muß sinnvoll geleitet werden. Verweist auf große nervliche Anspannung oder große Nervenkraft.

Hochwasser: Hochsteigende Gefühle. Häufiges Traumsymbol bei

Ängsten vor den eigenen Gefühlen.

Hochzeit: ↗ Heirat. Wichtige und häufige Träume bei Ehe und Partnerkonflikten. Wichtig ist, wie die Hochzeit gefeiert bzw. begangen wird. Erwerb und Besitzerweiterung (im geistigen und ökonomischen Sinn). Sehnsucht nach fester Beziehung, Sicherheit und Häuslichkeit. Heute tritt dieses Traumbild meist in der Bedeutung von »Hoch-Zeit«, als hohe Zeit des Lebens, auf. Hierbei ist nicht mehr der einmalige besondere Zeitpunkt angesprochen, sondern es wird darauf verwiesen, daß man sich immer wieder solche »hohen Zeiten« gönnen kann, sie bilden sozusagen den anderen, den schöneren Alltag. Altindisch verweist die Hochzeit auf einen nahen Tod oder großen Schmerz. Ein Wunschtraum nach Freud. Nach Jung ist immer die alchemistische Verbindung angesprochen, die Verbindung von Animus und Anima wie bei ↗ Braut/ Bräutigam.

Hochzeitspaar/Brautpaar: Nach Jung Symbol des Lichtes und der Fruchtbarkeit. ↗ Hochzeit, ↗ Heirat.

Hocker: Erhöhung wie ↗ Podest, aber auch ein unsicherer Sitz, man braucht mehr Sicherheit, Unterstützung (eine Lehne) und Erdung. Volkstümlich: auf dem Hocker zu sitzen bedeutet Ehre.

Hof: Verweist entweder wie Hinterhof auf etwas Verborgenes oder bezeichnet den offenen Teil der Persönlichkeit des Träumers.
Nach Freud symbolisiert der das Haus umgebende Hof die weibliche Scheide, was heute wohl nur dann der Fall ist, wenn ein starker Sexualstau vorliegt. Allerdings schwingen solche Bedeutungen, die sich einmal im Kulturprozeß herausgebildet haben, fast immer mit, da die menschliche Seele nichts zu vergessen scheint.

Höhe/hoch: Man sehnt sich nach Großem und hat zugleich Angst vor der Selbstüberschätzung, oder man sollte sich nicht mit Minderwertigem zufrieden geben.

Höhle: ↗ Grotte, Stall. Wohnung, Mutterleib, Uterus und Sicherheit wie bei ↗ Familie, ↗ Arche und ↗ Damm.
Vaginales Symbol, Schutz und Weiblichkeit nach Freud. Der ursprünglichste aller Wohnorte, wo der Mensch noch mit dem Tier(ischen) lebt. Erinnert als Traumsymbol nach Jung daran, daß der Mensch vom Tier abstammt und daß das Unbewußte seinen Ursprung darstellt.

Hölle: Archetypisches Symbol der Sünde, Gewissensqualen und

Schuldgefühle, das auch beim modernen Menschen uneingeschränkt wirkt. Allerdings verbindet der heutige Mensch mit der Hölle meist eine Trennung von sich selbst, eine Konfrontation mit seinem eigenen Schatten oder unerträglichen Lebensbedingungen. Eine grundlegende Änderung der Verhältnisse, besonders Besserung der finanziellen Situation, ist angesagt, allerdings bei Warnung vor dem Verkauf der Seele. Der Positive Aspekt der Hölle hängt mit dem Bild des Feuers in der Erde zusammen: Dieses Feuer ist das Licht, das aus der Finsternis entsteht. Wenn der Schatten in seiner vollen Kraft gespürt und erlitten wird, dann wird er zum Licht und zur wirklich reifen Erfahrung, die in das Leben integriert werden kann und zu einem ganzheitlichen Lebensgefühl führt.

Höllenfeuer: Unterdrückte Triebe.

Holz: Symbol für Beweglichkeit, Wärme und Natürlichkeit. Wichtig: Zustand und Art des Holzes, vgl. auch ↗ Brennholz, ↗ Ebenholz, ↗ Stab.
Im I GING bedeutet das Holz das Sanfte, das Eindringende wie der Wind, d.h. die erste Tochter. Nach Freud Symbol der Weiblichkeit. Allerdings entspricht im Tarot das Holz den Stäben, die nach traditioneller wie moderner Deutung mit der Männlichkeit verbunden sind. Hieran ist zu sehen, wie nahe sich oft die Gegensätze im Bereich der tiefenpsychologischen Symbolik kommen. Auf einer gewissen Ebene des Bewußtseins spielt die Unterscheidung in männlich und weiblich keine Rolle mehr, da hier das dualistische Denken aufgehoben ist. Diese hohe Bewußtseinsstufe spiegelt sich im Alltagsbewußtsein darin wider, daß einige Symbole sowohl als typisch weiblich als auch als typisch männlich angesehen werden können, je nach Standpunkt und Bewußtseinsstand des Träumenden.
Volkstümlich: schlechtes Omen.

Holzfäller: ↗ Holz. Da ursprünglich der ↗ Wald ein Sinnbild des dunklen Ortes und somit des Unbewußten ist, schafft der Holzfäller eine Ordnung in diesem als chaotisch empfundenen Gebiet. Hier wird die grobe Naturkraft in etwas Feineres verwandelt und als Brenn- oder Baustoff in den Dienst der menschlichen Kultur gestellt. Wird das Holz nicht zerstückelt, kann das Holzfällen auch eine Energielosigkeit andeuten. Auf der anderen Seite verweist das Holzhacken auch auf eine aggressive Haltung gegen seine eigene Lebendigkeit und Gesundheit. Der Holzfäller kann für das Hölzerne, Ungehobelte stehen und somit ein Symbol für eine geistlose Haltung sein. Romantische Sehnsucht nach dem einfachen Leben beim Städter wie bei ↗ Bauer und ↗ Handwerker. Volkstümlich: große ↗ Anstrengungen ohne viel Gewinn.

Honig: Altes Wiedergeburtssymbol. Vermögen, Nahrung und besonders Sexualsymbol von der Antike bis in die heutige Zeit. In diesem Bild wird neben der Sinnlichkeit auch der genußvolle Luxus, Wohlbehagen und ganz allgemein die Befriedigung angesprochen. Verweist aber oft auch auf viel Arbeit (die emsige Biene, die den Honig sammelt). Kann auch anzeigen, daß es einem gutgeht (besonders im Zusammenhang mit Milch: vgl. das Paradies, »das Land, wo Milch und Honig fließt«).

Hören: Alle Geräusche, die man im Traum hört, verweisen auf ihre Quelle, die symbolisch zu deuten ist. Wenn man im Traum auf etwas hört – im Sinne von Lauschen –, ist damit das Hören auf das eigene Innere angesprochen. Möglicherweise will der Traum Ihnen sagen, daß Sie nicht auf andere hören sollen. Auf wen oder was hören Sie?

Horn (als Instrument): Symbol für Veränderungen im Leben (vgl. das Posthorn).
Es kommt auf den Klang des Hornes an.

Horn (beim Tier): Das tierische Horn, das früher des öfteren mit dem Teufel in Verbindung gebracht wurde, steht heute für (meist ein mehr oder weniger »gesundes«) Durchsetzungsvermögen. Auch: »jemandem Hörner aufsetzen«.

Hornisse: Die Hornissen, die häufig im Alptraum auftreten, symbolisieren boshafte Gedanken oder Zwangsgedanken. Ferner sind sie ein Symbol zudringlicher, aggressiv erlebter Elternfiguren.

Hose: Eitelkeit, Selbstdarstellung, Bedeckung der Scham. Wenn die »Hosen-anhaben«-Thematik hervorgehoben ist, stellt dieses Bild besonders im Traum beim Mann ein positives Symbol der Selbstbestimmung und der Geschlechtsrollenidentität dar. Bei Mann und Frau kann dieses Traumbild zugleich auf eine Überbetonung der eigenen männlichen Seite verweisen (Animus-Verzauberung im Sinne Jungs). Vgl. auch ↗ Gesäß, ↗ Geschlechtsorgane, ↗ Bein.

Hotel: Symbolisiert reale oder seelische Veränderung, Station auf der Lebens- oder Seelenreise, Übergangssituation. Abenteuer und Unstetigkeit.
Das Hotelpersonal symbolisiert innere Instanzen in uns. Menschen im Hotel zeigen uns unbewußte Seiten unseres Ichs.

Hubschrauber: Es kommt auf die Situation an, in welcher der Hub-

schrauber auftritt. Er symbolisiert oftmals einen guten Überblick und die Sehnsucht nach müheloser Fortbewegung.
Ferner ist er ein Symbol für eine von oben kommende Übermacht (Zwangsgedanken).
Das Fliegen im Hubschrauber versinnbildlicht narzißtische Gefühle oder Grandiosität, aus der man tief fallen kann.

Hufeisen: Allgemein bekanntes Glückssymbol. Reise.
Nach Freud zeigt das Hufeisen den Umriß der weiblichen Geschlechtsöffnung.

Hüfte: Hängt meist mit Erdung zusammen. Die Verbindung von Ober- und Unterkörper, von Bewußtem und Unbewußtem. ↗ Gürtel.

Hügel: Kleinere Hindernisse, mäßig guter Überblick. Wie Venushügel weibliches Sexualsymbol.

Huhn: Weibliche und mütterliche Gefühle wie bei ↗ Ei und besonders ↗ Henne.

Hühnerauge: Alter und Druck in jeder Hinsicht. Verhärtung. Kann auch ein Wortspiel mit ↗ Huhn und ↗ Auge sein.
Volkstümlich: günstige Geschäfte.

Hummer: ↗ Krebs. Volkstümlich: Glück.

Humor: Lachen.

Hund: Das Tierische. Symbol des Instinktes, den das Bewußtsein nutzen und leiten sollte. Der Hund kann als Instinkttier oder als Wächter des Besitzes und als Schutz vor Angriffen auftreten. Er kann einen treuen Freund symbolisieren. Der Hund ist am ehesten der »Bruder« des Menschen, er kann auch einen Teil des Träumers darstellen, wie z.B. seinen Schatten.
Der Haushund verweist fast immer auf einen Instinktrest oder den Instinktverfall, und besonders als abgerichteter Hund wird hier seltener die Kultivierung, sondern meist die Vergewaltigung des Instinktes angesprochen. Der Hund ist auch der Schnüffler, der alles auskundschaften möchte.
Wie die französische Sprache noch weiß, stellt »chien et loup« das Zwielichtige dar. Es ist auch zu beachten, daß in der Bilderwelt des Tarot Narr und Hund gemeinsam auftreten.
Ein bissiger Hund bedeutet Eifersucht und Hemmungslosigkeit.
Nach Jung ist der Hund der Totengräber, der die Leichen beerdigt, wie es in der persischen Urzeit geschah. Der Hund als Instinktnatur ist der Mithelfer beim Sterben und bei der Auferstehung (vgl. auch den schakalköpfigen Anubis in der altägyptischen Mythologie). In der griechischen Mythologie finden

wir den Höllenhund Cerberus, der an der Grenze zwischen Leben und Tod steht.

Hunger: Körperlicher, geistiger und seelischer Mangel. Man benötigt irgendeine Form von Nahrung (meist emotionale Nahrung).

Hurrikan: ↗Wirbelsturm. Ein Hurrikan im Traum zeigt, daß alle Konzepte, Ansichten und vorgeblichen Gewißheiten zerstört und neu geordnet werden müssen. Das Herumwirbeln deutet eine radikale Änderung der Perspektive an.
Volkstümliche Traumdeutung: ungünstig, Streit.

Husten: Symbolisiert eine ablehnende Antwort in einer wichtigen Sache (»einem etwas husten«), Zukunftsangst und Unzufriedenheit. Fast immer geht es beim Husten um (noch) unbewußte Distanzierungen und unausgesprochene Ablehnungen. Erkältung und Lunge.

Hut: Verweist auf Geistigkeit oder auf Überheblichkeit und Hochmut wie alle Kopfsymbole. Eitelkeit und Selbstdarstellung wie auch bei der Schmucksymbolik.
Art der Kopfbedeckung zeigt Persönlichkeit des Träumers
Nach der Psychoanalyse Penissymbol.

Hütte: Wie kleines ↗Haus. Wenig Sicherheit, Gemütlichkeit oder auch Armut.

Hyäne: Ungehemmter Trieb und Aggression, Besitzgier, Skrupellosigkeit.

Hyazinthe: Ansprüche an Freude, Botin des genußreichen Lebens.
In dem Demeter-Kore-Mythos und den Eleusinischen Mysterien blüht die Hyazinthe am Tor zur Unterwelt.

I

ICE: ↗ Zug. Der ICE ist nicht nur im Traum meistens ein Streßsymbol. Es ist wesentlich für die Deutung, ob Sie sich auf einer Ferien- oder Geschäftsreise befinden, Sie den ICE im Traum nur sehen, oder ob Sie mit ihm fahren.

Idiot: Angst vor geistiger Überforderung, Sehnsucht nach dem einfachen, kindlichen Leben. Warnung vor dem unbewußten Leben. Die »Idioten« stellten in Griechenland die (unpolitischen) Privatleute dar, eben Menschen, die negativ eingeschätzt wurden, da sie sich nicht um die Gemeinschaft kümmerten. Außerdem kennen wir heute den Ausdruck »nützliche Idioten«, wobei sich die Frage stellt: Wem nützt der Idiot?
Volkstümlich: unerwartetes Glück.

Igel: Rückzug wegen zu großer Empfindsamkeit und Verletzlichkeit (sich einigeln) bei gleichzeitiger »stacheliger« bzw. listiger Angriffsbereitschaft (vgl. die Fabel »Hase und Igel«).
Nach frühchristlicher Auffassung (Physiologus) ist der Igel liebevoll und kinderlieb, er tötet die Schlangen. Volkstümlich: Freundlichkeit wird ausgenutzt.

Imker: Honig, Biene. Auskommen mit der Natur.

Impfung: ↗ Spritze. Warnung vor Krankheit, als auch bekanntes Sexualsymbol (Eindringen). ↗ Stich, ↗ Stachel.

Impotenz: Impotenz verweist im männlichen Traum auf Gefühle der sexuellen Unzulänglichkeit. Es drückt sich in ihr oft eine Enttäuschung über die Sexualität mit dem Partner aus. Ferner kann sie jede Schwäche symbolisieren.

Indianer: Früher Abenteuerlust, unreife Männlichkeit, Welt- bzw. Realitätsflucht. Im Männertraum ähnlich wie bei ↗ Held. Heute tritt die Bedeutung der Ganzheit hinzu: Wir leben alle auf einer Welt und sind gemeinsam von Mutter Erde abhängig.

Inflation: Psychische Verausgabung oder seltener ein Ausdruck von Verarmungsangst.

Inschrift: Eine Inschrift im Traum stellt meistens eine besonders wichtige Nachricht an den Träumer aus seinem Unbewußten dar. Jung sagt, daß hier das Höhere Selbst spricht.
Für die weitere Deutung ist der Inhalt der Inschrift zu beachten.

Insekten: Tief verankerte, unbewußte Inhalte. Fast immer ein Zeichen von Nervosität oder unbewußten Ängsten im Traum. Die Insekten verhalten sich wie Miniroboter, und so birgt dieses Traumbild eine Warnung vor Bewußtlosigkeit im Alltag in sich.

Insel: Isolation und Einsamkeit oder Alleinsein, unter der man leidet oder die man sich wünscht. Oft bei Frustration im Berufsleben: Harmonie und Sehnsucht nach Ruhe, Weltflucht und Urlaub. Als »Insel der Träume« stellt dieses Traumbild ein Symbol des Selbst dar. Astrologisch gesehen haben wir hier ein Wassermann-Symbol vor uns, das auf ein selbstgestaltetes Leben, auf Autonomie und Unabhängigkeit verweist.
Symbol des Unbewußten nach Erich Neumann.

Inserat: Eine längst fällige Angelegenheit ist zu entscheiden, sonst wird sie öffentlich, oder es muß etwas unbedingt öffentlich gemacht werden. Man sollte mit seinen Wünschen und Sehnsüchten in die Öffentlichkeit gehen.

Instrument (↗ Musik): Ein Musikinstrument symbolisiert unsere Einstellung zu unseren Gefühlen. Musikinstrumente im Traum weisen meist auf eine Kultivierung der Gefühle des Träumers oder der Träumerin hin. Es kann auch auf die Mühen des Übens verweisen, was oft mit Erinnerungen aus der Jugend verbunden ist.

Instrument (Medizin): Medizinische Instrumente symbolisieren die Möglichkeiten unserer Heilung. Für die weitere Deutung ist es von Belang, welche Funktion das entsprechende Instrument hat.

Internat: Bei der Deutung dieses Traumbilds ist es wesentlich, ob man selbst auf einem Internat war und wenn ja, wie man die Zeit dort empfunden hat. Auf jeden Fall schwingt hier immer die Bedeutung von Lernen und Jugend mit, häufig auch die Bedeutung von Isolation.

Internet: In diesem modernen Traumsymbol drückt sich ein Informations- und Kommunikationsbedürfnis aus. Es ist bedeutsam, welche Informationen man sich im Traum aus dem Internet holt.

Invalide: Verlust der Selbständigkeit, der Handlungsspielraum geht verloren. Ein anderer oder man selbst braucht Unterstützung. Minderwertigkeitsgefühl, Selbstzweifel und Lebensangst. Man fühlt sich verletzt. Trotz dieser vordergründigen Deutungen besitzt dieses Traumbild eine wichtige positive Seite. Es erinnert daran, daß man lernen sollte, sich den üblichen Leistungen auch einmal entziehen zu können. So kritisiert dieses Traumbild häufig jede Verhaltenseinseitigkeit in bezug auf Leistung. Man muß z.B. nicht alles selbst machen und braucht auch nicht immer die oder der Beste zu sein. Es ist wichtig, seine eigene Hilflosigkeit akzeptieren und zugeben zu können. Auf der anderen Seite glaubt man sich als Invalide handlungsunfähig, wobei man sich fragen sollte, ob man nicht die falschen Handlungsansprüche an sich stellt.

Invasion: Die Invasion drückt meistens die Befürchtung aus, daß störende Gedanken (Zwangsgedanken) oder Gefühle uns beherrschen könnten. Auf jeden Fall drückt dieses Traumsymbol die Angst aus, von äußeren Kräften beherrscht zu werden (die allerdings in Wirklichkeit meistens innere Kräfte sind).

Inventur: Die Inventur ist ein verbreitetes Traumsymbol der Lebensbilanz. Man schaut, was man – in jeder Hinsicht – besitzt.

Inzest: Tiefe Verbindung mit der/dem entsprechenden Verwandten (oft Symbol einer Seite von einem selbst), die oder den man als Vorbild oder als abschreckendes Beispiel sieht oder sehen sollte. Wenn auch in der heutigen Diskussion der Inzest als medienwirksames Reizthema sicherlich zu recht verworfen wird, so muß man doch zugleich beachten, daß er als Traumsymbol sowohl eine extrem positive Seite als auch eine sehr negative Seite besitzt. Einerseits drückt sich im Trauminzest eine Sehnsucht nach tiefster Verbundenheit aus, die ganzheitlich auf allen Ebenen (Körper, Geist, Seele) in den Ausdruck drängt. Man sieht das Gleiche, das Verwandte im Liebespartner, und so kann die vollkommene Verschmelzung von männlich und weiblich (auch in der eigenen Seele) stattfinden.
Andererseits kann es beim Trauminzest um die Verbindung von Liebe und Macht gehen. Es ist darauf zu achten, wer im Traum zusammen Liebe macht: Im Traumbild des Schwester-Bruder-Inzestes tritt meist der Machtaspekt zugunsten des Verschmelzungsaspektes zurück. Gerade dieser Schwester-Bruder-Inzest drückt oftmals die Sehnsucht nach vollkommener Hingabe aus und zugleich den Reiz des Verbotenen, der in unserer Gesellschaft die Sexualität mitunter aufregend macht. Beim Mutter-Sohn- bzw. Vater-Tochter-Inzest im Traum können auch alle diese positiven Bedeutungen angesprochen sein, auf der anderen Seite kommt hier immer das Machtgefälle zwischen Eltern und Kindern hinzu. Dieses Machtgefälle im Traum deutet häufig auf eine unreife Sexualität hin, die Angst vor gleichberechtigten Beziehungen hat.
Zugleich sollten Sie bei solchen Träumen auch immer bedenken, daß ein gewisser Masochismus als Angstlust in jeder/m von uns lebt und daß es zu begrüßen ist, wenn

er sich in solchen Traumbildern Ausdruck verschafft. Nicht zuletzt sei hier im Sinne der Psychoanalyse auf den Ödipus- und Elektra-Komplex verwiesen, bei dem das Kind den gegengeschlechtlichen Elternteil begehrt. Im Sinne der Psychoanalyse sollte man dieses Stadium der sexuellen Entwicklung überwinden, um sich zur Fähigkeit zum gleichberechtigten sexuellen Austausch zu befreien.

Irre/-r: Tritt eine Irre oder ein Irrer im Traum auf, weist das meistens auf Verwirrungen oder den falschen Weg hin. In selteneren Fällen kann jedoch der Bruch mit den Konventionen und Kreativität angesprochen sein.

Irrenhaus: Das Irrenhaus drückt im Traum den Ort aus, an dem sich uns unsere »Macken« zeigen. Allerdings kann es auch auf ein unangemessenes und unangepaßtes Verhältnis zur Gesellschaft verweisen.

Irrfahrt: Die Irrfahrten des Odysseus oder Sindbads (1001 Nacht) geben ein Urbild des menschlichen Suchens, Lernens und Wachsens wieder. Jung spricht hier von »der Nachtmeerfahrt des Helden«. Oft ist hier ein Hinweis darauf gegeben, daß eine klare Ausrichtung auf ein (konkretes) Ziel fehlt. Bei diesem Traumbild sollte man sich auch fragen, wieweit man seine eigenen Gefühle kontrolliert oder von seinen Gefühlen und besonders seinen Ängsten getrieben wird. Meist geht es hier darum, das richtige Maß von Chaos und Ordnung zu finden und sich selbst treu zu bleiben.

J

Ja: Wenn man im Traum zu etwas ja sagen kann, dann sollte man das auch im Alltagsleben annehmen. Leben Sie positiv!

Jacke: Was man nach außen repräsentieren möchte, ähnlich wie ↗Hemd, ↗Wärme
Volkstümlich: harte Arbeit, wenig Lohn.

Jackett: Das Jackett steht im Traum für eine konventionelle Einstellung und die Haltung, die wir der Außenwelt zeigen wollen. Wichtig für die weitere Deutung ist die symbolische Betrachtung der Farbe und des Stils des Jacketts.

Jade: Etwas, was wenig geachtet wird, ist doch wichtig und wertvoll. Kann wie alle Schmucksteine auf zu große Eitelkeit verweisen oder auf den Glanz der Persönlichkeit.
Nach chinesischer Auffassung ein Glücksstein, der gesund hält.
Volkstümlich: Glück durch rechte Arbeit.

Jagd: Hochsitz. Dieses Traumbild verweist naheliegend auf die Verfolgung der eigenen Ziele. Obwohl im griechisch-römischen Mythos Artemis-Diana, die Jagdgöttin, auch zugleich eine Mondgöttin ist, finden wir in ihr wie im Bild der Jagd einen männlichen Archetypen ausgedrückt.
Früher verwies dieses Traumsymbol der Jagd hauptsächlich auf die männliche Seite in der Frau, heute geht es hier allgemein um körperbetonte Männlichkeit, Selbstbewußtsein und Naturverbundenheit, oder man fühlt sich gehetzt und unter Streß. Werden Sie als Träumerin oder Träumer gejagt, oder jagen Sie andere Menschen, dann braucht dies nicht nur ein vordergründiges Streßzeichen zu sein, sondern die Situation mag Sie daran erinnern, daß Ihr Leben Spannung (wie im Krimi) braucht.

Jagdhund: ↗Hund. Volkstümlich: ungünstiges Omen.

Jagen: Jagen spricht Ihre Aggressionen an und speziell Ihren Jagdinstinkt. Für die genauere Deutung ist zu beachten, wem oder was Sie nachjagen.

Jäger: Der Jäger jagt hinter etwas her und symbolisiert somit unsere Zielrichtung. Zugleich steht er für männliche Aggressivität. Für die genauere Deutung muß das, was gejagt wird, symbolisch betrachtet werden.

Jaguar (Raubtier): Wie alle wilden Tiere steht der Jaguar für unsere Triebwelt. Er drückt Leidenschaft und Eleganz aus. Aber dieses Traumsymbol mag auch vor Überheblichkeit und den außer Kontrolle geratenen Emotionen warnen.

Jahreszeit: ↗ Frühling, ↗ Sommer, ↗ Herbst, ↗ Winter.
Die Jahreszeit, die in Ihrem Traum herrscht, ist auf Ihren Bewußtseinsstand zu beziehen: Im Frühling beginnt sich das Bewußtsein zu entwickeln, um im Sommer auszustrahlen und im Herbst zu erlahmen, um sich dann im Winter auf sich selbst zu besinnen. Man kann die Jahreszeiten auf die verschiedenen Altersabschnitte des menschlichen Lebens beziehen. Jahreszeiten spiegeln Stimmungen des Träumers oder der Träumerin wider.

Jahrmarkt: Eitelkeit und Geschäftigkeit, Freude und Fest.

Jammern: Wenn man im Traum jammert, dann beklagt man meistens einen Verlust, der im Wachbewußtsein verdrängt wurde.

Jasmin: Weibliches Geschlecht. Volkstümlich: großes Glück.

Jäten: Das Unkraut, das gejätet wird, symbolisiert negative Eigenschaften oder Geistesgifte.

Jauche: Minderwertigkeit, Ekel, selten Fruchtbarkeit.

Johannisbeere: ↗ Beere. Glückliches Leben.

Jonglieren: Versuchen Sie sich durchs Leben zu jonglieren und alle Bälle in der Luft zu halten? Jongliert man im Traum mit Bällen, bedeutet dies oft, daß man seine Energiezentren in Bewegung halten sollte, d.h., man sollte auf verschiedenen Ebenen seines Lebens eine spielerische Beweglichkeit zeigen, um seine Ziele und Triebe in Einklang zu bringen. Andererseits kann dieses Traumbild eine Entscheidungsangst und Unentschlossenheit symbolisieren.

Journalist: Der Journalist verkörpert den Durchblick in alltäglichen Angelegenheiten. Ferner symbolisiert er unsere Kraft zur Kommunikation und fordert uns auf, unsere Meinung frei zu äußern.

Jucken: ↗ Juckreiz.

Juckreiz: Ein Juckreiz im Traum kann häufig auf einen realen Juckreiz zurückgeführt werden.
Auf der symbolischen Ebene ist das Jucken der Haut ein Zeichen für Probleme mit der Abgrenzung oder der eigenen Attraktivität. Er kann ferner auf eine ungelöste Symbiose verweisen (da das Abgrenzungsorgan Haut irritiert ist).

Jugendherberge: Die Jugendherberge steht im Traum des Erwachsenen oft für sehnsuchtsvolle Erinnerungen an die Zeit der ↗ Jugend, in der man noch ungebunden war. Es ist bedeutsam, wen Sie in der Jugendherberge treffen und wie die Atmosphäre dort ist. In seltenen

Fällen kann dieses Traumbild verdrängte Verarmungsängste ausdrücken oder darauf verweisen, daß man einfach(er) leben kann.

Jugendzeit: Vorwiegend Traumsymbol der zweiten Lebenshälfte. Das eigene Leben wird im Traum im Überblick dargestellt und Verhaltensweisen, die später zu Problemen (Neurosen) führen, werden hier oft verdeutlicht. Wenn dieses Traumbild dennoch in der ersten Lebenshälfte auftaucht, dann zeigen sich hier meistens neue, noch unentwickelte Anteile der Träumerin oder des Träumers.

Junge: Einer, dem die Welt offen steht. Man muß etwas neu beginnen. Verweist oft auf schwach ausgeprägte Männlichkeit bei der Frau und schwaches Geschlechtsrollenbewußtsein beim Mann. Häufig mit der Altersproblematik beim Mann verbunden. Im Koran einer, dessen Vermögen wächst. Verweist für Freud meist aufs männliche Genital, oft im Zusammenhang mit Onanierphantasien.

Jungfrau: Zuerst einmal wie alle unbekannten Frauen die eigene weibliche Seite im Männertraum; bei der Frau die eigene unbekannte, oft abgelehnte weibliche Seite. Bei Frauen liegt oft eine starke Vaterbindung und Egozentrik in der Liebe, evtl. Frigidität vor; beim Mann oft ein Mutterkomplex, er kann die Weiblichkeit nicht integrieren. ↗ Entjungferung.
Etwas Neues sollte in Angriff genommen werden; auch Warnung vor einer Handlung, die nicht rückgängig gemacht werden kann. Die Traumhandlung der Jungfrau zeigt unbewußte Eigenschaften und Verhaltensweisen des Träumers oder der Träumerin auf.

Junggeselle/Junggesellin: Möglicherweise ein Hinweis darauf, daß man zumindest zur Zeit des Traumes vielleicht besser alleine durchs Leben gehen sollte. ↗ Begleiter/-in, ↗ Eremit, ↗ Invalide.

Jungtier: Jungtiere symbolisieren im Traum unsere Triebe, deren Ausdruck noch entwickelt werden muß.

Jungvogel: Der Jungvogel verkörpert im Traum unseren Intellekt oder unsere Seele, die beide noch differenziert werden müssen.

Jurist: Der Jurist verkörpert meistens unser Über-Ich. Er kann aber auch für unsere raffinierte und falsche Seite stehen.

Juwel: ↗ Edelstein, ↗ Schmuck. Leeres Inneres, Eitelkeit, oft Hinweis darauf, daß der Schatz im Inneren liegt. Verführung durch den Schein des Glitzerns.

K

Kabine (Schiffskabine): ↗ Kajüte.

Kabinett (Möbelstück): Ein Kabinett steht für Ordnung und Konvention.

Kabinett (politisch): Das Kabinett verkörpert die Kräfte, die uns leiten.

Kachelofen: Der Kachelofen ist ein Ausdruck der Sehnsucht nach Wärme und Häuslichkeit. Bisweilen mag er auf Biederkeit verweisen.

Kadaver: ↗ Aas. Der Kadaver symbolisiert stets die Seite oder Eigenschaft von uns, die wir sträflich vernachlässigen und die oft schon fast abgespalten ist. Er kann jedoch auch auf überholte emotionale Belastungen verweisen, die aufzulösen sind.

Käfer: Wie man den Käfer sieht, hängt mit der Form der persönlichen Beziehungen zusammen (vgl. »süßer Käfer«). Der Skarabäus (oder Mistkäfer) galt in Ägypten zunächst als das Symbol der Wiedergeburt, später wurde er zu einem der am häufigsten benutzten Glückssymbole. In unserem Kulturbereich stellt heute der Marienkäfer ein allgemeines Glückssymbol dar.

Kaffee: Geselligkeit, geistige Anregung, Lebensgenuß. Kann auf Suchtverhalten verweisen. Der Kaffee steht häufig für ein Bedürfnis nach geistiger Wachheit und höherer Konzentrationsfähigkeit.

Käfig: Symbol der Enge und Freiheitsberaubung wie bei ↗ Fahrstuhl und ↗ Dorf. Die Einschränkung wird hier jedoch stärker empfunden, ähnlich wie bei ↗ Belagerung, ↗ Bernstein und ↗ Falle. Allerdings kann das Traumbild Käfig auch positive Bedeutung haben. Diese Bedeutung tritt besonders dann auf, wenn der Käfig von außen gesehen wird. Zumeist bietet er dann ein Symbol des Schutzes und der Zähmung (meist der wilden Triebe). Der Käfig kann ferner als eine Einfriedung gesehen werden, durch Schutz und Zähmung bietet er den ersehnten Frieden.

Kai: ↗ Dock. Erdung, Sicherheit wie ↗ Anker, ↗ Arche und ↗ Boje. Zu Hause sein/nach Hause kommen wie bei ↗ Elternhaus und ↗ Familie.

Kaiser/in: Jede Autoritätsperson. Man sehnt sich nach der Autorität, die man nicht hat oder die man zwar besitzt, ohne sie jedoch auszuleben.
Kaiser und Kaiserin stellen auch das eigene innere Weibliche (Anima) oder Männliche (Animus) dar. Als diese archetypischen Figuren sind sie nicht nur Autoritätspersonen, sondern auch das Bild des

oder der Geliebten (als das ideale, oft überhöhte Männliche bzw. Weibliche).
Nach Freud Symbol der oft als übermächtig empfundenen Eltern.

Kajüte (Wohnraum auf Schiffen): Die Kajüte ist fast immer auf der Subjektstufe zu deuten: Sie symbolisiert unseren Rückzugsraum bei emotionalen Konflikten. Manchmal verweist sie auf eine Sehnsucht nach Abenteuer.

Kakao: ↗ Süßigkeiten. Man wird verlacht oder verlacht selbst jemanden (»jemanden durch den Kakao ziehen«).
Volkstümlich: gutes Omen für Familie, mäßiges für Geschäfte.

Kaktus: Abwehr, Schroffheit, Distanz, Haßliebe und allgemein widersprüchliche Gefühle. Dieses Traumbild wird oft in Situationen geträumt, in denen man sich verletzt fühlt, es drückt ein Bedürfnis nach Abgrenzung und Distanz aus. Dieses Abgrenzungsbedürfnis ist häufig ein Ausdruck Ihrer Sensibilität. Reagieren Sie oft zu gereizt auf Ihre Umwelt? Fühlen Sie sich von der Intensität Ihrer Gefühle oft überrollt? Nehmen Sie Ihre persönlichen Empfindungen für wichtig, und bahnen Sie ihnen geeignete Wege.

Kalb: Jugendliche Unerfahrenheit, Kindlichkeit, Naivität.
Volkstümlich: gutes Omen in der Liebe.

Kalender: Vergänglichkeit, Angst vor Alter und Tod, nutze das Leben (das im Barock betonte »Carpe diem!«: Nutze den Tag). Auf der anderen Seite kann dieses Traumbild genausogut aus der Angst vor der Unvergänglichkeit hervorgebracht werden. Man hat Angst vor dem, was jahrelange Wirkungen hervorbringen kann, man fühlt sich von Verpflichtungen und der Last der Verantwortung erdrückt. Letztendlich geht es bei diesem Traumbild darum, sein persönliches Leben fruchtbarer zu machen und es zu genießen.

Kalk: Stabilisierendes Bindemittel, Festigkeit oder Starrsinn. Hitze, die gelöscht werden muß.
Volkstümlich: Erbschaft.

Kälte: Wie bei ↗ Eis und ↗ Schnee ist man auch hier zu distanziert. Symbol der Unpersönlichkeit und emotionalen Neutralität oder ein Hinweis darauf, daß man mehr Distanz üben sollte.

Kamel: Abenteuer, Entbehrungen, Askese und Verreisen. Symbol für Geduld und Ruhe, aber auch für Dummheit. Die Fähigkeit, »Durststrecken« zu überwinden, wird hier angesprochen. Außerdem schwingt in diesem Traumbild auch immer die Suche (letztendlich nach seinem eigenen Wesen) mit.

Kamera: Methodische, technische Sicht. Der Hinweis darauf, etwas unpersönlicher, objektiver zu betrachten (man schaut durch das Objektiv!). Man sollte etwas genau festhalten und dokumentieren. Der Film in der Kamera entspricht der inneren Leinwand des Menschen, der bildnerischen Kraft der Seele, auf der die äußeren Sinneseindrücke ihre Wirkung hinterlassen.

Kamin: Beherrschtes Triebleben, Familie und Behaglichkeit zu Hause. Vgl. auch Feuer. Nach Freud weibliches Sexualsymbol.

Kamm: Eitelkeit, man sollte etwas genauer untersuchen (durchkämmen). Sonst wie ↗ Haare.

Kammer: Die Kammer im Traum will Sie auf Bescheidenheit und Demut aufmerksam machen. Leiden Sie unter Abstiegs- oder Verarmungsängsten?

Kampf: Symbolisiert den problematischen Umgang mit Aggressionen. Dahinter steht fast immer der Wunsch, seine Aggressionen wirkungsvoller und konstruktiver ausdrücken zu können. Ein Bild widerstreitender Gefühle, Gedanken und Handlungen.

Kanada: Natur, »Männlichkeit« und Freiheit.

Kanal: Symbol der psychischen Energien des Träumenden und der kulturell eingefahrenen Bahnen. Das Leben kommt einem reguliert und künstlich vor, man will das nicht mehr (hat den Kanal voll). Auf der anderen Seite verweist der Kanal auch auf die Entwässerung, wodurch das Land nutzbar gemacht wird. So möchte man sich selbst entwässern und reinigen, um wieder fruchtbar werden zu können. Oftmals ist diese Reinigung mit einer Rücknahme der eigenen Gefühle (Wasser) verbunden. Letztendlich geht es bei diesem Traumsymbol um die »seelische Ökologie« des einzelnen.
Wichtig ist der Zustand des Wassers: klares Wasser ist positiv, bedeutet Gesundheit und Kraft; trübes Wasser ist negativ, bedeutet Krankheit und Depression wie auch bei ↗ Himmel (bewölkt), ↗ Abgrund und ↗ Asche.

Kanarienvogel: Fröhliches, behagliches Zuhause wie auch teilweise bei Singen. Eingesperrtsein wie bei ↗ Käfig.
Wie bei allen Vögeln werden beim Kanarienvogel die Freiheit und der Geist (Intellekt) angesprochen. Die Höhenflüge des Vogels symbolisieren die (sexuelle) Ekstase, die jedoch beim Kanarienvogel (nur erst

oder bereits schon) im Ansatz vorhanden ist.

Kaninchen: ↗ Hase.

Kanister: ↗ Gefäß. Wichtig ist, was sich in dem Kanister befindet. Volkstümlich: ein Geheimnis wird Ihnen mitgeteilt.

Kanne: ↗ Gefäß. In der Kunst wie in der Traumsprache Symbol der Jungfräulichkeit. Das Ausschütten der Flüssigkeit aus der Kanne verweist auf Hingabe.

Kannibale: Sehr »einnehmende« Person, von der Sie sich überrollt fühlen. Wunsch, mit anderen eine innige Beziehung einzugehen. Man fühlt sich von irgend etwas, meist Beziehungen, aufgefressen. ↗ Inzest.

Kanone: ↗ Waffe. Ein Symbol der Wucht und der massigen Energie. Meist kann dieses Traumbild auf die persönliche Triebkraft und Power, die Stärke und das Durchsetzungsvermögen des Träumers oder der Träumerin bezogen werden. Entweder setzt man sich zu stark durch, oder man sollte sich mehr durchsetzen.

Kantine: Zur Deutung des Symbols muß geklärt werden, in was für einer Firma sich die Kantine befindet, ansonsten wie ↗ Restaurant.

Kanu: Verweist wie jedes Schiff auf unser Fortkommen im emotionalen Bereich, in diesem Fall aus eigener Kraft.

Kanüle: ↗ Spritze. Die Kanüle ist entweder ein Sexual- oder ein Heilungssymbol.

Kanzel: Die Kanzel tritt als Traumbild in verschiedenen Bedeutungen auf. Als Kanzel in der Kirche verweist dieses Symbol möglicherweise auf die Verlogenheit und auf moralische Probleme. Man fühlt sich »abgekanzelt«. Hier ist es entweder das schlechte Gewissen, das zu einem spricht, oder es wird ein Hinweis darauf gegeben, daß man sich zu starr moralischen Normen folgend verhält. Die Flugzeugkanzel sowie der Kanzler als Regierungschef können als Bilder für die Führungs- und Leitstelle angesehen werden, u.a. als Sinnbild der persönlichen Begabungen und Talente. Oft liegt hier ein Hinweis verborgen, daß man sich selbst steuern und auf ein Ziel hin ausrichten muß.
Volkstümlich: schlechtes Zeichen.

Kapelle: Ort der Ruhe und Besinnung. Verweist besonders in Zeiten des Stresses auf Selbstbesinnung. Romantischer Ort.
Nach Freud wie Kirche Symbol der Frau.

Kapitän: Leitfigur, die den richtigen (emotionalen) Kurs kennt (die weiß, wo es langgeht). Respektsperson, Vatersymbol oder der/die Träumende selbst. Auch Wohlstand, Würde und Welterfahrung in Sinne der Kenntnis der eigenen Seelenkräfte.

Kappe: ↗Hut. Bewußtsein und Gedanken. Leben Sie zu sehr im Kopf? Außerdem klingt hier das »Verkappte« an: Etwas, das aus dem Hinterhalt oder versteckt wirkt. Der Anklang an das Verb »kappen« verweist auf die Beendigung einer Situation.
In den Sagen und Märchen spielt die Tarnkappe eine große Rolle, jene magische Kopfbedeckung, die einen unsichtbar werden läßt. Die Tarnkappe verweist entweder darauf, daß man sich zu sehr sichtbar in den Vordergrund stellt oder daß man mehr auf sich aufmerksam machen und aus sich herausgehen sollte. Schatten.
Volkstümlich: Liebesleid.

Kapuze: Verbreitetes Schutzsymbol im Traum. Die verbergende Kapuze spielt oft im Alptraum eine Rolle.
Für C. G. Jung (Analytische Psychologie) symbolisiert die Kapuze die obere, himmlische Welt. Dazu paßt, daß die Kapuze in manchen Traditionen als unsichtbar machende Tarnkappe verwendet wird oder als das Bekleidungsstück der Götter, Dämonen und Zauberer galt.

Karawane: Symbol einer abenteuerlichen Reise. Man befindet sich auf der Suche oder Pilgerschaft. Die Lasten werden gemeinsam getragen.

Karneval: Die Zeit oder die persönliche Alters- oder Entwicklungsstufe, in der »alles« erlaubt ist, in der man ein/e andere/r sein kann und darf. Fröhlichkeit und Unbeschwertheit, aber auch Warnung vor Verstellung. Der Traum vom Karneval deutet entweder auf die Notwendigkeit des Ablegens der Verstellungen und Masken hin (von der PERSONA zum wahren Selbst), oder er zeigt, daß man mehr aus sich herausgehen und sich freuen sollte.
Der Karneval tritt häufig als Traumbild auf, wenn man sich erstarrt und vom Leben abgeschnitten fühlt. Besonders wenn man im Traum den Karneval ablehnt, verweist dies häufig auf die Ablehnung der eigenen wilden und ausgelassenen Seiten. Ferner ist mit dem Karneval auch immer der ↗Narr verbunden: Das absurde und das weise Prinzip treffen sich in dieser Figur, die die Freiheit verbildlicht. Auf der anderen Seite ist der Narr auch derjenige, der im Sinne des bürgerlichen Lebens seine Alltäglichkeiten nicht geregelt bekommt.
Volkstümlich: Beförderung.

Karotte: Die Karotte ist ein bekanntes Sexualsymbol, von dem die Pornographie reichlich Gebrauch macht. Die Möhre tritt aber auch als gesunde Nahrung im Traum auf.

Karpfen: ↗ Fisch. Die Schuppen des Karpfens sollen nach vielen Volksüberlieferungen im Traum Reichtum bedeuten.

Karren: Auf der einen Seite ein Symbol für Schwierigkeiten und Lasten (vgl. »den Karren aus dem Dreck zu ziehen«), auf der anderen Seite ein Bild der Beweglichkeit. Der Karren im Traum verweist häufig wie die Kutsche auf den Körper des Träumers oder der Träumerin hin. Neben dem Zustand des Karrens ist hier auf den Zustand des Weges zu achten.

Karriere: Unsere Träume geben oft unsere Arbeit als wichtigen Teil unseres alltäglichen Lebens wieder. Ein Karrieretraum verweist entweder darauf, daß uns unsere Karriere zu wichtig ist oder daß wir uns mehr um unsere Karriere kümmern sollten. Auf jeden Fall träumen wir nur dann von der Karriere, wenn in diesem Bereich Spannungen auftreten. In selteneren Fällen kann die Karriere auch selbst als ein allgemeines Symbol des Weiterkommens auf dem Lebensweg betrachtet werden.

Karten: Karten können in vielen Erscheinungsformen im Traum auftreten. Es gibt hier die Postkarten, die Landkarten, die Eintrittskarten, die Spielkarten und die Visitenkarten u. a. m.
Treten Spielkarten im Traum auf, gilt das entweder als ein Zeichen, daß man vieles im Leben zu leicht nimmt und zuviel aufs Spiel setzt oder daß man das Leben als Spiel sehen und es leichter nehmen sollte. Wichtig ist, ob man gute oder schlechte Karten hat. Träumt man von einer einzelnen Karte, dann kann deren Bedeutung in Büchern über das Kartenlegen nachgeschlagen werden.
Post und Landkarten verweisen oft auf den Ort oder das Gebiet, das sie abbilden bzw. wiedergeben. Können Sie mit dem entsprechenden Ort oder der entsprechenden Gegend nichts assoziativ verbinden, dann deuten Post und Landkarten meist auf eine Sehnsucht, zu reisen und Ferien zu machen, hin. Eintritts- und Visitenkarten öffnen einem bestimmte Bereiche, die man sonst nicht betreten kann. Bei der Eintrittskarte steht dieser bestimmte Bereich im Vordergrund. Wozu man den Eintritt erhält, stellt einem symbolisch dar, wohin man in seinem Leben jetzt schauen sollte. Bei der Visitenkarte steht der Träger dieser Karte (wie auch bei der Scheckkarte) im Vordergrund. Eine Visitenkarte zeigt, daß man erfolgreich ist oder es sein möchte.

Volkstümlich: Streitigkeiten stehen bevor.

Kartoffel: Das Essen der Armen, besonders im 19. Jahrhundert, und so mit Angst vor dem sozialen Abstieg verbunden (vgl. auch van Goghs Bild »Die Kartoffelesser«, in dem er die düstere Stimmung der Armut mit verschiedenen dunkelgrauen Tönen zu beschwören sucht). Gleichzeitig verweist das Traumbild der Kartoffel auch immer auf die Erdung, da die Frucht der Kartoffel unter der Erde liegt. Als Auswuchs der Wurzel wird bei der Kartoffel die Frage nach der Verwurzelung des Träumers oder Träumerin angesprochen. Als Knolle ist die Kartoffel von eigentümlich androgyner Gestalt: Sie kann sowohl phallische Formen aufweisen, als sie auch die typisch weiblich runden Formen zeigt. Als Grundnahrungsmittel ist die Kartoffel dem weiblich Nährenden und den Kräften der Mutter Natur verwandt.

Karussell: Das Traum-Karussell steht für Freude. Es belebt Erinnerungen an die Kindheit. Man dreht sich im ↗ Kreis (negative Bedeutung), oder man verändert ständig seine Perspektive und erhält so einen Rundumblick (positive Bedeutung).

Karzinom: ↗ Krebs.

Käse: Besitz und Wohlstand, oder etwas stimmt nicht oder ist zunichte gemacht worden (»es ist alles Käse«). ↗ Milch, ↗ Butter.

Kaserne: Je nachdem, ob dieses Traumbild als angenehm oder unangenehm empfunden wird, sehnt man sich nach einer Männergesellschaft oder lehnt sie ab.

Kasino (Restaurant): Symbol der Sehnsucht nach Aufstieg, Anerkennung und Zugehörigkeit. Was wird dort gegessen?

Kasino (Spielkasino): Dieses Traumbild warnt oftmals vor riskanten Geschäften. Es drückt die Sehnsucht nach dem »schnellen Geld« aus. Es verbildlicht allerdings auch den Spruch »Wer nicht wagt, der nicht gewinnt«.

Kasse: ↗ Geld. Das Traumbild der Kasse deutet oft auf leere Umweltbeziehungen, die auf das Geld reduziert sind. Man will mehr haben statt sein, was auf Geldgier verweist. Auf der anderen Seite liegt in der Kasse das geordnete, gehütete und gesparte Geld. Dieses Geld ist ein Symbol für unsere Fähigkeiten und Talente.
Volkstümlich: gutes Zeichen, Wohlstand.

Kassette(nrecorder): ↗ Tonband.

Kastanie: ↗Herbst, ↗Spiel, ↗Nahrung, ↗Fruchtbarkeit.

Kasten: Er kann den menschlichen Körper – im Traum speziell Ihren Körper – symbolisieren.
Die Deutung des Kastens ist weitgehend von seiner Farbe, seiner Form und seinem Inhalt abhängig. Er kann für ein Geheimnis oder gar für den ↗Sarg stehen. Bei Freud ist er der weibliche Körper.

Kastration: Verlust von Männlichkeit und Tatkraft. Als Traumbild fast immer ein Zeichen des unterdrückten Triebes. Der Kastrationstraum wird meist von Minderwertigkeits- oder seltener auch Schuldgefühlen hervorgerufen. In seltenen Fällen verweist die Kastration im Traum auf eine tiefreichende Ablehnung der (männlichen) Sexualität.
Zu Sigmund Freuds und C. G. Jungs Zeiten waren Kastrationsträume noch relativ häufig. Heute treten sie dagegen vergleichsweise selten auf, da sich unsere Einstellung zur Sexualität geändert hat. Die Frau sieht sich heute weitgehend nicht mehr als kastrierter Mann, und die aggressive Männlichkeit wird bei Mann und Frau als wichtige Seite in einer/m selbst akzeptiert und braucht nicht mit Kastration bestraft zu werden.
Die Kastration als Traumbild muß heutzutage fast ausnahmslos auf die Arbeit und Tatkraft der Träumerin oder des Träumers bezogen werden. Erfahrungen zeigen deutlich, daß Kastrationsträume bei Mann und Frau oft auf deren Gefühle in ihrer Beziehung gedeutet werden können. In problematischen Beziehungen, in denen man sich eingesperrt fühlt, ist das Phantasie- und Traumbild der Kastration normal.
Bei der Kastration im Traum können in seltenen Fällen auch positive Seiten anklängen: Man macht sich vom Druck der Tat und Schaffenskraft frei und verweigert sich der erdrückenden Leistung. ↗Esel, ↗Geschlechtsorgane, ↗Sexualität.

Katalog: Ein Katalog führt meistens in symbolischer Weise unsere Fähigkeiten und Talente auf.

Katarakt: ↗Stromschnelle.

Katarrh: Ein Katarrh im Traum möchte uns auf unsere unterkühlte soziale Umgebung aufmerksam machen. Er deutet Rückzugstendenzen und Überarbeitung an.

Katastrophe: Katastrophenträume verdeutlichen Ihre Krise, indem sie mit pädagogischer Übertreibung Ihnen meist viele Details Ihrer Krise verbildlichen. Achten Sie bei solchen Träumen genau auf die Art der Katastrophe. Wenn es beispielsweise brennt, dann ist Ihre Leidenschaft angesprochen. Bei Erdbeben wird auf Ihre Erdung verwiesen.

Kathedrale: Wie ↗Kirche und ↗Kapelle, nur deutlicher und stärker. Sicherheit und Ort der Ruhe, verweist oft auf die Notwendigkeit der Innenschau. Volkstümlich: Außenansicht positiv, Innenansicht Gefahr.

Katze: Träumt ein Mann oder eine Frau von einer Katze, so sind immer deren weibliche Seiten angesprochen. Die Katze symbolisiert meistens den sexuellen Ausdruck von Träumerin und Träumer und deren Körpergefühl. Sie kann für die schmusige Seite in einem stehen oder objektstufig für den Wunsch, mehr Schmuseeinheiten zu bekommen, oder sie weist auf die Selbstständig des Träumers oder der Träumerin hin.
Volkstümlich: Dies ist »ein höchst ungünstiger Traum«, sagen einhellig die Traumbücher seit Ende des 19. Jahrhunderts.

Kauen: Es verweist oft darauf, wie man sich durchbeißt.

Kaufen: Wenn Sie im Traum etwas kaufen oder verkaufen, ist damit immer ein Austausch emotionaler Energien gemeint. Wichtig ist die Symbolik der Ware. Häufig kauft man im Traum, weil man sich mehr gönnen sollte.

Kaufmann: Dieses Traumbild verweist immer auf die männliche Seite in Frau und Mann. Es wird entweder von einem aktiven Selbstwertgefühl hervorgebracht oder verweist auf die Notwendigkeit eines solchen Gefühls. Der Kaufmann steht für die Handlung und den Austausch zwischen den Menschen. Er ist derjenige, der die Warenströme lenkt und so letztendlich zwischen den Menschen und zwischen Mensch und Natur vermittelt. Der Besitz des Kaufmanns verweist auf die Talente des Träumers genauso wie die Waren, mit denen er handelt. Der Warenumsatz selbst kann auf die Art und Weise des Energieumsatzes des Träumers bezogen werden.

Kegel: Man möchte einerseits eine ruhige Kugel schieben und Erholung und Freude mit anderen genießen, zum anderen drücken sich hier auch Kraft und Geschicklichkeit aus. Letztendlich kann man hier versteckte Aggressionen aufspüren, wenn mit der schweren Kugel die Kegel umgestoßen werden. ↗Kanone, ↗Holzfäller.
Volkstümlich: Enttäuschungen.

Keks: Geistige und seelische Nahrung. Lustbefriedigung.

Kelch: Es ist bei diesem Traumbild wichtig, wie Sie es spontan benennen: ↗Becher, ↗Kelch, ↗Glas oder gar ↗Gral. Die verschiedenen Benennungen, die eine verschiedene Stimmung und Sichtwei-

se wiedergeben, legen verschiedene Interpretationen nahe. Das als Kelch bezeichnete Gefäß ist immer etwas Außergewöhnliches (es ist kein lapidarer Becher oder ein Alltagsglas!). Entweder geht es hier um das Leiden und den Tod (vgl. den Schierlingsbecher im klassischen Altertum) oder um die Suche nach einem höheren Ziel (vgl. die Gralslegende und deren hervorragende Deutung durch Emma Jung in ihrem Buch: Die Gralslegende aus tiefenpsychologischer Sicht). Der Kelch faßt die Flüssigkeit, die unserem Gefühl und unseren Bedürfnissen entspricht. Er gibt diesen Bedürfnissen und Gefühlen eine (meist geistige) Form. Im übertragenen Sinne geht es hier um die Seelenbildung und um die Kultivierung unserer Gefühle. Genau das war schon im Hochmittelalter die Aufgabe der Gralssuche.
In der christlichen Symbolik ist der Kelch dem Herzen und dem Blut Christi verbunden.

Keller: ↗ Haus. Der unheimliche Ort, an dem man nach C. G. Jung sein Bewußtsein verliert oder es wieder neu entdeckt. Das Unbewußte, Dunkle, Undurchschaubare und Verdrängte.

Kellner: Freundlichkeit, Hilfe. Sollten Sie demütiger sein und sich mehr mit dem Dienen auseinandersetzen (ähnlich wie bei Chauffeur)?

Kerker: Hindernistraum wie ↗ Haft, ↗ Verlies und ↗ Käfig, nur um einiges stärker.

Kerze: Symbol des Lebens (Lebenslicht), besonders die brennende Kerze. Kann auch auf besondere Feierlichkeit hindeuten. ↗ Licht. Schon im klassischen Altertum männliches Sexualsymbol, auch bei Freud Penissymbol (gebrochene Kerze nach Freud Symbol der Impotenz).

Kessel: Dort wird gekocht und das Leben erneuert (in der altwalisischen Mythologie des Mabinogions der Kessel, in dem die toten Krieger wieder lebendig gemacht werden). Im Kessel findet wie im alchemistischen Gefäß die Umwandlung der Materie statt, und er kann deswegen mit der Gebärmutter oder dem Erdinnern verglichen werden.
Der Kessel ist fast immer ein Hinweis auf kreative Gestaltungskräfte. Im Kessel werden im übertragenen Sinn die Lebenskräfte des Träumers umgeformt und zu etwas Neuem gestaltet. Er ist der Schmelztiegel, in dem die emotionalen Kräfte mit der Macht des Seelenfeuers zu einer individuellen Persönlichkeit verschmolzen werden.
Volkstümlich: gutes Omen.

Kette: Feste Bindung, auch im positiven Sinne.

Symbol der Bindung und Unfreiheit schon bei Artemidor.

Keule: Primitive Waffe der Riesen, deren phallische Form auf undifferenzierte Triebenergie hinweist. Man wird von etwas erschlagen, im Sinne von Überwältigtwerden.

Kies: ↗ Geld, kann aber auch Hindernistraum sein, in dem man schwer vorankommt. Teil der Erde, verweist auf Materie und Stofflichkeit.

Kind: Entweder ein sehr positives Traumsymbol, das neue Möglichkeiten anzeigt, oder ein Hinweis auf unseren Widerstand gegen Reife und Vollendung. Das Kind verdeutlicht Wesensteile von uns, die erwachsen werden wollen. Man soll die Wahrheit sprechen (vgl. »Kinder und Narren sprechen die Wahrheit«) und einfacher werden (»wenn ihr nicht werdet wie die Kinder ...«). Bei Frauen liegt oft entweder ein Wunschtraum vor, in dem man ein Kind haben möchte, oder es muß etwas Neues, d.h. eine Änderung im Lebensstil, kommen. Auch Symbol der Lebensmitte und der Kontinuität des Lebens.
Ein krankes Kind weist auf seelische Störungen hin. Achten Sie prinzipiell darauf, welche Eigenschaften die Kinder im Traum haben! Diese Wesensteile wollen besonders gefördert und bewußtgemacht werden.
Kann nach Freud entweder die eigene Person darstellen (Regression) oder das eigene Genital (»mein Kleiner«: mein Penis). Sicherlich trifft es noch heute zu, daß wenn ein Erwachsener vom Kind träumt, immer auch regressive Tendenzen mitschwingen. Allerdings sollte man bei dieser Ansicht Freuds nicht aus den Augen verlieren, daß die »Rückeroberung der eigenen Kindlichkeit« auch ein positiver Prozeß sein kann, der uns im Alter wieder lebendig und auch erotisch werden läßt. Das Traumsymbol des Kindes hängt immer mit der Lebenskraft, der Daseinsfreude und so auch mit der Sexualität zusammen.
Volkstümlich: Familienzuwachs jeder Art.

Kindergarten: Der Kindergarten verweist entweder auf die Unreife des Träumers oder der Träumerin, oder er ist als Aufforderung zu sehen, nicht mehr so steif zu sein. Wichtig für die Deutung ist, was im Kindergarten geschieht.

Kinderkleider: Kinderkleider möchten Sie an Ihre Kindheit erinnern und speziell an Eigenschaften und Fähigkeiten, die Sie damals noch hatten und heute vernachlässigt oder gar verloren haben.

Kinderwagen: Hinter dem Kinderwagen verbirgt sich oft ein Kinderwunsch oder die Angst davor, ein

Kind zu zeugen bzw. schwanger zu werden.

Kindheit: Werden Sie im Traum in Ihre Kindheit zurückversetzt, dann ist das entweder als regressiver Traum zu deuten, in dem Sie sich nach Ihrer Kindheit sehnen, oder der Traum macht Sie auf ein Problem aufmerksam, dessen Wurzel in Ihrer Kindheit liegt.

Kindstaufe: ↗ Taufe.

Kinn: Das Kinn drückt unseren Willen und unser Durchsetzungsvermögen aus.

Kino: ↗ Film.

Kirche: Wie ↗ Kapelle und ↗ Kathedrale. Man möchte sich mit dem Sinn des Lebens auseinandersetzen, Vertiefung ist gefordert. Symbolisiert die Frau nach Freud.

Kirsche: Gefühl; Symbol der Lippen und Zeichen der Liebe wie auch ↗ Herz und ↗ Rot.

Kissen: Ruhe, Entspannung und Häuslichkeit.
Volkstümlich: Schwierigkeiten.

Kiste: ↗ Gefäß. Liebesaffäre und Beziehung, aber auch der eigene Ballast. Was steckt in der Kiste drin?
Der weibliche Körper nach Freud wie auch die meisten Musikinstrumente und das Symbol der Kirche.

Kitt: Zusammenhalten (gegen die Außenwelt).
Volkstümlich: harte Zeiten.

Kitz (junges Reh): Ein Kitz verkörpert oft im Traum die Geliebte oder zarte Triebe.

Klage (juristisch): Es ist bedeutsam, ob Sie der Kläger oder der Angeklagte sind. Im Traum ist man meistens der Angeklagte. Die Anklage wird von dem Gewissen des Träumers vorgebracht.

Klapperschlange: ↗ Schlange. Die Klapperschlange personifiziert häufig die Angst des Träumers oder der Träumerin vor der eigenen männlichen Seite.

Klarinette: Wie alle ↗ Blasinstrumente symbolisiert die Klarinette zugleich Sexualität und Harmonie.

Klassenzimmer: Ein Klassenzimmer tritt oft im Traum auf, um uns an unsere Schulzeit zu erinnern. Meistens werden wir darauf hingewiesen, daß wir noch etwas lernen müssen.

Klatsch (Tratsch): Klatsch und Tratsch deutet im Traum oft eine Angst an, daß über einen hinterrücks geredet wird – oder sollten Sie selber derjenige sein, der klatscht und tratscht? Für eine weitere Deutung ist der Inhalt des Klatsches von Bedeutung.

Klatschen (in die Hände): Klatschen ist im Traum wie im Leben ein Ausdruck von Zustimmung und Freude.

Klaue: (im Sinne von Kralle) Die Angst vor dem Tierischen. Der (eigene) wilde, gierige Zugriff auf die Welt, von dem man träumt oder den man ausübt.
Welches Tier bedroht Sie mit seiner Klaue?
Ferner tritt die »Klaue« als schwer leserliche Handschrift auf. Ist es Ihre eigene Handschrift, dann sollten Sie sich deutlicher mitteilen, ist es die eines anderen, dann kann sich dahinter oft die Ablehnung dieser Person (rationalisiert als Unleserlichkeit = Unverständnis) verstecken.
Außerdem klingt hier noch das Wort »klauen« an: Wie bei der Tierklaue nimmt man sich gierig, was man haben möchte. Dies kann ohne weiteres eine »gesunde« Haltung sein, wenn man schüchtern durchs Leben geht. Es kann einen jedoch auch darauf hinweisen, daß man seine Gier kontrollieren statt immer nur ausleben sollte.

Klavier: Gefühlsskala, intensives Gefühl, Kultivierung und Harmonisierung. Verinnerlichung und geistige Lebendigkeit.
Bezeichnet nach Freud besonders durch den Rhythmus den Sexualverkehr.
Symbolisiert wie alle Musikinstrumente nach der Psychoanalyse den Leib der Frau.

Klebstoff: Verweist häufig auf eine (zu) enge Verbindung hin – sei es zum Partner oder zu den Eltern.

Klee: Vierblättriger Klee ist ein weitverbreitetes Glückssymbol. Dreiblättriger Klee verweist auf das Normale, Gewöhnliche.
Nach Freud Symbol des Männlichen wegen der drei Blätter (vgl. dazu genauer ↗Drei). Volkstümlich: Glück für Liebende.

Kleid/Kleidung: Bild des Besitzes. Symbolisiert die Rolle des Träumers (»Kleider machen Leute«) und seine Selbstdarstellung in der Umwelt.
Die Art der Kleider entspricht der gesellschaftlichen Stellung, die man einnimmt oder einnehmen möchte.
Nach Freud Verweis auf Nacktheit, die sich unter dem Kleid versteckt.

Kleister: Man will etwas verbinden, das zusammengehört und das auseinandergefallen ist. Es wird etwas ausgebessert.
Werden Sie von irgend etwas festgehalten oder halten Sie an irgend etwas fest? Hier klingt die Frage der »Haftung« (in jedem Sinne) an.

Klempner: Bei diesem Traumbild geht es um die Wasserleitung, also um die Kanalisierung des Gefühls. Ferner sind sexuelle Anklänge nicht zu übersehen, da der Klempner ein Rohr verlegt.

Klettern: Man will hoch hinaus, aber der Weg ist oft gefährlich und schwierig (im Gegensatz zum Hinaufsteigen, wo man ebenfalls hoch hinaus will, aber der Weg meist keine Schwierigkeiten und Gefahren aufweist). ↗ Karriere, ↗ Leiter, ↗ Treppe.

Klinge: Symbolisiert ganzheitlich den eigenen Geschlechtstrieb, sowohl als Aggression als auch als das Zusammenklingen. Dieses Traumbild tritt ferner dann häufig auf, wenn es um wichtige Entscheidungen geht. Die Klinge steht für die Unterscheidungsfähigkeit (sie kann die Materie aufteilen). Allerdings schwingt beim Traumbild der Klinge auch oft das Risiko mit: »etwas steht auf des Messers Schneide«. ↗ Messer, ↗ Schwert, ↗ Dolch.

Klingel: Die Klingel ist im Traum wie im Wachleben ein Signal für uns, daß nun unsere Aufmerksamkeit auf etwas Neues ausgerichtet werden muß.

Klippe: Man möchte einen Überblick über sein Leben haben. Kann ähnlich wie beim ↗ Klettern auf mühsamen gesellschaftlichen Aufstieg hinweisen. ↗ Abhang, ↗ Hindernis, ↗ Prüfung, ↗ Gipfel.

Kloster: Einesteils der Ort der Stille, Sammlung und Geborgenheit ähnlich wie ↗ Abtei, ↗ Kapelle, ↗ Kathedrale und ↗ Kirche, andererseits ein Symbol der Weltflucht und Lebensangst. Das Kloster stellt sowohl ein Symbol des Friedens in aufregenden Zeiten dar, als es auch die Angst vor dem »wirklichen Leben« verbildlicht. Es kann sich hier auch um einen Hinweis auf Askese und Disziplin handeln, die entweder zu üben sind oder im übertriebenen Maße gelebt werden.

Knacken: Ein Knacken im Traum kann wie alle Geräusche auf reale Geräusche während des Schlafs verweisen. Auf der symbolischen Ebene deutet das Knacken oft auf eine Gefahr.

Knall: Ein Knall im Traum kann wie alle Geräusche auf reale Geräusche während des Schlafs verweisen. Auf der symbolischen Ebene deutet der Knall wie das ↗ Knacken oft auf eine Gefahr – allerdings ist beim Knall die Gefahr größer. Ferner steht oft der Knall für die Entlastung eines Triebstaus.

Knappheit: ↗ Mangel.

Knäuel: Ein Knäuel steht für eine schwer durchschaubare Verwicklung.

Knebel: Einengung und Unfreiheit ähnlich wie bei ↗ Käfig und ↗ Gefängnis, ↗ Fessel. Hier wird besonders die Bewegungsfreiheit eingeschränkt. Volkstümlich Hindernistraum.

Knecht: Das Traumsymbol »Knecht« personifiziert das demütige Dienen.

Kneipe: ↗ Restaurant, ↗ Wirtshaus.

Knie: Erotisches Signal. Beweglichkeit oder Starrheit des eigenen Standpunktes. Unbeugsamkeit und Stolz oder Demut. (Das Knie entspricht als Körperteil astrologisch der Qualität des Steinbocks.) Die Knieverletzung stellt einen häufigen Hindernistraum dar. Sie kommt oft im Alptraum, besonders in Fluchtsituationen, vor.

Knöchel: Der Knöchel steht für unsere Beweglichkeit im Alltagsleben.

Knochen: Lebenserfahrung, das geistig-seelische Gerüst des Lebens, allerdings auch »Verknöcherung«.
Volkstümlich: häufig Armut, beim Skelett Tod oder Reichtum.

Knochenbruch: Verweist auf Befürchtungen, daß die Lebenserfahrung nicht mehr trägt. Ein Warnsignal bei Überbelastungen aller Art.

Knochenmark: Das Knochenmark symbolisiert im Traum oft die Essenz einer Sache.

Knolle: Kräfte haben sich angesammelt, die jetzt zur Entwicklung genutzt werden müssen, ähnlich wie bei ↗ Knospe.
Penissymbol nach Freud. ↗ Kartoffel.

Knopf: Die Knöpfe zeigen wie die Kleidung meist psychische Einstellungen der Gesellschaft gegenüber. Sie halten etwas zusammen, schließen etwas, das sonst offenstünde. Sind Sie bis zum Hals zugeknöpft oder nicht?

Knospe: Verweist auf Kräfte, die zur eigenen Entwicklung genutzt werden wollen ebenso wie ↗ Knolle. Vgl. Blume, Frucht.

Knoten: Symbolisiert Verwicklung, unlösbare Probleme und Verstrickung. Warnt vor innerlichen (emotionalen) Verknotungen.
Lösen des Knotens: Ende der Verwicklung (gordischer Knoten).

Knüppel: Verweisen stets auf Schwierigkeiten und Hindernisse.

Kochen: Wandlung und psychische Entwicklung genau wie bei ↗Küche. Kann auch auf innerliches Kochen im Sinne eines Aggressionsstaus verweisen. Auf der anderen Seite bedeutet Kochen auch ein Gar- und somit im übertragenen Sinne ein Reifmachen. Es verweist im Traum oft auf einen Reifungsprozeß des/der Träumenden.
Was wird gekocht? Was soll zubereitet werden?

Köchin: Die Gegenmutter, die nicht erziehen und bisweilen strafen muß, sondern die Frau, dic einem nur zugeneigt ist und die den Jungen (oder auch das Mädchen) verwöhnt, aber nicht erzieht (Wilhelm Busch: »Ein jeder Jüngling hat nun mal/Den Hang zum Küchenpersonal.«). Zum anderen zeigt sich in diesem Traumbild die innere weibliche Kraft der Umwandlung; ↗Kochen, ↗Kessel.

Kochkurs: Man möchte seine Häuslichkeit verbessern, meist Gegensatz zu Symbolen wie ↗Kochen, ↗Braten, ↗Abendessen etc.

Koffer: Gefäß, Gepäck. Lasten und Probleme, die man mit sich herumschleppt, aber auch ein Reservoir an Fähigkeiten und Talenten. Es kommt hier sehr darauf an, wie schwer der Koffer wiegt. Schwere Koffer symbolisieren meist ungelöste Aufgaben, ungenutzte Talente und ähnliche Belastungen. Leichte Koffer verbildlichen oft Talente und Fähigkeiten, die angewandt werden.
Nach Freud der weibliche Körper wie auch ↗Ofen.

Kohl: Verweis auf einfache Nahrung (für Körper, Geist und Seele). Volkstümlich: Gesundheit und langes Leben.

Kohle: Energie, die aus dem Unbewußten kommt. Als Brennstoff verweist sie auf Leidenschaft.
Bekanntes Symbol für Geld.
Bei Freud ein Symbol der Trieb- bzw. Lebensenergie (Libidosymbol), für Jung ein alchemistisches Symbol der Wandlung, da die Kohle sich im Prozeß des Verbrennens in Wärme und Asche verwandelt.

Kokon: Der Kokon steht im Traum wie in der allgemeinen Symbolik für Rückzug und Isolation, die beide wichtig für eine Wandlung sind.

Kolben: Man braucht keineswegs Psychoanalytiker zu sein, um im Kolben ein Sexualsymbol zu sehen. Ferner symbolisiert er jede Übertragung von Kraft.

Kolik: Eine Kolik im Traum mag vor gesundheitlichen Problemen warnen, zumindest spricht sie eine ungesunde Spannung an.

Kollege: Der Kollege ist meistens subjektstufig als unser Alter ego, das andere Ich, zu deuten.

Komet: Ein besonderes Ereignis, dieses Traumbild besitzt immer Hinweischarakter. Der Komet kann auch auf den eigenen Aufstieg verweisen. Stern. Volkstümlich: Erfolg.

Kommunikation: Kommunikation im Traum bedeutet stets, daß sich die unterschiedlichen Ichs in Ihnen unterhalten. Jede Meinung, die kommuniziert wird, ist der Ausdruck einer Seite von Ihnen.

Kommunikationstechnik: Gibt es im Traum Schwierigkeiten mit der Kommunikationstechnik, ist das als Hinweis auf eine gestörte Kommunikation zu sehen. Ansonsten verweist dieses Traumsymbol auf die Erleichterung der Kommunikation, die allerdings unpersönlich ist.

Kompaß: Zielgerichtetes Denken und Handeln. Welchen Kurs wollen Sie in Ihrem Leben einschlagen? Oftmals stellt sich hier die Aufgabe der Neuorientierung des eigenen Lebens. Aber mit dem Kompaß werden Sie Ihren Weg sicher finden. Sie können also in die eigene Kraft und auf Ihr Schicksal vertrauen.

Konditorei: Ort der Entspannung und des Genusses. ↗ Naschen, ↗ Eingemachtes.

Kondom: Ein Kondom im Traum zeigt eine Angst vor Schwangerschaft oder eine gehemmte Zeugungsfähigkeit (in jeder Hinsicht) an.

Konfekt: ↗ Süßigkeit. ↗ Vergnügen, ↗ Gewinn.

Konfetti: Spaß, Ausgelassenheit. Fortsetzung eines archaischen Regen- und Fruchtbarkeitszaubers. Volkstümlich: Enttäuschung.

König/-in: Geliebte(r) und archetypisches Vater-/Muttersymbol (Landesvater und Landesmutter), Vater-/Mutterabhängigkeit und immer auch der/die Träumende selbst. Symbolisiert die eigene Überhöhung aus einem Minderwertigkeitsgefühl heraus oder auch wichtige Selbstideale. Errettung oder Verderben.
Der König und die Königin verbildlichen nach Alexander Mitscherlich den Großen Vater bzw. die Große Mutter. Der große Vater ist dabei ein Symbol des wachen und hohen Bewußtseins. Man steht aufmerksam in der Welt. Diese Bewußtheit wird beim Traumbild des Königs fast immer gefordert. Und zu dieser Bewußtheit gehört die Fähigkeit zur Selbstbestimmung und Selbstkontrolle (man kann sich selbst regieren).
Im Märchen wie im Traum geht das Ich meistens vom königlichen Ursprung aus, von dem es dann ge-

trennt wird, um seine Abenteuer in der Welt zu bestehen. Der König oder königliche Ursprung bedeutet in diesem Zusammenhang Vollständigkeit und Ganzheit.
Die Große Mutter, die im Traum als die Königin symbolisiert wird, stellt immer ein Bild der Ganzheit dar. Sie drückt letztendlich die alles integrierende Kraft der Natur aus. Ferner wird im Bild der Königin auch die fruchtbare Mutter (mater naturae) im Träumenden selbst angesprochen. Darin liegt ein Hinweis auf die eigenen Fähigkeiten, sich selbst zu erziehen und aufzuziehen, sich selbst Heimat zu sein.

Konkurs: Warntraum. Man sollte anders mit seinen Energien umgehen. Sehnsucht nach der Offenbarung der Wahrheit (sich selbst und/oder anderen gegenüber).

Konserve: Die Konserve symbolisiert das tief oder lange Verdrängte. Konserven sollten im Traum geöffnet werden. Auf der anderen Seite kann die Konserve auf unsere Energiereserven verweisen.

Konto: Bei der Deutung des Traumbilds »Konto« ist der Kontostand wesentlich: Ein positiver Kontostand verweist auf ein hohes Energieniveau, das Ihnen zur Verfügung steht. Ein niedriger Kontostand auf einen Energiemangel.

Kontrabaß: Wie alle ↗ Musikinstrumente ist der Kontrabaß ein Symbol der Harmonie.

Kontrollverlust: Kontrollverlust tritt oft im Traum auf. Typisch sind Traumsituationen, in denen jemand beispielsweise ein ↗ Auto fährt und sich einer scharfen ↗ Kurve nähert, jedoch nicht abbremsen kann. Er findet die ↗ Bremsen nicht, oder die Bremsen funktionieren nicht – kurzum, er kann nicht langsamer werden, oftmals beschleunigt er noch. Er hat die Kontrolle über den Prozeß, in dem er sich gerade befindet, verloren. In diesem Fall muß er nicht nur im Traum, sondern auch in seinem Leben wieder die Kontrolle erlangen.
Welche Situationen hier symbolisch angesprochen werden, wird dem Träumer bekannt sein. Ist das jedoch nicht der Fall, sollte der Traum im Detail daraufhin untersucht werden, ob er Hinweise auf das Gebiet gibt, in dem man den Kontrollverlust erleidet.

Konzert (Orchester): Sehnsucht nach Harmonie, denn beim Konzert wird aus vielen Stimmen ein harmonisches Ganzes erzeugt, und genauso mag sich aus vielen Erfahrungen ein harmonisches Leben zusammensetzen. Meistens sehnen Sie sich nach einem reicheren, stimmungsvolleren und erfüllteren Leben, wenn Sie von einem Orchester träumen. Spielen Sie mit, und üben Sie das Dirigieren.

Kopf: Bewußtsein, Kapital des Menschen. Verstand und Vernunft. Der Kopf möchte fast immer herrschen, und Sie sollten sich fragen, ob Sie entweder Ihre Intellektualität unterdrücken oder ob Sie diese einseitig auf Kosten der anderen Funktionen wie Emotionalität und Körperlichkeit ausleben. Oder wollen Sie mit »dem Kopf durch die Wand«? (Astrologisch stellt der Kopf ein Widder-Symbol dar.) Ist es angesagt, Ihren Kopf zu verlieren, oder sollten Sie dies tunlichst vermeiden?
Die altindische Traumdeutung spricht von Herrschaftsansprüchen. Nach Freud Symbol der Männlichkeit, bei Jung archetypisches Symbol des Selbst.

Kopfbedeckung: ↗ Hut, ↗ Kappe. Jede Kopfbedeckung deutet auf die Persönlichkeit des Träumers hin. Bei besonderen Kopfbedeckungen ist auf deren spezielle Symbolik zu achten – zum Beispiel bei Bäcker- oder Matrosenmütze, Feuerwehrhelm, Pickelhaube und ↗ Zylinder.

Kopfkissen: ↗ Kissen, ↗ Kopf.

Koralle: Symbol der Schönheit des Lebens. Und da die Koralle ein Wasser-Wesen ist, wird hier auf das Gefühl verwiesen. Nutzen Sie Ihr Gefühl als Schlüssel zu einem schönen Leben!
Volkstümlich: Rückkehr eines Liebhabers.

Korb: ↗ Gefäß. Herzlichkeit und Ehe.
»Jemandem einen Korb geben«: sich auf keine Beziehung einlassen. Wichtig ist der Inhalt des Korbs. Der Korb wird symbolisch mit dem Element Erde verbunden, wie der Kelch mit dem Wasser. So hängt das Bild des Korbes meist mit Ihrer Erdung zusammen, und Sie sollten sich fragen, wie Sie mit Ihrem alltäglichen Leben zurechtkommen. Liegt hier ein Grund zur Unzufriedenheit? Oder möchten Sie »der Hahn im Korb« sein, d.h. sehnen Sie sich nach Geborgenheit und mehr Anerkennung?
Der Psychoanalyse zufolge weibliches Geschlechtsorgan im Männertraum.

Korken: Entkorken bedeutet meist Beischlaf oder zumindest Ejakulation. Der Korkenzieher steht meist für den Penis.

Korkenzieher: Da die Flasche mit ihm geöffnet wird, stellt sich die Frage nach der eigenen Offenheit. Psychoanalyse: Der Korkenzieher steht meist für den Penis.

Kornfeld: Lebensaufgabe, Fruchtbarkeit und Erfolg. ↗ Getreide, ↗ Feld. Vgl. die Allegorie vom

Weizenkorn, das sterben muß, um hundertfache Frucht zu tragen. ↗ Saat, ↗ Ernte.

Kornkreis: Dieses moderne Traumbild tritt dann auf, wenn man sich in einer aussichtslosen Situation befindet und auf Rettung von außen hofft. Oft ist es ein Hinweis auf eine notwendige stärkere Erdung. Ferner kann es einen Hinweis beinhalten, das »Gesicht der Erde« zu gestalten und d.h. die eigene Persönlichkeit einzusetzen und nützlich zu machen.

Körper: Den eigenen Körper im Traum zu sehen, symbolisiert einen Hang zum Narzißmus, eine Selbstverliebtheit. Oder man hat den Kontakt zu seinem eigenen Körper verloren, und der vergessene Körper meldet sich wieder im Traum.

Körperhaltung: Auch im Traum ist jede Körperhaltung der Ausdruck eines bestimmten Gefühls.

Körperpflege: Die Körperpflege, die Sie im Traum betreiben, ist immer als Seelenpflege anzusehen. Was sich im Traum äußerlich in Szene setzt, deutet auf etwas Innerliches, und das ist in diesem Fall die Kultivierung des Gefühls.

Korpulenz: Korpulenz zeigt im Traum stets fehlende Disziplin an. Sie kann das Schattensymbol eines dünnen Menschen sein.
Psychoanalyse: In Freuds Familie galt Korpulenz als Symbol des Ekels. ↗ Dick.

Korridor: ↗ Flur.

Korsett: Entweder Symbol der Einengung – besonders im Frauentraum – oder der Erotik – besonders im Männertraum. Das Korsett kann aber auch Struktur oder Eitelkeit bedeuten.

Kosmetik: Weist auf Verbesserung des eigenen Bildes und auf Eitelkeit hin. Im Traum oft ein Hinweis auf zuviel oder zuwenig Seelenpflege.

Kosmische Träume: Träume von fremdartigen kosmischen Erscheinungen – Feuer regnet vom Himmel, Kometen etc. Wenn im Altertum Menschen solche Träume hatten, zeigten sie diese in Athen dem Areopag und im Rom dem Senat an. Meist wird nach Jung der Träumer durch solche Träume auf eine kollektive Rolle vorbereitet.

Kostümierung: ↗ Verkleidung. Sie sollten – zumindest ab und an – eine andere Rolle spielen. Bedeutsam ist, als was man sich verkleidet.

Kot: ↗ Urin. Kot- und Toilettenträume signalisieren häufig die Scham vor dem Selbst, vor Aggres-

sion und Sexualität. Der Träumer lernt, zu sich und seinen Lebensäußerungen zu stehen.
Kot symbolisiert das eigene Produkt, das aus dem tiefsten Inneren kommt. Er spricht Loslassen und die Verwandlung an – das heißt die Nutzung des Schattens zur eigenen Fortentwicklung. Dem Kot wurde schon immer eine wachstumsfördernde Kraft zugesprochen. Kot und Urin sind die eigenen Produkte und somit Symbole nicht nur für unsere Taten, sondern auch für uns selbst. Zum anderen werden in unserer Gesellschaft Fäkalien geradezu mit einem Tabu belegt, teilweise sogar verteufelt. Ihre Einstellung zum Kot im Traum läßt Rückschlüsse auf Ihre Analfixierung zu, d.h., wie Sie zu Sauberkeit und Ordnung stehen.
Psychoanalytisch: Der Kot deutet auf Probleme in der analen Phase hin, die noch heute wirken.
Volkstümliche Traumdeutung: Menschlicher Kot bedeutet in Ahnlehnung an die alchemistische Symbolik Reichtum. Tierischer Kot warnt dagegen vor Erkrankungen.

Kraft: Symbolisiert Glück und Gesundheit oder macht auf Schwächen aufmerksam. Wichtig ist hier zu beachten, auf welcher Ebene sich diese Kraft ausdrückt: auf der des Willens, des Herzens, der Seele, des Geistes, des Körpers oder der Persönlichkeit.

Kragen: Ordnung, Gepflegtheit und Aufstieg.

Krähe: Symbolisiert Unglück oder Tod wegen der schwarzen Farbe, Finsternis. Kann auch eine als aggressiv empfundene Frau symbolisieren.
Frühchristliches Symbol der Treue (Physiologus). ↗ Vogel.

Krake: Der Krake kann als Symbol von etwas angesehen werden, das einen beherrscht und umklammert wie z.B. ein Partner, ein Elternteil oder der Beruf. Er versucht, speziell im Alptraum, den Träumer mit aller Kraft hinabzuziehen und zu zerstören.
Dieses verbreitete Traumsymbol tritt häufig im Zusammenhang mit der Traumsituation des ↗ Ertrinkens auf.

Krampf: Krämpfe als Traumbild verweisen auf Ihre fehlende Gelassenheit im alltäglichen Leben.

Kran: Sich an etwas erinnern, etwas wiederfinden, Altes heben und abladen.

Krank: Tritt eine kranke Person im Traum auf, symbolisiert sie erwartungsgemäß ein erkranktes Ich des Träumers. Zunächst betrachtet man die symbolische Bedeutung des erkrankten Körperteils. Ist ein Mann oder eine Frau krank? Die Beantwortung dieser Frage zeigt

Ihnen, ob Sie Ihre männliche oder weibliche Seite zur Minderwertigkeit verdammen.
Es mag aber auch sein, daß Sie sich zu sehr um Ihre Gesundheit kümmern und überall Krankheiten wittern.

Krankenhaus: Hilfsbedürftigkeit in seelischer Not. In selteneren Fällen auch ein Zeichen, daß man sich gegen eine kränkende Art von Hilfeleistung wehrt. Das Krankenhaus symbolisiert oft den Träumer selbst.
Sind Sie selbst der oder die Kranke, gibt die Art der Krankheit Aufschluß über eine Störung. Sind Sie der Arzt, wird Ihre Helferrolle angesprochen. Nach Jung der Ort, an dem man gepflegt wird. Er stellt ein Muttersymbol dar.

Krankenschwester: Weiblich- und Mütterlichkeit. Man braucht entweder Hilfe oder will sich nicht helfen lassen.
Volkstümlich: bestes Omen.

Krankheit: Innerpersönliche Auseinandersetzung, die auf erhöhten Selbstschutz oder auf eine Selbstverletzung verweist. Ein solcher Traum sollte genau betrachtet werden, da er zur Diagnose der Befindlichkeit des Träumers wesentliche Aussagen machen kann. Für die Symbolik der einzelnen Krankheit möchte ich auf das Buch Dethlefsen/Dahlke »Krankheit als Weg« verweisen.

Kranz: Enttäuschung, weibliches Sexualsymbol, Ende einer Beziehung. Als Sieger- und Totenkranz drückt er die Reife und Vollendung einer Aufgabe aus. Man sollte sich hier fragen, was man in seinem Leben erreichen möchte.

Krater: ↗Vulkan. Der Krater ist ein bekanntes Symbol für einen früheren aggressiven Ausbruch. Er kann eine Verletzung anzeigen.

Kratzen: Tritt im Traum oft nur im Alptraum als Bedrohung auf.

Kraut: Mit dem Kraut ist nach Jung immer die Heilung mitgedacht. Das Wunderkraut spielt schon im Gilgamesch-Epos eine große Rolle (als Gilgamesch in Todesangst fällt), es ist das alchemistische Elixier, das Allheilmittel.

Krawatte: Betonung der Männlichkeit. Entweder ein Hinweis auf zuviel oder zuwenig Eitelkeit, oder der Knoten am Hals verweist auf Selbstbeherrschung. Oft auch ein phallisches Symbol: vgl. den Brauch im Rheinland, an Weiberfastnacht die Krawatten der Männer abzuschneiden.

Krebs: Oft mit Krankheitsangst verbunden. Seltener in der astrologischen Bedeutung als Symbol des

Gefühlslebens. Wichtig ist hierbei der Krebsgang: Man geht nicht direkt und gerade auf sein Ziel zu, sondern nähert sich ihm seitlich. Gilt volkstümlich als Unglücks- und Todesbote. Krankheit. Positive Bedeutung: Uralte Instinkte und sonst eher verborgene, seltene Gefühle (Wünsche und Ängste) werden in Gestalt des Krebstieres sichtbar und lassen sich nun im einzelnen erkennen. ↗ Skorpion, ↗ Fische.

Kredit: Ein Kredit symbolisiert die Möglichkeiten, die einem zur Verfügung stehen. Auf der Subjektebene steht der Kredit für Energien, die wir von anderen erhalten – aber auch wieder zurückgeben müssen.

Kreide: Verweist meistens auf Schule und Lernen. Auch: »In der Kreide stehen«, d.h. etwas schulden.

Kreis: ↗ Kugel, ↗ Oroboros, ↗ Kranz. Ganzheitssymbol, Abwehrzauber: Was sich im Kreis im Traum abspielt, hat besondere Bedeutung. Geister und Dämonen bewegen sich immer in gerader Linie fort, deswegen bieten der Kreis und alles Runde Schutz. Es heißt auch, daß der Teufel in den Ecken sitzt und in runden Räumen sich nicht aufhalten kann. Rundes und Kreis bedeuten immer Vollkommenheit und Abrundung.

Im alten Griechenland symbolisiert der Kreis ohne Anfang und Ende die Ewigkeit wie der Ring. In der Alchemie wird der Stein der Weisen (lapis philosophorum) als rund vorgestellt, und in der buddhistischen Meditation heißt es: sei rund und rund.

Nach Jung Archetyp des Mandalas (vgl. Zirkelgleichnis des Hl. Augustinus: »Gott ist ein Kreis, dessen Zentrum überall, dessen Peripherie nirgends ist.«), der darauf hinweist, daß man sich auf dem Initiationsweg zu sich selbst befindet. Das Runde ist für Jung eine primäre Vision, es stellt das älteste Symbol der Menschheit dar, das man zumeist als Sonnenrad deuten kann. Ignatius v. Loyola erzählt in seiner Biographie, daß er des öfteren Visionen von einem goldenen Kreis und einer goldenen Kugel gehabt habe; das habe ihn mit einem köstlichen Gefühl erfüllt. Auch Martin Buber spricht in seinen »Ekstatischen Konfessionen« über das Symbol des Runden bzw. des Kreises, ähnliche Vorstellungen bei Hildegard v. Bingen und anderen Mystikern.

Ganz selten schwingt hier auch eine negative Bedeutung mit, dann ist der ewige Kreislauf des Immer-Gleichen gemeint, die tägliche Routine und die ewigen (neurotischen) Wiederholungen. Freud charakterisierte die Neurose zu recht als Zwang zur Wiederholung einer bestimmten Handlung oder

Einstellung. Dieses Sich-im-Kreise-Drehen kann hier angedeutet sein, mit dem Hinweis darauf, daß dieser Teufelskreis um des eigenen Glückes willen durchbrochen werden muß.

Kreisel: Drehen Sie sich im Kreis? Verweist auf Kindertage und Tanz.

Kreuz: Richtungs- und Ordnungssymbol.
Kommt in folgenden klassischen Träumen vor: Traum vom Kreuz aus dem Codex Vercelli (10. Jahrhundert), dort als Siegeskreuz und Kreuz des Lobs und Ruhmes Gottes. Auch im Traum Kaiser Konstantin des Großen (um 375) tritt das Kreuz als Siegeszeichen des Christentums auf.
Nach Jung Symbol der Qualen; bei Artemidor günstiges Zeichen für den, der eine Seefahrt unternehmen will, da das Schiff aus Holz besteht und der Mast auch ein Kreuz bildet, für nichtseefahrende Menschen allerdings Unglückszeichen.

Kreuzung: Hier wird immer eine Entscheidung oder Verbindung von Alternativen angesprochen. Wie sehen die verschiedenen Wege aus und wo führen sie hin?

Kriechen: Das Kriechen verweist im Traum wie im Leben meistens auf ein unterwürfiges Verhalten. Außerdem spricht es an, daß man nur langsam vorankommt.

Kriechtiere: Alle Kriechtiere verkörpern unsere Erdung.

Krieg: Reale Kriegsangst. Außerdem: Auseinandersetzung mit verschiedenen Seiten der Persönlichkeit, innere Zerrissenheit. Dieses Traumbild weist auf eine anstehende Auseinandersetzung mit den eigenen Aggressionen hin. Prüfen Sie sich, ob Sie entweder zu aggressiv sind oder ob Sie Ihre Aggressionen direkter ausdrücken sollten.

Kriminalbeamter: Er symbolisiert entweder unser Über-Ich oder zweifelhafte Methoden.

Kriminalroman: Ein Kriminalroman im Traum verweist auf die (fehlenden) Spannungen in unserem Leben.

Kristall: Harmonie und Klarheit. ↗ Glas, ↗ Diamant, ↗ Mandala und ↗ Stern.

Krokodil: Wollen Sie jemanden verschlingen, oder vereinnahmen Sie zuviel? Drache, Dinosaurier.

Krokus: Neues Leben steigt hoch. Volkstümlich: Glück.

Krone: ↗ Hut. Symbolisiert Macht, Ansehen und Einfluß. Deutet auf eine hohe Bewußtseinsebene hin, die in der Yoga-Philosophie durch das Kronen-Chakra

(Sahasrara) ausgedrückt wird. ↗König, ↗Kopf.
Die Krone aus Stroh bildet seit dem Mittelalter ein verbreitetes Bild der Vergänglichkeit, das noch heute in der Traumsymbolik fortlebt. Diese Krone aus Stroh deutet auch auf die Ernte hin, d.h., daß die bisherigen Erfahrungen nun genutzt werden können.

Kröte: ↗Frosch.

Krücke: Lebensangst, Hemmungen und sowohl das Erleiden von Minderwertigkeitsgefühlen als auch die Erlösung von ihnen. ↗Invalide, ↗Brücke.

Krug: ↗Gefäß. Symbol für das seelische Fassungsvermögen, das in sich Freude, Trauer, Tränen, Erfüllung usw. aufnimmt. Weibliches Sexualsymbol, Erotik. Wichtig ist, womit der Krug gefüllt ist. ↗Kelch. Ein voller Krug: Fülle; ein zerbrochener Krug: Verlust.

Krumm: Alles, was im Traum krumm ist, möchte unsere Geradlinigkeit ansprechen. Es mag Sie vor »krummen Wegen« warnen.

Krüppel: Seelische oder geistige Behinderung. In diesem Traumbild wird ein wichtiger Teil des (kollektiven) Schattens ausgedrückt Die eigene Schwäche und Hilfsbedürftigkeit wird einem vorgestellt. Dieses Traumbild tritt oft auf, wenn man sich zu stark fühlt und zur Überheblichkeit neigt. Häufig mit der Aufforderung, (mehr) Verantwortung, Mitgefühl und Hilfsbereitschaft einzusetzen. Ferner ist das Bild des Krüppels auch mit dem des Bettlers verbunden, das sowohl auf Demut verweist als auch auf Gier und Haben-Wollen. ↗Krankheit, ↗Krücke.
Volkstümlich: Warnung vor Unfreundlichkeit.

Küche: ↗Haus. Bezug zur Hausfrau. Umwandlung und Verwandlung psychischer Energien.

Kuchen: Belohnung, Nahrung als Liebeszuwendung, die man bekommt oder gibt. Seelische und geistige Bedürfnisse.

Kugel: Kreis. Vollständigkeit und Ganzheit. Die Dynamik der Psyche, die die Gegensätze harmonisch vereinigt. Symbol der allrunden kosmischen Seele. Man befindet sich auf seinem Individuationsweg und kann viele Dimensionen überblicken.
Die gläserne Kugel (Hohlkugel) gilt wie die Seifenblase seit dem Mittelalter als Symbol der Vergänglichkeit. Die massive Glaskugel ist als Symbol der Allwissenheit zu sehen oder als deren Vorspiegelung.

Kuh: ↗Milch. Muttersymbol. Tritt ganz selten in Männerträumen auf, nur bei starker Mutterbindung. Mageres oder fruchtbares Jahr (vgl. Traum des Pharao von den sieben mageren und sieben fetten Jahren, den Joseph deutete). Die Erde selbst wird bei den Indern als Kuh gedacht, bei den Ägyptern ist der Himmel die Kuh (Hathor).

Kühlschrank: Das Wegstecken von Triebkräften, Verdrängung, Kälte und Distanz. Was wollen Sie konservieren? Oder drückt sich hiermit ein Bedürfnis nach »Coolheit« und Klarheit aus?

Kulturbeutel: Spielt der Kulturbeutel im Traum eine Rolle, sollen Sie entweder darauf verwiesen werden, daß Ihre Kultur – und damit ist jede Art der Kultur, von der Körperkultur bis hin zur hochgeistigen Kultur, gemeint – Sie behindert, oder daß Sie mehr Kultur benötigen, um sich zu wandeln.

Kummer: Kummer verweist im Traum auf die Befürchtungen, daß es einem demnächst schlechter gehen könne.

Kunst: ↗ Kunstwerk. Nicht selten spielt Kunst im Traum eine wichtige Rolle. Sie kann den Träumer darauf hinweisen, daß er in einer künstlichen Atmosphäre lebt und sich gekünstelt statt natürlich präsentiert. Auf der anderen Seite deutet Kunst auf unsere Kultivierung hin. Ferner bedeutet Kunst, sich kreativ auszudrücken.

Kunstgalerie: Die Kunstgalerie weist auf das Bedürfnis nach gesellschaftlichem Aufstieg und Zugehörigkeit hin.

Künstler/-in: Bekanntes Symbol des freien und kreativen Lebens.

Kunstseide: ↗ Seide.

Kunststoff: ↗ Plastik.

Kunstwerk: ↗ Kunst. Kunstwerke kommen relativ häufig im Traum vor. Für die Deutung ist hauptsächlich die Aussage oder der Titel des Kunstwerks wesentlich. Aber auch der Stil und die Entstehungszeit können für die Deutung von Belang sein: Barock ist Pathos. Klassische Kunstwerke sprechen unsere Einfachheit und »edle Größe« an. Romantische Kunstwerke verweisen auf unsere Gefühle und unsere Individualität. Der Expressionismus deutet auf unseren Ausdruck, der Impressionismus auf die Sensibilität für den Moment, die Postmoderne darauf, daß alles möglich ist.
Falls Sie sich bei einer Kunstperiode nicht sicher sind, schauen Sie in einem Lexikon nach, was Sie dort über diese Zeit und ihre Ausdrucksmittel finden.

Kupfer: Symbolisiert Erfolg, Venussymbol. Gefühlswärme und Lebensfreude. In seltenen Fällen finden wir hier die Assoziation zu der Drucktechnik (»abkupfern«), was auf Vervielfältigung (im Sinne von vielfältiger werden) verweist.

Kuß: Vereinigung, Verbindung und Glück. Innige Nähe, geistige Kommunikation, man will mit der/dem Geküßten/m näheren Kontakt aufnehmen, vielleicht auch Streit beilegen. Selten ist der Kuß Symbol des Verrats (Judaskuß).

Küste: Es ist Land in Sicht, es wird bald alles besser werden. Die Küste ist die Nahtstelle von Land und Wasser und somit ein Hinweis auf die Verbindung des Körpers mit der Seele.

Kutsche: Persönlichkeits- und Statussymbol. Art der Kutsche? Volkstümlich: Verlust. ↗ Auto, ↗ Chauffeur, ↗ Wagen.

L

Laboratorium: Das Leben wird hier ausprobiert, es wird experimentiert. Dieses Traumbild stellt ein positives Symbol der Gefühlsverarbeitung und allgemein der seelischen Arbeit dar (vgl. auch die »Alchemie des Herzens«). Wie sieht es mit dem Gefühl aus? Ist Ihr Leben zu geplant oder zu technisch-entseelt?
Volkstümlich: Gefahr und Krankheit.

Labyrinth: Mythologisch gesehen ist das Bild des Labyrinths an den griechischen Helden Theseus und seine Geliebte Ariadne gebunden. Um das jungfrauenverschlingende Ungeheuer im Labyrinth von Kreta zu töten, schenkt Ariadne ihrem geliebten Theseus den vielzitierten roten Faden, mit dem er nach der Tötung des Ungeheuers wieder aus dem Labyrinth hinausfindet.
Das Labyrinth symbolisiert den Leib der Erdmutter und die kosmische Ordnung, die jede/r auch in sich selbst herstellen muß. Das ist die Heldentat eines jeden menschlichen Lebensweges. Der Lebensweg ist der Labyrinthgang, der uns in vielen Verschlingungen endlich dem Ziel entgegenführt, wo wir unsere Aufgabe erfüllen können. Hier finden wir unsere Schattenseiten, mit denen wir uns auseinandersetzen müssen. Jeder Labyrinth-Traum fordert Sie auf, gegen Ihr eigenes inneres Ungeheuer zu kämpfen.
Auf der anderen Seite verweist das Bild des Labyrinths auf einen Mutterkomplex: Man kommt nicht von dem Weiblichen los, man verirrt sich in ihm, d.h. das Männliche verliert hier seine Identität, indem es, wie E. Neumann es ausdrückte, in das Weibliche zurückgeschlungen wird, und das Weibliche findet keine eigene Identität, solange es keinen äußeren Zugang zu sich und keinen Weg aus sich selbst heraus findet.
Das Symbol des Labyrinths geht möglicherweise auf die Beobachtung der Sonnen- oder Mondbahn zurück. In der Mitte des Labyrinths wohnt der Tod (der Tiefstand von Sonne und Mond). Nachdem man ihn getroffen hat, geht es wieder aus dem Labyrinth hinaus wie in der Sage von Theseus und Ariadne.
In der modernen Welt wird die Großstadt häufig unter dem Bild des Labyrinths gesehen, es ist der Asphaltdschungel, in dem sich der moderne Mensch leicht verloren und gefangen fühlt. Außerdem schwingt hier das Gefühl mit, daß das ganze Leben so komplex geworden ist, daß man schwerlich seinen Weg finden kann. ↗ Eingemachtes, ↗ Faden, ↗ Drache.

Lachen: Meist in komplementärer Weise zu verstehen: Man ist in schwieriger Situation, in der einem gar nicht zum Lachen zu Mute ist. Das Lachen stellt eine Entspannung dar. Seltener: Ausdruck der Suche nach Unbeschwertheit und geistigem Frieden.

Lachs: Kann ein Phallussymbol sein, verweist jedoch meistens auf die Einstellung des Träumers zu seinem Gefühl (wie bei allen Fischsymbolen). Klangassoziation möglich: »Lachs«, »lax« im Sinne von unentschlossen.
Volkstümlich: Familienkrach.

Laden: Bild des Energieumsatzes. Ein Ort des Tausches. Man möchte bedient werden und das Richtige aussuchen. Können Sie sich selbst bedienen? Selbstbedienung hängt auch mit Selbstversorgung zusammen. Kaufen oder verkaufen Sie? Man will dort nach Jung etwas bekommen, das man nicht besitzt, und muß dafür bezahlen. ↗Kaufmann, ↗Kasse.

Lager: ↗Bett. Vorratslager: Hier ruhen Ihre Kraftreserven, Potentiale und ungenutzten Fähigkeiten. Achten Sie auf den Symbolgehalt der Waren in diesem Lager.

Lähmung: Wirkliche Behinderung bzw. Lähmung des geistigen oder seelischen Bereichs. Ruhebedürfnis. Sollten Sie weniger aktiv sein? ↗Krankheit, ↗Krüppel.

Lama (Würdenträger): Vergeistigung, Archetyp des Weisen.

Lama (spuckendes Tier): Sie sollten sich auch einmal danebenbenehmen.

Lamm: Reinheit, Unschuld, Geduld und Sanftheit. Opfer. Ostern. Das Osterlamm verweist auf einen Neuanfang (Auferstehung).
Volkstümlich: häusliches Glück. Schaf, Widder.

Lampe: Laterne. Solche Bilder kommen öfter im Märchen vor. Dem Helden bzw. Traum-Ich soll ein Licht aufgehen. Ein Problem wird bald durch einen Geistesblitz bzw. Einfall gelöst. Vertrauen Sie auf Ihre eigene Sichtweise!

Landgut: Besitz.

Landkarte: Atlas. Es geht wie bei Kreuzung um Ihre Orientierung im Leben. ↗Lebensplan. ↗Buch.
Nach Freud Darstellung des menschlichen Körpers.

Landschaft: Nicht nur nach Freud Darstellung des menschlichen Körpers.

Landstreicher: Freiheit, Brechung mit starrer Konvention. Wird meist in Situationen sozialen Drucks geträumt.

Langeweile: ↗Schnecke, ↗Zeit, ↗Eile.

Langsam/Langsamkeit: Im Traum tritt häufig die erzwungene Langsamkeit auf. Man will im Traum fliehen und kommt zu langsam voran. Diese erzwungene Langsamkeit macht Träumer und Träumerin darauf aufmerksam, sich der Hetze des Alltagslebens zu entziehen oder sie als Spiegel zu verstehen, falls man tatsächlich zur Langsamkeit neigt.

Lanze: Für jemanden eine Lanze brechen, bedeutet, zu dieser Person zu stehen. Kann aber auch auf sexuelle Spannungen hinweisen und auf religiöse Thematik (Gralsmythos) deuten, wie es die Traumarbeit nach Jung sehen würde. In dieser Sichtweise ist die Lanze, die den Fischerkönig Amphortas im Genitalbereich verletzte, ein Symbol körperlichen und seelischen Leidens. Die Aufgabe des Helden (Parzival) besteht nun darin, angesichts dieses Leidens und der Lanze die Mitleidsfrage zu stellen. Wird dieses Mitleid nicht geübt, dann müssen der König und sein ganzer Hof weiterleiden. Nach Freud wie jede längliche Waffe ein Phallussymbol.

Lärm: Es kann sich um realen Lärm handeln, der im Schlaf an Ihr Ohr drang. Sie wollen vielleicht zuviel Aufmerksamkeit erregen oder finden im Alltag zuwenig Aufmerksamkeit.

Lasso: Es ist bedeutsam, was mit dem Lasso gefangen wird und wer fängt. Das Lasso ist ein Symbol Ihrer Stärke und Bindungskraft. Es steht auch häufig im Traum für Freiheitsverlust.

Last: ↗ Bürde. Sind Sie überfordert? Oder spüren Sie ein Bedürfnis nach Auslastung und geeigneten Aufgaben?

Lastwagen: Sind Sie schwer belastet, oder steuern Sie souverän den LKW? Wichtig ist die Symbolik der Art der Güter, die transportiert werden.

Laterne: Lampe. Symbolisiert das Licht des Bewußtseins, verweist meist auf genauere Betrachtung der Probleme. In seltenen Fällen auch die magnetische Kraft der Liebe. Das Licht in der Dunkelheit zieht Aufmerksamkeit auf sich (wie das Licht die Motten).

Laub: Gefühle und Gedanken des Träumers. Wichtig ist der Zustand der Blätter (welche Jahreszeit?): Grünes Laub heißt Freude, Vergnügen und Wachstum, totes Laub Enttäuschung und Mißerfolg, aber eventuell auch Reife und Einsichten.
Antike Traumdeutung: Freude.

Laufen: Wenn Sie im Traum laufen, kann das entweder darauf verweisen, daß Sie in Hetze sind, oder daß Sie sich mehr sportlich betätigen sollten. Meistens läuft man jedoch im Traum vor etwas weg, das man sich genauer ansehen sollte.

Laus: Mangelhafte Reinlichkeit, Blutsauger wie ↗ Vampir. ↗ Ekel.

Lava: Wichtiges Traumsymbol der inneren psychischen Energien. Unbeherrschte Entladung und Spannung.

Lavendel: Frauensymbolik. Volkstümlich: positives Omen.

Lawine: Die Lawine besitzt oft eine ähnliche Bedeutung wie ↗ Welle und ↗ Ozean. Sie ist Symbol für Spannungsentladung oder für Ohnmachtsgefühle angesichts einer Gefühlslawine: Die Lawine deutet an, wie man von seinen Gefühlen mitgerissen wird und Gefahr läuft, in ihnen zu versinken. Volkstümliche Traumdeutung: ungewöhnliches Glück.

Lebensbaum: Baum. Wachstum des Menschen. Vgl. Rilke: »O, der ich wachsen will, ich seh hinaus, und in mir wächst der Baum.« Verbindung von Himmel und Erde.

Lebensmittel/-vorräte: Angst, zu kurz kommen, Schwierigkeiten und Verarmungsangst wie bei Besitz, Ersparnis, Münze und Falschgeld. Man traut nicht dem, was man hat, oder sichert es ab. Aber auch sinnvoller Überfluß: Man hat weitere Lebensquellen und Energien zur Verfügung.

Leber: Zunächst sollte man klären, ob wirklich organische Beschwerden vorliegen. Unruhe, Reizbarkeit (einem ist eine Laus über die Leber gelaufen). Auch Symbol der Lebenskraft und der eigenen Leistung.

Leck: Aufbrechen der emotionalen Distanz oder Abschottung.

Leder: Symbolisiert Zähigkeit (zäh wie Leder). Aggressive Tendenzen, fetischistische Bedeutung, aber auch weich und glatt wie die Haut und somit ein Symbol der Zärtlichkeit. Lederkleidung: Distanz und Geilheit, aber auch Suche nach Unverletzlichkeit und Sinnlichkeit. Tier.

Lehm: Erdung, Heilung.

Lehrberufe: Symbol des inneren Führers oder der inneren Führerin. Personen mit Lehrberufen sprechen im Traum immer unsere Bildung an. Sind Schullehrer gemeint, dann sind immer eigene Erinnerungen an Jugend und ↗ Schule zu berücksichtigen, die eigenen Erfahrungen mit dem Lernen. Schullehrer werden landläufig als autoritär und besserwisserisch charakterisiert. Davon abzugrenzen ist der Lehrer als innerer Füh-

rer oder innere Führerin. Solche Lehrer symbolisieren eine hilfreiche seelische Funktion, die oft mit einer Sinnsuche zusammenhängt. Innere Führer weihen den Menschen ins Leben ein und entwickeln bei ihm eine bestimmte Reife und Selbstorganisation.
Für eine genauere Deutung ist wichtig, was gelehrt wird. Sind Sie der Schüler, müssen Sie noch einiges lernen. Sind Sie der Lehrer, werden Sie damit aufgefordert, Ihr Wissen weiterzugeben.

Lehrer/-in: Hilfreiche seelische Funktion. Verweist auf Schulzeit. Archetypische Autoritätsfigur. Schlechtes Gewissen. Hängt oft mit Sinnsuche zusammen. Der Lehrer/ die Lehrerin sind fast immer die inneren Führer, die eine/n ins Leben einweihen. Man kann hier auch oft von einem Initiationstraum sprechen. Der innere Führer/die innere Führerin bringt einem eine bestimmte Reife und Selbstorganisation bei. Andererseits Neigung, sich oder andere stets zu belehren statt zu akzeptieren.

Leiche: Mord, Tod, Sterben. Abgestorbener Persönlichkeits- oder Gefühlsteil. Warnsignal: Man schleppt etwas Fremdes (Totes) mit sich herum. Kommt solch ein Traum öfter und dazu noch verbunden mit Angst vor, sollte man einen Therapeuten aufsuchen. Häufiger Traum bei stark unterdrückten Frauen. Auf der anderen Seite kann dieses Traumbild darauf deuten, daß man etwas beenden und loslassen kann.

Leiden: Angst vor Leiden und Krankheit. Solch ein Traum bietet meist konstruktive Hinweise, das Leiden zu beenden.

Leine: Man möchte jemanden an sich binden. Nach Freud Symbol des männlichen Gliedes.

Leinen: Die Farbe ist hier wichtig. Volkstümlich: günstiges Zeichen.

Leinwand: Sinnbild der inneren Leinwand, d.h. der Seele, die ein Spiegel der inneren und äußeren Verhältnisse darstellt. Man sollte sich anschauen, was auf der Bühne des Lebens geschieht.

Leistung: Die Leistungen im Traum sind meistens auf der Objektstufe zu deuten. Es geht um eben diese Leistungen im Leben des Träumenden.

Leiter: Übergangssituation und Entwicklung. Symbol der Verbindung von Unbewußtem (unten) und Bewußtem (oben). Die Jakobsleiter in der Bibel führt in den Himmel. Stehen bei Ihnen neue Aufgaben an?
Auf- oder Abstieg? Anzahl der Sprossen (Zahlensymbolik)? Ei-

nem wird auf der Leiter schwindelig, wenn man zu hoch hinaus will. Leitern hinauf- oder hinabzusteigen, symbolisiert nach Freud wegen des rhythmischen Prozesses den Geschlechtsverkehr. ↗ Treppe, ↗ Karriere, ↗ Absatz.

Leitung (elektrisch): Die Energien des Träumers werden angesprochen.

Leitung (Führung): Aufstiegsmotivation oder Einsamkeit. Es muß das Leben besser geordnet werden. Hier ist fast immer Ihre eigene innere Führung angesprochen oder wie Sie andere führen. Können Sie führen und sich führen lassen?

Leopard: Lebenskraft, Eleganz, Triebenergie. Bei Gefahr durch Leoparden hat man Angst vor erotischer Verstrickung. ↗ Katze.
Volkstümlich: Schwierigkeiten.

Lerche: Singvogel. Guter Überblick, da man emporgestiegen ist; Fröhlichkeit.

Lesbierin: Dieses Symbol hängt davon ab, ob die Träumerin selbst lesbisch ist. Ist dies der Fall, ist hiermit ihr Selbstbild angesprochen. Tauchen bei heterosexuellen Personen Lesbierinnen im Traum auf, wird das wahrscheinlich eine Aufforderung sein, sich eingehender mit seiner weiblichen Seite zu beschäftigen.

Analytische Psychologie: Symbol der Anima.

Lesen: Lesen im Traum weist stets darauf hin, daß Sie sich entweder um mehr Informationen bemühen sollten oder daß Sie zu einseitig in der Welt der Bücher leben.

Leuchter: Mittel zur Erhellung und Bewußtmachung.

Leuchtturm: ↗ Lampe, ↗ Laterne. Hilfreiche Orientierung in schwieriger Situation. Unbewußte Problematik wird ins Bewußte gerückt. Bekanntes Phallussymbol.
Volkstümlich: Glück.

Liebe: Man sehnt sich nach Liebe. Sehnsucht, sowohl lieben zu können als auch geliebt zu werden. Achten Sie besonders darauf, welche Eigenschaften, Gefühle und Umstände im Traum zu der Liebe gehören.

Liebespaar: Ein Liebespaar drückt stets die Sehnsucht nach einer Partnerschaft aus.
Analytische Psychologie: Ein verbreiteter Archetyp des Selbst ist das Liebespaar. Die Verbindung von Frau und Mann symbolisiert die lebendige Ganzheit, die das Selbst prägt.

Liebhaber: Ein Liebhaber im Traum verkörpert unsere Liebesfähigkeit und unsere Liebessehnsucht – sozusagen den inneren Liebhaber.

Licht: ↗Lampe, ↗Laterne, ↗Leuchtturm. Symbol für Bewußtsein (bewußtes Sein), Intellekt, Verstand, Klarheit, Hoffnung und Freude. Es ist ein Sinnbild für die Lebensmitte (wie die Sonne im Zenit), des Seelenfunkens und eines begehrten Objektes. Das Licht bildet ein »Gegensymbol« zu Depression, Zweifel, Dunkelheit und Krankheit. Licht bedeutet schöpferischer Geist. Allerdings darf nicht vergessen werden, daß Licht und Finsternis sowohl einen Gegensatz als auch eine Ergänzung darstellen.
Negative Bedeutung: blendendes, grelles Licht oder verlöschendes Licht.

Lied: Frohsinn. Der Liedtext ist wichtig.

Lift: ↗Aufzug, ↗Fahrstuhl, ↗Leiter, ↗Treppe. Seelische Wandlungsvorgänge, das Bewußtsein und das Niveau verändern sich. Vorsicht vor Abheben aus der Realität.
Fährt Lift nach oben: Aufsteigerbewußtsein, man will hoch hinaus. Fährt Lift schnell nach unten, so daß es einem unangenehm ist: die Angst, sich fallen zu lassen, wie bei ↗Fahrstuhl, ↗Abhang, ↗Abgrund, ↗Falltür und ↗Absturz. Bleibt der Lift stecken: Minderwertigkeitsgefühl oder starke Hemmungen. In diesem Fall ist eine verstärkte Auseinandersetzung mit sich selbst notwendig.

Likör: Entspannung oder Sorgen (W. Busch: »Wer Sorgen hat, hat auch Likör.«).
Volkstümlich: warnt vor Schmeicheleien.

Lila: Farbe an der Grenze des sichtbaren Farbspektrums. Streben nach Erkenntnis und Transzendenz. Symbol der konservativen Geistlichkeit (die adeligen Kardinäle trugen das ganze Mittelalter hindurch lila) als auch der modernen Emanzipation (Modefarbe emanzipierter Frauen); Frauenpower.

Lilie: Symbol der Reinheit, Unschuld und Natürlichkeit, aber auch eines der Macht (Frankreich).

Linde: Baum. Heilung, Kraftort, an dem man Energie tanken kann. Volkstümlich: Romanze (W. v. d. Vogelweide: »Unter der Linden, bei der Heiden ...«).

Links: ↗Rechts. Herzseite, Gefühlsbereich des Träumers, auch dessen weiblicher Aspekt, selten politische Bedeutung.
Nach Steckel das Unrechte, nach Freud das Perverse.

Lippen: Erotische Wünsche, Kommunikation.

Literatur: Literatur verweist fast immer auf Lernen und somit auf Bildung. Für eine genauere Deutung müssen Titel und Inhalt des Werks symbolisch betrachtetet werden.

Loch: Das Loch symbolisiert im Traum die weibliche Sexualität.
Als tiefes Loch wird Verlust, Unsicherheit und Angst vor der Zukunft bezeichnet. Das Loch stellt ferner ein Sinnbild des blinden Flecks dar, jenes Bereichs in uns (und teilweise auch anderen), den wir nicht erkennen können. Letztendlich ist das Loch ein Bild des Ursprungs und des Ziels menschlichen Strebens.

Locke: Verlockung und Jugend.

Lohn: Wie gehen Sie mit Ihren emotionalen Energien um? Bekommen Sie, was Sie wollen?

Lokomotive: Zug. Kollektive psychische Energie, Lebensreise, eingebunden sein in Gesellschaft/ Gemeinschaft. Mit Kraft und Macht treibt man etwas voran oder wird mitgezogen.

Lorbeer: Erfolgs- und Anerkennungsstreben, warnt vor Anerkennungs- und Ruhmsucht.
Volkstümlich: Glück und Geld.

Los: ↗Tombola.
Wenn im Traum Lose gezogen werden, kommt es darauf an, ob Sie gewinnen oder eine Niete gezogen haben. Gewinnen Sie, dann ist das Glück auf Ihrer Seite. Sie gehen mit positivem Schwung an Ihre Unternehmungen heran und werden sie erfolgreich durchführen. Ziehen Sie jedoch eine Niete, sollten Sie sich mit negativen Einstellungen auseinandersetzen.
Sind Sie der Losverkäufer, ist das oft mit der Angst vor einem sozialen Abstieg verbunden.

Lösegeld: Emotionaler Aufwand, um sich von etwas zu befreien.

Lotse: Eine Hilfe auf dem Lebensweg ist wichtig, oder man ist bereit, selbst Führungsaufgaben zu übernehmen.

Lotterie: Dieses Bild warnt vor Risiken jeder Art. Man hat noch Wünsche, schauen Sie sich diese genau an.

Löwe: Der König der Tiere. Wurde oft als Wappentier verwendet: britischer Löwe, Löwe von Juda (vgl. 1. Mose 49, 9), Christus als Löwe (Offenbarung 5, 3). Sinnbild für Geist, Mut, Wachsamkeit und Macht. Wandlungssymbol in der Alchemie, er vereinigt die Essenz des Männlichen und des Weiblichen. Schon in antiker

Traumdeutung Urgewalt der Sonne, da astrologisch das Zeichen des Löwen zur höchsten Sommerhitze herrscht. In Rosenkreuzer-Geschichten muß der Eingeweihte den Löwen bändigen können. Er ist das Feuer der Libido und somit der Lebensenergie. Bändigt man ihn nicht, wird man vom Trieb verschlungen und der Löwe frißt einen. Der Löwe als christliches Symbol steht als Zeichen für die domestizierten Heiden. Im Norden tritt der Bär statt des Löwen auf. Nach frühchristlicher und mittelalterlicher Vorstellung (z.B. Physiologus) verwischt der Löwe mit dem Schwanz seine Spur, so kann er nicht gefunden und gefangen werden. Der Löwe soll auch nach dieser Überlieferung mit offenen Augen schlafen, und wenn die Löwin ein Junges gebiert, ist es tot, bis der Löwe am dritten Tag ihm ins Gesicht bläst. So gilt der Löwe als Symbol der Belebung und Lebenskraft. Gilt in christlichen Sagen als listiges Tier. ↗Drache, ↗Sonne, ↗Herz.
Im Traum »Unterweltsvision eines assyrischen Kronprinzen« (8. bis 7. Jh. v. Chr.) besitzt der böse Geist (Utukku) einen Löwenkopf.

Luft: Symbol des Geistes und der Wachheit. Einsicht, Idee, Vorstellungskräfte und schöpferisches Denken wie auch Gedankenfülle. Leichtigkeit aber auch Warnung: Sei kein »Luftikus« (wie Hans Guck-in-die-Luft aus dem »Struwwelpeter«). Die Luft stellt auch ein Symbol der persönlichen Zukunftsaussichten, Ansichten und Vorstellungen dar.
Dicke, stickige, rauchige und verbrauchte Lüfte haben negative Bedeutung; frische Morgen- oder Frühlingsluft bedeutet Jugend und beschwingtes Gefühl.

Luftballon: ↗Ballon.

Lüge: Symbol des Falschen, oft Ausdruck schlechten Gewissens, man spielt eine Doppelrolle, ist falsch und unehrlich. Wenn man jedoch eine Lüge im Traum entdeckt (auch seine eigene), dann besitzt man Erkenntnis und hat eine wichtige Einsicht erlangt. Ferner sollten Sie sich über Ihre Fähigkeit zur Selbstkritik freuen.

Lumpen: Ausstiegswünsche oder Verarmungsängste wie bei ↗Almosen, ↗Asyl, ↗Armut und ↗Bettler. Aber auch romantische Lust an Schlampigkeit und dem Brechen mit allen Konventionen. Protest gegen Leistung und Selbstdarstellung.

Lunge: Wie bei ↗Käfig und ↗Fahrstuhl (Lift) ist es einem zu eng, man braucht mehr Raum und Luft. Symbol der Stärke, die man aus geistigen Energien, klaren Gedanken und persönlicher Urteilskraft gewonnen hat.

Luxus: Wenn Sie im Traum großen Luxus erleben, ist das eine Aufforderung, sich mit Ihren Bedürfnissen zu beschäftigen. Meistens spricht aus diesem Traumbild eine Unzufriedenheit. Luxus ist eines der klassischen Themen der Wunschträume.

M

Macht: Das Spiel mit der Macht ist immer auch ein Spiel mit dem ↗ Feuer. Dieses Traumbild verweist oftmals auf Ihre feurigen Lebensenergien. Es geht hier um Ihre Kräfte, die Ihnen zur Verfügung stehen, und darum, wie Sie diese Kräfte nutzen. Im Bild der Macht können sich sowohl Ihr Schatten als auch Ihre Stärken zeigen.
Wie gehen Sie mit Ihrer Macht um? Setzen Sie diese gegen andere ein oder wird die Macht gegen Sie eingesetzt? Fühlen Sie sich eher mächtig oder ohnmächtig? ↗ Herrscher/-in.

Mädchen: Oft ein erotischer Traum. Bei Frauen ein Verweis auf deren Mädchenseite oder Kindheit. Meist wird hier die Unbeschwertheit des kindlichen Lebens angesprochen. Häufig ist bei Männern und Frauen die eigene weibliche Seite oder auch die Seele in diesem Bild symbolisiert. Wenn uns unsere Seele als Mädchen im Traum begegnet, weist das zum einen auf die natürliche, lebendige und unschuldige Seite unserer Seele hin, zum anderen auf deren unterentwickelte und kindliche Form. Im Gegensatz zu C. G. Jung bin ich der Ansicht, daß weibliche Wesen auch in Frauenträumen die ANIMA, d.h. die Seele der Frau anzeigen. Jung nahm an, daß dies nur im Männertraum der Fall sei.

Made: ↗ Gier und ↗ Faulheit.

Volkstümlich: häuslicher Unfrieden.

Madonna: »Meine Herrin«, die große Frau. Erlösung von Leiden, Schuld und Schmerzen. Selbstüberhöhung oder Selbstverleugnung. Auch Sexualsymbol und Symbol selbständiger und unabhängiger Weiblichkeit. Die Madonna kann als Traumbild allerdings auch auf die Sexualverdrängung, ein schlechtes Gewissen wegen der eigenen Sexualität und eine negative Einstellung zur eigenen Weiblichkeit verweisen.

Magen/Magenleiden: Zunächst ist zu klären, ob körperliche Symptome vorliegen.
Verdauungs- und Verarbeitungsmöglichkeit, Aufnahmebereitschaft, geistige und seelische Nahrungsverarbeitung. Ein voller Magen weist auf zuviele Eindrücke und Konsum hin, ein leerer Magen auf Gier, man fühlt sich zu kurz gekommen.

Magnet: Starke Anziehungskraft und persönlicher Erfolg. Bisweilen Symbol der eigenen Mitte, der Liebe und des/der Geliebten. Achten Sie darauf, was Sie fasziniert und anzieht. Nach G. I. Gurdjieff geht gerade von diesen Sie magnetisierenden Kräften eine große Gefahr aus.

Mahlzeit: Man bekommt psychische und seelische Energie. Wichtig sind die Speisen, die gegessen werden, sie symbolisieren die Art der Energie.

Mai: Jugend, Erotik und Wachstum. Produktive Zeit und günstige Aussichten.
Volkstümlich: schlechtes Omen.

Maikäfer: ↗ Käfer, ↗ Mai. Vgl. Peterchens Mondfahrt: Dort ist der Maikäfer das Symbol der Sehnsucht und der Hervorbringung des Verlorenen und Verborgenen.

Maiskolben: Phallussymbol.

Maler/-in: Kreativität und Schönheitssinn.
Volkstümlich: Glück.

Mandala: Ganzheitssymbol, das uns hilft, uns zu zentrieren. Zeigt persönliche Entwicklung an (vgl. hierzu genauer Jung, C. G.: Gesammelte Werke 9/I, Olten, Freiburg 1976).

Mandel: Erotisches Symbol. Bittere Mandeln: Enttäuschung; süße Mandeln: Glück.

Mangel: Eine Situation des Mangels im Traum weist häufig auf die Gier des Träumers oder der Träumerin hin. Sie fühlen sich zu kurz gekommen und unbefriedigt.

Mann: Begleiter. Bei Frauen oft Verweis auf Vaterfigur oder Ich-Ideal. Ein unbekannter Mann bedeutet in Männerträumen die eigene unbekannte Seite, den Schatten; ein älterer Mann die Vaterfigur bei Mann und Frau oder die Person des Träumers selbst; ein nackter Mann Offenheit.

Manöver: Dieses Traumbild verweist auf unsere taktischen Überlegungen im Leben. Dabei schwingt stets eine aggressive Seite mit.

Mansarde: ↗ Armut, ↗ Überblick, ↗ Aufstieg.

Mantel: ↗ Schutz, ↗ Abwehr und ↗ Abschirmung. Die Art des Mantels zeigt Art des Schutzes.
Mantel wie Überzieher nach Freud Symbol für Kondom oder Symbol des Genitals.

Maria: ↗ Jungfrau, ↗ Madonna.

Marionette/Marionettenspieler: Damit wird Ihr Nervensystem angesprochen, das durch die Drähte der Marionette verbildlicht wird. Oft wird der Marionettenspieler im Traumbild nicht direkt gesehen, aber er ist als »Drahtzieher« anwesend und symbolisiert die Kraft, die hinter den Kulissen wirkt. Ein Traumbild, welches Fragen einer (besseren) geistigen und nervlichen Koordination aufwirft. Was treibt und zieht Sie? Wohin?

Markt/Marktplatz: Zeigt soziale Beziehungen des Träumers an. In diesem Bild wird gezeigt, wie man sich zur Außenwelt verhält, welche Vernetzungen und Abhängigkeiten zu ihr bestehen. Öffentlichkeit, Handel, Kontakt, Hektik und Nervosität, wenn der Markt belebt ist. Ein leerer Markt weist auf Einsamkeit.
Evtl. auch Spiegelbild der innerpersönlichen Beziehungen oder der persönlichen Wahrnehmung der eigenen Umweltbeziehungen.

Marmelade: Lebensgenuß, das süße Leben. Oder sie verweist auf »das Eingemachte«.

Marmor: Beständigkeit, Luxus, aber auch Härte, Schönheitssinn und Gefühlsarmut bis Frigidität.

Maschine: Fehlende Beseelung der Arbeit, Stumpfsinn. Die Art der Maschine ist wichtig. Ist der Träumer eine Maschine (Roboter)? Auch: Traumbild für die Arbeit, welche die Seele leistet.

Maske: Das, was man der Außenwelt zeigen möchte oder in Wirklichkeit auch darstellen könnte. Schwaches Selbstwertgefühl, Minderwertigkeitskomplex. Verhüllung von Wahrheit.
Spaß, Lust und erotisches Abenteuer. Täuschung, falscher Schein und Verführung. Wenn die Maske im Traum sichtbar wird, ist dies auch ein Zeichen für die Fähigkeit oder die Aufgabe, hinter die Kulissen und Vorwände (auch die eigenen) zu schauen. ↗Vorhang.
Volkstümlich: durchweg negative Bedeutung.

Massage: Genußvolles, erotisches und entspannendes Erlebnis. Im Traum ist mit diesem Bild oft ein Bedürfnis nach mehr Körperkontakt ausgedrückt oder danach, daß man sich »seiner Haut wehren« sollte. Auch: Traumsymbol, das den seelischen Kontakt meint, wenn es den Körperkontakt darstellt.

Massen: Wird häufig bei Angst vor sozialen Kontakten und bei Platzangst geträumt. Das Individuelle braucht und findet seinen Platz gegenüber, aber auch inmitten allem Massenhaften. So stellt sich bei diesem Traumbild einmal die Frage nach Ihrer sozialen Anpassung und zum anderen die nach Ihrer inneren Harmonie zwischen dem Eigenen und dem Angenommenen.
Haben Sie Kontakt mit den Massen oder keinen, werden Sie sozial erdrückt oder auf- und angenommen? Drückt sich ein besonderes Freiheitsbedürfnis durch Ihren Traum aus?

Mast: In der Psychoanalyse immer ein Phallussymbol; volkstümlich: eine weite Reise.

Matratze: ↗Bett. Erotik und Sexualität. Der Ort der Geburt und des Todes.

Matrose: ↗Seemann. Männliche Gefühlsenergien, Abenteuer, kann auch Unreife beim Mann anzeigen.

Mauer: Hindernistraum, Schutz. Man sollte sich mehr öffnen oder mehr abgrenzen.

Maulwurf: (Meist unbewußte) Triebwünsche. Man möchte oder sollte in die Tiefe gehen und sich dort seine heimlichen Triebe und Aggressionen anschauen. Diese Wühltätigkeit des Maulwurfs hängt immer mit Subversion zusammen, und um im Bild zu bleiben sollten Sie sich fragen, was aus Ihren Tiefen aufwühlend in Ihnen wirkt?

Maurer: Aufbauen, Aufforderung, konstruktiv zu sein. ↗Mauer.

Maus: Symbol der Macht und Ohnmacht des Unscheinbaren. Wobei sowohl das Unbedeutende als auch das Un-Scheinbare im Sinne des Wesentlichen hier gemeint sein kann.
Nach Brehm der treueste Begleiter des Menschen, liebenswürdig, neugierig, listig und geschickt, äußerst fruchtbar. Mäuse sind oft »Todeszeichen« (wobei Tod hier im weitesten Sinne als Erledigung und Beendigung von etwas gemeint ist), graue und schwarze Mäuse im Traum deuten auf Unheil. Symbol nagender Gedanken, Gewissensbisse. Wenn Mäuseplage über das Land kommt, ist dies ein schlechtes Omen. Im Faust kommen die Mäuse als Geister vor, die das Pentagramm annagen, das den Teufel bannt (Goethe FAUST, Studierzimmer 1). Die graue Farbe der Maus ist eine Geisterfarbe. Die Maus ist naschhaft, und zur Strafe für Naschhaftigkeit wird man in eine Maus verwandelt.
Die graue und schwarze Maus kann auch im Traum als Symbol des Schattens auftreten, da Grau und Schwarz Schattenfarben sind. Die positive Bedeutung dieses Traumsymbols wird darin deutlich, daß oft Eltern ihre Kinder als »kleine Mäuschen« bezeichnen, und auch der Sprache der Verliebten ist dieser Kosename nicht fremd.
Nach Mohammed »das kleine Sünderlein«, die Ehebrecherin. Dem Hexenmädchen auf dem Blocksberg springt beim Tanz mit Faust eine rote Maus aus dem Mund. Weiße Mäuse sind Kinderseelen und die Seelen der Frommen, aber auch Fieberdämonen. Für Jung ist die Maus ein Seelentier, das Bild einer schwer zu fassenden Realität, die Beziehung zur Sexualität, zur Fruchtbarkeit und zum Teufel bzw. den Hexen hat. Volkstümlich immer erotische Be-

deutung: der Penis, der ins Loch flieht.

Medien: Alle Medien im Traum sprechen unsere Kommunikationsfähigkeit an und unsere Bereitschaft, uns zu informieren – auch über unser Innenleben.

Medikament: ↗ Arznei. Das Medikament ist das, was uns heilt. In den Träumen kranker Menschen wird oft das heilende Medikament gezeigt. Medikamente im Traum stehen grundsätzlich für wichtige Hilfsmittel auf dem Lebensweg.

Medizin: ↗ Arznei.

Meer: (lat. mare = Maria = Mutter) Gefühl, Urkraft, Gewalt, Nahrung und Uranfang. Symbol des kollektiven Unbewußten. Rückschlingung ins Unbewußte nach Erich Neumann. Bedeutet im Traum oft auch nur »mehr«.
Fahrt über das Meer: Kühnheit, Neuanfang an neuen Ufern. Sehnsucht nach Freiheit und Unabhängigkeit.

Meerjungfrau: ↗ Nixe.

Meerschweinchen: Gefühlsfunktion, Sexualität wird verniedlicht, abgewertet und distanziert betrachtet, Anfangsstadium der Entwicklung der emotionalen Funktion.

Mehl: Vermögen und Versorgung. Volkstümlich: schlechtes Omen.

Meister: ↗ Chef.

Melone: Erotisches Symbol, Liebesglück.

Menschen: Menschen im Traum personifizieren weitgehend Eigenschaften des Träumers.

Menstruation: Geht meist auf reale Menstruation zurück, die sich entweder ankündigt oder beginnt. Angst vor Schwangerschaft. Ferner muß man sich hier der Symbolik des Blutens zuwenden, die immer auf eine Verletzungsangst, aber auch auf eine Annäherung an die Geheimnisse des Lebens deutet. »Blut ist ein ganz besonderer Saft« (Faust 1) und steht für die Lebensenergie und die wirklichen, d.h. wirksamen Leidenschaften. Das weibliche Bluten erinnert immer wieder an diese Lebensenergie und die Leidenschaften, die Leben erzeugen können.

Messe (Ausstellung): Kommunikation und Kontakt. ↗ Masse, ↗ Markt.
Volkstümlich: Wohlergehen.

Messe (Kirche): ↗ Gottesdienst.

Messer: Analyse und Differenzierung wie Schwertsymbol im Tarot. Als Angriffswaffe deutet es auf Aggressionsstau. »Auf des Messers Schneide«: Entscheidungssituation. Penissymbol nach Freud, heute allerdings selten in dieser Bedeutung.

Messing: Metalle zeigen meist den Wunsch nach Erfolg und Wohlstand.
Volkstümlich: falsche Freunde.

Metall: Erfolg, Wohlstand, Reichtum, Beständigkeit und Härte. Vgl. auch: der eiserne Wille, die bleierne Angst, quicklebendig (Quecksilber). ↗ Eisen, ↗ Gold und ↗ Silber, ↗ Feuer, ↗ Erde.

Meteor: Gedankenblitz, Idee. Himmelsbote.

Metzger: ↗ Fleischer. Bei der Deutung dieses Symbols kommt es darauf an, welche Einstellung der Träumende zum ↗ Fleisch besitzt. Negative Bedeutung: Tod, Aggression. Positive Bedeutung: Lust, ↗ Luxus.
Tiefenpsychologisch: Der Metzger symbolisiert häufig die Veredelung des Triebs.

Miete/Mieter: »Man muß für alles bezahlen.« Etwas nutzen, ohne es zu besitzen.

Mikrophon: Man soll etwas (innerlich) aufnehmen. Man sollte seine Stimme selbst erheben und öffentlich kundtun, was man meint. Auch: Selbstgespräch.

Mikroskop: Es kommt auf die Betrachtung des Details an. Vergrößern Sie aber auch Ihre Probleme nicht.

Milch: ↗ Kuh. Nahrung, Sicherheit, urmütterliches Symbol. Das Paradies ist das Land, in dem Milch und Honig fließt. Es muß etwas durch Milch, durch Weiblichkeit genährt werden. Verweist evtl. auf Regressionstendenzen. Milch zu trinken, bedeutet Vermehrung von Wissen und Erkenntnis (alma mater: die nährende Mutter für Universität)
Sauermilch: Kummer und Sorgen. Nach germanischer Mythologie ist die Kuh das älteste Wesen, das mit seiner Milch den Urriesen Ymir nährt.

Militär: ↗ Krieg, ↗ Kampf.
Symbole aus dem militärischen Bereich deuten meistens auf eine gestörte Männlichkeit. Der Träumende oder die Träumerin überkompensieren ihre Schwäche. Außerdem handelt es sich beim Militär um eine Männergesellschaft, nach der sich der Träumende bei solcher Symbolik häufig sehnt.

Militärdienst: Selbstbestätigung, möglicherweise auch Selbstbestrafung, Autorität, Flucht vor Minderwertigkeitskomplexen, unreife Männlichkeit und Aggressionsstau. Im Frauentraum wird hier oft der Wunsch nach aggressiver Sexualität und Hingabe ausgedrückt.

Minister: Ein häufiger Traum, wenn man unter einem geringen Selbstwertgefühl leidet. Es geht hier auch um die »Regierungsaufgaben«, d.h. um die Probleme und Fähigkeiten, für und über sich selbst herrschen zu können. Damit ist auch die Selbstbestimmung angesprochen. Ihre Einstellung zu Macht und Ansehen schwingt sicherlich auch in diesem Traumbild mit.
Freud träumte als junger Mann, ein Minister zu sein, was auf seinen Ehrgeiz verweist.

Mischfarbe: Mischfarben verweisen im Traum auf differenzierte oder »gemischte« Gefühle. Sie setzen sich in ihrer Bedeutung aus den Grundfarben ↗ Rot, ↗ Blau und ↗ Gelb zusammen.

Mißbildung: Seelische Wunden, die zu Unsicherheiten und Ängsten führen. Man kann sich nicht voll entfalten und ist aus dem Gleichgewicht geraten. Man sehnt sich nach der konkreten Entfaltung der eigenen Bedürfnisse, die einem wieder Schönheit verleihen. Invalide, Krüppel.
Das Traumbild kann sowohl Angst vor einer Fehlentwicklung anzeigen wie auch bedeuten: Die betreffende Angst ist eine Fehlentwicklung, sie gleicht einer Mißbildung, die aufgehoben werden kann.

Mißernte: ↗ Ernte. Die Mißernte verweist auf Mißerfolge und Minderwertigkeitsgefühle. Man bekommt nicht den ↗ Erfolg, den man sich erhofft.

Mißhandlung: Die Mißhandlung im Traum drückt aggressive Gefühle aus – meist sich selbst gegenüber. Wenn allerdings eine reale Mißhandlung von dem Träumer oder der Träumerin erlebt wurde, dann handelt es sich hierbei um die Aufarbeitung dieses Erlebnisses. Allerdings konnte die wissenschaftliche Psychologie zeigen, daß mißhandelte Personen keine spezifische Traumsymbolik aufweisen.

Mist: Mist symbolisiert einerseits Fruchtbarkeit und Potential, andererseits etwas Ungenügendes und Minderwertiges.

Mistel: Sonnensymbol der Druiden und magisches Symbol des Bewußtseins. Nach englischer Sitte darf man unter dem Mistelzweig jede/n küssen. Der Mistelzweig steht für die heilende Kraft der Liebe.

Mittag: Licht. Bewußtsein, Mitte als Lebensmitte.

Mitte: Zeigt an, was ist (»Die Mitte bringt es offenbar, was am Ende ist und anfangs war«, Goethe). Die eigene Mitte wird gesucht, der ruhende Pol im Leben. Ideal und Ausgleich.

Mitternacht: Dunkelste und Geisterstunde. Anbruch eines neuen Tages.

Möbel: Eigenschaften des Träumers im Sinne der »Innenausstattung« seiner Seele und seiner eigenen Identität. Die Art der Einrichtung und der Zustand der Möbel sind wichtig.

Mode: Persönlicher Stil oder Eitelkeit, wie bei ↗ Schmuck und ↗ Maske.

Modell (im Sinne von Fotomodell): Auseinandersetzung mit gesellschaftlicher Norm, Anpassung und Eitelkeit. Aus Minderwertigkeitsgefühlen versucht man, Schönheitsideale zu erfüllen. Oder: Seelische Gewißheit der eigenen Schönheit.

Mohn: Rausch, mehr Bewußtheit wird gefordert. Selbstverlorenheit als gefährliche wie auch als positive Eigenschaft.
Volkstümlich: Versuchung.

Mönch: Disziplin, Selbstbeherrschung und Selbstbesinnung, aber auch Selbstvergessenheit. vgl. ↗ Abt/ Äbtissin, ↗ Kloster, ↗ Eremit.

Mond: Weiblichkeit, Mutter und Frau. Im Frauentraum die eigene Weiblichkeit, die anzunehmen ist. Stimmungen, Launen und Gefühle. Glück bei einer schönen Frau nach Phaldor. Nach Freud Symbol des Hinterteils (besonders bei Frauen). Nach Jung ist der Mond »der Ort der abgeschiedenen Seelen«. Er symbolisiert auch die Schattenseite bzw. das Unbewußte. Libido-Symbol, Katze, Nacht.

Monotonie: Langeweile, Uniform, Rhythmus.

Monster/Fabelwesen: Untier. Das Tierische wird zu stark, zu beängstigend, d. h., man fürchtet sich vor der Stärke der eigenen Triebe. Es können auch Personen (mit Vater- und Mutterfunktion) bezeichnet sein, die Ihnen übermächtig erscheinen.
Sprechen Sie beängstigende Monster im Traum an, setzen Sie sich mit ihnen auseinander und beobachten Sie sie. ↗ Mißbildung.

Moor: ↗ Sumpf, ↗ Morast, ↗ Schlamm. Triebwünsche, die man nicht offen zuläßt, die einen herabziehen. Todesangst oder Lebensangst, man kommt nicht weiter, wird festgehalten und ins Unbewußte zurückgezogen (evtl. Angst vor dem Weiblichen). Die positive Seite dieses Traumsymbols finden wir im Märchen »Der Eisenhans« wo im Sumpf das eige-

ne wilde Wesen zu finden ist, an dem (nicht nur) der Mann genesen kann.
Volkstümlich: Hindernistraum.

Moos: Wie alle Pflanzen ein Symbol des Vegetativen im Menschen, seiner Ruhe und Ausgeglichenheit. Nach Freud Symbol für Schamhaar. Erotisches Symbol, Anklang Moos – Möse, auch ein häufiges Symbol für Geld.

Moral: Wird im Traum die Moral angesprochen oder speziell auf moralische Urteile verwiesen, dann soll häufig dem Träumer ganz im Sinne Friedrich Nietzsches (1844–1900) deutlich gemacht werden, daß Moral ein höchst subjektiver Wert ist und Bewertungen stets fragwürdig sind.

Morast: ↗ Moor. Der Morast symbolisiert gefährliche (emotionale) Situationen.

Mord/Mörder: Erschießen, Begräbnis, Leiche. Warnung, daß ein wichtiger Gefühlsinhalt abgetrennt wird, z.B. ungenutzte Fähigkeiten, die verlorengehen, Beziehungen zu anderen Menschen, Liebesfähigkeit etc. Häufiges Traumbild in depressiven Phasen und bei Aggressionsstau, wie ↗ Asche und ↗ Abgrund. Dies alles ist jedoch nur die eine, wenn auch bei weitem häufigste Seite, die uns dieses Traumsymbol zeigt. Auf der anderen Seite kann hier auch die positive Seite der Aggression angesprochen sein: Es ist überaus heilsam, daß man im Traum etwas umbringt und somit radikal beendet. Man steht zu seinen Aggressionen als einem wichtigen Teil. Wie in einem Kriminalroman kann auch im Traum ein Mord eine sowohl erschütternde als auch aufrüttelnde sowie läuternde Wirkung zeitigen.

Morgen: Neuanfang, Kraft und Jugend. Man tut etwas morgen, aber nicht heute: Man wartet ab oder ist einfach nur faul, was ohne weiteres berechtigt und heilsam sein kann.

Mörtel: Der Mörtel symbolisiert im Traum unseren inneren Zusammenhalt, d.h. unsere Integrität.

Mosaik: Bild, Spiegel der Lebenserfahrung, aus vielen Teilen ein Ganzes. ↗ Konzert, ↗ Puzzle.

Motor: Energie, Kraft und Bewegung.

Motorboot: Sich kraftvoll im Gefühlsbereich bewegen (↗ Wasser und ↗ Schiff/Boot).

Motorrad: Individuelles Vorwärtskommen, die eigene Person, psychische Energie. Der »Feuerstuhl« ist ein Potenzsymbol und steht für Wildheit und Triebhaftigkeit.

Motorroller: Wie ↗ Motorrad, nur etwas schwächer.

Motte: Zersetzende Gefühle und Gedanken. ↗ Licht.
Volkstümlich: Schwierigkeiten.

Möwe: Dieses Traumsymbol geht meistens auf Urlaubserinnerungen zurück – es sei denn, der Träumer lebt am Meer. Die Möwe drückt oft unsere aggressive intellektuelle Seite aus. Besonders tritt sie dann im Traum auf, wenn wir uns über die Gefühle eines anderen kühn hinweggesetzt haben. Die Möwe drückt ferner Freiheit und Unabhängigkeit aus.

Mücke: Wenn das Traumsymbol nicht darauf zurückzuführen ist, daß eine Mücke im Schlafzimmer herumfliegt, deutet es auf große Irritation und Nervosität hin. Es ist ein häufiges Symbol der Überspanntheit. Mücken machen die Träumerin oder den Träumer auf die eigenen Schwächen aufmerksam.

Mühle: Arbeit bis zur Plackerei, aber gute Versorgung und Erfolg.

Mülleimer: ↗ Abfall, ↗ Toilette. Verdrängungs- und Reinigungssymbol.

Multiplizität (Vielheit): Wenn in einem Traum ein Element sehr häufig vorkommt, eine Straße, die z.B. voller Pfützen ist, ein Himmel, der voller Vögel der gleichen Art ist (vgl. Hitchcock »Die Vögel«), dann spricht man von Multiplizität. Sie ist Ausdruck einer Seelenspaltung, wenn sie immer wiederkehrt. Bei wiederkehrendem Traumsymbol der Multiplizität sollte ein Psychologe aufgesucht werden. Multiplizität ist das wesentliche Merkmal aller an sich unbewußt verlaufenden Lebensvorgänge (je unbewußter ein Vorgang, um so stärker die Multiplizität), kommt oft bei Krankheiten vor, die an der Grenze des Physischen und Psychischen liegen, z.B. im Delirium tremens Halluzinationen von vielen Mäusen. (Diese Vielheit hängt mit dem sympathischen Nervensystem zusammen, denn die Funktion des Sympathikus liegt in der Verzweigung und Ausbreitung bis in jede Zelle.) Allerdings kann die Multiplizität im Traum auch auf eine Vorstufe zu einem neuen Bewußtsein hindeuten (wie etwa ein »Zettelkasten« sowohl vor Verzettelung warnt als auch der Vorbereitung eines größeren Manuskripts dient, vgl. a. »Zettels Traum« von Arno Schmidt). Auflösung des Individuums in das Kollektive. Übermäßige Zerstreuung, Verzettelung und Persönlichkeitsspaltung. In der Multiplizität steckt etwas Destruktives, denn sie löst die Einheit des Bewußtseins auf. Wo Multiplizität vorkommt, bildet diese oft einen Konflikt zwischen Einheit des

Ichs und der Vielheit der Umweltpersonen und Einflüsse ab. Sie kann auch Widerstände und Vorurteile anzeigen, die den Träumer behindern. Nach Gurdjieff ist der unfreie Mensch immer abhängig von vielen Ichs, die sich durch solche Symbolik zeigen. Andere Auffassungen nehmen an, daß gerade die vielen Ichs in einer Person ein kreatives Potential hervorbringen.
Nach Freud weist Häufigkeit bzw. Häufung eines Symbols oder Sachverhalts im Traum darauf hin, daß der real im Wachleben angesprochene Sachverhalt (also das Symbolisierte) häufig vorkam.

Mumie: Ein langes Leben; man sehnt sich nach Unsterblichkeit und tendiert zur Selbstüberhöhung. Uralter Ballast, etwas schon lange Abgestorbenes, das aber immer noch wirken und faszinieren kann.

Mund: Kontakt durch Kommunikation, Erotik (Küssen) und Beziehung.
Nach Jung und Freud auch weibliches Sexualorgan.

Mundart/Dialekt: Ist es die eigene Mundart, dann verweist dieser Traum auf Identität oder seelische Starrheit, ist es eine fremde Mundart, dann wird auf unbekannte eigene Seiten verwiesen. Wichtig ist, was man mit der entsprechenden Mundart verbindet.

Mundharmonika: Die Mundharmonika ist auch im Traum ein Symbol kindlicher Freude, aber häufiger noch ein Sexualsymbol.

Münze: Geld. Man braucht oder hat Geld. Die Münzen hängen immer mit der eigenen Energie und den Talenten (vgl. den Anklang an das Wort »Taler«) zusammen. Verarmungsangst wie bei ↗ Besitz, ↗ Ersparnis, ↗ Lebensmittel.
Volkstümlich: günstiges Omen, wenn es sich um Kupfermünzen (Venussymbol) handelt.

Muschel: Weibliches Sexualsymbol, nicht nur nach Freud. Geschlossene Muschel: Jungfräulichkeit oder Frigidität.

Museum: Symbolisiert meist die Person des Träumers. Was ist dort ausgestellt?

Musik: Gefühl. Wichtig ist, auf das Gefühl beim Hören zu achten. Sind evtl. Liedtexte im Traum angedeutet? Schon in altägyptischen Dokumenten die Bedeutung von Herzensfreude.

Musikinstrument: Alle Musikinstrumente symbolisieren unsere Gefühle im Traum und unsere Sehnsucht nach Harmonie. Ferner sprechen sie häufig unsere Geschicklichkeit an – besonders wenn wir im Traum selbst das Instrument spielen. Welche Ge-

schicklichkeit speziell angesprochen wird, hängt von der Art des Musikinstruments ab.
Siehe genauer: ↗ Blasinstrument, ↗ Streichinstrument, ↗ Schlaginstrument, ↗ Tasteninstrument.

Müsli: Gesundheit und Kraft, neue Energien. Man möchte sich gesunder ernähren. Auch ein Sinnbild der neuen (Seelen-)Nahrung und »anderer Wege« im Alltag.

Muße: Die Muße erinnert den Träumer daran, daß er innehalten soll und Pausen oft produktiv sind. Die Muße kann allerdings auch anzeigen, daß die Phase der Trägheit beendet werden sollte.

Mutter: Die eigene Natur, das (Ur-)Weibliche, lebenspendende, Ernährende, Verschlingende, Schützende, Frucht und Furchtbare. Auf der Objektstufe (auf der die Mutter im Traum der Mutter im Leben entspricht) deutet sie auf das schlechte Gewissen, wie man sich seiner Mutter gegenüber verhält. Auf der Subjektstufe (auf der die Mutter im Traum auf die Mutterstruktur im eigenen Inneren der/s Träumenden verweist) deutet sie auf die Sehnsucht nach einer seelisch-menschlichen Stütze, die man meist in der Partnerschaft nicht findet.
Die Mutter ist im Traum wie im Märchen oft die Helferin, deren Kraft im guten wie im schlechten Sinne noch über ihren Tod hinaus wirkt (vgl. »Aschenputtel«). Sie ist die Hexe, die weise Alte, die den richtigen Rat gibt, die Erde, die Erdgöttin.
Dieses Traumbild der Mutter spricht auch häufig die Aufgabe der Selbsterziehung an. Man sollte sich selbst eine gute Mutter sein und damit die eigene Natur fruchtbar machen.
Archetypisches Symbol nach Jung: »das Geheime, Verborgene, das Finstere, der Abgrund, die belebte Unterwelt, das Verführende und das Vergiftende, das Unentrinnbare«.

Muttermal: ↗ Leberfleck.
Spielt ein Muttermal im Traum eine Rolle, wird damit auf Individualität verwiesen. Es kann ein Hinweis auf eine zu enge Mutterbindung sein.

Mütze: ↗ Hut. Finden geistiger Identität. Man sollte sich vor intellektuellen Einflüssen und geistiger Beeinflussung schützen.

N

Nabel: Zentrierung oder Egozentrik. Die Mitte der Person oder des Körpers. Bei Männern oft Mutterbindung.

Nabelschnur: Die Nabelschnur ist das Sinnbild einer symbiotischen Beziehung, die aufgegeben werden muß. Man muß sich abnabeln. In seltenen Fällen symbolisiert sie allerdings gerade das, was uns mit Lebensenergie versorgt.

Nachbar: Meist Eigenschaften des Träumers, die ihm relativ bewußt sind. Es sind die relativ nahe dem Bewußtsein liegenden Teile des Ichs bezeichnet (das Freudsche Vorbewußte). Oder es sind hier Verantwortung und Mitgefühl den anderen gegenüber angesprochen.

Nachricht: Eine Nachricht im Traum, auch wenn sie nicht für Sie bestimmt ist, ist immer wichtig. Beziehen Sie jede Nachricht im Traum auf sich selbst. Für die weitere Deutung ist der Inhalt der Nachricht zu beachten.

Nacht: Das Unbewußte und Unbekannte, eben die Anderswelt, oft auch das Beängstigende. Feierabend. ↗Finsternis, ↗Abend, ↗Mond.

Nachtigall: Sehnsucht nach Glück in der Liebe und Harmonie.

Nackt: Häufiges Symbol in Träumen für die Angst vor der Wahrheit. Natürlichkeit, Ehrlichkeit und Offenheit, aber auch Armut und Unverschämtheit.

Nadel: Seelischer und körperlicher Schmerz. Bisweilen ein Bild für das Bewußtsein, das die Erkenntnis auf die Spitze treiben kann. Auch das Zusammennähen von einzelnen Teilen kann der Bewußtseinsarbeit entsprechend angesehen werden. Kann nicht nur nach der Psychoanalyse auch Phallussymbol sein. ↗Stachel, ↗Stich.

Nagel: Ähnlich wie ↗Nadel oder: den Nagel auf den Kopf treffen.

Nagelfeile: Es soll etwas geglättet werden. Eitelkeit.
Männliches Genital nach Freud.

Nagetier: Verweist meist auf nagende Sorgen, in selteneren Fällen auf Häuslichkeit und Fruchtbarkeit (wie alle Kleintiere).

Nähen: ↗Nadel. Sie sollten etwas miteinander verbinden. Bedeutsam ist, was genäht wird.

Nähmaschine: ↗Nähen. Ein Hilfsmittel, um etwas zu verbinden. Für die Deutung kommt es weitgehend darauf an, was zusammengenäht wird.

Nahrung: Körperliche, seelische Kräfte und Energien.

Name: Unbekannte Namen im Traum werden wie in der Literatur verwendet: Sie verweisen auf das, was in ihnen anklingt. Bei Herrn und Frau Schmidt wird zum Beispiel auf das Symbol »Schmied« verwiesen. Bekannte Namen verweisen meistens objektstufig auf diese Person im realen Leben.

Narbe: Schicksalsschläge und Verletzungen, die nicht mehr aktuell sind, die man jetzt überwinden kann.

Narkose: Beruhigung, Unbewußtheit. Aber auch nicht selten Lebensangst, Abwehr gegen das Lebendige und Geistvolle.

Narr: Symbol der Weisheit. Er gilt seit dem Mittelalter als die Personifizierung der Sünde, er wird sogar im Barock bisweilen dem Teufel gleichgesetzt (vgl. Sebastian Brants einflußreiches Buch ↗ »Das Narrenschiff«, in dessen zweiter Edition von 1495 die Idee zu finden ist, daß der Teufel die Fastnacht und die Narren erdacht habe). Der Narr gilt als Symbol der Fleischlichkeit, als liebestoller und geiler Mensch, zu dessen Persönlichkeitsbild die willenlose Ergebenheit an den Sexualtrieb gehört. Der Narr, besonders als der Hofnarr, gilt als Gegensatz und Ergänzung des Königs. Im Tarot entspricht er der Null, was auf die Spannung von Nichtigkeit und Vollendung verweist.
In der Fastnachtstradition nach 1789 wurde der Narr als Uranus-Symbol gesehen. Die Weisheit des Narren ist die Weisheit der Stunde Null, des (geistigen) Neulands, der Sinn des Unsinns usw. Im Traum drückt er nicht selten eine besondere Treue zu sich selbst aus.
Komplementär: Man möchte mehr über sich selbst und andere lachen.

Nase: Penissymbol, deswegen ist die lange Nase bei den Narren so beliebt. Rang und Ruhm, Intuition und Instinkt (einen guten Riecher haben). Symbol der Neugier: seine Nase in etwas hineinstecken.

Nasenbluten: Verlust der Potenz und Symbol verletzter Geschlechtlichkeit. Bei Frauen wird oft ein Partnerverlust symbolisiert, oder es handelt sich um einen Menstruationstraum.
Volkstümlich: Vorsicht.

Nashorn: Das Nashorn ist im Traum ein Symbol Ihrer männlich-aggressiven Triebkraft. Wichtig ist, ob es im ↗ Zoo oder in der Natur gesehen wird. Im Zoo wird diese Triebkraft eingesperrt und unterdrückt, in der Natur kann sie sich voll entfalten.

Natter: ↗ Schlange. Die Natter stellt ein bekanntes Symbol der

Falschheit dar. Ferner kann sie als phallisches Symbol auftreten.

Natur: Die Natur im Traum verweist stets subjektstufig auf unsere eigene innere Natur. Sie ist ein Ausdruck von Natürlichkeit, Freude, Gesundheit und Lebenskraft.
Psychoanalyse: Die Natur kann den weiblichen Körper symbolisieren.

Naturkatastrophen: Naturkatastrophen werden häufig im Traum erlebt. Hier wendet sich die eigene Natur gegen die Befreiungsversuche des Träumers. Er möchte sich von der unbewußten Abhängigkeit von seiner Natur zu befreien. Nun zeigt sich seine innere Natur in voller Stärke.
Bei allen Naturkatastrophen ist nach der eigenen inneren Natur zu fragen, die einen auf dem Weg der Individuation behindert. Diese Katastrophen stellen Wachstumssymbole dar, die bei Veränderungen im Leben des Träumers gehäuft auftreten. Wenn der Träumer zu einer nächst höheren Bewußtseinsstufe aufsteigt, wird der Widerstand aus der alten Bewußtseinsstufe leicht als Katastrophe erlebt. Er ist aber nur dann katastrophal, wenn man ihm erliegt.

Naturwissenschaften: Die Naturwissenschaften stehen meist für die Objektivität des Träumers oder der Träumerin.

Navigation: Hier ist meist die Art des Lebensweges des Träumers angezeigt. Auch ein Symbol für die Orientierungsleistung seines Geistes.

Nebel: Fehlende Orientierung und Zielgerichtetheit. Hier muß etwas genauer geklärt und bewußter gemacht werden. Unsicherheit und Täuschung. Es wird etwas nicht verstanden oder verwirrt einen. (Neptun-Symbol). Aus dem Nebel entsteht auch das Kreative, er erschafft neue Formen.

Negative Träume: In der christlichen Tradition werden negative Träume auf den Zorn des Träumers oder der Träumerin bezogen. Anselm Grün und andere christliche Autoren empfehlen daher, sich vor dem Einschlafen (durch Gebete) vom Zorn zu reinigen.
Negativ erlebte Träume sind meistens jene, in denen unser Schatten zu uns spricht.

Neid: Innere Spannung und Schamgefühle.

Nelke: Man drückt die Wünsche aus, die man nur durch die Blume zu sagen wagt.
Volkstümlich: käufliche Mädchen.

Nesseln: Man setzt sich in sie. Der billige Stoff.

Nest: Mutterschaft, Schutz, Sehnsucht nach Geborgenheit, Familie und Heim. Letztendlich eine Projektionsfläche für alle positiven Lebensgefühle.

Netz: Man will jemanden fangen oder etwas erfassen. Verlust der Unabhängigkeit, Verführung, evtl. auch das Bedrohliche der Sexualität. Aber auch systematische Vernetzung von Gefühlen und Bedürfnissen, Gedanken und Einsichten. Verweist deutlich auf Netzwerk und Vernetzung und so auf eine sinnvolle Verbindung mit anderen.

Neu: Alles Neue im Traum deutet auf eine innere oder äußere Wandlung. Meistens wird eine gerade begonnene Entwicklung angesprochen.

Neubau: Neuorientierung der Person ist angesagt.

Neujahr: Neuanfang und Frohsinn. Volkstümlich: Achtung, Rivale!

Neun: Mit der Zahl Neun ist eine Vollendungsstufe erreicht, das drückt das Neuneck (das Enneagramm als Welterklärungssystem nach Gurdjieff) aus. In allen indogermanischen Sprachen hängt das Zahlwort »Neun« mit dem Adjektiv »neu« zusammen. Die Neun ist mit der Erneuerung verbunden.

Nichts: Das Nichts als reine Leere wird nur im Traum von weit entwickelten Personen erlebt.

Niederschlag: ↗ Regen, ↗ Schnee. Der Niederschlag kann einen im Traum bedrücken, oder er spricht eine besondere Berührung an. Damit ist oft die Sinnlichkeit gemeint, sich dem Regen oder Schnee hinzugeben, was in der Sprache des Traums »emotionales Einlassen« heißt.

Niere: Wer von der Niere träumt, sollte zunächst einmal abklären, ob seine Nieren gesund sind. Symbolisch steht die Niere für unsere Stimmungen und Gefühle (es ist einem etwas an die Nieren gegangen). Im weiteren Sinn verdeutlicht die Niere unsere inneren Verarbeitungs- und Entgiftungsprozesse. Nierenprobleme verweisen oft auf Partnerschaftsprobleme. Sie hängen mit der Unfähigkeit, einen Ausgleich zu schaffen, zusammen.

Niesen: Da das Niesen seit der Antike zu den Orgasmusformen gerechnet wird, ist hier der sexuelle Anklang nicht zu leugnen. Außerdem kann das Niesen jegliche körperliche Entladung ausdrücken. Niesen heißt auch, daß man die ↗ Nase voll hat. Wirkt das Niesen eher erleichternd oder ↗ peinlich?

Nikolaus: ↗ Weihnachtsmann.

Nilpferd: Noch plumpe Trieb- und Seelenkräfte, die der Differenzierung und Gestaltung bedürfen. Begegnung mit den massigen und verschlingenden Kräften des Unbewußten und besonders des Trieb- und Gefühlslebens (das Nilpferd als Wasser-Tier).

Nische: Heimlichkeiten oder Chancen.

Nixe/Seejungfrau/Melusine: Erste Beschreibung der Nixe bei Paracelsus in seinem »Liber de nymphis, sylvis, pygmaeis et salamandris« (Buch der Nymphen, Sylphen, Zwerggestalten und Salamander) von 1589. Nach Grimm »Deutsche Mythologie« ein zauberisches Wasserwesen, das mit Waldfrauen, Elfen, Wasser- und Brunnenholden, Frau Holle, Meerweibchen und Seejungfrauen viel gemein hat. Ein Wesen, das der Erlösung bedarf. Gleich der Sirene zieht die Nixe den Jüngling in die Tiefe, im Märchen geraten Kinder, die in den Brunnen fallen, in die Gewalt der Nixen. Sie machen die Menschen durch ihren Gesang willenlos, so daß sie ihnen verfallen. Die Nixen werden zu den Lichtgeistern gezählt. Es gibt auch männliche Nixen (jedoch äußerst selten im Traum), sie sind meist grausam, häßlich, alt und Kobolden vergleichbar.
Überdeutlich erkennt der Träumer in der Nixe sein Begehren und die Ängste gegenüber der Weiblichkeit.
Weiblicher Identifikationswunsch wie Sehnsüchte und Ängste des Mannes zeigen sich an diesem Bild (vgl. Märchen von der kleinen Seejungfrau von H.C. Andersen). Die Nixe verlockt, ihr in ein Reich zu folgen, unter dessen »spiegelnder Oberfläche unauslotbare Tiefen verborgen liegen«, so C. G. Jung, der im Reich der Wasserfrauen das kollektive Unbewußte symbolisiert sieht. Die Nixe ist das Symbol des Lebens und des inneren Reifens, sie ist eine Grenzgängerin. Man träumt von ihr, wenn der Jüngling zum Mann und das Mädchen zur Frau wird. Die Nixe hat keine Seele und trachtet deswegen nach der Seele des Menschen.
Nach Jung ist die Nixe die instinktive Stufe, die Vorstufe eines zauberischen weiblichen Wesens, der ANIMA.

Nomade: Der moderne Mensch wird wieder zum Nomaden. Er zieht auf der ganzen Welt herum, um Geschäfte zu machen. Heute bezeichnet man das nomadische Element als Mobilität. Beim Anklang an das Nomadische im Traum wird stets auf die Erdung der Träumerin/des Träumers verwiesen.
Der Nomade steht für Unabhängigkeit und Freiheit. Nomaden erinnern den zivilisierten Menschen an seine unterdrückten Wünsche und seine ständig bedrohte Freiheit.

Nonne: ↗Jungfrau. Keuschheit und Enttäuschung. Sehnsucht nach einem spirituellen Leben. Schattenproblematik und verdrängte Wünsche werden angesprochen.

Norden: »Oben« auf der Karte im Sinne des Geistigen: das Kühle, Klare und die Distanz.

Not: Die Not im Traum zeigt an, daß man sich vor harten Zeiten fürchtet.

Notbremse: ↗ Bremse. Spielt die Notbremse in Ihrem Traum eine Rolle, ist das ein dringlicher Hinweis darauf, ein bestimmtes Verhalten zu stoppen.

Noten (Musik): ↗ Musik. Sinnenhaftes, Sehnsucht nach Harmonie und Gleichklang (besonders in Beziehungen). ↗ Konzert.

Notiz: Sie sollten etwas genau wahrnehmen und auch behalten.

Null: Sexuelles Bild, Nichtigkeit, Belanglosigkeit, selten auch Tod, Stille und Vollendung. Siehe auch ↗ Kreis und ↗ Mandala, die wie die Null nach C. G. Jung das Selbst als Angelpunkt des Menschen symbolisieren. Narr.

Nuß: Ganzheitssymbol. Symbolisiert auch den Kopf und besonders das Gehirn und somit das Denken. Verweist auf Härte.
Altägyptische Traumdeutung: ein Geschenk ist zu erwarten.

Nußbaum: Stärke, Fruchtbarkeit, Reichtum und Fülle.

Nußschale: Enge, Schutz und Sicherheit.
Volkstümlich: beruflicher Aufstieg.

Nymphe: ↗ Nixe, ↗ Jungfrau.

O

Oase: Erotisches Symbol. Erholung nach den Mühen des Alltags, Fernweh oder Reiseerinnerung.
Nach Jung besitzt die Oase Grundwasser, was als Kontakt mit dem Unbewußten gesehen wird, es kommt die Erlösung. Volkstümlich: Ausweg aus Schwierigkeiten.

Obelisk: Penis- und Machtsymbol. Volkstümlich: Umzug.

Oben: Grundsätzlich alles, was im Traum oben erscheint, verweist auf den Intellekt des Träumers oder auf sein Bewußtsein.

Obergeschoß: ↗ Dachboden, ↗ Haus. Bewußtsein und Überblick. Häufiges Symbol, wenn man einseitig zu sehr oder zu wenig intellektuell lebt.
Nach Jung werden hier der geistige Bereich und das Bewußtsein angesprochen.

Oboe: ↗ Blasinstrument. Die Oboe kann als Sexualsymbol gedeutet werden. Wichtiger ist jedoch die ↗ Musik, die auf ihr gespielt wird, wer spielt und wer zuhört.

Observatorium: Dieses Traumsymbol tritt auf, wenn es an der Zeit ist, die Kräfte, die einen bewegen, zu beobachten.

Obst: Zunächst ganz allgemein die Früchte des (Seelen-)Lebens. Erotisch-sexuelle Bedürfnisse. Die reife Frucht weist auf sexuelle Ausgeglichenheit und Lebensfreude, die faule Frucht auf Minderwertigkeitsgefühle. Man sollte sich gesünder ernähren, der Körper braucht Obst und Vitamine.

Obstbaum: ↗ Obst. Bei der Deutung des Obstbaums ist zu beachten, ob dieser Früchte trägt oder nicht. Trägt er Früchte, wird unsere natürliche Fruchtbarkeit angesprochen – vom Zeugen der Kinder bis hin zu unserer Kreativität. Trägt er keine, mag dies auf eine unproduktive Zeit in Ihrem Leben hinweisen.

Ochse: Kraft, Starrsinn und Schwerfälligkeit. Die Suche nach Erlösung und Erleichterung, wenn man wie »ein Ochs' vorm Berg steht«.

Ofen: Gefühlswärme, kalter Ofen entsprechend Gefühlskälte. Deutet oft die Beziehungssituation an. Symbolisiert nach Freud den Frauenleib.

Öffentliche Verkehrsmittel: Begrenzte, aber kollektive Bewegungsmöglichkeit. (Ökologisch) sinnvolle Art der Bewegung. Bus, Eisenbahn.

Offizier: Bei Männern und Frauen ein Symbol der Autorität und Männlichkeit.

Ohnmacht: Die Ohnmacht im Traum warnt stets vor einem Bewußtseinsverlust. Man ist nicht aufmerksam genug.

Ohr: Man sollte besser zuhören, gehorsamer bzw. verständnisvoller sein, auf Töne, Laute und Klänge, aber auch Stimmungen und indirekte Bedeutungen achten. Weibliches (Sexual-)Symbol, das häufig ein Bedürfnis nach seelischer Offenheit oder auch Abgrenzung ausdrückt.
Durchbohrung des Ohrläppchens bedeutet Defloration nach den meisten tiefenpsychologischen Schulen. Im Orient ist das Ohr ein Symbol der (Ehe-)Frau.

Ohrfeige: Nachlässigkeit, Strafe. Verständnislosigkeit.

Ohrläppchen: ↗ Ohr. Im Traum kommt es darauf an, ob die Ohrläppchen durchstochen sind oder nicht. Sie sind im Traum oftmals sexualisiert.

Ohrring: Schmuck. Sind Sie zu sehr von Ihrem Äußeren abhängig oder sollten Sie besser hinhören wie bei Ohr? Volkstümlich: Streitigkeit.

Öl: Öl im Traum verweist meistens auf die schmierende Wirkung des Öls: Es soll etwas leichter gemacht werden. Aber man kann auch Öl auf die Flammen gießen und so eine Katastrophe wie Kriege um das Öl entfachen. In diesem Sinn besitzt Öl zunehmend im Traum auch eine gefährliche Bedeutung. In seltenen Fällen kann das schwarze Öl auch auf den Tod, das Leblose hindeuten, da es ein fossiler Brennstoff ist, der aus abgestorbenen Lebewesen des Meeres besteht.
Öl ist allerdings auch ein Energielieferant (wie ↗ Kohle) und verweist uns auf das, was uns Energie gibt und uns antreibt. Das Traumbild Öl ist heutzutage ferner mit den Assoziationen zur Umweltverschmutzung verbunden: Ich erinnere nur an Ölpesten. Neben der Bedeutung, daß hier etwas verschmutzt und zerstört wird, ist zugleich das Öl mit einer »heiligen Bedeutung« verbunden: die letzte Ölung, mit welcher der Sterbende von seinen Sünden gereinigt wird. So steht dieses Traumbild zwischen den Bedeutungen Verschmutzung und Reinigung.

Oliven: Erotische Abenteuer, Sexualsymbol oder Reiseerinnerung. Volkstümlich: Frieden, Wohlstand und Glück.

Omnibus: ↗ Bus.

Onkel: »Die anderen Leute« und deren Autorität.

Opal: Das Leben schillert in vielen Farben!

Volkstümlich: äußerst günstiges Omen.

Oper: Warnt vor Eitelkeit, Pathos und zuviel Selbstdarstellung. Gefahr der Überdramatisierung, aber auch Freude und Lebenslust werden hier ausgedrückt.

Operation: Psychische Störungen oder deren Beseitigung. Wichtig ist die Art der Operation. Sie zeigt, was gestört oder wiederhergestellt worden ist.

Opfer: Gefühle, Eigenschaften oder Verhaltensweisen sind aufzugeben. Geben Sie ein Opfer, dann stellt sich die Frage, wie leicht Sie loslassen können, zu welchem Mitgefühl Sie fähig sind. Sind Sie selbst ein Opfer, dann sollten Sie den Täter genau studieren und sich fragen, wie Sie in diese Opferrolle kamen und welche Angst oder Lustgefühle damit verbunden sind.

Optiker: Eine klare Sicht und Objektivität sind angesagt. Die persönlichen Sehgewohnheiten werden bearbeitet. ↗ Brille, ↗ Augen.

Orange: Sexuelle Bedeutung, besonders Orangen (wie auch zwei Äpfel) symbolisieren die weiblichen Brüste. ↗ Obst, ↗ Sonne.

Orangensaft: Verweist meist auf Durst im Traum. Sonst wie ↗ Orange.

Orchester: Bezieht sich meist auf die Sehnsucht nach Harmonie in der Beziehung oder der Arbeitsgruppe, in der man sich den Gleichklang erwünscht. Man möchte viele Stimmen in sich vereinen oder erlebt viele Stimmen mit der Gefahr, sich selbst abhanden zu kommen. ↗ Konzert, ↗ Mosaik, ↗ Multiplizität.

Orchidee: Die Orchidee symbolisiert häufig im Männertraum eine anspruchsvolle Frau. Ansonsten ist sie ein Symbol für etwas Seltenes und für ↗ Luxus.

Orden: Ehrgeiz und Äußerlichkeit. Man möchte gelobt und anerkannt und ausgezeichnet werden. Ähnlich wie ↗ Abzeichen Symbol der Zugehörigkeit zu einer bestimmten Gruppe (fast immer von Männern).

Organ: Träumen Sie von inneren Organen wie beispielsweise ↗ Herz, ↗ Leber, ↗ Lungen, ↗ Nieren und ↗ Darm, ist zunächst die Funktion dieser Organe symbolisch zu betrachten. Die alten Traditionen der Traumdeutung betonen, daß man seine Organe nicht sehen sollte. Sie verrichten am besten unbeobachtet ihre Arbeit. Sehe ich sie, stört mein Bewußtsein ihre reibungslose Funktion. Träume ich von meinem Herz, ist meine Liebesfähigkeit gestört. Ich sollte lernen, geschehen zu lassen und zu vertrauen. Zeigen sich Leber

oder Niere, will ich mich zu sehr reinigen und behindere damit gerade den natürlichen Reinigungsvorgang.
Sieht der Träumer innere Organe mit dem sogenannten Röntgenblick, ist sein Bewußtsein in Räume eingedrungen, in denen das Unbewußte herrschen sollte. Es mangelt am Vertrauen, daß vieles ohne sein Zutun bestens abläuft. Solche Situationen entstehen oft zu Beginn des Individuationswegs, wenn der Träumer mit aller Macht vorankommen möchte. Wer beginnt, sich mit seiner Selbstfindung zu beschäftigen, der läuft Gefahr, seine Selbsterkenntnis zu stark auszuweiten. Treten die inneren Organe als Speise im Traum auf, soll das Prinzip des entsprechenden Organs verinnerlicht werden.

Orgasmus: Es ist auffallend, daß Frauen viel häufiger von Orgasmus-Träumen berichten als Männer. Der Traum vom Orgasmus ist häufig ein Wunschtraum, der aufgrund eines Triebstaus entsteht.

Orgel: Läuterung, Sammlung, Andacht und Gefühlstiefe. Bei Drehorgel und Hammond-Orgel: ↗ Musik.

Orgie: Weist auf ein langweiliges oder ein diffuses Sexualleben hin. Mit dieser Erkenntnis fängt jedoch erst die Gestaltung der eigenen Erotik und Sexualität an.

Orient: Sehnsucht nach Schönheit, nach den eigenen Schätzen. Symbol des Faszinierenden, doch auch des Unverständlichen. Geheimnis und Erotik (1001 Nacht).

Orkan: ↗ Hurrikan. Wilde Zeiten, die wieder aufhören werden.

Oroboros (Ouroboros): ↗ Phönix. Der Schwanzfresser, die Schlange, die sich selbst in den Schwanz beißt. Ein Symbol des Urzustands, in dem es weder Anfang noch Ende gibt. Das vollkommen Runde (der Kreis [sphairos] des Empedokles oder auch Platons Vorstellung vom vollkommen runden Urwesen im »Symposion«). Zustand vor der Bewußtwerdung nach Jung.
Ein von den Alchemisten und Jung sehr eingehend betrachtetes (Traum-)Symbol der Vollendung und letztendlich der Gestaltungskräfte des Höheren Selbst (Kreis, Null). Der Oroboros heiratet sich selbst, tötet sich dann, um darauf wieder selbst neu zu entstehen. Der Schwanzfresser ist auch ein sexuelles Symbol, denn er befruchtet sich selbst; er ist der Drache, der sich selbst mit dem phallischen Schwanz schwängert. Vgl. den berühmten Traum des Chemikers A. Kekule von Stradonitz (1829–1896) vom Oroboros, der ihm den Schlüssel zum Verständnis der Benzolchemie (Benzolring) gab.

Osten: Von dort kommen das Bewußtsein und die Erleuchtung. Vgl. die biblische Geschichte von den drei Weisen aus dem Morgenland. Dort geht die Sonne auf. Der Traum vom Osten hängt fast immer mit einer Sehnsucht nach höherem Bewußtsein, größerer Klarheit und genauerem Selbstverständnis zusammen.

Ostern: Auferstehung, Freude und Ferien. Siehe auch ↗ Frühling. Der Osterspaziergang im FAUST 1 schildert sehr schön, wie die Menschen sich wieder zeigen, nach außen gehen. Ostern hängt mit der Freude über die Auferstehung zusammen (und ist so auf tiefer Ebene mit den Vegetationsmythen verbunden). Dieses Bild zeigt Ihnen, daß Sie sich nach den dunklen Zeiten wieder freuen können, daß Sie nach außen gehen und sich wieder zeigen möchten.
Volkstümlich: gutes Omen.

Oval: Man ist auf dem Weg zum Kreis und zur Vollendung. ↗ Ellipse.

Ozean: ↗ Meer.

P

Päckchen: Mühe, Sorgen und Last, die man zu tragen hat, aber auch Geschenk.
Auspacken eines Päckchens hängt oft mit Selbsterkenntnis zusammen.

Pagode: Fernweh, Reiseerlebnis. Der eigene Körper oder die Seele wird als Tempel gesehen.
Volkstümlich: eine Reise fällt aus.

Paket: ↗ Päckchen, ↗ Gefäß. Deutet oft auf verdrängte oder unbekannte Gefühle, Hindernisse, Belastungen und Komplikationen, die man mit sich schleppt. ↗ Geschenk.

Palast: ↗ Schloß. Das eigene Selbst wie auch der eigene Körper, Größenwahn und Freiheit.

Palme: Güte, Friedens- und Penissymbol. Überschäumende Lebenskraft, jedoch auch Unzufriedenheit mit dem eigenem Sexualleben beim Mann.

Panne: Hindernistraum. Schadenfreude. ↗ Pech, ↗ Peinlichkeiten.

Pantoffeln: Häuslichkeit in ihren sich wandelnden Bedeutungen. Trägheit und Unsicherheit (»Pantoffelheld«).
Nach Freud weibliches Genital (Schuh). Volkstümlich: eine kleine Freundlichkeit wird fürstlich belohnt.

Panzer: (sowohl Kriegsgerät wie auch der Schalenpanzer bei der Schildkröte und dem Krebs z.B.): Kriegsangst oder wollen Sie sich ohne Rücksicht auf Verluste durchsetzen? Fühlen Sie sich überrollt? Symbol der Härte und des Schutzes der seelischen Eigenart.

Papagei: Streng vertrauliche Geheimnisse werden von engen Freunden ausgeplaudert. Eine exzentrische Person, vielschillernd. Unselbständigkeit und Unreife oder eine Ermunterung zu mehr Unkonventionalität. Exotik und Farbigkeit (»schrill« und »schräg«).
Volkstümlich: Es gibt unvorteilhafte Gerüchte über einen.

Papier: ↗ Buch. Das Bewußte muß etwas längst Fälliges aufarbeiten. Ein weißes unbeschriebenes Blatt symbolisiert die Unschuld und das »leere Bewußtsein« (sowohl im positiven Sinn als kreative Leere als auch im negativen Sinn als geringes Bewußtsein), auch ein Symbol des Geistes. Das beschriebene Papier hat die gleiche Bedeutung wie ein Buch, wobei der Text zu beachten ist. Nach Freud Symbol für die Weiblichkeit.

Papst: ↗ Bischof.

Parade: Suchen Sie Anerkennung und Ruhm? Die eigenen (seelischen) Kräfte werden betrachtet, man schaut sich sein eigenes Potential an.

Parademarsch: Die Dynamik seiner eigenen inneren Kräfte, zuviel oder zuwenig innere Koordinierung. Jemanden in die Parade fahren: Aggressionsausdruck.

Paradies: Möglicherweise Flucht vor Schwierigkeiten oder ein »großer Traum«, der wesentliche Lebensziele und -wünsche deutlich macht. Gelassenheit, Sehnsucht nach Ruhe und (Seelen-)Frieden. Die Freuden des Lebens und das unbeschwerte Erlebnis der eigenen Fruchtbarkeit. Ein Bewußtsein, das mit »Gott und der Welt« im klaren und das bei sich selbst angekommen ist. Aufhebung des Verdrängten. ↗Paradiesvogel, ↗Papagei, ↗Hölle.

Parallel: Häufig verlaufen Handlungen im Traum parallel. Das kommt daher, daß der Traum sicherstellen möchte, verstanden zu werden. Aus diesem Grund symbolisiert er das Gleiche in unterschiedlicher, aber ähnlicher Form.
Tritt die geometrische Struktur der Parallelen im Traum auf, wird damit entweder auf Einsamkeit und Kommunikationsschwierigkeiten verwiesen (da sich Parallelen nie schneiden) oder auf eine Seelenverwandtschaft (da man sich parallel entwickelt).

Parasit: Alle Parasiten im Traum verkörpern unsere parasitären Haltungen, die oft mit symbiotischen Beziehungen Hand in Hand gehen. Tritt dieses Traumbild auf, ist häufig der Ausgleich unseres Gebens und Nehmens gestört.

Parfüm: Man will gut dastehen, eine positive Ausstrahlung besitzen, geliebt und anerkannt werden. Die eigene Anziehungskraft, die »feineren« Schwingungen« und die subtile Ausstrahlung. Wie der Duft des Parfüms schnell verfliegt, so ist der/die Träumer/-in auch oft für andere wie für sich selbst schwer zu fassen. Auf der anderen Seite setzen Sie eine deutliche Marke (Duftmarke) Ihrer Anwesenheit, und der Duft des Parfüms drückt Sinnlichkeit und Phantasie aus.

Paris: Im Traum meistens die Stadt des Lasters und der Lebensfreude.

Park: Als gebändigte Natur weist der Park auf verdrängte Wildheit hin. Gleichzeitig aber auch Symbol der Kultur, der Schönheit und des Gepflegten. Die Verbindung von Natur und Geist bildet sich im Park ab.

Parken: Auto fahren. Zur Ruhe kommen, erstarren, stehenbleiben. Sie finden Ihr Ziel und ein Zweck wird erreicht.

Parkett: ↗ Luxus, Leichtsinn oder der Aufstiegswille. Dieses Traumsymbol warnt vor Überheblichkeit, seltener ist es im Traum ein Symbol der Erdung.

Parkplatz: ↗ Parken. Auf der Objektstufe spiegelt der Parkplatz im Traum oft den Streß wider, täglich einen Parkplatz zu finden. Auf der Subjektstufe ist der Parkplatz jener Ort, an dem die Suche zur Ruhe kommt. Er drückt damit eine Passivität aus. Es kann aber auch darum gehen, daß man sich abgestellt, verlassen fühlt.

Parlament: Zeigt soziale Fähigkeiten und Aufstiegswunsch an. Verweist darauf, daß man sich mit anderen Menschen oder mit anderen Stimmen in seinem Inneren auseinandersetzen sollte. Als Symbol der Regierung deutet es auf die Koordination der eigenen Funktionen hin. Wie verbinden Sie Ihr emotionales, intellektuelles und Bewegungszentrum? Wie herrschen Sie (über andere und über sich)?

Partner: Symbolisiert eigene, oft unbekannte Persönlichkeitsanteile oder bezieht sich auf den Partner in Ihrer Beziehung.

Parzen/Nornen: Dunkle Schicksalsmächte.

Paß: Die Person des Träumers selbst. Reiselust, oft auch als Abschiednehmen von alten Gewohnheiten, kann auch Flucht sein. Minderwertigkeitsgefühl, daß man Identität legitimieren muß.

Passivität: Passivität macht Sie im Traum entweder darauf aufmerksam, daß Sie zu passiv sind oder daß Sie passiver seinen sollten.

Paßwort/Legitimation: ↗ Paß.

Pauke: Überheblichkeit, übertriebene Selbstdarstellung (auf die Pauke hauen), Kontaktfreudigkeit.

Pech: Man bleibt an etwas hängen, kann sich nicht trennen. Verweist auf Unglück. Auf der anderen Seite können Sie sich gut binden und auf jemanden einlassen. Und bedenken Sie immer, was zu Beginn als Pech erscheint, erweist sich häufig später als Glück. ↗ Finsternis, ↗ Schwarz, ↗ Rabe.
Volkstümlich: wegen schwarzer Farbe sehr ungünstiges Omen.

Peinlichkeiten: Einerseits geben Sie sich hier eine Blöße und sind nicht derart perfekt, wie Sie es sich gerne wünschen, andererseits durchbrechen Sie hier (einschränkende) Konventionen. Dieses Traumbild mag auch auf eine Beendigung lange gepflegter Verhaltensweisen und/oder Ansichten deuten. ↗ Pfütze.

Peitsche: Unterwerfung, Verfügungsgewalt und Aggression. Masochistische Züge, die nicht ausgelebt werden. Oder man tut sich Gewalt an und der Traum macht darauf aufmerksam, daß man das Eigene, d.h. sich selbst finden sollte.

Pelz: Symbolisiert die Eigenschaft des Tieres, von dem er stammt. Nach Freud Schamhaare, nach Jung das Tier in uns.

Pelzmantel: Der Pelzmantel steht für Selbstbewußtsein, Eitelkeit und Geltungsbedürfnis. Wichtig ist, um welche Art von Pelz es sich handelt.
Heutzutage mag der Pelzmantel für Grausamkeit gegen ↗ Tiere bzw. auf der Traumebene gegen die natürlichen Triebe stehen.

Pendel: Das Auf und Ab des Lebens. Der Fixpunkt im »Oben«, d. h. im Himmel, und somit bildet das Pendel ein Symbol des Glaubens und der ewigen Gesetze. Volkstümlich: eine große Reise.

Penis: Symbol der männlichen Macht (»pater potestas«). Geschlechtsorgane.

Pension: Ruhe und Ausspannen. Volkstümlich: eine Entscheidung.

Perle: Seelensymbol, das die Reife und Vollständigkeit der seelischen Erfahrung abbildet. Weibliches Sexualsymbol (Kitzler), allgemein für Frau, Geliebte, etwas Kostbares und Vollkommenheit. Als »Perle« werden auch die Dienstbotin und die »gute Seele« bezeichnet. Reißt die Perlenkette: Kummer und Sorgen wegen eines Verlustes. Volkstümlich: glückliche Ehe.

Person: Jede Person im Traum kann die sein, als die sie auch gesehen wird. Besonders wenn wichtige Personen wie Vater, Mutter, Geliebte(r) und Kinder genau im Traum gesehen werden, so sind sie meist auch gemeint. Ferner kann jede Person im Traum auch auf eigene Anteile der Träumerin oder des Träumers verweisen oder gar etwas Unpersönliches symbolisieren. In selteneren Fällen kann eine geträumte Person auch auf eine andere (ihr ähnelnde) Person verweisen. Jede Person, die Ihnen in Ihren Träumen begegnet, birgt meist auch einen Hinweis auf Ihre eigene Persönlichkeitsbildung und Lebensaufgabe. Wörtlich heißt Person »durchtönend«: Die Person ist also auch ein Symbol der Essenz, die einen durchdringt und in der man schwingt.

Perspektive: Die Perspektive ist im Traum wichtig, aber oftmals sind wir uns ihrer nicht bewußt. Neben den beiden Grundsperspektiven – der des Handelnden und der des Beobachters – treten häufig komplexere Perspektiven auf, die entweder häufig in einem Traum wechseln oder die mehrere Perspektiven zugleich in sich vereinen. Wenn Sie sich zum Beispiel im Traum sowohl beobachten als auch zugleich die Situation aus Ihrer Perspektive als Handelnder sehen, dann liegt solch eine perspektivische Verschiebung gegenüber der Realität vor. Solche von der Realität abweichenden Perspektiven machen uns unsere einseitige Sicht der Welt erst bewußt und fordern uns auf, beweglicher in der Betrachtung der Welt und unserer selbst zu werden.

Perücke: ↗ Haar, ↗ Maske, ↗ Kopf. Persönlichkeitsveränderung, man will seine Glatze (Blöße) verstecken und verdecken.

Petersilie: Stärkt das Herz, Erfolg (wegen der grünen Farbe).

Pfad: Ein persönlicher Weg zeichnet sich ab. Man faßt Tritt auf dem eigenen Lebensweg. Oder auch Schwierigkeiten auf dem Lebensweg.

Pfahl: ↗ Pfosten. Wenn der Pfahl in den Boden geschlagen wird, dann handelt es sich um ein Koitussymbol, meist fließt dann eine Quelle. Wotan, Baldur und Karl d. Große ließen so eine Quelle fließen.

Pfändung: Eine Pfändung im Traum symbolisiert die Angst, versagt zu haben.

Pfanne: Häuslichkeit wie auch alle Symbole, die mit Essen und Mahlzeiten zu tun haben.
Nach Freud ist sie, wie alles, was man auf den Herd setzen kann, ein Sexualsymbol.

Pfarrer/Pastor: ↗ Priester. Vaterfigur und Seelenführer. Deutet auf (ein Zuviel oder ein Zuwenig an) Selbstbewußtheit und Selbstsicherheit. Verweist auf einen guten Rückhalt, auf eine perfekte ideologische Absicherung seines Lebens und auf eine anerkannte äußere Selbstdarstellung. In Glaubensfragen, aber auch allgemein in der gesellschaftlichen Orientierung, sollte man sich mehr äußern und öffnen.

Pfau: Eitelkeit, Symbol des Narzißmus und des Hochmuts. Zugleich aber die Schönheit der Seele und die Mannigfaltigkeit der eigenen Persönlichkeit.
Alchemistisches Symbol, das auf Änderungen im Leben verweist. Archetypisches Wiedergeburtssymbol (auch Phönix).

Pfeffer: Bezieht sich auf »scharfe Sachen«.

Pfeife: Zeigt wie Zigarette oft Schwierigkeiten und Unsicherheit an oder Symbol der Entspannung, der Erholung und des Genusses. Astrologisch gesehen ein Neptun-Thema.

Pfeifen: Seltenes Traumsymbol. Man möchte auf sich aufmerksam machen. Wie ↗ Schrei ein urtümlicher Ausbruch von Seelenkräften.

Pfeil: Zielgerichtetheit, Konzentration aufs Ziel. Bei diesem Traumbild geht es oft um Brenn- oder Bezugspunkte, und es zeigt häufig an, wo man sich hinentwickeln möchte oder sollte. Ferner ist der Pfeil ein männliches Sexual- und Aggressionssymbol.

Pfeiler: Stütze und Unterstützung. Penissymbol nach Freud.

Pferd: Lebenskraft, Energie, Motorik und Ehre. Kann Schnelligkeit, Kraft, Potenz und Triebkraft bedeuten. Beweglichkeit und Dynamik.
Nach Artemidor: Liebesglück, nach Phaldor die Frau, die man körperlich besitzen möchte. In spätmittelalterlichen Traumbüchern bedeutet das Anspannen der Pferde, daß man viele Liebschaften hat.
Bei Freud Lebens- und Todestrieb (Eros und Thanatos).
In volkstümlicher Traumdeutung sind Pferde mitunter Todesboten (Einfluß des Christentums, das die keltische Religion mit ihrer Pferdegöttin Epona diskriminierte).

Pfirsich: Erotisches Symbol, romantische Beziehung. Nach Freud Symbol der weiblichen Brust. Nach volkstümlicher Traumdeutung seit dem Mittelalter bedeutet der Pfirsich die Wiedervereinigung mit der Geliebten.

Pflanze: ↗ Baum, ↗ Blume. Die Pflanze ist oft ein Bild für einen Teil des eigenen Selbst. Symbol des Wachstums, der Natürlichkeit, aber auch das Langsame und das Sachgemäße. Dieses Traumbild verweist häufig auf das Bedürfnis, etwas zu pflanzen, und somit auf die eigenen Talente und Fähigkeiten.

Pflaume: ↗ Zwetschge. Weibliches Geschlechtsorgan. Im Orient Glückssymbol, erotisches Symbol, das auf häusliches Glück verweist.

Pflug: Umwälzung und Auflockerung des Lebensstils.
Pflügen bedeutet Geschlechtsverkehr nach Freud und den meisten Traumdeutern (siehe auch ↗ Furche). Das Pflügen gehört wie das Säen zu den spätmittelalterlichen sexuellen Schaubräuchen der Narren.

Pforte: Die Pforte stellt sowohl ein bekanntes Sexualsymbol als auch den Übergang zu etwas Neuem dar.

Pfütze: Schmutziges Wasser und Gefühl. Besitzt oft ähnliche Bedeutungen wie das sprichwörtliche »Fettnäpfchen«. ↗ Peinlichkeiten, ↗ Ausrutschen.

Phönix: ↗ Pfau, ↗ Adler. Nach dem Physiologus gibt es in Indien den Phönix, der schöner als der Pfau ist, der nach 500 Jahren bei Neumond nach Heliopolls fliegt, sich dem Priester dort zeigt und sich dann auf dem Altar verbrennt. Es bleibt ein Wurm zurück, dem wieder Flügel wachsen und aus dem der Phönix wieder neu entsteht. Symbol der Auferstehung, Wiedergeburt und Verwandlung.

Photographie: ↗ Foto.

Picknick: ↗ Essen. Verweist fast immer auf Natürlichkeit und Intimität.

Piercing: Drückt Individualität aus und daß man seinen Körper gestaltet (kultiviert). Für die genauere Deutung ist der Ort des Piercings wichtig.

Pilger: Selbstverwirklichung und (spirituelle) Suche, nach C. G. Jung der Archetyp des alten Weisen, der im Traum auf wichtige Abschnitte der Individuation (Selbstvervollkommnung) verweist.

Pille: Pillen symbolisieren im Traum häufig eine bittere Wahrheit. Sie verweisen auf eine Krankheit (meist ein psychisches Problem), aber auch – zwar seltener im Traum – auf Sucht und Suche.
Die Pille kann auch im Traum auf die Anti-Baby-Pille verweisen und damit die Einstellung des Träumers zu Kindern und zur Sexualität thematisieren.

Pilz: Aus den eigenen Tiefen wächst etwas heran, das giftig oder nährend sein kann. Rauschhafte, ekstatische, religiöse oder sexuelle Erlebnisse. Ferner wie Zwerge und Gnome ein Symbol der verborgenen Kräfte der Erde und der Wichtigkeit des Winzigen.
Penis nach Freud.

Pinsel: Einfältiger Mensch. Oder: Verweis auf Kunst und Harmonie. Sexualsymbol in der Psychoanalyse.
Volkstümlich: Wünsche gehen in Erfüllung.

Pirat: ↗ Freibeuter. Sehnsucht nach Freiheit und Unabhängigkeit, Ausleben der Männlichkeit bei Mann und Frau. Gegensatz und Ergänzung zu ↗ Admiral.

Pistole: Männliches Sexual- und Aggressionssymbol, das immer mit Macht und Durchsetzungsvermögen zu tun hat. Die Gefahren und Chancen der Selbstbehauptung werden in diesem Traumbild betont. Auf den Punkt kommen, sein Ziel treffen (oder auch nicht treffen), etwas beenden oder etwas Neues beginnen.

Planet: Schauen Sie die Bedeutung des geträumten Planeten im Astrologiebuch oder besser noch in den entsprechenden griechischen Mythen nach. Sinnbild des eigenen Sterns.

Platz: Oft die eigene Mitte, besonders bei runden oder quadratischen Plätzen, Öffentlichkeit, es wird einem etwas bewußt.

Pocken: Pocken kommen nur im Alptraum vor. Sie symbolisieren störende Kräfte in unserem Inneren. Sie sind eine Schattensymbolik.

Pokal: Sie wollen anerkannt werden und suchen nach Bestätigung. ↗Kelch, ↗Gral.

Polargebiete: ↗Eis. Der Traum von den Polargebieten war immer schon kollektiv wie individuell von der Sehnsucht geprägt, der Zivilisation und seinen Mitmenschen zu entkommen. Das drückt sich nicht zuletzt in der Kälte aus, in die man sich zurückzieht und durch die man unnahbar wird. Das innere Polargebiet ist unsere eigene Menschenfeindlichkeit.
Auf der Objektstufe wird mit diesem Traumbild unser Hang zum Abenteuer, aber auch der zur Reinheit angesprochen. Es kann sich in diesem Traumbild ebenfalls eine Sehnsucht nach einer Männergesellschaft ausdrücken oder auch nur Reiselust.

Politik: Politik symbolisiert häufig etwas Undurchschaubares, besonders Lügen und schmutzige Geschäfte. Sie kann allerdings auch den Träumer oder die Träumerin an das Gemeinwohl erinnern.

Polizist: Vaterfigur, Autorität und Respektsperson, also kurzum ein Symbol des Über-Ich. Man fühlt sich eingeengt, unzufrieden. Evtl. unreife Männlichkeit. Dieses Traumbild macht auf die Gefahr eines unpersönlichen, abstrakten Gewissens aufmerksam und fordert Sie auf, zu überprüfen, ob Sie eine eigene Meinung besitzen oder sich nach Autoritäten zu richten pflegen. Spielen in Ihrem Leben Recht und Ordnung eine große Rolle? Oder möchten Sie gerne Freund und Helfer sein? Sollten Sie vielleicht mehr Ihre eigene Persönlichkeit und Meinung ins Spiel bringen und mehr Verantwortung und/ oder Freiheit wagen?

Polster: Ruhebedürfnis. Nach Freud Symbol der Frau.

Porträt: ↗Bild.

Porzellan: Ehe, Häuslichkeit, Kultur und Lebensstil wie bei ↗Bügeleisen, ↗Blumentopf, ↗Henne, ↗Kissen, ↗Schürze, ↗Backen, ↗Kochen. Selten Luxus.

Posaune: ↗Blasinstrument. Eine Posaune verweist meistens auf unser Auftreten und speziell auf unser Durchsetzungsvermögen.

Post/Postamt/Postkarte: Übermittlung von wichtigen Informationen (meist aus dem Unbewußten), es wird etwas bewußt, Kommunikation.

Postbote: ↗ Post. Übermittler von Information, Kommunikation.

Preis/Bezahlung: Sie müssen für alles bezahlen, oder bekommt jeder das Wesentliche im Leben geschenkt? Im Traum geht es bei solcher Symbolik immer um einen Energie-Umsatz.

Priester: ↗ Pfarrer, ↗ Bischof, ↗ Professor. Altägyptische Traumdeutung: Ein ehrenvoller Posten winkt.

Prinz/Prinzessin: Der Träumer/ die Träumerin selbst. Oft die verzauberte (verherrlichte oder verdammte) seelische Würde, neue seelische Selbständigkeit und Ausdrucksfähigkeit .

Prisma: Zeigt wie Kristall und Regenbogen an, daß eine Situation viele Facetten besitzt. ↗ Multiplizität. Symbol der Einheit und der Bündelung des Zerstreuten.

Problem: Ein Problem im Traum ist meistens auch ein solches im Leben der Träumerin oder des Träumers.

Professor/-in: Vergeistigung und Aufstieg oder zu einseitig intellektuelles Leben. Eine/r, der oder die etwas öffentlich bekennt, verteidigt und lehrt. ↗ Pfarrer/ Pastor.

Prophet: Wer vom Propheten träumt, der befindet sich im Zustand größter Seligkeit. Mohammed sagte: »Wer mich im Traum sieht, der sieht mich wirklich, denn der Teufel kann meine Gestalt nicht annehmen.«
Was der Prophet im Traum der Träumerin bzw. dem Träumer sagt, das gilt nur individuell für diese Person und ist nicht zu verallgemeinern. Der Träumer oder die Träumerin sollten diese private Inspiration durch den Propheten nicht anderen Menschen mitteilen. Diese vormals so beliebte Symbolfigur verkörpert einen selbsternannten Sprecher für »Höheres«, der leicht dem Fanatismus oder zumindest der Eindimensionalität zuneigt.

Prostitution: Hure. Mann oder Frau verkauft sich selbst. Triebstau. Der Träumer bzw. die Träumerin ist unbefriedigt. Bei Frauen oft Kühnheits- und Selbständigkeitssymbol, jedoch wie schon bei Hure u. a. auch ein Symbol sinnloser und unsinnlicher Sexualität. Dieses Traumsymbol verweist häufig auf sexualfeindliche Situationen im Alltagsleben.

Protest: Selbstbehauptung und Abgrenzung.

Prozeß: Wenn Sie der Angeklagte sind, hören Sie genau hin, was Ihnen vorgeworfen wird. Sind Sie der Kläger, schauen Sie, welches Unrecht Ihnen widerfuhr, als Richter sollten Sie auch in Ihrem alltäglichen Leben objektiv, sachbezogen und gerecht sein. ↗Rechtsanwalt/Rechtsanwältin.

Prüfung: Schwierigkeiten im Berufsleben. Bestehen einer Prüfung deutet evtl. auf Ehrgeiz, Durchfallen evtl. auf Minderwertigkeitsgefühle. Auch: Symbol der Unterscheidung, der Selbstprüfung.
Bei Freud und Adler unauslöschliche Erinnerung an die Strafe für Kinderstreiche, heute in der Psychoanalyse eher Lebenskampf.

Psychiater: Ein Psychiater tritt stets dann im Traum auf, wenn wir an unserer psychischen Stabilität zweifeln. Er verkörpert unsere eigenen Kräfte in bezug auf eine psychische Stabilisierung.

Psychiatrie: Die Psychiatrie erlebt man meistens nur im Alptraum. Dort symbolisiert sie eher einen Raum des Zwangs als einen der Heilung.

Pubertät: Wird die Pubertät im Traum angesprochen, sollten Sie sich mit Ihrer sexuellen Entwicklung beschäftigen. Häufig weist dieses Traumbild darauf hin, daß es Störungen in der sexuellen Entwicklung gab, unter denen der Träumer oder die Träumerin noch heute leiden.

Publikum: Selbstdarstellung oder fehlende Selbstdarstellung, je nachdem, ob man im Traum Publikum hat oder es selbst ist.
Volkstümlich: gesellschaftlicher Aufstieg.

Pudding: Essen Sie ungesund, fühlen Sie sich zu dick? Eis, Eingemachtes, Kuchen, aber auch Qualle.

Puder: Maske. Verstellung, Minderwertigkeitsgefühl. Man möchte etwas darstellen, das man nicht ist. Andererseits: Vervollkommnung und » der letzte Schliff«.
Volkstümlich: festlicher Anlaß.

Pullover: Der Pullover drückt ein Bedürfnis nach emotionaler Wärme oder Schutz aus. Er kann auch ein Persona-Symbol sein. Für die genauere Deutung sind das Material und die ↗Farbe des Pullovers wichtig.

Pulver: Symbol für das Feine, wobei es für die genaue Deutung wesentlich ist, um welches Pulver es sich handelt. In der Drogenszene ist Pulver ein Symbol für Kokain.
Psychoanalyse: Sperma.

Puma: Symbol der Aggression – allerdings verbunden mit Eleganz. Der Puma kann im Traum als männliches Sexualsymbol auftreten.

Pumpe: Sexualsymbol, Fruchtbarkeit, fließendes Gefühl. Sich etwas borgen.

Puppe: Gefühllosigkeit, Empfindungslosigkeit, Kindlichkeit und Unselbständigkeit (auf die Puppe projiziert das Kind seine Psyche). Wichtig ist, den Zusammenhang dieses Symbols zu betrachten, es kann zeigen, ob es sich hier um eine Wiederentdeckung kindlicher Gefühle handelt oder ob ein notwendiger Abschied von der Kindlichkeit angedeutet wird.
Wenn man sich im Traum selbst als Puppe sieht, empfindet man sich als seelenlos und nur als schönes Spielobjekt.
Bis spät ins Mittelalter diente die Puppe zur Abwehr böser Geister oder als Träger bestimmter Zauberwirkungen (heute noch im Maskottchen vorhanden).
Homunculus in Goethes FAUST: die Puppe als der künstliche Mensch ohne Seele, allerdings zerschellt das Glas mit Homunclus, er ergießt sich in die Wellen des Meeres, um aus den Wassern des Unbewußten als lebendiger Mensch wieder aufzuerstehen.

Putzen: Putzen deutet stets auf innere Reinigung. Wollen Sie etwas bereinigen?

Puzzle: ↗ Rätsel, ↗ Mosaik.

Pyramide: Nach Jung Grabstätte der Könige, die als Götter verehrt werden, sie symbolisiert den Auferstehungsgedanken. Neben Ägypten treten auch Grabpyramiden in China auf, wo der Auferstehungsgedanke durch ihre Wahl des Ortes, nämlich zwischen Berg und Tal, symbolisch zum Ausdruck kommt. Die Pyramide liegt zwischen Himmel und Erde. (Entsprechung: die blauen Berge, Blau). Auch Symbol für Fernweh oder Reiseerlebnis, Geist, Wegweiser.
Die Pyramiden waren auch durch ihre polierte Oberfläche ein ungeheurer Spiegel, ein Lichtquell, auch vom Grundriß her ein körperliches Mandala. Man sollte sein eigenes Licht (seine Stärke und Fähigkeit) kennen. Die Pyramide symbolisiert denjenigen, der sein eigenes Feuer und Licht erhöht, d.h. über das Persönliche hinaus entwickelt. ↗ Quadrat, ↗ Dreieck.

Q

Quadrat: ↗Rechteck, ↗Viereck. Ganzheitssymbol. Man befindet sich auf seinem Individuationsweg und erkennt sich selbst. Erdung und seelische Ausgewogenheit.
Der Erdungsaspekt des Quadrates wird besonders bei Platon betont, der das Quadrat als Ursymbol der Erde auffaßt, wegen der in seinen rechten Winkeln ausgedrückten Statik.

Qualle: Unangenehme Gefühle oder auch seltener Verweis auf (Zwangs-)Gedanken. Urlaubserinnerung.
Volkstümlich: negatives Omen und Schaden.

Quarantäne: Warnt vor Isolation und Krankheit. Im seelischen Bereich wird hier etwas ausgetragen bzw. ausgebrütet.

Quark: Käse. Etwas Unwichtiges, Unerhebliches. Gesunde Nahrung.

Quecksilber: Geschwindigkeit, Nervosität, Schnelligkeit und Gift. Merkur-Symbol.
Volkstümlich: Vergnügen.

Quelle: Fruchtbarkeitssymbol. Symbolisiert im Märchen Reinheit und Jungfräulichkeit (der eigenen seelischen Energien). Hingabefähigkeit. Positive psychische Energien. Ausdruck von Frische (vgl. z. B. Werbebilder für Seife). Die Märchen und Mythen berichten auc- von trüben und vergifteten Quellen (»Brüderchen und Schwesterchen«). Man muß in diesem Fall zu den eigenen Ursprüngen zurück, sein Karma abarbeiten, um gewisse Altlasten zu bereinigen. ↗Wasser, ↗Bad, ↗Umweltverschmutzung.

R

Rabe: ↗ Vogel, ↗ Krähe. Angeblich Unglück oder Unglücksbote (Unglücksrabe). Zugleich jedoch als schwarzer Vogel ein Symbol der Kreativität und Weiblichkeit. Pech.
In germanischer Mythologie ist der Rabe der Todesvogel, volkstümlich der Seelenvogel, nach Mohammed der Frevler.

Rache: Sollten Sie aggressiver sein und sich mehr durchsetzen?

Rachen: Unersättlichkeit, Ungesättigtheit.

Rad: Kreis, Mandala.

Radiergummi: Etwas ungeschehen machen, loswerden, Tatsachen verdrängen und vergessen, fehlerhaftes, unsicheres Handeln.

Radio: Kommunikation, Information und Nachricht über (seelische) Neuigkeiten. Innere Zwiesprache. Radio hören: auf die eigene innere Stimme hören.

Radioaktivität: Die Radioaktivität tritt meistens nur im Alptraum auf und gilt dort als unsichtbare, tödliche Kraft. Damit verweist sie auf unsere inneren Einstellungen, die uns auch als unsichtbare Kräfte vergiften können.
Psychoanalyse: Symbol einer als bedrängend empfundenen Mutter.

Rahmen: Eitelkeit oder fallen Sie einmal aus dem Rahmen.

Rakete: Kühnheit, Flucht aus dem Leben und der Alltagswelt. Sexualsymbol. Gefahr oder Lust, die Erdung zu verlieren.

Rampenlicht: Wer im Traum im vollen Licht steht, der sehnt sich nach mehr Beachtung und Aufmerksamkeit. Oftmals bedeutet diese Traumsituation, daß sich der Träumer offener zeigen und für seine Bedürfnisse eintreten sollte.

Rand: Sstehen Sie abseits oder am Übergang zu etwas Neuem?

Rasen: Gras, Wiese. Hoffnung und Wohlergehen.

Rasiermesser/Rasierapparat: Analytisches Denken, man will etwas glätten.
Volkstümlich: Warnung vor Streit.

Rast: Wenn wir im Traum rasten, sollten wir in unserem Leben versuchen, eine Rast einzulegen. Dieses Traumbild stellt oft einen ernstzunehmenden Hinweis dar, jetzt innezuhalten und sich zu besinnen.

Rathaus: Amt und Würde. Verweist auf die innerpsychische Organisation Ihrer Persönlichkeit.

Ratschlag: Suche nach Orientierung und Unterstützung von außen. Freundschaft und Hilfe.

Rätsel: Suche nach einer Antwort, nach Befreiung.

Ratte: Warnsignal im Traum, nagende Zweifel und Gedanken. Tritt es häufig auf und ist mit Angst verbunden, dann sollte therapeutische Hilfe gesucht werden.

Räuber: Wie Dieb/Diebstahl, Pirat/Seeräuber. Was wird hier geraubt? Werden Sie beraubt oder sind Sie der Räuber? Verweist nach Freud auf Angst vor Sexualität.

Raubtier: »Jede Frau träumt irgendwann einmal von Raubtieren«, sagte man früher, jeder Mann genauso. Sexuelle Emotionen, das Tierische, an dem man sich erfreuen kann oder das einen bedrängt.

Raubvogel: Der Raubvogel symbolisiert ähnlich wie alle ↗Raubtiere unsere animalischen Triebenergien.

Rauch: Etwas Dunkles oder auch Helles, das aus dem Unbewußten hochsteigt. Wo Rauch ist, da gibt es auch ein Feuer: Die Verwandlungskraft durch die eigene Energie. Verfliegt der Rauch: Entspannung. ↗Dampf.

Rauchen: Häufiges Traumbild, wenn man zu rauchen aufgehört hat, sonst ↗Pfeife, ↗Rauch.

Raum: Innerer Raum.

Raumschiff: Das Raumschiff ist ein beliebtes Symbol für den Kontakt mit höheren Weisheitsebenen. Von oben sieht man seine Welt im Überblick.

Raupe: ↗Wurm. Raupen fressen nur das noch nicht Fertige, das Unvollendete. Sie sind gierig, fett und ekelhaft. Zum anderen wird aus der Raupe der Schmetterling, und die Raupe steht somit am Anfang einer Verwandlungsreihe. Dieses Symbol verweist fast immer auf einen Transformationsprozeß.

Rausch: Warnung vor Illusionen, klares Bewußtsein ist nötig oder verweist auf zu große Starrheit und Lustfeindlichkeit.

Reaktor: Reaktoren treten im Traum auf, wenn man sich bedroht fühlt. Sie drücken die Angst vor etwas Unfaßbarem aus. Auf der anderen Seite verweisen sie auf unsere Reaktionen.

Realität: Die Realität wird häufig als hart, einschränkend und bedrängend gesehen. Das Bild der Realität stellt das Gegenbild zum Idealen und zum Projizierten dar. Jeder Traum nimmt Bezug auf die

Realität des Träumers. Er setzt Bilder aus der Alltagsrealität der Träumerin und des Träumers zu einem neuen Gesamtbild zusammen. Das nannte Freud den Tagesrest. Meistens ist die Abbildung der Realität im Traum verändert, und diese Veränderungen dienen als Schlüssel zu seiner Deutung. Auf der anderen Seite weisen Träume, die weitgehend die Realität des Träumenden abbilden, oft darauf hin, daß die Realität zu akzeptieren ist. Sie kann zwar verändert werden, sie ist aber auch die Summe der Dinge, die man akzeptieren muß.

Rebell: Stehen Sie zu Ihren eigentlichen Gefühlen. Vgl. auch ↗Protest und ↗Pirat.

Reben: Glückssymbol.

Rechnung: Auf die Zahlensymbolik achten! Man möchte oder sollte Lebensbilanz ziehen und muß für seine Taten bezahlen, d.h. Verantwortung übernehmen. ↗Preis/Bezahlung.
Volkstümlich: gutes Zeichen, wenn man die Rechnungen bezahlen kann, schlechtes wenn nicht.

Rechteckig: Das Rechteckige weist uns im Traum oft darauf hin, daß wir Ecken und Kanten haben sollten. Das heißt, daß wir ruhig einmal anecken dürfen. Außerdem verweist es auf Erdung (wie alle geometrischen Figuren, in denen der rechte Winkel vorherrscht) und warnt bisweilen vor der Gefahr, sich mit seiner eigenen Starrheit zu begrenzen. Je gleichmäßiger das Traum-Rechteck gestaltet ist, desto positiver kann es gedeutet werden, da es eine Widerspiegelung einer inneren harmonischen Ordnung ist.

Rechts: ↗Links. Die männliche Seite, Aktivität. Das Logisch-Rationale.
Nach Steckel das Rechte (im Gegensatz zu links: das Unrechte), bei Freud die »normale« (im Gegensatz zur linken oder »verkehrten«, perversen) Sexualität. Evtl. politische Symbolik.

Rechtsanwalt/Rechtsanwältin: Bedürfnis nach gerechter oder richtiger Selbstbehandlung und -bewertung. Die Suche nach dem »Richtigen« im persönlichen Leben. Man macht Forderungen geltend. Symbol gerechter (Selbst-) Behandlung.

Rede: Gefühle und/oder Bedürfnisse finden ihren sprachlichen Ausdruck. Seeleninhalte werden einem bewußt, sie werden ausgedrückt und den Mitmenschen mitgeteilt. Wichtig ist der Inhalt der Rede.

Reden: Reden verweist im Traum auf unser Mitteilungsbedürfnis und unsere Kommunikationsfähigkeit. Wichtig ist der Inhalt der Rede. Hier finden Gefühle oder Bedürfnisse ihren geistigen Ausdruck. Seeleninhalte werden bewußt, ausgedrückt und den Mitmenschen mitgeteilt.

Regal: Aufbewahrung, man hängt zu sehr am Altem.

Regel: Hier geht es um die Spannung zwischen Gewohnheit und Originalität. Geben Sie sich selbst die Regeln oder folgen Sie eher von außen gegebenen Regeln? Folgen Sie den Regeln oder durchbrechen Sie diese?

Regen: ↗ Wolke. Sehnsucht nach tiefer Entspannung. Fruchtbarkeitssymbol, auch Sehnsucht nach geistiger Befruchtung.

Regenbogen: Ganzheitssymbol. Das Feuer der Sonne und das Wasser des Regens kommen hier zusammen, die Gegensätze werden verbunden. Die Verbindung von Gefühl und Willen. Ein christliches Symbol für den Bund zwischen Gott und den Menschen. Heute ein oft gebrauchtes Symbol für Kreativität und Phantasie.
Laut Talmud und Kabbala darf man den Regenbogen nicht anschauen, weil er zu Gott hinführt. Im afrikanischen Mythos ist der Regenbogen ein verschlingendes Tier. Nach Jung ist er eine Brücke, die ins Jenseits führt. Er kann auch als Kreis auftreten, er enthält alle Farben, d.h. alle Qualitäten.

Regenschirm: Man sperrt sich gegen Einsichten und Ideen, kein direkter Naturkontakt, kein Kontakt mit dem Wasser des Gefühls. Auch: flexibles Dach über dem Kopf.

Regie/Regisseur/-in: Wer führt in Ihrem Leben die Regie? Fühlen Sie sich von äußeren Umständen bestimmt?
Letztendlich verweist ein solches Traumbild auf die Stärken und Schwächen Ihres Ichs, mit deren Hilfe Sie Ihr Leben planen und führen. Regierung.

Regierung: Einesteils die gleiche Bedeutung wie ↗ Regie, zum anderen wird hier Ihre Einstellung zur Autorität angesprochen. Möchten Sie Ihre Umwelt regieren und beherrschen oder fühlen Sie sich von Autoritäten bestimmt? Vgl. Herrscher/-in.

Reh: Symbol für Frau bzw. junges Mädchen, Zartheit, Sanftmut und Verletzlichkeit. Nach J. Fiebig traditionelles Symbol des Tierkreiszeichens Krebs.

Reichtum: Ausdruck der Sehnsucht nach einem vollen und lebendigen (Seelen-)Leben. Reichtum und Geld hängen im Traum immer mit psychischen Energien zusammen. Evtl. Warnung vor falscher Bescheidenheit oder vor illusorischen Erwartungen. Ihr Dasein und Ihre persönliche Eigenart sind Ihr größter Reichtum. Ob und wie Sie mit der Welt umgehen, Ihr Eigenes bewahren und einbringen, das macht den entscheidenden Unterschied aus. Besitz, Preis, Schatz.

Reihe: Mit dem Traumbild der Reihe wird stets die Frage nach Ihrer inneren Ordnung gestellt.
Es ist bedeutsam, was aufgereiht wird oder in einer Reihe steht. Kriegen Sie Ihr Leben auf die Reihe?

Reiher: ↗ Vogel. Der Reiher im Traum wird meistens als Ausgeglichenheit und Zufriedenheit gedeutet.

Reinigen: Das Symbolfeld »Reinigung« verweist im Traum darauf, daß man sich von einem schlechten Gewissen reinigen möchte, so wie in der christlichen Mythologie Pilatus seine Hände nach der Verurteilung Jesu wusch (Mt 27, 24). Es geht um die Auflösung von Schuld. Fragen Sie sich, was Sie falsch gemacht haben und wovon Sie sich befreien möchten. Was man falsch gemacht hat, kann man wieder gutmachen. Nehmen Sie den Reinigungstraum zum Anlaß, sich genau vorzustellen, wie Sie Ihren Fehler wieder gutmachen können. Versuchen Sie zu verstehen, warum Sie diesen Fehler begangen haben.

Reis: ↗ Getreide.
Volkstümlich: Pläne können wegen falscher Beratung schiefgehen.

Reise: Lebensweg des Träumers. Erneuerungstendenz der Psyche. Man ist unterwegs, d.h. auf der Suche. Wichtig sind die Art der Reise und ihr Verlauf. Bei Freud wird die Abreise als das häufigste Todessymbol im Traum angesehen.

Reiseziel: Das Reiseziel gibt an, wohin Ihr Lebensweg gehen sollte. Es symbolisiert das – meistens langfristige – Ziel Ihres Lebens.

Reißverschluß: Hängt mit ↗ Nacktheit und ↗ Kleidung zusammen. Oft ist mit diesem Traumbild auch die Verzahnung von ↗ rechts und ↗ links angesprochen.

Reiten: Beherrschte (gezügelte) Erotik, Kraft und Bewegung. Nach Freud Symbol für den Geschlechtsverkehr, besonders bei der Frau.

Reklame: Zuviel Eigenlob, Eigenreklame, aber auch Kreativität und Phantasie.

Religion und Spiritualität: Werden Religion und Spiritualität im

Traum angesprochen, ist das als ein Hinweis zu sehen, sich verstärkt den inneren und überpersönlichen Werten zuzuwenden.

Rennen: Man möchte schnell an sein Ziel gelangen. Eile. Das bezieht sich sowohl auf äußere als auch auf innere Ziele. Das Rennen hängt ferner mit Durchhalten zusammen (vgl. Marathon-Lauf) und der Kunst, nicht »außer Atem« zu kommen. Dieses Traumbild erscheint häufig in Streß-Situationen. Auf der anderen Seite ist das Rennen ein Symbol der Ekstase. ↗ Verfolgung.

Reptilien: ↗ Schlange und ↗ Krokodil.
Nach Freud männliches Sexualsymbol.

Reserve: Symbol Ihres Kräftereservoirs. Es werden mit der Reserve Ihre Fähigkeiten und Ihr psychologisches Potential angesprochen. Woher beziehen Sie in Gefahr und Not Ihre Kraft?

Restaurant: Kontaktfreude und Offenheit, Kommunikation, aber auch Oberflächlichkeit. Sehnsucht nach Abwechslung und Sozialkontakt. Das Essen und die Gemütlichkeit finden im Restaurant in aller Öffentlichkeit statt und verweisen auf ein Sich-Öffnen nach außen hin oder auf eine fehlende Privatsphäre.

Volkstümlich: Ißt man selbst, handelt es sich um kleine Vergnügungen, beobachtet man andere, wird man auf schlechte (seelische) Gesundheit verwiesen.

Restaurator: Tritt ein Restaurator im Traum auf, verkörpert dieser eine positive Beschäftigung mit Ihrer Geschichte. Wenden Sie sich Ihrer persönlichen Geschichte zu, um Ihr jetziges Leben besser zu verstehen und effektiver zu gestalten.

Retorte: ↗ Laboratorium. Hierbei geht es einmal um etwas Unnatürliches und Künstliches, zum anderen ist die Retorte das Gefäß des Geistes bzw. der Ort, an dem Verbindungen hergestellt werden. In der Alchemie entspricht die Retorte dem Uterus (vgl. dazu auch U. Eco: Das Foucaultsche Pendel).

Rettungsboot: Man hat die Möglichkeit, sich vor den »ozeanischen Gefühlen« und/oder vor den Stürmen des Lebens zu retten.

Revolution: ↗ Aufruhr, ↗ König, ↗ Regierung.

Revolver: ↗ Pistole.

Rezept (medizinisch): Rezepte, die Sie im Traum sehen, stellen wie Heilmittel die Art Ihrer Heilung dar. Folgen Sie den Anweisungen des Traumrezepts. Diese Traumrezepte sind meiner Erfahrung nach oft wörtlich zu nehmen. Es gibt jedoch bisweilen Rezepte, die eher symbolisch aufzufassen sind. Scheint die Befolgung eines Traumrezepts keinerlei Sinn zu machen, deuten Sie das Traumrezept symbolisch.

Rezept (Kochanleitung): Ein Kochrezept deutet oft auf Pläne hin. Es kann aber auch sein, daß es Ihnen ein systematischeres Vorgehen vorschlägt.

Rhythmus: Ihr eigenes Schwingen ist hier angesprochen. Der Rhythmus im Traum ist Ausdruck Ihrer zeitlichen Organisation. Folgen Sie Ihrem eigenen Rhythmus oder fühlen Sie sich gehetzt?

Richter: Ein Über-Ich-Symbol, das vor zu kühnen Unternehmungen warnt, oder der Wunsch nach Gerechtigkeit. ↗ Gericht.

Riese: Archetypisches Symbol des übermächtigen Vaters, aber auch Urnaturwesen, die meist in der Mehrzahl vorkommen (keine Individualität besitzen). Sie stehen im Gegensatz zu den Göttern, mit denen sie im beständigen Kampf liegen, kennen nur sinnliche Genüsse und sind gierig. ↗ Monster, ↗ Dinosaurier.
Nach Jung in Kinderträumen Sinnbild des Erwachsenseins. So sind die Riesen ein Symbol von Zukunftschancen und Entwicklungsaufgaben, die gegenüber einem noch jungen Bewußtsein kolossal groß erscheinen.

Riesig: Wenn etwas besonders groß erscheint, dann läßt das eine Symbiose vermuten. Der Symbiotiker, der die engsten Beziehungen sucht, neigt dazu, alles zu vergrößern, da er sich frühkindlich mit der Allmacht des Vaters und/oder der Mutter identifizierte.
Ferner verweist die Vergrößerung (im Traum) auf eine Tendenz zum linkshemisphärischen Denken hin, das zur Übertreibung im Sinne der Verdeutlichung neigt.

Rind: ↗ Kuh.

Rinde: Die Rinde symbolisiert eine verfestigte Abgrenzung nach außen und weist damit häufig auf distanzierende Verhaltensweisen des Träumers oder der Träumerin hin. Sie ist wie die harte Schale, unter der ein weicher Kern ruht.

Rindfleisch: Wird in der klassischen Traumdeutung meistens als Symbol sexueller Lust angesehen. Es kann auch ↗ Luxus bedeuten.

Ring: ↗ Kreis. Symbol der Bindungsbereitschaft und Verbundenheit. Ganzheitssymbol, das auch auf Eitelkeit verweisen kann.

Ringkampf: Man ringt innerlich mit etwas. Wichtig ist, wen oder was der Gegner symbolisiert. Sind Sie tapfer oder feige? Gehen Sie Ihre innerlichen Probleme an oder verdrängen Sie diese lieber?

Rippe: Nach Bibel und Mohammed Symbol für die Frau.

Riß: Der Riß im Traum deutet immer auf Ihre innere Zerrissenheit oder irgendeine Trennung hin. Wichtig ist zu betrachten, was reißt. Fühlen Sie sich zerrissen?

Ritter: Abenteuerlust, unreife Männlichkeit und Kampf, aber auch Mündigkeit und Aufrichtigkeit. Man ist im psychologischen Sinne gepanzert, d.h., man zieht sich emotional von der Außenwelt zurück und macht sich unerreichbar (was sowohl sinnvoll als auch problematisch sein kann).

Ritual: Verweist oberflächlich auf eingefahrene Verhaltensweisen, wenn auch Rituale sehr sinnvoll sein können und das Leben mit einem tieferen Sinn beleben. Dieses Traumbild kann sowohl auf etwas Erstarrtes als auch auf etwas sehr Lebendiges und Sinnvolles im alltäglichen Leben hindeuten. Regel, Reichtum.

Rivale: Meist ist der Gegner im eigenen Inneren gemeint.

Robbe: ↗ Seehund. Robben werden im Traum meist als positiv erlebt. Sie hängen im Frauentraum öfter mit einem Kinderwunsch zusammen.

Roboter: ↗ Computer. Es fehlt der lebendige Geist, und es herrscht die Atmosphäre einer erstickenden Routine. Auf der anderen Seite nimmt einem der Roboter auch die anliegenden Arbeiten ab. Automat.

Rock: ↗ Kleidung.

Rockmusik(er): Lebendigkeit, Erotik und Bewegung. Geschäft und Star-Kult. Möglicherweise auch »Emanzipation des Unbewußten« und Ausdruck der »wilden Seite« des/r Träumenden. Welche/r Sänger/-in? Welcher Song? Welche Botschaft? Welche Empfindungen?

Roggen: ↗ Getreide. Volkstümlich: Glück in der Liebe.

Rohr: ↗ Verstopfung. Sexualsymbol. Kriecht man selbst durch ein Rohr, handelt es sich um einen Geburtstraum. Bei einem verstopften Rohr sind meistens Probleme des freien Gefühlsausdrucks angesprochen.

Rohrstock: Der Rohrstock deutet stets auf ein schlechtes Gewissen des Träumers hin. Für die genauere Deutung ist zu klären, warum der Träumer oder die Träumerin ein schlechtes Gewissen haben. Bei einer sado-masochistischen Vorliebe des Träumers tritt er als ein Symbol der Lust auf.

Rollstuhl: Einerseits Behinderung und Leiden, aber andererseits auch ein Hinweis darauf, daß man nicht mehr vor seinen Problemen wegläuft. Trotz einer (psychischen) Behinderung bewegt man sich fort, und oftmals kann dieses Traumbild als Aufforderung gesehen werden, in einem bestimmten Sinne wieder laufen zu lernen.

Roman: Titel und Inhalt sind wichtig.
Volkstümlich: Gefahr in geschäftlichen Angelegenheiten.

Rose: Venussymbol, Liebe und Zuneigung. Der Gegensatz von ↗ Blüte und ↗ Stacheln ist wichtig. Die Rose spielt in der Symbolik des Westens die gleiche Rolle wie der Lotus im Osten. Wie es den tausendblättrigen Lotus als Symbol der höchsten Bewußtseinsebene gibt, so symbolisiert auch die tausendblättrige rote Rose höchstes Bewußtsein. Die Rose ist im Traum auch häufig ein Symbol des Selbst. Als bekanntes Liebessymbol verweist sie darauf, daß der/die Träumende sich in der Liebe geborgen fühlt oder sich mehr der Liebe öffnen sollte.
Die Griechen leiten das altgriechische Wort »rodor« für Rose von dem Wort für »fließend« ab, womit sie wohl auf diesen Duftstrom aufmerksam machen wollten. Aber mit diesem nicht abreißenden Strom verströmt die Rose ihr Leben und verwelkt erschreckend schnell, was schon Plinius in seiner Naturgeschichte äußerst bedauerte. Die prächtig blühende und duftende Rose verwelkt so schnell, daß sie als Symbol des Todes gilt. Zugleich verweist sie auf die jenseitige Welt, weswegen Rosengirlanden die Katakomben in Rom schmücken.
Auch im Orakelwesen zeigt die Rose den Tod an, und man sagt im Volk, daß Bischöfe ein paar Tage vor ihrem Ableben eine weiße Rose auf ihrem Stuhl finden würden. Der Volksglaube von der den Tod anzeigenden Rose lebt noch in dem heutigen Brauch in England und Deutschland fort, Kranken keine Rosen mitzubringen. Vergrünt gar eine Rose, d.h., weist sie ein grünes Blütenblatt auf, zeigt das nach englischem Volksglauben den Tod eines Familienangehörigen an.
Nicht nur in England und Deutschland wird die Rose mit dem Tod verbunden: Schon in Rom wurden jährlich die Rosalia als Fest der Rosen und Toten gefeiert, bei dem man die Gräber der Toten mit Rosen umkränzte.
Die Rose zeigt von alters her an, daß man über das, was in ihrer Gegenwart geschieht, schweigen sollte. Wenn im Altertum eine Ro-

se über den Tisch gehängt wurde, »subrosa« gespeist wurde, wie man es damals nannte, gebot dies absolute Verschwiegenheit über die Tischgespräche. Die frühen Christen übernahmen diese Symbolik, und bei ihnen zeigte die Rose Verschwiegenheit gegenüber den Heiden an. Die Rose als Symbol der Verschwiegenheit lebte noch bis ins 8. Jahrhundert fort, wo man z.B. über Beichtstühle Holzrosen schnitzte und in dem Stuck der Decken der Gerichtssäle die Rose findet.

Die Rose gilt wie der Lotus als die vollendetste Blume, und so bemächtigte sich die christliche Kirche dieses Symbols, indem sie auf den Propheten Sirach zurückgriff, bei der sie das Bild der ewigen Weisheit ist. Dadurch wurde die Rose schnell zum Christus-Symbol wie man es in den Weihnachtslied »Es ist ein Ros' entsprungen« noch findet. Maria wird ebenfalls als Rose im Rosenhag dargestellt, sie ist jedoch die Rose ohne Dornen, denn in christlicher Symbolik bezeichnen die Dornen der Rose unsere Sünden, von denen Maria frei ist.

Die Rose hat etwas Mystisches, und nicht nur Bhagwan kennt die Meditation der mystischen Rose »rosa mystica«; einen Rosenkranz zu beten, kann auch eine solche Meditation sein.

Man meditiert nicht nur bei den Sufis mit einem Tropfen Rosenduft auf dem dritten Auge, da die Rose den Geist klärt und stärkt. Schon den Griechen galt der Rosenkranz als gehirnstärkend, und der römische Kaiser trug aus den gleichen Gründen die Rosenkrone. In Rom verkam der Gebrauch des Rosenkranzes dazu, daß man ihn dekadenterweise zu Festen trug, um den Wirkungen des übermäßigen Weingenusses etwas Einhalt zu gebieten. Die Rose als Bild des klaren Geistes kannten auch die Alchemisten, denen sie mit ihren Erlösungsvorstellungen verbunden war. Schon in Dantes »Paradiso« wird die kleine Schar der Erlösten als eine weiße Rose dargestellt, über die die Engel wie die Bienen kreisen.

Daß der Weg zur Erlösung nur über die Liebe geht, ist wohl die wichtigste Lehre der Rose, die ursprünglich der Liebesgöttin Aphrodite geweiht war, deren Geliebter Adonis in dem Adonisröschen gesehen wird. Daß diese Liebe aber auch von Fleisch und Blut ist, gewährt Dionysos, der ebenfalls die Rose als seine Blume beansprucht.

Rosenwunder: Es gibt immer wieder Kunde von Rosenstöcken, die nie verblühen, von Rosenzweigen in der Vase, die seit 70 Jahren wieder und wieder weiß erblühen, und die Speisen für die Armen verwandelten sich in den Körben der Roswitha von Gandersheim und der hl. Elisabeth in rote Rosen.

Für den an der Magie Interessier-

ten sei noch auf das Pentagramm der Rose aufmerksam gemacht: Wenn man die Mitte eines jeden Kelchblattes einer Rose mit der des übernächsten Blattes verbindet, ergibt sich das Pentagramm, der Drudenfuß, jene alte Bann- und Zauberfigur, mit der schon Faust Mephisto zwingen wollte.
Die langlebige fünfblättrige Heckenrose mit eingezeichnetem Pentagramm galt bei den Griechen als ein Ebenbild des Kreislaufs des Kosmos, der nach Aristoteles von den fünf Elementen (Feuer, Wasser, Erde, Luft und Äther) bestimmt ist.
Die Rose wird als ein Symbol verborgener Weisheit, besonders bei dem Orden der Rosenkreuzer, benutzt, deren Sinnbild die Rose im Kreuz darstellt.
Die Farbe der Rose ist wichtig. Verwelkte Rose zeigt abgestorbene Beziehung an.
Nach Jung ist die Rose immer ein Symbol der Ganzheit, die Rose ist als Mandala eine Weltordnung.

Rosengarten: Seelengrundstück, große Schönheit, aber auch die Dornen und die Arbeit. Der Rosengarten stellt ein Abbild des Paradieses auf Erden dar, einen Ort mystischer Veränderung. Das ist der Ort der Wunder. Paradies, Himmel.

Rosenkranz: ↗ Gebet. Einen Rosenkranz zu beten, bedeutet Tröstung. ↗ Rose.

Rosine: ↗ Geld oder auch süße Gefühle.

Rost: Vergänglichkeit und Zeichen der Zeit. Was rostet?

Rot: Eine positive Farbe für Lebensenergie (Feuer) und Aktivität, für Liebe und Leidenschaft. Sie kann aber auch Aggression, Zorn und Rache andeuten. Nach hermetischer (alchemistischer) Überlieferung ist Rot die Farbe des Geistes, des Goldes und der Sonne (vgl. dazu genauer Jung, Mysterium Coniunctionis, GW 14/1). Gefahrensignal.
Bei den Hindus stellt Rot neben der Lebensenergie die Ausdehnung dar, bei den Mayas Sieg und Erfolg; den Chinesen gilt Rot als Glücksfarbe. In der Alchemie folgt dem Weiß das Rot, der fertige Körper wird hier oft »rubinus« genannt, d. h., Rot ist ein intensiverer Zustand als Weiß, es ist der intensivste, denn Rot ist die Farbe der Emotionalität, des Blutes und des Feuers. Himmels- sowie Höllenfeuer sind rot. Rot ist die Farbe der überwältigenden Gefühlswallungen, deutet im Traum immer auf eine stark affektbeladene Situation hin.

Routine: Routinen im Traum wollen den Träumer meistens auf Routinen in seinem Alltagsleben aufmerksam machen – in seinem Wahrnehmen, Denken oder Fühlen. Diese Routinen werden im Traum oft mit pädagogischer Übertreibung dargestellt, um den Träumer oder die Träumerin auf Automatisierungen oder Erstarrungen aufmerksam zu machen.

Rübe: Symbol der Naturverbundenheit und des einfachen Lebens. Die Rübe kann als sexuelles Symbol auftreten. Bei der gelben oder roten Rübe ist die Farbsymbolik zu betrachten. Rote Rübe: ↗ Karotte.

Rücken: Sieht man im Traum eine Person nur von hinten, dann drückt dies neben Unkenntnis oft Opposition und Distanz aus. Den eigenen Rücken sieht man selten im Traum, ist dies dennoch der Fall, dann deutet das darauf hin, daß man sich seiner eigenen Schattenseiten bewußt wird. Das Traumbild des Rückens hängt ferner mit der Suche nach den eigenen verborgenen Kräften und Schwachstellen zusammen (vgl. Siegfried-Sage).
Am Rücken fängt nach Jung die Sphäre des Unbewußten an; jede magische Wirkung sowie boshafte Angriffe kommen von hinten, deswegen tragen alte Völker Nackenamulette.

Rückgrat: Das Rückgrat hängt stets mit Ihrer Aufrichtigkeit zusammen.

Rucksack: ↗ Gepäck. Die Last, die man trägt, oder Erholung bzw. Bewegung in der Natur.

Ruder (im Sinne von Steuer): Man braucht eine feste Richtung, ein Ziel. Entschlossenheit.

Rudern: Schwere Arbeit, Bewegung aus eigener Kraft. Schiff, Boot.

Ruf: Es geht meistens um den eigenen Ruf. Auch Anruf.

Ruhe: Man sehnt sich nach ihr.

Ruhm: Unzufriedenheit und Sehnsucht nach Anerkennung.

Ruine: Man sollte mehr auf seine Gesundheit achten oder auch ein Zeichen für einen seelischen Neubeginn (aus den Trümmern des Alten entsteht etwas Neues).

Rundfunk: ↗ Radio.

Runzeln: Erfahrung und Alter.

Ruß: Ruß symbolisiert wegen seiner schwarzen Farbe meistens unseren Schatten. Er spricht eine notwendige innere Reinigung an.

Rüssel: ↗ Elefant. Der Rüssel wird gemeinhin als männliches Sexualsymbol betrachtet.

Rüstung: Abschottung und Abpanzerung (vgl. Wilhelm Reichs

Charakterpanzer), Distanz, die sowohl problematisch als auch sinnvoll sein kann. Schutz vor (seelischen) Verletzungen. Panzer, Ritter.

Rutschbahn/Rutschen: Nach unten gleiten, d.h., man nähert sich seinem Unbewußten an. Hingabe, Lebensfreude, aber auch Haltlosigkeit. Ausrutschen, fallen.

S

Saal: Gemeinschaftsgefühl und Kommunikation oder der eigene Kopf mit seinem geistigen und persönlichen Fassungsvermögen. Als Versammlungsplatz symbolisiert der Saal den Ort, an dem man sich mitteilt und so nach außen hin öffnet.

Saat: Fruchtbarkeit, Wachstum, seelische und geistige Reifung.
Säen symbolisierte traditionell meist Geschlechtsverkehr (vgl. sexuelle Narrenbräuche des Mittelalters, zu denen auch das Pflügen und Säen gehört).

Säbel: Aggressionsstau. Männliches Sexualsymbol nach Freud wie alle Waffen, die in den Körper eindringen.

Sack: Symbol des Unbekannten und der Überraschungen, die das Leben für einen bereithält; er stellt so etwas wie eine Wundertüte dar. Oft verweist der Sack im Traum auf ein Geheimnis. Auf der anderen Seite deutet er auf ein Hindernis und eine Belastung hin. Er verbildlicht die Bürde, die man trägt. Es wichtig, was in dem Sack verpackt ist.

Sackgasse: Man weiß nicht mehr weiter, man sieht keinen Ausweg. Positiv in diesem Falle: Umkehr. Man muß aus den alten Fehlern lernen. Kommt häufig als angstbesetzte Situation in Verfolgungsträumen vor. Diese Angst ist auflösbar, indem der/die Träumende sich klarmacht, daß er/ sie sich umdrehen muß, um sich zu befreien. Tritt ein solches angstbesetztes Traumbild auf, sollte man mit seinen Verhaltensweisen experimentieren, um diese zu verändern, was fast immer aus der Sackgasse herausführt. Der Gang in Sackgassen ist psychologisch zur Entwicklung unbedingt notwendig.

Säge: Etwas Einschneidendes geschieht. Ein bekanntes Symbol der Unterscheidung (Analyse) und der geistigen Arbeit. Die Säge zerlegt das Grobe in die feineren Teile, die (vom Träumer) benutzt werden können. Oft geht es bei diesem Traumbild um den Willen, der einem zum Erfolg verhilft.

Saft: Nahrung, Freude und Gesundheit. Saft hängt meistens auch mit Leben und Kraft (Saft und Kraft) zusammen.

Sahne: ↗ Milch. Üppige Nahrung und Genuß des Süßen. Haben Sie etwas »abgesahnt«?

Salamander: ↗ Schlange. Symbol der Bewegungen des Unbewußten. Ein magisches Tier (C. Castaneda).

Salat: Sehnsucht nach Natur und Gesundheit. Manchmal auch Hinweis darauf, sich gesunder zu ernähren.

Salbe: Die Salbe heilt psychische Verletzungen – speziell jene, die in Beziehungen erlitten wurden.

Salz: Geistige Würze und Intellekt. Erdung (das Salz der Erde).

Samen: Psychische Energie, Kreativität und Produktivität. Regen.

Samt: Luxus und Sinnlichkeit. Wichtig ist die Symbolik seiner Farbe.
Nach Freud Schamhaar (wie bei Fell) und Geschlechtlichkeit.

Sanatorium: Der Ort der Gesundung.

Sand: Zeit und Vergänglichkeit (Sanduhr), die Angst, steckenzubleiben und zu versinken. Man streut anderen Sand in die Augen, d.h., man täuscht sie. Allerdings streut auch der Sandmann den Menschen den Sand in die Augen, um sie in den erholsamen Schlaf zu geleiten. Ferner verweist der Sand auf das Element Erde (in seiner feinen Form) und damit auf die Erdung des Träumers. Als der Sand des Strandes verweist dieses Traumbild zum einen auf Ferien und Ausspannen und zum anderen darauf, daß das weiche Wasser (Gefühl) mit der Zeit das Harte (den Stein) besiegt. Geht es bei diesem Traum um Sandkastenspiele, dann möchte Ihnen Ihr Unbewußtes einen Plan mitteilen, den Sie in Ihrem alltäglichen Leben anwenden sollten.

Sandkasten: Symbol der Regression und Kindlichkeit.
Geht es bei diesem Traum um Sandkasten-Spiele, dann möchte Ihnen Ihr Unbewußtes einen Plan mitteilen, den Sie in Ihrem alltäglichen Leben anwenden sollten.
Verhalten Sie sich besonders in Konflikten oft kindlich?

Sanduhr: Die Sanduhr ist in jeglicher Symbolik ein Sinnbild der verrinnenden ↗Zeit. Sie fordert die Träumenden auf, ihre Chancen zu nutzen.

Sarg: Begräbnis, Grab und auch Mitgift, Hinterlassenschaft und eine Aufgabe, die anzugehen ist.

Satan: Teufel. Symbol der seelenlosen Vernunft als auch der ungestalteten Natur. Archetypisches Symbol der Finsternis, aber auch Symbol der Kreativität und des Widerstandes.

Sattel: Gediegenheit und Etabliertheit (fest im Sattel sitzen).

Säugling: ↗Baby.

Säule: ↗Pfeiler, evtl. ↗Baum. Unterstützung und Hilfe.
Nach Freud der Penis. Volkstümlich: Ehre und Erfolg.

Sauna: Reinigung wie auch ↗ Bad und ↗ Dusche. Offenheit und Erotik.

Säure: Nagt und frißt etwas in Ihrem Inneren? Sind Sie auf sich oder jemand anderen sauer?

Saxophon: ↗ Blasinstrument. Das Saxophon stellt ein Bild für Kommunikation und Spontaneität dar. Es symbolisiert speziell den Ausdruck tiefer Gefühle.

S-Bahn: Wer von der S-Bahn träumt, der fühlt sich oft gehetzt.

Schaben: Schaben sind Ekelsymbole. Sie verkörpern meistens unseren Schatten sowie negative Gedanken und Einstellungen wie alles ↗ Ungeziefer.

Schach: Der Kampf der weißen (bejahenden) und der schwarzen (verneinenden) Kräfte in jedem von uns. Der Ausgang dieses Kampfes wird durch das Bewußtsein entschieden. ↗ Rätsel, ↗ Spiel, ↗ Kampf.

Schacht: Stufe des Unbewußten, Abstieg ins Reich der Mütter (Faust) und der Vergangenheit, das eigene Dunkle.
Vaginales Symbol nach Freud.

Schachtel: ↗ Gefäß. Eine Schachtel birgt fast immer ein Geheimnis im Traum. Wichtig für die Deutung ist, was sich in der Schachtel befindet, welche Form und Farbe sie hat. Für die Psychoanalyse ist die Schachtel so zu deuten wie ein ↗ Gefäß (also als weiblicher Körper).

Schädel: Erinnert an den Tod und den Sinn des Lebens. Dieses Symbol verweist bisweilen auf das Gefühl der geistigen Leere. Auf der anderen Seite wird hier auch die Struktur und die Essenz des Geistigen und letztendlich des Lebens angesprochen. Vgl. Yoricks Schädel in Hamlet (»Sein oder nicht sein ...«).

Schaf: Geduld, Dummheit und Landromantik, aber auch Hingabe und Unschuld. Die Wolle der Schafe verweist auf Wärme, Schutz und Anlehnungsbedürfnis (Kuschelwolle). Lamm, Widder.
Volkstümlich: Glück.

Schaffner/-in: Kontrolle. Fahren Sie in die richtige Richtung?

Schal: Wärme, Schutz und tiefe Zuneigung.

Schale (Gefäß): Wie der ↗ Gral Symbol des seelischen Fassungsvermögens und der Seele selbst. Wichtig ist, was sich in der Schale befindet. ↗ Becher, ↗ Gefäß.

Schale: Äußerlichkeit und Härte, hinter der sich ohne weiteres etwas

Sanftes verbergen mag (harte Schale und weicher Kern). ↗ Persona, ↗ Person.

Schalter: Wird der Schalter an- oder abgeschaltet? Das verweist auf Ihre Lebensenergien. Sie haben es in der Hand, Dinge oder Stimmungen zu regulieren und umzuschalten.

Scham/Schämen: ↗ Schatten.

Schatten: Der Schatten ist zunächst das Unsichtbare (vgl. die Schatten im Hades). Wird der Schatten sichtbar, ist dies bereits ein wichtiger Erkenntnisfortschritt. Man beginnt, bewußt seine »dunkle« Seite wahrzunehmen. Der Zweck des Auftretens des Schattens im Traum liegt in der Bewußtwerdung des Selbst, deswegen sollte man seinen Schatten weder fürchten noch meiden. Der Schatten ist meistens mit der Vergangenheit oder der Zukunft verbunden: Alte Verletzungen werfen ihren Schatten auf unser heutiges Verhalten und Fühlen, genauso wie die Angst vor der ungeborenen Realität der Zukunft. Die Auseinandersetzung mit dem Schatten ist notwendig, um unser Leben im Hier und Jetzt zu verstehen. Sie bringt unserem Leben Intensität, Reichtum und Phantasie. Man steht entweder im Schatten oder wird von jemandem in den Schatten gestellt. Minderwertigkeitskomplex, man möchte mehr darstellen, angesehener sein. Der Schatten ist das, was einem folgt, aber auch das, was man schlecht sieht, er kann jedoch auch Schutz bieten.
Nach Jung die »inferiore«, d.h. die unentwickelte und wenig differenzierte Figur, die der Erde verhaftet ist. Der Schatten ist eine der ursprünglichsten Seelendefinitionen: Der Häuptling verliert sein Mana, wenn man auf seinen Schatten tritt. In den südlichen Ländern Europas gilt der Mittag als Geisterstunde, da sich der Schatten dann ganz klein zurückzieht. Da lauert die Furcht, er könnte verschwinden und damit die Seele und die Beziehung zur Erde.

Schatz: Kostbarkeit. Alte vergessene Fähigkeiten sind zu aktivieren. Der Schatz symbolisiert das Ziel einer Suche und stellt den Ausgangspunkt oder den Hintergrund unserer persönlichen Bestrebungen dar. ↗ Reichtum.
Nach Freud Symbol der geliebten Person.

Schatzsuche: ↗ Schatz. Die Schatzsuche ist mit der Traumdeutung oder der Psychoanalyse vergleichbar, da bei ihr das Verborgene aus dem Unbewußten in Bewußte gehoben wird. Dadurch, daß das Unbewußte bewußt gemacht wird, fließt uns ein großer Reichtum in Form von Selbsterkenntnis zu. Freuds vielzitierter Ausspruch

»Wo Es war, muß Ich werden« drückt diese Schatzsuche aus.

Schauer: ↗ Regen, ↗ Angst, ↗ Zittern. Volkstümlich: Rückschlag.

Schaufel: Verdrängtes ist hervorzuholen, man sollte sich an etwas erinnern, Arbeit ist nötig.

Schaukel: Gefühlsschwankungen, das Leben geht auf und ab (Rad der Fortuna). Dieses Traumbild birgt oftmals einen Hinweis auf unsere Launen, die wir entweder zu sehr ausleben oder zu sehr zurückhalten. Symbol des Rhythmus des Lebens (vgl. auch den menschlichen Biorhythmus). Fühlen Sie sich »verschaukelt«? Kann auf Kindheitserinnerungen deuten. Verspieltheit. Sexuelles Symbol.

Schaum: Verweist als Venussymbol (Venus ist die Schaumgeborene) auf Schönheit und Harmonie. Die Verbindung von Wasser und Luft als die Verschmelzung von Gefühl und Geist stellt ein altes Erlösungssymbol dar. In diesem Traumbild können aber auch unrealistische Ideen und Pläne (Schaumschläger ist einer, der aufbauscht und übertreibt) angesprochen werden, oder es wird schlicht auf eine notwendige Reinigung verwiesen.

Schauspiel(er): ↗ Theater. Man gibt etwas vor zu sein, das man nicht ist. Man möchte im Mittelpunkt der Bewunderung stehen. Erkundung der eigenen Möglichkeiten.

Scheck: ↗ Geld.
Volkstümlich: finanzieller Verlust.

Scheibe (das Runde): Die Scheibe weist die gleiche Bedeutung wie alle ↗ runden Symbole auf und läßt sich letztendlich auf Weiblichkeit und Sonne zurückführen.

Scheibe (Glas): Die Glasscheibe ist entweder ein Sinnbild des Durchblicks und der Klarheit oder eines Hindernisses, das schwer auszumachen ist. Mit dem unsichtbaren Hindernis ist wahrscheinlich eine emotionale Blockierung des Träumers angesprochen.

Scheide: ↗ Sexualität. Tritt das weibliche Sexualorgan im Traum auf, wird damit auf Fruchtbarkeit oder auf ein starkes sexuelles Bedürfnis verwiesen.

Scheidung (Trennung): Trennungswunsch oder -angst. Hier klingt auch das alte Wort »Scheidung« im Sinne von Unterscheidung an, was auf die Urteilskraft des/der Träumenden verweist.

Scheinwerfer: ↗ Licht. Der Scheinwerfer ist ein bekanntes Bewußtseinssymbol. Bedeutsam ist, worauf das Licht des Scheinwerfers gerichtet wird.

Scheiterhaufen: Sind aufgehäuft aus unseren Schuldgefühlen.

Schere: Intellektualität und Trennung (man schneidet etwas ab). Zeigt auch häufig einen Aggressionsstau an. Nach der Psychoanalyse ist die Schere wie die meisten stechenden Gegenstände Symbol männlicher Sexualität. Allerdings scheint mir die Schere eher ein Drohsymbol gegen die Männlichkeit darzustellen, da man mit ihr etwas abschneidet/kastriert (vgl. den Daumenlutscher im »Struwwelpeter«).
Volkstümlich: Warnung vor falschen Freunden.

Scherz: Man sollte das Leben leichter nehmen. Die eigene Sichtweise ist erstarrt, oder die Seele ist heiter und eine Quelle der Freude. Reimt sich (auch sinngemäß) auf Schmerz und auf Herz.

Scheune: Die eigenen Fähigkeiten werden gut genutzt. Erfolg und Wohlstand, kann aber auch Ort der (jugendlichen) Sexualität sein. Nach Jung Aufenthaltsort der Dämonen und Geister, der aber auch gegen Regen und Kälte schützt.

Schiedsrichter: Es geht dabei um die Fairneß im Umgang mit sich selbst und anderen. Dieses Traumbild verweist auf Ihre innerpsychische Instanz, die Sie selbst und andere bewertet. Vorschlag einer neutralen, stärker distanzierten Einstellung dem Leben gegenüber. Man sollte vielleicht die eigenen »Spielchen« genauer beobachten.

Schießen: Zum einen geht es um das Anvisieren eines Zieles. Treffen Sie Ihr Ziel? Zum anderen geht es um Aggression und Jagdinstinkt. ↗ Pfeil, ↗ Pistole.

Schiff: ↗ Boot. Lebensschiff, man sollte seinen Lebensweg überdenken (wenn man sich auf dem Schiff befindet). Distanzierter Umgang mit Gefühlen: Man berührt nur indirekt das Wasser. Auch Sehnsucht nach Weiblichkeit, wenn das Schiff weit weg ist. Lautlich die Umkehrung von »Fisch«: Gegensatz und Ergänzung zu ↗ Fisch.
Verschiedene Schiffsarten charakterisieren die eigene Persönlichkeit. Rettung im Koran und in der Bibel. Symbolisiert die Frau nach Freud.

Schiffbruch: Schiffbruch, wie Dammbruch, hängt häufig mit dem Gefühl des Scheiterns zusammen, obwohl dieses Traumsymbol auf eine positive Entwicklung deuten kann. Die Distanz zum Wasser, d.h. zum Gefühl und zu den eigenen Bedürfnissen wird aufgehoben. Man könnte den Schiffbruch auch als Gefühlsausbruch deuten, bei dem der/ die Träumende sich zu seinen/ihren Leidenschaften bekennt.

Schild (als Schutzschild): Schutz und ein Hilfsmittel, hinter dem man sich frei bewegen und seinen Angriff organisieren kann. Der Rückzugsort der Seele.

Schild (Namensschild oder Reklameschild): Bei diesem Traumbild hängt die Bedeutung weitgehend davon ab, was auf dem Schild geschrieben oder abgebildet ist. Bei Namen achten Sie darauf, ob die Schrift klein, groß, verschnörkelt oder farbig gestaltet ist. Im Falle einer Abbildung schauen Sie unter dem entsprechenden Begriff hier nach.

Schildkröte: Sich hinter einem Charakterpanzer (nach W. Reich) verbergen. Uralte Weisheit oder das Wesentliche (in Ihnen) verbirgt sich.

Schilf: ↗Vorsicht, ↗Morast und ↗Sumpf. Entweder kommt man schwer vorwärts, oder das Schilf verweist auf Schutz (man kann sich im Schilf verstecken und damit auch ein Dach decken).

Schimmel (Pferd): Positives Naturbild, Kraft und Reinheit. Weiß.

Schinken: Kraftnahrung, deftiges Essen und Bedürfnis nach Fleisch(lichem).
Volkstümlich: Glück.

Schirm: Regenschirm. Altes Herrschaftssymbol, Schutz und Distanz. Nach Freud erigierender Penis.

Schlacht: Erotisches Symbol, nervliche Überreizung und Überarbeitung.

Schlachthaus/Metzgerei: Ort, an dem das Tierische abgetötet wird. Wichtig ist die Symbolik der Tiere, die dort geschlachtet werden.

Schlaf: Man bekommt etwas Wichtiges nicht mit, fehlende Klarheit und Unbewußtheit. Man weicht Problemen aus. Ruhebedürfnis.
Volkstümlich: negatives Omen.

Schlafzimmer: Ort der Beziehung, deren Probleme und schönste Augenblicke.

Schlagen: Aggression. Energie-Umsatz und -austausch. Verzweifelte Berührung und Versuch der Nähe. Direktheit und Einfachheit der Mittel.

Schlägerei: Aggressionsstau, Sehnsucht nach körperlicher Nähe.

Schlaginstrumente (Musik): Schlaginstrumente symbolisieren unseren inneren Rhythmus und »Drive«. Sie können unsere Aggressionen ansprechen.

Schlaginstrumente (Werkzeug): Schlaginstrumente wie der

↗ Hammer drücken meistens unsere Aggressionen aus.

Schlamm: ↗ Moor. Angst vorm Versinken und vor Stagnation. Als Mischung von Wasser und Erde die Verbindung von fließenden Gefühlen und faßbaren Bedürfnissen.

Schlange: ↗ Giftschlange. In erster Linie ein Angstsymbol. Oft Sexualsymbol, aber auch, wie Oroboros, Vollkommenheits-, Wandlungs- und Wiedergeburtssymbol. Symbol des dunklen Weiblichen und der Falschheit, aber auch der Weisheit und der List. Fast jede Frau träumt zumindest einmal in ihrem Leben von Schlangen: Angst vor Nebenbuhlerin oder dem männlichen Geschlecht. Die Schlange steht für die Triebe. Wenn dort etwas nicht stimmt, träumen wir oft von der Schlange. Die Schlange kann das Lebenswasser sein, sie kommt aus dem Inneren der Erde als Heilquelle. Jung spricht von der Heils- oder Soterschlange (vgl. den Äskulapstab, um dem sich zwei Schlangen winden). Im Tempelheiligtum des Asklepios krochen auf dem Boden des Schlafsaals Schlangen. Sie sollten den Traum zur Heilung hervorrufen. Nach Artemidor zeigt der Schlangentraum Heilung und Rückkehr der Lebenskraft an. Unsterblichkeitssymbol (Häutung: Wiedergeburt). Die Midgardschlange bedroht zusammen mit dem Fenriswolf am Ende der Tage die Götter (nord. Mythologie, Edda).

Symbol der geheimen Weisheit, der Enthüllung des Verborgenen. Schlangen sind schnell und werden vom Feuer angelockt: die Entbindung von Energie, Zielrichtung auf ein Objekt. Eine Schlange stiehlt Gilgamesch (Held des gleichnamigen sumerischen Epos) das Kraut der Unsterblichkeit, während er im Teich badet. In Griechenland erzeugt Gaia, die Erdgöttin, halbe Schlangenwesen, die Titanen, die mit Zeus ringen. Die Schlange symbolisiert bei den Gnostikern (spätantike religiösphilosophische Bewegung, welche die Erlösung von der Materie anstrebte, 1. bis 3. Jahrhundert n. Chr.) den »deus absconditus«, die dunkle, tiefe, unbegreifliche Seite Gottes, aber auch die indische Kundalini (die Schlange der Lebensenergie). Schlangen sind als Totengeister in Griechenland sogar öffentlich verehrt worden.

Schlangen tauchen unvermittelt aus dem Unbekannten auf und erregen Angst. Dem Menschen ist es nicht möglich, mit ihnen in eine sinnvolle Kommunikation zu treten, sie sind geheimnisvoll und angsterregend wie das Unbewußte. Ihr Gift ist die Sünde, ihre Weisheit die Verwandlung und Erlösung. Nach frühchristlicher Vorstellung schützt sie beim Angriff einzig ihren Kopf (Physiologus). Im

Traum »Unterweltsvision eines assyrischen Kronprinzen« (8. bis 7. Jh. v. Chr.) wird der Schlangen-Drachen-Kopf dem Tod gleichgesetzt. Nach Freud Penissymbol, nach Jung etwas Wichtiges im Unbewußten: gefährlich oder heilbringend. ↗ Aal.

Schleier: Geheimnis. Man versteckt etwas, stellt etwas falsch dar. Jungfräulichkeit. Das Zerreißen des Schleiers symbolisiert die Defloration. Aber auch Schutz im Sinne einer notwendigen (seelischen) Abgrenzung. Wahrung und Betonung der (seelischen) Immunität.

Schleifstein: Man will etwas glätten.
Nach Artemidor Ermunterung zu geschliffenem Umgang mit Menschen.

Schleppe: Was einem nachhängt. Schatten. Jemanden ins Schlepptau nehmen, aber auch Würde, Pracht und Andacht. Häufig auch mit dem Bild der Braut verbunden. Bisweilen ist auch der Anklang »schleppend« zu beachten, bei dem die Frage nach Ihrer Geduld gestellt wird.

Schleuse: Die Regulation des Wassers, d.h. der Gefühle. Hier wird der Wasserstand den Bedürfnissen des Verkehrs angepaßt, und somit stellt sich die Frage nach der Regulierung Ihrer Gefühle und deren Anpassung an die Bedürfnisse des alltäglichen Lebens.
Beschneiden Sie sich in Ihren Gefühlen, oder lassen Sie diese fließen? Was engt Sie ein?

Schlinge: Aus Angst, in sich selbst gefangen zu bleiben, träumt der Mensch von der Schlinge. Bedeutsam ist, was in der Schlinge steckt. Es symbolisiert jenen Anteil, der Sie gefangen hält bzw. den Sie festhalten. Steckt Ihr Kopf in der Schlinge?

Schlitten: Hingebungsvolles Sichfallenlassen als angenehme Erfahrung wie bei ↗ Bach, ↗ Blatt, ↗ Fallschirm, ↗ Rutschbahn und wie teilweise auch bei den Flugträumen. Oder Ausdruck von Aggressionen (mit jemandem Schlitten fahren).

Schlittschuhlaufen: ↗ Fliegen. Man begibt sich aufs Eis. Sind Sie dem Risiko gewachsen? Vertrauen in den eigenen Körper, Eleganz der Bewegung, Dahingleiten.

Schloß (Gebäude): ↗ Burg. Archetypisches Muttersymbol. Seelische Sicherheit oder Gefangenschaft bzw. Befangenheit. Vgl. auch Luftschloß, Spukschloß, Lust- und Jagdschloß.
Symbolisiert das Weibliche nach Freud.

Schloß (Verschluß): Hier geht es um die innerpsychische Spannung zwischen Offenheit und Rückzug (Abgeschlossenheit), zwischen Wagnis und Sicherheit.

Schlosser: Verschlossenes öffnet sich.
Nach Jung archetypisches Symbol des schwarzen Mannes wie auch der Schmied, Widder.

Schlucht: Die Schlucht tritt im Traum häufig als ein Symbol des Schattens und der Gefahr auf. Sie verdeutlicht oft das Unbewußte.
Psychoanalyse: Die Schlucht ist ein Symbol des weiblichen Geschlechts.

Schlüssel: ↗ Schloß. Die richtige Einstellung und Antwort im Sinne der Anwendung der persönlichen Eigenart. Ideen und neue Erfahrungen. Die Schlüsselgewalt symbolisiert das Verfügungsrecht und die Autonomie.
Abschließen heißt, sich verschließen, und spricht oft die Angst vor Beziehungen und davor, sich einzulassen, an.
Die Symbolik Schlüssel/Schloß weist für Freud auf Sexualität (vgl. Uhlands Lied vom »Grafen Eberstein«). Der Schlüssel ist der Penis, das Schloß die Scheide, schließen bedeutet Geschlechtsverkehr. Volkstümlich: Einen Schlüssel zu verlieren, ist negativ, einem anderen seinen Schlüssel zu übergeben, bedeutet häusliches Glück.

Schmerz: Empfindsamkeit oder Überempfindlichkeit, verweist auf die Notwendigkeit der Trauer bzw. eines Neubeginns.

Schmetterling: Die eigene Wandlung (Raupe zu Schmetterling), beflügelnde Leichtigkeit und die Seele (nach Rudolf Steiner die Kinderseele). Im eigentlichen Sinne jedoch der »spiritus«, d. h. die Verbindung von Geist und Seele. In diesem Sinne Symbol der Begeisterung und der Seligkeit.

Schmied: Harter Schicksalsschlag, oder man wird zum Meister der Wandlung, Amboß.
Nach Jung archetypisches Symbol des »schwarzen Mannes« wie auch der Schlosser. ↗ Widder.

Schmuck: Wohlergehen. Schönheit bei Frauen, Ehre bei Männern oder Eitelkeit, aber auch, daß man den inneren Schatz gefunden hat. Wunsch nach Anerkennung und Zuneigung.
Nach Freud Symbol der geliebten Person. Volkstümlich: ungünstiges Omen.

Schmutz/Dreck: Sehnsucht nach Reinheit (aus schlechtem Gewissen heraus). Ausdruck des Bedürfnisses, »sich im Dreck zu suhlen«.
Verweist nach Freud auf die Sexualität; eine Assoziation, die

jedoch weitgehend nur für den Beginn des 20. Jahrhunderts zutraf.

Schnalle: Zusammenhalten. Man verbindet etwas und versteht etwas.

Schnaps: ↗ Alkohol. Vom Schnaps wird oft aus Angst vor dem sozialen Abstieg oder der Angst vor der Sucht geträumt. Mit dem Schnaps ist der ↗ Rausch verbunden, der auf die Gefahr einer Trübung des Bewußtseins aufmerksam macht. Für die weitere Deutung ist die Art des Schnapses wichtig. Je billiger der Schnaps, desto größer ist die Angst vor dem sozialen Abstieg.

Schnecke: Rückzug, Überempfindlichkeit, Hemmungen und Kontaktarmut. Oftmals tritt dieses Traumbild auf, wenn Sie in der Spannung zwischen scheu und energetisch leben. Gehen Sie die Risiken des Lebens kühn an, oder ziehen Sie sich in Ihr sprichwörtliches Schneckenhaus zurück? Dieses Traumbild mag Sie vielleicht auch auffordern, langsamer durchs Leben zu gehen und Ihren eigenen Rhythmus zu finden.
Sexualsymbol nach Freud. Volkstümlich: Maßlosigkeit.

Schnee/schneien: ↗ Eis, ↗ Kälte. Gefühlskälte, Geborgenheit, aber auch Strafe, Plage und Unberührtheit. Die weiße Schneefläche symbolisiert wie das weiße Blatt die Unschuld. Die üblichen Unterscheidungen und scharfen Konturen verlieren an Bedeutung, der Schnee macht alles weich und weiß. Somit verweist er auf eine Befreiung von der gewohnten Sichtweise und deutet eine Neuorientierung an.

Schneemann: ↗ Schnee. Gefühlskälte oder Spiel.

Schneider: ↗ Kleid, ↗ Nadel, ↗ Faden. Traditionelle Deutung: Feigheit und List (Das tapfere Schneiderlein). Eitelkeit wie auch bei Schmuck.
Volkstümlich: Träumt eine Frau von einem Schneider, bedeutet das Heirat unter ihrem Niveau.

Schnur: ↗ Band.

Schnurrbart: ↗ Bart, ↗ Haar. Potenz. Volkstümlich: kleiner Streit.

Schokolade: Tritt oft bei Hunger auf Schokolade auf. Symbol der Verführung (»schwarz und süß«).

Schönheit: Im Märchen wie im Traum stellt die Schönheit einen anderen Ausdruck für Wahrheit und Aufrichtigkeit dar. Sie ist zugleich ein Symbol der Eitelkeit, des großen Glücks und des Erfolges. In der orientalischen Tradition ist dies der höchste Glückstraum.

Schornstein: Rauch. Reinigung, aber auch Verschmutzung. Penissymbol. Vgl. auch ↗ Pfeiler, ↗ Baum, ↗ Treppe.

Schornsteinfeger: Der Schornsteinfeger ist ein allgemein bekanntes Glückssymbol. Außerdem symbolisiert er den Überblick, da er auf den Dächern arbeitet. Schließlich verweist er auch auf ↗ Reinigung. Analytische Psychologie: Als schwarzer Mann kann der Schornsteinfeger auch als eine Personifizierung des Schattens auftreten.

Schoß: Rückkehr zur Mutter, Sehnsucht nach der Kinderzeit oder Schrecken der Kindheit.

Schrank: ↗ Besitz. Wir verschließen (verstecken) etwas.
Nach Freud Symbol des Frauenleibes.

Schranke: Hindernistraum. Sinnvolle Grenze oder Selbstbeschränkung.

Schraube: Sexualitätssymbol (engl. »to screw«: miteinander schlafen). Hier wird die Verbindung zweier Menschen, Situationen oder Dinge betont. Oder der Ausdruck zunehmenden Drucks, den man verspürt.

Schreck: Wer sich im Traum erschreckt, wird damit auf etwas Wichtiges aufmerksam gemacht. Setzen Sie sich besonders mit der symbolischen Bedeutung dessen auseinander, wovor Sie sich erschreckt haben.

Schrei: Warntraum. Verzweiflung, aber auch Erwachen (im Traum) als Gegenbild zum Schlaf.

Schreiben: Denken, planen und organisieren. Sich Rechenschaft geben. Es kann sich dabei auch um eine wichtige Mitteilung handeln oder den Hinweis darauf, daß Sie sich an eine bestimmte Person wenden sollten.

Schreiner: Wie alle ↗ Handwerker verkörpert der Schreiner Ihre (manuelle) Geschicklichkeit. Er symbolisiert Ihre Produktivität und Kreativität.

Schrift: ↗ Schreiben.

Schrott: Schrott symbolisiert all das, was Sie ablegen sollten. Damit sind negative Haltungen und Einstellungen gemeint, die meistens auf Ihrer Vorgeschichte beruhen.

Schrumpfen: Häufiges Symbol, wenn man sich minderwertig fühlt. Siehe L. Caroll: Alice im Wunderland, hier deutet das Schrumpfen auf den Einstieg in eine andere Realität hin. Hinweis, daß man kleiner, wie die Kinder, werden sollte. ↗ Zwerg.

Schublade: ↗ Schrank. Geheimnis und Besitz. Volkstümlich: Eine offene Schublade ist positiv, eine geschlossene Schublade oder Schublade voller Unterwäsche deutet auf Untreue.

Schuh: Erdung oder Abschirmung gegen die Erdkräfte. Zeigt den Standort des Träumenden an.
Nach Freud ist das Schuhanziehen ein sexueller Akt (siehe auch Fuß).

Schulaufgaben: Man muß noch etwas in seinem Leben erledigen.

Schuld: Die Schuld im Traum und die damit zusammenhängenden Schuldgefühle sind Ausdruck Ihres Über-Ichs und somit Ihrer Tendenzen, sich selbst zu bestrafen. Ferner macht uns dieses Traumsymbol darauf aufmerksam, daß wir zu schnell uns und unsere Umwelt bewerten. Schuld im Traum ist ferner häufig der Hinweis auf ein schlechtes Gewissen, welches die Entwicklung verhindert oder verzögert. Sie sollten sich fragen, ob es Ihnen oder anderen hilft, Menschen unter dem Aspekt von Schuld zu betrachten.

Schulden: Hinweis auf materielle Lasten und reale Verschuldungen, Altlasten und Hypotheken. Ihr Leben ist nicht im Gleichgewicht, d. h., der Traum verweist auf Ihre Schuldgefühle, damit Sie diese auflösen können. Auch die realen finanziellen Belastungen können symbolisch als unbewußte Bestrafungen angesehen werden.

Schule: Lernaufgaben wie bei ↗ Schulaufgaben und ↗ Prüfung.

Schüler: Der Schüler im Traum personifiziert meistens einen Aspekt des Träumers oder der Träumerin. Dieses Traumbild mag entweder an Ihre Schulzeit erinnern oder Sie darauf verweisen, was Sie noch alles lernen müssen. Was müssen Sie lernen?

Schürze: ↗ Schleier, ↗ Vorhang. Schutz und Häuslichkeit wie bei Backen, Braten, Kochen und Abendessen, Blumentopf, Bügeleisen, Henne, Kissen und Porzellan. Die Schürze ist auch der Ort der Verwandlung (in der Schürze der heiligen Elisabeth verwandeln sich die Speisen für die Armen in Rosen). Ort, wo Mädchen/Frau etwas versteckt, denn das mütterliche Geheimnis liegt im Schoß.
Nach Jung oft geschlechtliche Bedeutung. Verlust der Schürze symbolisiert den Verlust der Jungfräulichkeit.

Schuß: Schießen. Sexual- oder Aggressionssymbol.
Volkstümlich: Krankheit.

Schüssel: Die Schüssel ist durch ihre runde Form ein verbreitetes weibliches Symbol. Hier kommt es darauf an, womit die Schüssel Ihres Traums gefüllt ist. Sehen Sie das als Hinweis auf Ihre Aufnahmefähigkeit.

Schuster: ↗ Schuhe. Erdung. Volkstümlich: Mißgeschick.

Schutt: Seelenschutt, der einmal auf anliegende Aufräumarbeiten verweist (Entsorgung) und Sie zum anderen auffordert, das Geschenk und die Chance in Ihren Problemen zu sehen.

Schütze: In der Mythologie wird der Schütze oft als Zentaur, als der wilde Reiter dargestellt, als der er uns u. a. noch heute im Cowboy-Film begegnet. In seiner weiblichen Form entspricht er der Amazone der Antike. Menschliche Begeisterung und Zielgerichtetheit wird in diesem Traumbild mit dem triebhaften, »animalischen« Feuer verbunden. Der Schütze sehnt sich nach einem Ziel, und somit sind die Wehmut und das Fernweh mit diesem Symbol verbunden; doch das Ziel ist er stets (auch) selbst. ↗ Pfeil, ↗ Ziel, ↗ Bogen.

Schwalbe: Häusliches Glück und Frühling, zeigt das Ende des Winters an. Große Geschwindigkeit und Beweglichkeit. Nach dem Physiologus zeugt sie nur einmal und besitzt große Kräuterkenntnisse.

Schwamm: Wasser. Auspressen und aufsaugen. Etwas vergessen (Schwamm drüber).

Schwan: Schwäne sind ein Symbol für Familiensinn. Sie paaren sich nur einmal im Leben und ziehen ihre Brut gemeinsam auf. Geistiges Interesse, Idealismus (Lohengrin). Symbol der Schönheit. Schwarzer Schwan: Unglücks- oder Todesbote. Bei den Kelten galten Schwan und Gans als Boten aus einer anderen Welt und durften deswegen nicht gegessen werden.

Schwangerschaft: Dic Schwangerschaft symbolisiert entweder eine verdrängte Angst vor Schwangerschaft oder die Sehnsucht danach, schwanger zu werden, wobei Schwangerschaft im weitesten Sinne verstanden werden kann: Sie umfaßt das Hervorbringen eines jeglichen Produkts.
Die Schwangerschaft im Traum ist auch häufig ein Zeichen der Reifung.

Schwanz: Immer ein sexuelles oder aber teuflisches Symbol.

Schwarz: Seelischer Stillstand, oder die seelische Darstellung des Unbekannten. Trauer und Tod, aber auch Magie, Kraft und Fruchtbarkeit.
In alten Traumbüchern sind schwarze Tiere immer ungünstig, weiße immer günstig.

Schwarzer: Hier wird immer die erdhafte Lebenskraft auf einer Urebene angesprochen, dazu oft noch das Dunkle als der Schatten oder das Chaos (als das der Schatten von dem Träumer erlebt wird). In diesem Traumsymbol geht es also um ungeheuerliche Kräfte und oft auch um Kampf und Befreiung. Mit den Schwarzen wird sowohl der Sklave als auch der ambivalente Spruch »Black is beautiful« verbunden, der sowohl von den konservativen Parteien der Welt benutzt wird als auch ursprünglich im Zusammenhang mit der Befreiungsbewegung der Schwarzen stand. Wie allbekannt bildet der/die Schwarze eine unselige Projektionsfläche für sexuelle Potenzwünsche und -ängste.

Schweben: Wenn Sie im Traum schweben, deutet das entweder auf Leichtigkeit hin, mit der Sie bestimmte Ziele erreichen können, oder auf einen notwendigen Überblick. Es kann allerdings eine Warnung an Sie sein, Ihre Erdung nicht zu verlieren.

Schwein: ↗ Gier. Das Sexuelle will befreit werden, aber auch Ablehnung des Sexuell-Leiblichen. Glückssymbol (»der hat Schwein«), astrologisch ein Jupiter-Symbol, natürliche Sexualität und geistige Potenz. Geile Fruchtbarkeit. Schweinefleisch ist eine verbotene Speise nach Moses und dem Koran. Symbol des Niederen (Perlen vor die Säue werfen), der Faulheit und des Wühlens im Dreck, aber auch der Gemütlichkeit.
Freud: sexuelles Symbol (vgl. auch Odyssee: Circe, die die Männer in Schweine verwandelt, d.h. deren tierische Seite befreit, um sie an sich zu binden). Im Osten Symbol des Unbewußten.

Schweiß: Mühe und Arbeit, aber auch Erfolg (Schillers »Glocke«: »Von der Stirne heiß/ Rinnen muß der Schweiß/ Soll das Werk den Meister loben«).

Schwelle: ↗ Stufe. Übergang zu etwas Neuen. Trennung und Verbindung zweier oder mehrerer Welten. ↗ Schnalle, ↗ Schleuse, ↗ Brücke.

Schwert: Selten im Traum. Herrschaftssymbol, Intellekt, Penissymbol. ↗ Ritter, ↗ Messer.

Schwester: Kranken: Hilfsbedürftigkeit und Unselbständigkeit. Die weibliche Seite des Träumers, seine Gefühlsseite. Nach Steckel und Freud Brüste.

Schwimmbad: Das Schwimmbad ist Ort der Regression, des symbiotischen Einsseins mit dem ↗ Wasser und der Mutterleibsphantasie. Ferner ist es ein Symbol für Lebensfreude und Erotik.

Schwimmen: ↗ Wasser. Entspanntheit, Gefühlswelt. Hängt meist mit Befreiung zusammen (sich frei schwimmen). Wo wird geschwommen, wie ist der Wasserzustand?
Nach Freud verweist es auf Urin und das Leben des Ungeborenen, auch Symbol der Pollution.

Sechs: Meist Symbol der Sexualität.

See: ↗ Wasser. Im I Ging bezeichnet der See die fröhliche und heitere jüngste Tochter.

See: ↗ Ozean, ↗ Meer. Wichtig ist, wie das Wasser und das Wetter sind, manchmal Hindernissymbol.

Seefahrt: Alle Symbole aus dem Bereich der Seefahrt (zum Beispiel ↗ Schiff, ↗ Matrose, ↗ Kapitän, ↗ Hafen) können den Umgang mit den Gefühlen thematisieren oder eine Sehnsucht nach Abenteuer.

Seehund: ↗ Robbe: Interessant ist die gegensätzliche Bedeutung der Seehunde: Sie können einerseits für Kinderwunsch, Fruchtbarkeit und Selbstbestimmung der Frau stehen (da weibliche Seehunde ihre Befruchtung selbst steuern), andererseits für Männer, die sich bei ihrer Jagd beweisen müssen.

Seemann: Männliche Sexualität, Unruhe und Fernweh, auch Abenteuerlust und unreife Männlichkeit.

Seerose: Gefühlswelt und Symbol der Vollkommenheit. ↗ Rose.

Segel: ↗ Segelboot.

Segelboot: Man wird vom Geistigen (dem Wind) getrieben und vom Wasser getragen.

Segelflugzeug: Das Segelflugzeug ist ein Sinnbild für die Kraft Ihres Intellekts. Wie beim ↗ Segelboot wird hier angesprochen, daß man sich gleiten – also fallen – läßt. Ferner steht das Segelflugzeug für Freiheit und Mut.

Segeln: Segeln verweist auf ein Vorwärtskommen mit natürlichen Hilfsmitteln. Man nutzt seine natürlichen Fähigkeiten aus, um sich im Gebiet der Gefühle sicher zu bewegen.

Seide: Herrschaft, Wohlergehen und Luxus. ↗ Raupe.

Seife: Reinigungssymbol wie auch ↗ Bad, ↗ Dusche und ↗ Sauna. Volkstümlich: Es löst sich etwas auf.

Seifenblase: ↗ Kugel. Die Seifenblase ist auch im Traum ein Symbol der Leichtigkeit und der Illusion. Sie kann aber auch an die Freuden der Kindheit erinnern.

Seil: Sichernde Hilfe, die gereicht wird, hilft oft beim Abstieg von Türmen oder hohen Gebäuden. Hilfsmittel bei Flucht. Aber auch Bindung und Fesselung. Träume vom Seil haben stets etwas mit Sicherheit ähnlich wie bei ↗ Anker und ↗ Boje zu tun.

Seitensprung: Fremdgehen, Ehe.

Sekt: ↗ Champagner.

Selbstgespräch: Der Traum ist als solcher bereits ein Selbstgespräch. Sprechen Sie allerdings mit sich selbst im Traum, weist das häufig auf eine zu starke Selbstbezogenheit hin. Es ist jedoch zu beachten, was Sie sich selbst sagen.

Selbstmord: Symbol der Ausweglosigkeit. Zeichen der inneren Wandlung, der Ablösung von den Eltern. Erpresserische Drohung, jemanden durch Suizid manipulieren. Auch Warnzeichen für ernstzunehmende Suizidgedanken oder Depressionen.

Seminar: Es ist bei diesem Traumbild bedeutsam, was dort gelehrt wird. Auf jeden Fall werden Sie darauf hingewiesen, daß Sie etwas lernen müssen, um auf Ihrem Lebensweg voranzukommen.

Senf: Schärfe, Würze, Intellekt und Ironie bis Zynismus. Volkstümlich: Sie bringen sich durch Reden in Gefahr.

Senkrechtstarter: ↗ Aufstieg.

Sense: Durchsetzungsvermögen, Ernte, Aggression und Tod.

Sessel: Der Sessel im Traum ist ein Ausdruck Ihres Ruhebedürfnisses. Er steht für Ihre Sehnsucht nach Muße und Gemütlichkeit. Farbe und Material des Sessels sind von Bedeutung. Sitzen Sie in dem Sessel oder ein anderer?

Seuche: Seelische Störung oder zumindest große Verunsicherung.

Sexualität: Oft unerfüllte Wunschvorstellungen oder ganz allgemein Symbol der Verbindung, der tiefen Kontaktaufnahme und der Herausbildung des Selbst. Die männliche (Animus) und die weibliche (Anima) Seite verbinden sich im Träumer bzw. der Träumerin. Sexualität im Traum weist oft auf die Geheimnisse des Lebens wie Geburt, Hochzeit und Tod hin (auch Liebe, Tod und Teufel). Stärkstes Kreativitätssymbol im Traum.

Sichel: ↗ Sense, ↗ Mond.

Sieb: Wir verlieren etwas und behalten das, was zählt.

Sieben: Heilige Zahl, die auch im Traum des Nebukadnezar vorkommt: 7 Zeiten sollen über den zerstörten König hinweggehen. Die 7 verbindet das Männliche mit dem Weiblichen, da sie eine rationale Zahl ist (männlich), mit deren Hilfe die Irrationalzahl (weiblich) Pi darstellbar ist (als 22/7). Die 7 besitzt nach Jung immer Zeitcharakter (vgl. die 7 Mondtage).

Siedlungen/Siedlungsformen: Siedlungen und unterschiedliche Siedlungsformen sprechen unsere sozialen Fähigkeiten an. Sie verweisen auf Sicherheit und eine Gruppenzugehörigkeit.

Sieg: Sehnsucht nach Durchsetzungsvermögen und Erfolg. Da die wichtigsten Kämpfe im eigenen Inneren ausgeführt werden, stellt dieses Traumbild einen Hinweis auf eine bewußte Entwicklung dar. Sie sind jetzt in der Lage, Ihre eigenen inneren Widerstände zu besiegen (und sei es der Widerstand dagegen, auch einmal zu verlieren).

Siegel: Das Siegel der Verschwiegenheit, oder man verschließt etwas (meist sich selbst). Wichtigkeit. Volkstümlich: Unsicherheit.

Signal: Hinweis und Hilfe. Volkstümlich: Wunscherfüllung.

Silber: ↗ Metall. Gefühl, Mond- und weibliches Symbol. Im Traum des Gudea von Lagasch (sumerisch) wird die Frau mit dem Silber verbunden, indem sie im Gegensatz zu Mann mit einem Silbergriffel schreibt.

Singvogel: ↗ Vogel. Ein Singvogel betont in besonderer Weise die Sehnsucht nach einem befreiten Gefühlsausdruck und nach Leichtigkeit.

Sinne: Spielen die Sinne im Traum eine wichtige Rolle, dann sollten Sie entweder Ihre Sinne mehr schärfen oder Sie leben zu einseitig im sinnlichen Bereich.

Sinnlichkeit: Sinnlichkeit im Traum drückt die Sehnsucht nach ihr aus.
Volkstümliche Traumdeutung: Erkrankung. (Hier zeigt sich, wie so oft, die moralische Haltung der volkstümlichen Traumdeutung.)

Sintflut: Die Sintflut ist ein Symbol der Gefühlsüberflutung und der Strafe.

Sirene: Meistens hört man nur im Alptraum Sirenen, die immer auf eine Katastrophe hinweisen. Das bedeutet allerdings nicht, daß Ihnen notwendigerweise eine Katastrophe bevorsteht, sondern eher, daß Sie eine Katastrophe befürchten.

Sirup: Symbol alles Süßen oder Klebrigen.

Sitzplatz: Ausruhen und Gelöstheit. Nehmen Sie sich Zeit.

Skelett: Klares Denken, Gefühlsarmut, Askese und Tod.

Skifahren: Fährt man gut, geht alles glatt im Leben.

Sklave: Abhängigkeit.

Skorpion: (Sexuelle) Gefahr, Tod und Wiedergeburt. Wenn auch der Skorpion landläufig als negativ betrachtet wird, so stellt er auf der Traumebene ein mächtiges positives Sinnbild der Verwandlung der Lebenskraft dar. Er ist dem Symbol des ↗ Phönix verwandt. Träumt man vom Skorpion, ist dies fast immer ein Hinweis darauf, daß etwas Altes (an dem man häufig leidet) aufgelöst wird, auf daß etwas Neues entsteht. Der Skorpion besitzt einen feingliedrigen Körper, der in einem giftigen Stachel endet, mit dem er plötzlich angreift, sich aber auch selbst den Tod geben kann. Die Spannung zwischen Leben als Leiden und Tod im Sinne von Befreiung schwingt auf allen Ebenen dieses Traumbildes mit. Es stellt sich hier die Frage, ob Sie bereit sind, loszulassen und sich für etwas Neues zu öffnen.

Smaragd: Einer der härtesten Edelsteine, der den Charakter oder die Seele als inneren Kern symbolisiert.
Volkstümlich: geschäftliches Glück oder Trennung von Geliebten.

Socken: Socken deuten auf die Erdung des Träumers oder der Träumerin hin. Socken mit Löchern zeigen eine Unsicherheit in der Erdung an, die sich unter anderem in einem unorganisierten Alltagsleben zeigt. Sie können auch auf Armut verweisen. Sind die Socken sauber oder dreckig, weisen Sie Löcher auf?

Sohn: Ihr wirklicher Sohn oder Zukunftsideen, Kreativität und Neues. Der Sohn ist nach Jung der volle Ersatz des Vaters, er ist die Garantie der Unsterblichkeit des Vaters. Man sollte hier auch den Anklang von dem »Sohne« und der »Sonne« betrachten.

Solarium: ↗ Licht. Hingabe, Entspannung und Wärme.

Soldat: Aggression, aber auch Kameradschaft. Im Männertraum wird hier oft die Sehnsucht nach der Verbindung mit anderen Männern ausgedrückt. ↗ Militärdienst, ↗ Krieg.

Sommer: ↗ Sonne. Energie, Tatkraft und Erfolg.

Sonne: ↗ Sommer. Schöpferische Energie. Es bedeutet immer Bewußtsein, wenn im Traum die Sonne scheint; scheint sie nicht mehr: Annäherung an das Unbewußte oder Versiegen der Energie. Vatersymbol. Lebensmitte. Gefahr der Blendung.

Sonntag: Ruhe.
Volkstümlich: Veränderungen.

Spalte: Weibliches Sexualorgan oder Hindernissymbol.

Sparen: Häufig spricht es Ängste an und ein fehlendes Vertrauen in die eigenen Kräfte. Sparen ist ein Ausdruck des Sicherheitsdenkens. Das Sparen im Traum möchte Sie darauf aufmerksam machen, daß Sie mit Ihren Energien sorgsamer umgehen sollten.

Spargel: Nicht nur nach Freud phallisches Symbol.

Spaten: Sexuelle Bedeutung und Arbeit an der Erdung.
Volkstümlich: Zufriedenheit.

Spatzen: Geheimnisse (die ausgeplaudert werden). Vögel, Zwerg.

Spazierstock: Hilfe. Einen Menschen, auf den man sich verlassen kann. Penissymbol.

Specht: ↗ Vogel. Der Specht ist ein verbreitetes sexuelles Symbol im Traum.

Speck: Mit Speck fängt man etwas/jemanden. Wie Schinken fleischlich-tierisch und Symbol der Unreinheit (↗ Schwein). Befürchten Sie, zu dick zu werden? Volkstümlich: schlechtes Omen.

Speer: Penissymbol nach Freud. Aggression, Zielgerichtetheit und Erfolg. Ein wichtiger Traum vom Speer wurde in der Mitte des 19. Jahrhunderts von Elias Howe geträumt. Er war von Eingeborenen gefangen worden, die ihn unter Druck setzten, eine Nähmaschine zu erfinden. Sie fuchtelten mit Speeren, die an der Spitze ein augenförmiges Loch besaßen, vor seinem Gesicht herum. Dieser Traum führte zur Erfindung der Doppelstich-Nähmaschine. Symbolisch gesehen verweist dieser Traum auf die weibliche und männliche Seite des Träumers, die im Bild der Nadel bzw. dieses speziellen Speeres verbunden ist.

Speichel: ↗ Spucke. Der Speichel ist häufig ein Symbol des Ekels. Er kommt auch in sexuellen Zusammenhängen im Traum vor.

Speicher: Der Speicher steht für unsere Ressourcen und unser Potential, das uns zur Verfügung steht.
Auch im Traum symbolisiert ein voller Speicher Reichtum, ein leerer Armut.

Speise: Nahrung für Körper und Seele. Die Art der Speise zeigt, was unsere Seele am nötigsten braucht. Träumen Sie von Fleisch, ist dies z. B. ein Hinweis auf Ihre triebhaften (tierischen) Bedürfnisse, essen Sie Schokolade oder andere Süßigkeiten, dann sollten Sie sich z. B. mehr der Liebe öffnen.

Speisekarte: Wichtig ist der symbolische Wert der aufgelisteten Speisen.

Sperma: Man träumt vom Sperma, wenn man sich nach einem Kind sehnt. Ferner drückt es männliche Schöpferkraft und somit männliche Identität aus. Ekelt man sich im Traum vor dem Sperma, kann eine Ablehnung der (männlichen) Sexualität dahinterstehen.

Spezialist/-in: Entfremdung und Intellekt, aber auch Ansehen. Das Symbol warnt vor Einseitigkeiten des Gefühls und der Seele. Häufig auch ein Hinweis darauf, daß Sie ein Spezialist für Ihre eigenen Belange werden sollten.

Sphinx: Das Rätselhafte (vgl. den Helden Ödipus, der das Rätsel der Sphinx löst).

Spiegel: Der einsichtige Intellekt, der die Realität reflektiert. Geläufige Allegorie der Selbstbetrachtung (vgl. Schopenhauer: Man muß dem unbewußten Willen den Spiegel vorhalten, damit er sein Gesicht erkenne). Man schaut im Traum in den Spiegel, um sich seiner eigenen Identität zu versichern. Sieht man im Spiegel nicht sein echtes, sondern ein Scheinabbild, so verweist der Spiegel auf die Phantasiewelt und das Scheinleben. Im Spiegel sieht man evtl. auch sein wahres Wesen. Der Spiegel gilt als Attribut der ↗ Narren, und er deutet auf die Eitelkeit als eine der klassischen sieben Hauptsünden hin. (Narren mit Spiegel sind häufig im 16. und 17. Jahrhundert dargestellt worden. Vgl. z.B. Hans Holbein d. J., »Narr mit Spiegel«).

Das Traumsymbol des Spiegels sollte im Detail analysiert werden, es ist fast immer wichtig.

Den Griechen galt der Spiegel im Traum als unheimlich, dort wurde er als Tod des Träumers gedeutet, da dieser seinen Doppelgänger sieht. Er zeigt im Märchen verborgenes und künftiges Geschehen; der Seelenspiegel. Bei Jung ist der Spiegel meist ein Zauberspiegel, ein wissender Spiegel (Schneewittchen). Durch den Gebrauch des Spiegels wird man meist in eine mythische Situation versetzt, man gerät in die Gefahr der psychischen Aufgeblasenheit (Inflation) und verliert seine Erdung.

Spiel: Man sollte das Leben spielerisch nehmen, nicht so ernst sein. Lebendigkeit und Auf und Ab des Lebens. Kommunikation und Warnung vor Oberflächlichkeit. Sehnsucht nach Kontakt.

Spielbank: Die Spielbank symbolisiert Risikobereitschaft und warnt davor, sein Geld leicht zu verspielen. Oftmals warnt das Traumbild

»Spielbank« den Träumer oder die Träumerin davor, sich auf riskante Geschäfte einzulassen. Gewinnt man allerdings in der Spielbank, kann dies bedeuten, daß man mehr Risiko eingehen und nicht zu geizig sein Geld festhalten sollte.

Spielhalle: Bei diesem Traumsymbol ist es bedeutsam, welche Spielautomaten Sie dort sehen und ob Sie gewinnen oder ↗ Geld verlieren. Fast immer spricht die Spielhalle den Umgang mit Ihren Energien und Talenten an.

Spielkarten: Zufall, Glück und Ge schicklichkeit.

Spielzeug: Kindlichkeit und Unreife.

Spinne: Asketischer oder künstlerischer Mensch. Die eigene dunkle Seite. Intrigen werden gesponnen. Bei Frauen Hinweis auf Mutterkonflikte.
Nach Freud und Abraham die furchtbare Mutter, die Angst vor dem Mutterinzest.

Spinnennetz/Spinnweben: Man muß in bestimmten Angelegenheiten sehr behutsam vorgehen. Man fühlt sich gefangen. ↗ Labyrinth.

Spion: ↗ Agent, ↗ Detektiv.

Spirale: Psychische Dynamik und Entwicklung.

Spital: Krankenhaus.

Splitter: Fühlen Sie sich verletzt? Kleinigkeit, die einen aufregt. (Bibel: Man sieht oft den Splitter im Auge des Nachbarn, aber nicht den Balken im eigenen Auge.)

Sport: Ehrgeiz, Leistung und Körperlichkeit. »Sport ist Mord« (Sir Winston Churchill). Im Traum verweist der Sport oft auf Anstrengungen, die spielerischer durchgeführt werden sollten, oder nehmen Sie Ihr Leben zu spielerisch?

Sportwagen: ↗ Auto.

Sprache: Sprache ist im Traum wesentlich. Wenn Sie etwas Gesprochenes nach dem Aufwachen noch wortwörtlich erinnern, ist dies von großer Bedeutung. Ebenso geben körperlose Stimmen, die etwas sprechen, Ihnen wichtige Informationen. Sprache ist ihrem Wesen nach trügerisch und wird oft zu Machtzwecken benutzt, weswegen dieses Traumsymbol auch auf Manipulation verweisen kann.

Sprengmeister: Ein Sprengmeister im Traum fordert Sie auf, mit Ihren Aggressionen bewußt umzugehen und sie zu kontrollieren.

Sprengstoff: ↗ Dynamit.

Sprengung: Die Sprengung ist ein Symbol der gewaltsamen Öffnung, das oft auf einen Triebstau zurückzuführen ist. Sie steht für Befreiung oder für destruktive Aggression.

Springbrunnen: Schönheit und Harmonie, Sexualsymbol.

Spritze: Männliches Glied. Angst vor der Spritze im Traum weist auf sexuelle Hemmungen.

Spucke/Speichel: Sie sollten etwas ausspucken, oder bleibt Ihnen die Spucke weg?

Spülen: Reinigungssymbol. Mit dem Spülen sind häufig klärende Emotionen angesprochen, oder man verwischt Spuren und ordnet wieder alles neu. Im Sinne der Psychoanalyse wird auf den analen Bereich verwiesen. Was wird gespült und wer spült?

Spur: Sie sind dabei, Ihre Probleme zu verstehen, Sie sind Ihnen auf der Spur.

Staatsanwalt: Der Staatsanwalt ist ein klassisches Über-Ich-Symbol. Er tritt im Traum meist aggressiv auf und bedroht den Träumer oder die Träumerin als Ausdruck ihres schlechten Gewissens. Wer häufig vom Staatsanwalt träumt, leidet meist unter einer inneren Erstarrung, dabei spielt es keine Rolle, ob er sich selbst als Staatsanwalt sieht oder ob er das Opfer des Staatsanwalts ist. Bedeutsam ist die Anklage des Staatsanwalts.

Stab: Bekanntes Phallus- und Machtsymbol (vgl. den Zauber-, Königs- und Heroldstab). Deutet oft auf die Suche nach persönlicher Freiheit hin. Als Hirtenstab verweist dieses Symbol auf die Verantwortung für seine Triebe (die zu hütenden Tiere entsprechen unserer tierischen Seite im Traum). ↗ Holz.

Stachel: Der Stachel im Fleisch symbolisiert ein Hindernis in Ihrem Leben, das entfernt werden muß, oder auch Ihr Verlangen und Begehren. Sonst ähnlich wie ↗ Splitter, ↗ Rose (Dornen).

Stacheldraht: Abgrenzung oder Verletzung. ↗ Stachel.

Stadion: ↗ Sport. Das Stadion symbolisiert Öffentlichkeit und Erregung. Es kann durch einen Wunsch nach Zugehörigkeit im Traum hervorgebracht werden oder, wenn Träumer oder Träumerin etwas im Stadion vorführen, auf eine Tendenz zum Exhibitionismus verweisen bzw. auffordern, daß man sich zeigen soll. Sind Sie passiver Zuschauer oder aktiver Sportler?

Stadt: ↗ Burg, ↗ Schloß, ↗ Festung. Einesteils seit dem Mittelalter ein bekanntes Muttersym-

bol, da die Stadt Schutz und Einkommen gewährt und meist mit einer Mauer umgeben war (Uterus). Andererseits ↗ »Vaterstadt«, und »Vater Staat«. Vorankommen auf dem Individuationsweg, die seelische Umwelt des Träumers. Die Großstadt ist ein Symbol für Kontakt, Hektik und Streß.
Symbolisiert nach Freud die Frau.

Stadtmauer: ↗ Stadt. Sicherheit und Schutz wie bei ↗ Damm. Geborgenheit und positive Weiblichkeit wie auch bei ↗ Höhle, ↗ Elternhaus und ↗ Arche. Touristische Erinnerung, die auf Ferien, Ausflug und Ausspannen verweist. Betont nach Jung die mütterliche, beschützende Funktion.

Stadtplan: Lebensplan.

Staffelei: Kreativität.
Volkstümlich: Glück.

Stahl: ↗ Metall, ↗ Eisen. Härte (»hart wie Krupp-Stahl«), Entschlossenheit und Willen.

Stall: Die eigenen Triebe werden zu sehr domestiziert. Ein differenzierter Triebumgang wird angesprochen.

Stamm: ↗ Baumstamm.

Standesamt: ↗ Hochzeit.

Stange: ↗ Stock, ↗ Stab. Männliches Sexualorgan, nicht nur nach Freud.

Star: ↗ Vogel.

Star (wie Filmstar): Der Star ist ein Symbol eines geschwächten Ichs. Man möchte im Mittelpunkt der Bewunderung und Anerkennung stehen – meistens in Situationen, in denen man mit Niederlagen fertig werden muß (kompensatorischer Traum).
Psychoanalyse: Überkompensation (Reaktionsbildung) einer Persönlichkeitsschwäche.

Statue: Wen zeigt die Statue? Schlagen Sie eventuell diese Persönlichkeit im Lexikon nach. Oder werden Sie selbst gezeigt? Dann warnt dieses Symbol vor Anerkennungssucht und Selbstüberhöhung.

Staub: Symbol der Vergänglichkeit, alles zerfällt zu Staub; Warnung vor Eitelkeit.

Staubsauger: Symbol der Sauberkeit und des ordentlichen Heims.

Stechen: Stechen besitzt immer auch eine sexuelle Bedeutung, da bei jedem Eindringen im Traum das Sexuelle mitschwingt. Ferner macht es uns auf unsere Aggressionen aufmerksam und spricht unsere Bereitschaft zur Öffnung an.

Stehen: Was im Traum steht, ist gut geerdet. Es kann bedeuten, daß man für sich und seine Lebensart einstehen kann.

Stehlen: Besitzgier und Unzufriedenheit.

Stein (anorganisch): Der Stein ist ein Symbol der Unbarmherzigkeit, der Härte und des Todes. Er verweist auf unsere Verhärtungen und Erstarrungen, ist aber auch ein Symbol der Beständigkeit, der Dauer und des Widerstands. Für eine weitere Deutung sind die Art und die Form des Steins wichtig und wofür der Stein dient.
Volkstümliche Traumdeutung: Wertlose Steine bedeuten Reichtum, wertvolle bedeuten Verarmung (worin sich die Vorliebe dieser Traumdeutung für komplementäre Deutungen ganz im Sinne Jungs zeigt).

Stein (organisch): Der Stein einer Frucht verweist auf die Lebensessenz als das Unzerstörbare und zugleich Fruchtbare.

Steinbruch: Bricht Ihre versteinerte Haltung auf, wird Ihr Herz aus Stein erwärmt.

Stempel: Etwas prägen. Sehnsucht nach einer höheren Position.

Steppe: Die Steppe ist ein Sinnbild der Kargheit, ↗ Askese und eventuell sogar der Enttäuschung. Sie ist ein Symbol der Einsamkeit und Verlorenheit. Seltener im Traum kann die Steppe Weite und Freiheit ausdrücken.

Sterben: Nach der Psychoanalyse der Wunsch, sich an jemandem zu rächen. ↗ Tod/töten.

Stern: ↗ Licht, ↗ Komet. Der innere Kern, die Führung und Hoffnung. Das Traum- und Märchensymbol des Sterns hängt fast immer mit dem Schicksal des Helden zusammen (er ist unter einem guten oder schlechten Stern geboren). Wie der Held so folgt auch der/die Träumende seinem/ihrem Stern, d.h., man folgt seinen inneren Sehnsüchten und Wünschen, um sein Leben hell und strahlend werden zu lassen. Seinem Stern zu folgen, heißt klar zu sein und seine Bedürfnisse zu kennen. Das Verfolgen der eigenen Sehnsüchte, Wünsche und Bedürfnisse setzt einen Mut zur Unkonventionalität voraus, der Sie jedoch zu neuen Erfahrungen und einer erfüllten Lebensweise führen wird. Das Wort »Stern« ist ein uraltes Wort, das in allen germanischen Sprachen noch heute lebt, wie es auch im Griechischen, Lateinischen, Keltischen und Armenischen noch zu finden ist. Stern bedeutet das am Himmel Ausgebreitete, das Verstreute. Die Sterne breiten sich am Himmel aus, wenn die Sonne als Bewußt-

seinssymbol untergegangen ist. So sind die Sterne das eigentliche »Licht« in der Finsternis.
Nach altindischer Traumdeutung: Krankheit. Im Traum des Renaissance-Gelehrten G. Cardano (siehe Affe) zeigt der herunterfallende Stern die Geburt an (auch in der Apokalypse fällt der Stern in den Brunnen, bei Gilgamesch fällt ebenfalls ein Stern auf die Erde). Der Stern weist auf die Geburt einer bedeutenden Persönlichkeit.

Steuer/Steuerrad: Selbständigkeit und Zielgerichtetheit.

Stich: ↗ Nadel, ↗ Stachel.

Sticken: Nervenberuhigung oder Stichelei.

Stiefel: Erdung, Bewegung und Vorwärtskommen. Symbol für etwas Neues (das ist ein alter Stiefel). Sexualitätssymbol (die Hurenstiefelchen, aus denen man Champagner trinkt).

Stier: Stier und Tiger sind immer Personifikationen des Triebes. Rennt Ihnen der Stier im Traum nach, dann sind Sie mit Ihrem Trieb in den Widerspruch geraten. Man muß dann den Stier oder Tiger ansprechen, die dann immer etwas Wichtiges zu sagen haben. Zeichen der männlichen (ursprünglich weiblichen) Stärke und Potenz, Meisterung des Tierischen (Stierfeste in Kreta). Im Traum (»Unterweltsvision eines assyrischen Kronprinzen«, 7. Jh.) besitzt der Totengeist einen Stierkopf.

Stimme: Sie sollten sich mehr Gehör verschaffen, Ihre Stimme mehr erheben.
Volkstümlich: negatives Omen.

Stirn: Die Stirn spricht auch im Traum oft unsere intellektuellen Fähigkeiten und unser Durchsetzungsvermögen an.

Stock: ↗ Stab, ↗ Stange.

Stockwerk: Bewußtseinsniveau, Körperebene.

Stoff: Man will etwas verbergen oder sich vorteilhaft darstellen. Achten Sie auf die Farbsymbolik. Symbolisiert nach Freud den weiblichen Körper.

Stollen: Das Unbewußte, aus dem die inneren Schätze gefördert werden müssen. Vaginales Symbol nach Freud.

Stolpern: Etwas ist nicht in Ordnung, Hindernistraum oder ganz im Gegenteil: Es wird eine neue Ordnung gefunden, indem man aus seinem gewohnten Rhythmus herausfällt.

Stolz: Der Stolz zeigt im Traum an, daß Sie entweder zu stolz sind

oder daß Sie stolzer sein sollten. Der Stolz ist ein Zeichen der Selbstliebe, des Selbstvertrauens und der Stärke, etwas zu schaffen oder zu besitzen. Träume mit Stolz offenbaren oft seelisches Wachstum.
Volkstümliche Traumdeutung: Stolz weist im Traum auf Dummheit hin.

Storch: Gefühlskraft, Familienwunsch. Nach dem Volksmund bringt der Storch die Kinder. Der Storch soll nach dem Volksglauben (auch Physiologus) nie sein Nest verlassen. Nach christlicher Symbolik soll der Storch um die Wiederkehr des Herrn wissen.

Sträfling: ↗ Gefängnis. Schuldgefühle bedrängen Sie hart, so daß Sie sich (unbewußt) eingeengt fühlen. Indem Sie jedoch Ihre Befangenheit und Ihr Gefangensein im Traum erkennen, können Sie diese auch ändern. Oftmals geht es bei diesem Traumbild darum, daß Sie erkennen, daß es nicht nötig ist, sich zu bestrafen.

Strand: Die Grenze zwischen Bewußtem und Unbewußtem oder Sehnsucht nach Urlaub und Ausspannen.

Straße/Weg: ↗ Lebensweg. Was auf der Straße geschieht, ist alltäglich und allen zugänglich (Beatles: »Why don't we do it in the road ...«). Wichtig sind der Zustand der Straße und eventuell die Richtung, in die Sie sich bewegen. Wen oder was treffen Sie dort? Wohin sind Sie unterwegs? Kreuzungen symbolisieren Entscheidungen, Wegweiser sind Richtungshilfen. Geschlechtsorgane nach Freud, nach Jung die kollektive Bewußtseinswelt.

Straßenbahn: Wie ↗ Zug und ↗ Bus Symbol kollektiver Fortbewegung. Brauchen Sie gerade andere, um weiterzukommen?

Strauch: Symbol der Persönlichkeit des Träumers. ↗ Versteck.

Streichholz: ↗ Feuer, ↗ Flamme, ↗ Licht. Haben Sie sich an etwas entzündet oder verbrennen Sie sich Ihre Finger?

Streichinstrumente: ↗ Geige, Violine.
Streichinstrumente im Traum versinnbildlichen unsere Sehnsüchte nach erotischen Gefühlen, Romantik und Harmonie.

Streit: Innere Konflikte und Widersprüche (»Zwei Seelen wohnen, ach! in meiner Brust/ Die eine will sich von der andern trennen«, Faust I).

Streß: Wenn Sie schon im Traum der Streß heimsucht, dann sollten Sie unbedingt ruhiger leben.

Strick: ↗ Seil. Hindernistraum oder man möchte oder sollte sich binden. Verzweiflung (am Strick hängt man sich auf, der Galgenstrick).

Stroh: Mühselige Arbeit oder Schwierigkeiten (es piekst). Erinnert aber auch ans Bett und Lager, das früher aus frischem Stroh oder Strohmatratzen bestand.

Stromleitung: ↗ Leitung. Energieübertragung.

Stromschnelle: Die Stromschnelle ist ein Symbol des ↗ Wassers und somit des Gefühls. Sie beschreibt eine emotionale Schwierigkeit.

Strudel: Das Versinken in die Gefühlswelt, ins Unbewußte. Tauchen. Volkstümlich: Eine Erbschaft wird eintreffen.

Strumpf: Erdung, kann auch in seltenen Fällen eine sexuelle Bedeutung besitzen (besonders das Anziehen der Strümpfe).
Volkstümlich: Ein heller Strumpf bedeutet Kummer, ein dunkler Strumpf Vergnügen, einer mit Loch symbolisiert einen Verlust, ein seidener Reichtum.

Stufe: Es kommt etwas Neues, eine Schwelle, die erst überwunden werden muß. Zeigt meist eine Entwicklung an. ↗ Absatz, ↗ Treppe.

Stuhl: Man braucht Ruhe.
Volkstümlich: Nachricht von einem abwesenden Freund.

Stumm: Wer im Traum stumm ist, der hat nichts zu sagen. Er sollte sich im Alltagsleben mehr oder deutlicher ausdrücken. Auf der anderen Seite kann aber diese Traumsituation darauf hinweisen, daß der Träumer oder die Träumerin zu viel redet und sich besser zurückhalten sollte (kompensatorische Traumsymbolik).

Stundenplan: Effizientes Arbeiten, Ordnung und Disziplin. Häufig wird auch in diesem Traumbild eine Art starren Denkens und Arbeitens im Sinne des »Schubladen-Denkens« angesprochen (»Betriebsblindheit«). ↗ Rhythmus.

Sturm: ↗ Orkan, ↗ Hurrikan, ↗ Wind. Ein Hindernistraum oder möglicherweise auch ein Symbol des Aufbruchs oder einer Befreiung, besonders im oder durch den geistigen Bereich (vgl. Shakespeares »Der Sturm«). Aufruhr der Gefühle. Man sollte nicht so stürmisch oder stürmischer sein.

Suche: Wenn wir im Traum etwas in der Außenwelt suchen, wird uns damit gezeigt, was wir in unserem Inneren suchen sollten. Was ge-

sucht wird, symbolisiert, was in unserer Innenwelt von uns gefunden werden möchte. Bei diesem Traumsymbol schwingt immer mit, daß der Suchende sich selbst im Weg steht. Das vom Traum angesprochene Problem könnte die Suche sein, die einen gerade das nicht finden läßt, wonach man sich sehnt.
Suchen kann auch bedeuten, in die Irre zu gehen.

Sucht: Zeichen ungelöster Abhängigkeit von einer Bezugsperson, die durch die Sucht oder den Suchtstoff ersetzt wird. Ferner gibt es den Anklang von »Sucht« und »suchen«.

Süden: Himmelsrichtungen.

Sumpf: ↗Moor. Man kommt nicht weiter und hat Angst, im Unbewußten steckenzubleiben. Angst vor Gefühlen und der »Rückschlingung ins Weibliche« (Erich Neumann), d.h. daß der männliche Anteil im Mann und der Frau (Animus) befürchtet, durch den Sog der Gefühle und des Unbewußten seine erkämpfte Bewußtheit zu verlieren. Hiermit ist die Sehnsucht nach und zugleich die Angst vor dem Gefühlschaos angesprochen.

Superman: Gestalten aus Comics, Science Fiction und Western sind moderne Symbole des Helden. Sie drücken meist unreife Männlichkeit, Größenwahn und Allmachtsvorstellungen in ohnmächtiger Situation aus. Ein Hinweis auf antiquierte Ideale und unerfüllte Lebensziele des Träumenden.

Supermarkt: Der Supermarkt ist oft ein Symbol des zu ausgeprägten Haben-Wollens (vgl. Erich Fromm) und somit der Gier und des Konsums. Er ist das klassische Traumsymbol derjenigen, die sich zu kurz gekommen fühlen. Er kann aber auch die Qual der Wahl ausdrücken. Fast immer symbolisiert er im Traum fehlende Kommunikation und eine unpersönliche Umgebung.

Suppe: Was man sich eingebrockt hat, muß, soll und darf man auslöffeln. Hierin liegt ein Hinweis auf Konsequenz verborgen. Was man sich »eingebrockt« hat, ist etwas, das in die Suppe (den eigenen Gefühlsbereich) durch eigene Handlungen hineingegeben wurde. Kraft und Nahrung. Der Suppentopf stellt ein Symbol der Verschmelzung und des Zusammenfügens dar; Küche.

Surfen/Wellenreiten: Sich vom Gefühl (Wasser) tragen lassen und auf die vorhandenen Rhythmen eingehen, Segelboot. Hierbei benutzt man die Kraft des Windes, also den Geist, um vorwärts zu kommen. Auch oft Ausdruck der Angst vor dem Eintauchen, d.h. mit dem Kopf unter Wasser zu gelangen (vgl. Angst vor dem Gefühlschaos wie bei ↗Sumpf). Sexuelles und Potenzsymbol (»Surfers do it standing up«). ↗Kapitän, ↗Admiral.

Süßigkeiten: Sinnesfreude, oft auch sexueller Genuß nach Freud, zumindest Liebessehnsucht. ↗Paradies.

T

Tabak: Genuß (mit Reue), Muße, aber auch Sucht. ↗Süßigkeiten, ↗Rauch, ↗Nebel.

Tablette: ↗Arznei, ↗Pille.

Tafel (Wandtafel): Erinnerung an etwas (Verdrängtes). Verweist auf Ängste der Schulzeit. Es geht hier oft um Wissen und Prüfungssituationen.

Tafel (Tisch): Die Sehnsucht nach der unbeschwerten Verbindung mit anderen oder ein Hinweis darauf, daß man in dieser Verbindung lebt. Zusammenhalt und Zugehörigkeitsgefühl. Hinweis auf eine edle Gesinnung, die anzustreben ist oder erreicht wurde (vgl. die Tafelrunde der Artus-Sage). ↗Abendmahl, ↗Fest, ↗Restaurant.

Tafel (Schokolade): ↗Süßigkeiten, ↗Schokolade.

Tag: Zuversicht, viele Möglichkeiten (der ganze Tag liegt noch vor einem), man wird immer bewußter.

Tageszeiten: Die Tageszeiten im Traum sind wie folgt zu deuten: Der Morgen symbolisiert den Anfang. Der Mittag verweist auf unsere größte Kraft und unser Bewußtsein. Der Abend steht für Ruhe, die Nacht für eine Ausrichtung nach innen oder Unbewußtheit.

Taille: Wer abnehmen möchte, träumt vielleicht häufiger von ihr. ↗Gürtel, ↗Bauch.

Tal: Tiefpunkt, Krise und Wendepunkt. Wer sich ins Tal begibt, geht entweder den Dingen auf den Grund, oder er steigt in sein Unbewußtes hinab.
Auf die Art des Tales (seine Form und Vegetation) ist zu achten. Als schattiges Tal symbolisiert es dunkle Bereiche, ein schluchtartiges Tal symbolisiert entweder die weibliche Sexualität oder sexuelle Ängste. Volkstümlich: Warnung vor einer Krankheit.

Talisman: ↗Amulett. Es ist darauf zu achten, was auf dem Talisman abgebildet oder geschrieben steht. Volkstümlich: Warnung vor Gefahr, besonders bei Menschenansammlungen.

Tank: Energiereserve.

Tankstelle: ↗Tank. Ort, an dem man Energie tankt. Man legt eine Pause ein.

Tanne: ↗Nadelbaum. Wie jeder Baum im Traum verkörpert die Tanne die Verbindung von Bewußtem und Unbewußtem. Als immergrüner Baum weist sie auf Beständigkeit hin. Es kommt bei der Deutung darauf an, in welcher Situation die Tanne im Traum auftaucht. Als ↗Weihnachtsbaum steht die Tanne für die Wiedergeburt des Lichts.

Tante: Wie jedes Frauenbild beim Mann symbolisiert sie dessen Weiblichkeit. Bei der Frau drückt die Traumfigur der Tante oft den Schatten der Träumerin aus, nur in Ausnahmefällen ihr Idealbild. Das Weibliche, zu dem man sich hingezogen fühlt. Die Tante wie der Onkel symbolisieren auch häufig den »gesunden Menschenverstand«. Volkstümlich: gutes Omen.

Tanz/tanzen/Tänzer/-in: Häufiger bei Frauen. Mit dem Körper Freude und Leid ausdrücken. Das Leben ist rhythmisch, besonders das weibliche. Noch heute werden bei Urvölkern wichtige Lebenssituationen tanzend dargestellt, so wird man im Traum oft durch den Tanz in neue Lebenssituationen eingeführt. Ähnliche Bewegung wie beim Schwimmen.
Der Tanz mit dem Partner: Gibt Hinweis auf Rollen in der Partnerschaft. Wer hat geführt? Sehnsucht nach Partnerschaft und spielerischem Ausdruck mit dem Partner (Leichtigkeit).
Für Freud wie alle rhythmischen Körperbewegungen Ausdruck des Geschlechtsverkehrs. Bei Jung stellt die Tänzerin einen Ausdruck des Kore-Archetypus (der Archetyp des Mädchens) dar.

Tasche: ↗ Gefäß, ↗ Koffer, ↗ Sack. Zeichen der Tragfähigkeit und ggf. der Handlungsfähigkeit. Symbol für das, was wir mit uns tragen (Handtasche, Aktentasche usw.): Das eigene, »jeder hat sein Päckchen zu tragen«. Symbol auch für das, was in uns steckt (Tasche innen in der Kleidung). Weibliches Genital nach Freud. Die Schürzentasche ist nach Jung die »Tasche«, die das Mädchen oder die Frau im eigenen Leib trägt, beim Mann oder Jungen symbolisiert die Hosentasche die Region, aus der die (sexuellen) Wünsche stammen.

Taschenlampe: ↗ Licht. Man kann die dunkle Seite bei sich oder anderen nicht ertragen. Zugleich aber als Licht in der Dunkelheit auch ein Symbol des Lichtblicks und der Hoffnung.

Taschentuch: Sicherheit und Ordnung. Man muß weinen, Trauer. Mit dem Taschentuch ist man für alle Situationen gewappnet, und es hat auch oft die Bedeutung von etwas Kuscheligem, an dem man sich festhält. Volkstümlich: ein Geschenk.

Tasse: ↗ Durst. Verweist auf das weibliche Prinzip und bezieht sich auf Gefühle und Bedürfnisse der Seele. ↗ Schale (Gefäß). Nach der Psychoanalyse Symbol der weiblichen Sexualität.

Tasten/Tastatur: Treten Tasten im Traum auf, ist es wichtig für die Deutung, ob es sich um die Tastatur eines Computers oder einer Schreibmaschine handelt oder um Klaviertasten. Bei den Tasten, mit denen man schreibt, wird auf den Intellekt und die Kommunikation verwiesen. Bei den Tasten der Tasteninstrumente wird Ihr Gefühl angesprochen.

Tasteninstrumente: ↗ Klavier. Wie alle ↗ Musikinstrumente sprechen die Tasteninstrumente unsere Fähigkeit an, eine harmonische Stimmung zu schaffen – subjektstufig in uns selbst, objektstufig in der Gesellschaft.

Täter: Der Täter im Traum verkörpert entweder unsere aktive Ausrichtung, oder er spricht unsere Passivität an und stellt uns das Gegenbild vor. Vom ↗ Opfer zum Täter im Traum zu werden, ist grundsätzlich die Widerspiegelung einer positiven Entwicklung.

Tätowierung: Mut, Verwegenheit und Männlichkeit. Seine Haut zu Markte tragen und exzentrische wie sinnliche Selbstdarstellung.

Tau (Seil): Bindung und Sicherheit.

Tau(-tropfen): Fast ausnahmslos ein Symbol befreiter Sexualität.

Taub: Man will (Unangenehmes) nicht hören und zeigt zuviel oder zuwenig Gehorsam. Man nimmt seine Umgebung nicht genau wahr. In seltenen Fällen auch ein reales körperliches Symptom während des Schlafs.

Taube: Das Tier, das ohne Falschheit ist. Frau und Geliebte. Wie alle ↗ Vögel ein Sinnbild sowohl der sexuellen als auch der geistigen Höhenflüge. Friedenssymbol und Bild schöpferischer Gedanken. Daß die Taube (wie andere Vögel) auch als lebensbedrohende Macht erlebt werden kann, drückt nicht zuletzt A. Hitchcocks Film »Die Vögel« aus. Die Taube kann als der Geist oder Dämon erlebt werden, den man nicht mehr los wird (vgl. Patrick Süßkinds »Die Taube«). So gesehen stellt sie ein Zeichen des Schreckens und Ekels dar (weswegen Georg Kreisler in seinem bekannten Lied auch die Tauben im Park vergiften möchte).
In der christlichen Kirche symbolisiert die weiße Taube den heiligen Geist, der erst weiblich (wie die griechische Sophia) dargestellt wurde. Nach frühchristlicher Auffassung ist sie das Gegenbild zur Schlange; nach jüdischer Überlieferung der Bote Gottes. Der heutige Zeitgeist liebt besonders das (christlich geprägte) Bild der Friedenstaube, in dessen Tradition auch die selige Möwe Jonathan (vgl. den gleichnamigen Bestseller des amerikanischen Autors Richard Bach) steht.

Tauchen: Man erforscht die Tiefen seines Seelenlebens oder will etwas nicht wahrhaben, flüchtet und taucht weg. Verweis auf Regression in den vorgeburtlichen Zustand und Vorbereitung auf eine Wiedergeburt (Neuanfang). Taucherträume handeln von den Abenteuern unter Wasser, jenen Abenteuern, bei denen der/die Träumende sich dem Gefühl (Wasser) hingibt. Diese Erlebnisse mögen ekstatisch oder angstbesetzt sein, oft hängen sie jedoch mit einer Befreiung zusammen. Immerhin bewegt man sich unter Wasser leichter als über Wasser. ↗ Fisch, ↗ U-Boot.

Taufe: Lossprechung, Wiedergeburt, ↗ Einweihung. ↗ Bad, ↗ Quelle.

Täuschung: Symbol der Unbewußtheit. Man sollte wacher und klarer sein, oder ist Ihnen gerade eine (Selbst-)Täuschung bewußt geworden? In diesem Fall zeigt Ihnen dieses Symbol, daß Sie bewußter, wacher und klarer geworden sind.

Taxi: Sie fahren nicht selbst auf Ihrem (Lebens)Weg, obwohl Sie das Ziel bestimmen.

Team: Wer von einem Team träumt, der beschäftigt sich mit seinen sozialen Fähigkeiten. Ein Traum-Team verkörpert auf der Subjektstufe die positive Zusammenarbeit Ihrer verschiedenen Ichs. Gibt es jedoch in diesem Team Schwierigkeiten oder Streitigkeiten, dann spricht das eine innere Zerrissenheit an.
Für die weitere Deutung ist zu beachten, welche Aufgaben das Team löst und welche Stellung der Träumer oder die Träumerin in diesem Team innehaben.

Technik: Alles Technische im Traum spricht einerseits unsere technischen Fähigkeiten an, andererseits deutet es auf eine entfremdete Haltung seiner Umwelt oder sich selbst gegenüber hin.

Teddybär: ↗ Puppe. Meist ein Ausdruck der Sehnsucht nach Geborgenheit und Kindlichkeit. Der Teddy kann auf Kinderwunsch hinweisen.

Tee: Anregung. Man sollte Geduld üben, »abwarten und Tee trinken«.
Volkstümlich: Schwierigkeiten.

Teer: Ein Bild des Anhänglichen (er ist klebrig) und Dunklen (Schwarz), ↗ Pech.

Teich: Stehende Gewässer symbolisieren oft erotische Gefühle. Ist die Oberfläche ruhig, zeigt dies ein ausgeglichenes Gefühlsleben an. Nach der Redewendung »Stille Wasser sind tief« deutet er auf

Tiefsinn oder tiefe Gefühle. Trübe Wasser sind oft ein Bild (sexueller) Konflikte.

Teile: Teile spielen dann im Traum eine Rolle, wenn etwas auseinanderfällt. Auf der Subjektstufe bedeutet das, daß sich der Träumer oder die Träumerin davor fürchten auseinanderzufallen. Besonders wenn man ständig eine Rolle spielen oder sich verstellen muß, wird diese Symbolik aktuell. Teile treten stets im Traum auf, wenn eine Einheit in Frage gestellt wird und zu zerfallen droht.

Teilung: Abtrennung, Entfremdung und Verlust. Je nach Kontext kann dieses Traumbild auch auf soziale Fähigkeiten verweisen. Oftmals ein Hinweis auf die Individualität des/der Träumenden, da die Individualität das Unteilbare darstellt.

Telefon: Kommt häufiger im Männertraum vor und verweist auf gute Verbindungen. Sinnbild für den Kontakt mit der anderen Seite in sich selbst. Wichtig ist bei diesem Bild, ob man Verbindung bekommt oder nicht. Hinweis auf Kontaktschwierigkeiten, wenn man keinen Anschluß bekommt. Wird die Störung behoben, kann der Träumer seine Kommunikation zur Umwelt verbessern. Achten Sie auf Ihre Kommunikationsstrukturen (besonders in Beziehungen).

Telegramm: ↗ Brief. Etwas Eiliges und Wichtiges.

Teleskop: Sie sollten sich etwas näher anschauen, oder brauchen Sie Abstand?

Teller: Soziales Glück oder (Lebens-)Hunger.

Tempel: Eines der vorteilhaftesten Omen in der europäischen Traumsymbolik: Vollkommenheit, Lebensfreude, Vorankommen auf dem Individuationsweg, man findet zu der Mitte seines Wesens. Der Tempel kann ein Muttersymbol sein, dann meist Überhöhung der Mutter. ↗ Pfarrer, ↗ Priester.

Temperament: Die unterschiedlichen Temperamente der Traumpersonen spiegeln häufig Verhaltensweisen wider, die Sie ausprobieren sollten oder die Sie zu exzessiv oder einseitig leben.

Tempo: ↗ Geschwindigkeit.

Tennisspieler/-in: ↗ Spiel, ↗ Sport. Der Tennisspieler verkörpert die Sehnsucht nach sportlicher Betätigung und Entspannung. Allerdings tritt er im Traum auch in dem Sinn auf, daß man am Ball bleibt. Er ist häufig ein Symbol des Leistungswillens. Mit dem Tennisspiel kann sich ein Wunsch nach sozialem Aufstieg verbinden.

Teppich: Der Teppich symbolisiert häufig, daß etwas verdeckt wird. Darum sagt der Volksmund, daß etwas unter den Teppich gekehrt wird. Der Teppich ist ferner ein Symbol der Erdung, denn man sollte stets »auf dem Teppich bleiben«. Häufig drückt er im Traum eine Sehnsucht nach Gemütlichkeit und Wärme aus.
Es ist wichtig, auf den symbolischen Gehalt der ↗ Farbe und des Materials des Teppichs zu achten. Wie sieht der Teppich aus? Ist er weich und flauschig oder eher dünn und hart?

Termine: Wenn die Termine schon nachts im Traum eine Rolle spielen, dann ist dies keineswegs symbolisch gemeint. Das ist ein eindeutiges Zeichen für die Träumerin oder den Träumer, sich weniger Streß zu machen – es sei denn, diese Termine im Traum machen Ihnen Spaß. In diesem Fall verweist der Traum im Gegenteil gerade darauf hin, daß Sie mehr Termine wahrnehmen sollten. Sie sollten aktiver werden.

Termiten: ↗ Ameisen. Die Termiten sind ein Symbol des zersetzenden Einflusses negativer innerer Einstellungen. Sie machen auf die destruktive Kraft von Sorgen und allgemein des negativen Denkens aufmerksam.

Terrasse: Man tastet sich in einen neuen (meist öffentlichen) Bereich hinein und zeigt sich der Außenwelt. Erholung und Freizeit.
Volkstümlich: Durch Erbschaft erlangt man eine höhere Position.

Testament: Man will seine Lebensverhältnisse ordnen und einen Überblick über das gelebte Leben geben. Todesangst oder man hofft auf Reichtum ohne eigene Arbeit. Auseinandersetzung mit dem Erbe, oftmals im Sinne der eigenen Vergangenheit. Hier begegnet man oft seinen Talenten und Fähigkeiten. Ein Bild der Sinnsuche. Wunsch nach Fruchtbarkeit und Erfüllung, besonders nachdem man einen Lebensabschnitt abgeschlossen hat.

Teufel: Meist ein Zeichen dafür, daß der Schatten und das Natürliche besser integriert werden müssen, oder der Verweis auf eine einseitig intellektuelle Haltung wie beim Mephisto im »Faust«.
Der schwarze Teufel ist Finsternis und Tod, der rote Teufel der Lichtbringer und der Leidenschaftliche, der dem Wilden nahe steht, der grüne Teufel ist das Naturwesen, das als Schlange, Pudel, Katze und Ziege erscheint (alles Symbole des Teufels). Er symbolisiert die Tiernatur des Menschen und dessen Erdverbundenheit.
Als Ahriman (altpersisch) ist er der Widersacher des Lichts, er symbolisiert Finsternis und Tod und steigt in Schlangengestalt vom Himmel herab. Er ist als Sa-

tan im Hebräischen das Bild der bösen Lust, im Neuen Testament ist der Teufel ein Gegenspieler der Kirche, d.h. der Inbegriff der Abwesenheit Gottes unter den Menschen. Nach dem griechischen Kirchenvater Irenäus (3. Jh. n. Chr.) ist er ein aus Hochmut gefallener Engel. Als Luzifer (der Lichtbringer) gilt er als Lichtwesen. In Dantes »Divina Comedia« ist Luzifer mit seinen drei Köpfen im untersten Erdenschlund das Gegenbild zur heiligen Dreieinigkeit. Fast alle Götter der von den Christen unterdrückten Völker werden in christlicher Tradition als Teufel gezeichnet. So symbolisiert er ohne weiteres auch das Natürliche, Ursprüngliche und den Lichtfunken (vgl. auch das Grimmsche Märchen »Der Teufel mit den drei goldenen Haaren«).

Theater: Man sollte das Leben leichter nehmen und nicht so viel Theater zu machen. Eitelkeit und Anerkennungssucht, aber auch Symbol der persönlichen Träume und Ideale. Auf dem Theater sieht der/die Träumende sozusagen eine Modellwelt. ↗ Schauspieler/-in.

Theke: Die Theke im Traum steht für Kommunikation. Sie ist das Wunschbild der Einsamen. Sie kann allerdings auch auf Oberflächlichkeit und auf die Gefahr eines Bewußtseinsverlustes verweisen, da an der Theke meistens alkoholische Getränke konsumiert werden.
Da man an der Theke selten allein ist, geben die anderen Personen einen Hinweis darauf, was man dort sucht oder was einen ablenkt. Ferner geben die Atmosphäre und der Stil der Gaststätte weitere Hinweise zur Deutung.

Therapeut/-in: Dieses Traumbild tritt fast nur bei Menschen auf, die sich in einer Therapie befinden. Es symbolisiert meistens, daß man sich selbst ein guter Therapeut sein sollte.

Thermometer: Es ist immer ein Stimmungsbarometer.
Volkstümlich: ein abwechslungsreiches Leben steht bevor.

Thron: Man möchte (be-)herrschen. Setzen Sie sich selbst auf einen Thron?
Sind Sie der Thronfolger oder müssen Sie abdanken? Sind Sie die Kraft, die hinter dem Thron steht? ↗ Stuhl, ↗ König.

Tiefe: Auf dem Entwicklungsweg muß man durch die Tiefe hindurch. Auseinandersetzung mit dem eigenen Unbewußten.

Tiefgarage: Ort des Unbewußten und Erstarrten. Wald, Keller.

Tier: Das Tierische und Triebhafte des Menschen. Instinkte nach

Freud und den meisten Traumdeutern. Das Animalische als der bewußtseinsferne Instinkt (Anima) oder als instinktfernes Bewußtsein (Animus) im Menschen. Das Bild des Verdrängten oder auch teilweise des Schattens, das sich der Integration anbietet.
Wichtig ist, um welches Tier es sich handelt. Jung schlägt vor, sich immer in Brehms Tierleben über den natürlichen Charakter des geträumten Tieres zu informieren. Nach Freud werden Kinder und Geschwister als kleine Tiere symbolisiert, wilde Tiere dagegen bedeuten nach Freud sinnlich erregte oder auch erregende Menschen, böse Triebe oder Leidenschaften.

Tiger: ↗ Leopard. Häufiger Frauentraum. Sehnsucht nach kraftvoller Liebe und gleichzeitig auch Angst vor einer solchen Erfahrung. Der Tiger gilt wie der Löwe als Symbol der Lebenskraft und Leidenschaft (der Tiger symbolisiert eher die weibliche Sexualkraft, der Löwe eher die männliche). Er besitzt große Kräfte, und die Hauptstärke seines Angriffs liegt in der Überraschung. Er ist auch ein Symbol schwerer Verluste. Im Shinto (altjapanisch) gilt der Tiger als heiliges, menschenfressendes Raubtier, eine nichts schonende Personifikation des Grauens und der Angst. Nach Jung ist er ein Symbol der weiblichen Triebwelt wie ↗ Katzen, ↗ Bären und ↗ Schlangen.

Tinte: Symbolisiert bindende Verpflichtungen. Welche Farbe?

Tisch: ↗ Möbel. Lebensenergie. Symbol der Materie sowie der Erde (Welt). Seit der altägyptischen Traumdeutung zeigt er an, daß Gäste kommen, die man bestens bewirten sollte. Nach Freud stellt er wie im Talmud ein Symbol für den Körper der Frau dar.

Tochter: Das kreative Weibliche, das noch viele Möglichkeiten zu entwickeln hat. Mond. Auch Symbol junger, neuartiger Seelenkräfte und Bedürfnisse für die oder den Träumenden.

Tod/töten: Träumen Menschen von ihrem Tod, ist damit fast nie der bevorstehende körperliche Tod gemeint, sondern die Notwendigkeit, sein Leben zu ändern und alte Lebenshaltungen absterben zu lassen. Tod heißt meist, daß ein radikaler Wechsel notwendig ist. Im Grunde kann man acht Ebenen bei diesem Symbol unterscheiden:

1. Hinweis auf den notwendigen Abschluß einer bestimmten Phase, Übergang zu einer neuen;
2. der Wunsch etwas loszuwerden (Eigenschaft, Verhalten, Situation, etc.);
3. Hinweis, daß eine Auseinandersetzung mit Tod und Todesangst anliegt, d.h. eine Suche nach Erfüllung und Fruchtbarkeit;

4. man fühlt sich an einer Grenze, die man nicht zu überschreiten weiß;
5. man sollte sich mehr um seine Gesundheit kümmern;
6. etwas stirbt in einem ab;
7. enge Verbindung mit Verstorbenen;
8. Wunsch nach Ruhe, Frieden und Harmonie (»Tod der Angst«).

Nach Jung Bild der Ablösung aus der Verschmelzung mit dem Verstorbenen, ein Symbol der Wandlung und des Neuanfangs.

Toilette: Die Zone des Wurzel-Chakras (Muladhara), wo die Kundalini wohnt. Weist auf die Entlastung von unverdaulichen Resten bearbeiteter Probleme hin. Man soll loslassen. Die Toilette wird seit Urzeiten als düsterer, unheimlicher Ort angesehen (alle mit den Naturfunktionen verbundenen Orte werden im Traum dämonisiert). Es ist der Ort der verbotenen Sexualität (Selbstbefriedigung und Homosexualität), ein Ort, der voller Gefahren und unheimlichen Tuns steckt, es ist die Stätte, wo die Geister und der Teufel ihr Unwesen treiben, weswegen die Toilette früher nie im Haus zu finden war. Sie ist ein Tabu-Ort, ein verschwiegener und verbotener Ort, ein Ort der Anfänge der Sexualität, um den die pubertären Phantasien kreisen. In diesem Traumbild drückt sich auch die Endlichkeitserfahrung aus: Zum einen wird die Vergänglichkeit angesprochen und darauf verwiesen, das alles Materielle vergeht und wertlos wird, zum anderen schwingt in dieser Endlichkeit auch die Bedeutung von Vollbringung und Vollendung mit. Hier ist die alchemistische Vorstellung gemeint, daß man aus Kot das Gold gewinnen kann (vgl. »Goldesel, streck dich«). Im Grunde ist die Toilette der Ort der Umwandlungsprodukte. Bei diesem Traumbild steht fast immer eine notwendige Veränderung bevor: Sie müssen etwas loslassen und zugleich aus diesem Losgelassenen etwas Positives für sich formen. In der nordischen Thorsteinsage warnt König Olaf seine Gäste, nachts allein die Toilette aufzusuchen, da sie sonst in ein gefährliches Abenteuer mit dem Teufel verwickelt werden. In der Sigurdsage gilt die Toilette ebenfalls als Ort der Geister. Der Ort höchster Kreativität nach Jung.

Tollwut: Die Tollwut spielt fast nur im Alptraum eine Rolle. Sie verweist oft darauf, daß der Träumer oder die Träumerin zu unkontrolliert ihre Wut ausdrücken. Sie fühlen sich ihr ausgeliefert und können sie nicht beherrschen. Der Traum betrachtet diese Einstellung kritisch.

Tomate: ↗Rot. Obwohl sie als Symbol der Fruchtbarkeit geträumt wird, kann die Tomate als Nachtschattengewächs auch etwas Unheimliches haben. Nach R. Steiner ist sie ein Ausdruck der Erotik und Leidenschaft.

Tombola: Eine Tombola spricht Ihre Einstellung zum Glücksspiel an. Wenn Sie in der Tombola gewinnen, ist das Glück Ihnen hold und Sie können bestimmte Risiken eingehen. Verlieren Sie in der Tombola, dann sollten Sie jedes Risiko vermeiden.

Tonband (-gerät): Das Tonband ist ein Hinweis darauf, daß Sie etwas genau aufnehmen und dokumentieren sollen. Daß Sie gerade dieses Aufnahmegerät im Traum sehen, verweist auf eine konservative Haltung – zumindest in bezug auf technische Hilfsmittel.

Tonne: Bei der Tonne kommt es bei der Deutung darauf an, was sich in ihr befindet.

Topf: ↗ Gefäß, ↗ Pfanne. Töpfe verweisen auf Häuslichkeit und das, was wir verinnerlichen. Da sich in ihnen die Speisen verwandeln, machen sie die Träumerin und den Träumer darauf aufmerksam, daß sie ihre Aufmerksamkeit auf ihre inneren Wandlungsprozesse richten sollten.

Töpfer/-in: Man muß den Stoff des Lebens formen. Man bildet die Ausdrucksformen für seine seelischen Energien. Romantische Sehnsucht nach der vergeblich einfachen Tätigkeit.

Tor: ↗ Tür. Symbol des Übergangs und Verweis auf etwas Neues. Saturn-Symbol: Schwelle.
Dieses Traumbild besitzt nach Freud beim Neurotiker eindeutig eine sexuelle Bedeutung (Scheide).

Tote/-r: Früher sind Totenträume häufig gewesen, heute sind sie relativ selten. Das Land der Toten ist das Unbewußte, wo der Schatten herrscht.
Ein Toter ist nach Jung im Traum in erster Linie der Repräsentant unbewußter Vorgänge (vgl. Traum des Gelehrten G. Cardamo unter ↗ Affe), Tod.

Tränen: Ähnliche Bedeutung wie trinken: Das Wasser des Lebens kann fließen. Ein Zeichen der Lösung. Überfluß, Weinen.

Transvestit: Wer als Mann von einem Transvestiten träumt, der sehnt sich danach, seine Anima – seine weibliche Seite – zu leben, oder er lebt sie einseitig zu sehr, so daß sein Animus – seine männliche Seite – zu kurz kommt. Wer als Frau von einem Transvestiten träumt, sehnt sich danach, seinen Animus zu leben, oder lebt ihn zu einseitig

Traube: Natürlichkeit, Fruchtbarkeit des Lebens bzw. der Natur und (dionysische) Freude. ↗ Obst, ↗ Wein.

Trauer: Die Trauer im Traum bezieht sich wie im Leben oft auf einen Verlust. Letztendlich geht es bei diesem Symbol um den Verlust der Liebe oder um den Verlust (einer Eigenschaft) seiner selbst.
Volkstümliche Traumdeutung: Großes Glück (komplementäre Deutung).

Trauerschleier: Man drückt seine Trauer nicht öffentlich aus, sondern verinnerlicht oder versteckt sie. Von jedem Schleier geht etwas Geheimnisvolles aus.

Trauerweide: ↗ Baum. Die Trauerweide stellt entweder ein Symbol der Romantik und der Sehnsucht nach Idylle dar, oder sie ist ein Symbol der Trauer über den Verlust der Lebenskraft.

Traum: Symbolisiert Unbewußtheit; Wachheit wird gefordert.

Trauzeuge: Man sehnt sich nach einer festen Bindung. Bedürfnis nach Verbindung mit einer anderen Seite in sich selbst.
Volkstümlich: eine Warnung vor falschen Freunden.

Treibhaus: ↗ Gewächshaus.

Treibjagd: Sie fühlen sich gehetzt und setzen sich unter Druck.

Treibsand: Versinken in den Gefühlsbereich. Tückische Gefahren, versandende Erkenntnisse, ungefestigte Emotionen. ↗ Dünen.

Treppe/Wendeltreppe: Wandlung und Übergang von unten (dem Unbewußten) nach oben (dem Bewußten) oder umgekehrt. Häufiges Märchen- und Filmsymbol persönlicher Ganzwerdung. Die Treppenabsätze entsprechen den einzelnen Energiezentren des menschlichen Körpers (Chakren). Handelt es sich um einen Auf- oder Abstieg?
Freud sah das Treppensteigen als Symbol geschlechtlicher Vereinigung an.

Tresor: Sicherheit. Man bangt um seinen Besitz oder ist zu sehr oder zu wenig verschlossen (sich selbst und anderen gegenüber).

Trinken: Was man wie trinkt, ist wichtig. ↗ Durst, ↗ Tasse, ↗ Glas, ↗ Wasser, ↗ Wein, ↗ Tränen.

Tritt: Angst vor sozialem Abstieg; Gegner und Feinde.

Trocken: Da Trockenheit ein Mangel an Wasser ist, weist sie im Traum auf fehlende Gefühle und Unfruchtbarkeit hin. Mit der Unfruchtbarkeit ist eine fehlende Produktivität gemeint.

Trödel: Treten in Ihrem Traum Gegenstände auf, die nicht viel Wert sind, sollten Sie sich überlegen, was Sie sich wert sind. Ferner symbolisiert der Trödel all das, auf das Sie verzichten sollten, da es sich überlebt hat.

Trödeln: Trödeln spricht im Traum stets Ihren Umgang mit der Zeit an. Entweder sollten Sie sich mehr freie Zeit nehmen oder Sie sollten Ihre Zeit ökonomischer einteilen.

Trommel/trommeln: Bewegung, etwas Neues, Aufruhr der Gefüh le. Nach neusten amerikanischen Forschungen liegen Störungen oder eine Art Alarmierung des Nervensystems vor, wenn man öfter hintereinander von einem Trommeln träumt.

Trompete: Man möchte auf sich aufmerksam machen und versucht, schlafende Energien zu wecken. Ausdruck kraftvoller Energien.

Tropfen (Medizin): Wie bei der ↗Pille und Tablette kommt es bei den Tropfen darauf an, gegen welche Symptome sie helfen. Diese Symptome sind symbolisch zu betrachten. Werden allerdings bestimmte Tropfen im Traum von Kranken gesehen, sind sie oft ein Hinweis auf das Heilmittel für die Träumerin oder den Träumer.

Tropfen (Wasser): Das Traumsymbol »Tropfen« zeigt uns anschaulich, daß man mit wenig viel erreichen kann. »Steter Tropfen höhlt den Stein«, weiß der Volksmund zu berichten und sagt uns damit, daß regelmäßig etwas zu tun ist, um Erfolg zu haben – sonst ist es nur »ein Tropfen auf dem heißen Stein«. Der Tropfen als kleinste (sichtbare) Einheit des Wassers steht für das Gefühl, das jede Erstarrung mit der Zeit überwindet.

Trost: Wer im Traum Trost zugesprochen bekommt, der benötigt diesen Trost meist im Leben. Es kann allerdings mit dieser Traumsituation auch die Aufforderung verbunden sein, eine andere Person zu trösten.

Trüb: Was im Traum trüb ist, ist schwer durchschaubar. Die Trübe fordert Sie auf, Ihr Bewußtsein zu klären oder sich eindeutiger zu verhalten. Sie kann oft auf eine niedergeschlagene Stimmung deuten, die aufgehellt werden sollte.

Truhe: In der Truhe wird zum einem etwas vor den Augen der Besucher versteckt wie im ↗Schrank, zum anderen spielt bei ihr besonders das ↗Alter eine wichtige Rolle. Achten Sie darauf, was Sie mit der Zeit verbinden, aus der die Truhe stammt.

Aus welchem Material besteht die Truhe? Welche Farbe weist sie auf? Was beinhaltet sie?

Tuch: Schutz und Verhüllung. Die Symbolik der Farbe des Tuches und seines Materials ist hierbei zu beachten.

Tulpe: Frauentraum, bei Männern selten. Naturverbundenheit. Wie bei allen Blumensymbolen im Traum schwingen beim Bild der Tulpe auch sexuelle Bedeutungen mit.
Volkstümlich: Solch ein Traum zeigt eine kurze Verlobung und eine heimliche Heirat an.

Tumult: ↗ Aufruhr.

Tunnel: Meistens handelt es sich hierbei um einen Geburtstraum. Rückbesinnung auf den Ausgangspunkt. Wiedergeburt. Im Tunnel begegnen wir oft dem Unbewußten. Deutet nach Freud auf Geschlechtsverkehr (besonders wenn Zug/Züge in den Tunnel ein- oder ausfahren).

Tür: Man steht vor einem Neubeginn, ↗ Tor.
In der altägyptischen Traumdeutung stellt die Tür ein Symbol lieben Besuchs dar, wenn sie offen steht. Sie ist ein Symbol des weiblichen Geschlechtsorgans nach Freud, nach Jung eher Symbol des Übergangs in eine andere Phase.

Turm: Häufiges Penissymbol, besonders in Frauenträumen. Mehr Überblick ist nötig (Wachturm). Machtsymbol (vgl. im Englischen den Anklang von »tower« und »power«; auch Turmbau zu Babel). Im Turm eingeschlossen zu sein, verweist auf sexuelle Hemmungen bei Frauen (Rapunzel) bzw. auf Hemmungen im Ausleben einer ungewöhnlich hochentwickelten Sexualität.

Turnen: Man müht sich ab oder sollte mehr für seinen Körper tun und beweglicher sein – in jeder Hinsicht.

Turnhalle: ↗ turnen.

U

Überfahren werden: Kann auf Minderwertigkeitskomplexe oder Übervorteilung deuten. Nach Freud ein Bild sexuellen Verkehrs (besonders bei Männern), wenn Probleme vorliegen, sich sexuell aktiv auszuleben.

Überfall: Wie ↗Überfahren werden, nur aggressiver und daß es sich hier meist um Angst vor Besitzverlust handelt.

Überfluß: Symbolisiert das Übermaß, man sollte sich bescheiden. Aber auch ein Hinweis darauf, daß man gut im Fluß ist und alles das anzieht, was man braucht (vgl. das deutsche Volkslied, »Wenn alle Brünnlein fließen ...«). Freudianisch: Potenzprotzerei.

Überschwemmung: Gefühle, Emotionen und Affekte überfluten einen. Man fühlt sich im Triebhaften und Unbewußten gefangen. Warnung vor psychotischen Verhaltensweisen. Wenn dieses Traumbild mit Angst verbunden öfter auftritt, sollte ein Psychotherapeut aufgesucht werden.

Übertragung: Seit Sigmund Freud ein Schlüsselbegriff der Psychotherapie. Neben den mehr technischen Aspekten der praktischen Therapie bedeutet der Begriff der Übertragung im Ergebnis, daß in jeder Alltagssituation alte und uralte Inhalte des Seelenlebens anhand von aktuellen Anlässen wiedererweckt und zum Vorschein kommen können (sofern sie nicht erledigt waren). Alles, was in einem gegebenen Augenblick geschieht, kann sowohl eine konkrete aktuelle Bedeutung besitzen wie auch einen *übertragenen* Inhalt, der gar nicht aus der jetzigen Situation stammt, sondern in diese aus alten innerseelischen Verhältnissen hineingetragen wird. ↗Fernsehen, ↗Fax, ↗Schatten.

U-Boot: Man möchte sich verstecken und die Welt von der Gefühlsseite (Wasser) her sehen. Entweder ein Hinweis auf Regression und ein schwaches Ich oder auf ozeanische Gefühle, mit denen man umgehen kann. Man bleibt trotz großer Gefühle sozusagen manövrierfähig. ↗Tauchen, ↗Fische.

Ufer: Bild des Verstandes (im Gegensatz zu Wasser: das Gefühl), der das Gefühl leitet und somit einschränkt. Das Ufer ist bisweilen ein Sinnbild der äußerlichen Realität, während das Wasser die seelische Wirklichkeit verbildlicht. Wie ist das Ufer beschaffen? Das Erreichen des anderen oder neuen Ufers ist häufig ein Symbol neuer Einsichten.

UFO (unbekanntes Flugobjekt): Der Traum vom UFO weist häufig auf eine Tendenz zum Erdungsverlust bei Träumerin und Träumer

hin. Psychologisch betrachtet mag das Auftreten eines unbekannten Flugobjekts auf eine gefährliche oder notwendige Grenzüberschreitung verweisen.
Analytische Psychologie: UFOs werden als Exterritorialisierung (Veräußerlichung) von inneren Gefühlen betrachtet. C. G. Jung selbst und seine Mitarbeiterin Aniela Jaffé vertraten diese Meinung in den vierziger und fünfziger Jahren des 20. Jahrhunderts.

Uhr: ↗ Mandala und Schicksalssymbol, ↗ Zeit. Die Uhr weist nach Freud wegen ihrer periodi schen Abläufe auf die Menstruation. Das Ticken der Uhr soll nach Freud dem Klopfen der Klitoris bei sexueller Erregung entsprechen. Könnte man diese Deutung auch auf den rhythmischen Impuls der Quarz-Uhr beziehen?

Umarmung: Sehnsucht nach Nähe, aber auch Angst vor Enge und Distanzlosigkeit. Bindungsschwierigkeiten. Wichtig ist, wen man umarmt. Nach Freud Sehnsucht nach sexueller Vereinigung.

Umhang: Man möchte sich wärmen oder sich verstecken. In der St.-Martins-Legende soll mit dem Mantel die menschliche Wärme geteilt werden.

Umschlag: ↗ Brief, ↗ Post. Erwarten Sie eine wichtige Mitteilung?

Umweg: Sie sollten direkter Ihre Ziele angehen, oder dieser Umweg ist nötig und stellt den schnellsten Weg zum Ziel dar (vgl. das chinesische Sprichwort: »Willst Du Dich beeilen, mache einen Umweg«).

Umweltverschmutzung: 1. Innere Beschäftigung mit realen Problemen und Aufgaben des Alltags und Fragen der Lebensqualität. 2. Traumbild für »innere Umweltverschmutzung«, d. h. für seelische Belastungen und Unklarheiten. 3. Symbol für das (positive) Anliegen, die Umwelt nach eigenen In teressen zu gestalten, Ausdruck für die Verwirklichung oder Nichtverwirklichung komplexer persönlicher Bedürfnisse und (Trieb-)Wünsche.

Umzug: ↗ Veränderung, ↗ Aufbruch, ↗ Heimkehr.

Unbekannte/-r: Meist verbirgt sich Ihre eigene unbekannte Seite, oft der ↗ Schatten dahinter.

Unfall: Oft die psychische Verarbeitung eines real erlebten Unfalls. Eine Warnung, die Angst widerspiegelt. Auch Hinweis auf Unaufmerksamkeiten im alltäglichen Leben. Ein Schutztraum, da die seelische Verarbeitung im Traum die Erfahrung in der Außenwelt ersetzt. Ein Bild der Schwierigkeiten und Probleme,

denen man sich nicht gewachsen fühlt. Der Unfall kann ferner ein Orgasmussymbol sein.
Man kann mit dem Traumforscher Jack Maguire (Traumarbeit und Transformation, München 1991) vier verschiedene Ebenen dieses Symbols unterscheiden:

1. Selbstbestrafungstendenz,
2. Gefühl, das eigene Leben oder eine bestimmte Lebenssituation gerät aus der Kontrolle,
3. Ausdruck von Wut und/oder Angst,
4. Mißtrauen in diejenige Situation, die im Traum zum Unfall führte.

Ungeheuer: Fabelwesen wie z.B. Drachen und Meeresungeheuer deuten auf Gewissenskonflikte, die bis zur Persönlichkeitsstörung führen können. Therapeutische Hilfe sollte aufgesucht werden, wenn diese Bilder öfter vorkommen und mit großer Angst verbunden sind.

Ungehorsam: Freiheitssymbol, Verantwortungslosigkeit.

Ungeziefer: Hinweis auf unbefriedigte sexuelle Wünsche oder Angst vor unerwünschter Schwangerschaft. In der Antike Symbol des Leichtsinns im Glücksspiel. Nach Freud oftmals Kinder oder Geschwister. Volkstümlich: Glück.

Uniform: ↗ Autorität. Selbstbestätigung, Ehrgeiz und Machtstreben, aber auch fehlendes Selbstbewußtsein und/oder schwache Ich-Differenzierung. Hinweis auf fehlende oder zu starre Ordnung. Bei Frauen Sehnsucht nach oder Angst vor einem starken Mann. Die Uniform verweist auch auf die fehlende Individualität, auf Wiederholungen und das Serielle hin.
Nach Freud Verweis auf die Nacktheit, die sie verdeckt.

Universität: ↗ Schule. Muttersymbol (alma mater), aber auch Männerdomäne. Symbol für die intellektuelle Seite des Lebens. Man möchte sich ein Bild von allem machen können.

Unkraut: Ungeordnete und ungekannte Instinkte und Impulse, die sich störend oder hilfreich auswirken.

Unordnung: Chaos, aus dem alles hervorgehen kann. Eine Aufforderung, das Leben neu zu ordnen.

Unrat: ↗ Schmutz. Unrat symbolisiert negative Gedanken und störende Gefühle. Mit diesem Traumsymbol ist häufig ein Bedürfnis nach ↗ Reinigung verbunden. Der Unrat zeigt uns im Traum das an, was an schlechten Gefühlen und Gedankengiften entsorgt werden soll.
Psychoanalyse: Unrat und jeglicher Schmutz im Traum legt eine Analfixierung des Träumers oder der Träumerin nahe.

Unschuld: Unschuld ist ein Symbol großer Naivität, die einem schadet, und oftmals einer fehlenden Individualität. Allerdings bei Träumern, die ganz und gar nicht mehr unschuldig sind, kann dieses Traumbild eine romantische Sehnsucht nach Naivität darstellen. Dieses Traumbild kann ferner auf eine Zeit verweisen, als Sie noch unschuldig waren.

Unten: Alles, was im Traum unten ist, gehört dem Unbewußten und somit der Triebwelt an.
Zieht das Unten Sie an oder stößt es Sie ab?

Untergang: Man versinkt in die Welt seiner Gefühle und/oder Instinkte, die einen überwältigt. Hierin liegt eine große Chance, sich selbst neu kennenzulernen. ↗U-Boot, ↗Sumpf, ↗tauchen.

Untergeschoß: Der Träumer bekommt Kontakt mit seinem Unbewußten.

Untergrund: Eines der häufigsten Symbole des Unbewußten. Man möchte sich verstecken. Man ergründet sein Unbewußtes, das vormals Unbekannte, und wird mit ihm vertraut.

Unterleib: Zunächst sollte man abklären, ob man nicht Bauchschmerzen im Schlaf hatte. ↗Sexualität, ↗Toilette, ↗Bauch, ↗Gürtel.

Unterricht: ↗Schule. Dieses häufige Traumsymbol verweist entweder auf Ihre Schulzeit, oder es gibt Ihnen Hinweise, was Sie noch lernen müssen, um Ihr Leben erfolgreicher zu bestehen.

Unterschrift: Träumen Sie von Ihrer eigenen Unterschrift, dann verweist dies auf Ihre Identität. Wofür haben Sie Ihre Unterschrift gegeben und welche Konsequenzen hat das? Handelt es sich um die Unterschrift eines anderen, so sollten Sie sich mit dieser Person mehr beschäftigen.

Unterwäsche: Die Unterwäsche hängt mit Ihrer Einstellung zu Ihrer Sexualität zusammen. Erotische Unterwäsche, die häufig als Traumsymbol auftritt, zeigt an, daß man seinen sexuellen Ausdruck kultivieren sollte. Schlampige oder schmutzige Unterwäsche deutet auf Ablehnung der Sexualität hin. In bezug auf die Unterwäsche ist die Farbsymbolik äußerst wichtig. So verweist weiße Unterwäsche oft auf Reinheit und Jungfräulichkeit, wohingegen rote und schwarze Unterwäsche Verführung und Lust an der Erotik symbolisiert.

Unterwelt: ↗Untergrund. Mythologisches Symbol des Unbewußten; die dunklen oder schattengleich-wesenlosen Götter der Tiefe.

Unwetter: ↗ Sturm, ↗ Orkan, ↗ Hurrikan.

Urin: Ist eine magische Flüssigkeit wie alle Körpersäfte. Hinweis auf sexuelle oder familiäre Spannungen.

Urkunde: Eine Urkunde enthält eine wichtige Information für den Träumer oder die Träumerin. Für die Deutung ist wichtig, was mit dem Schriftstück beurkundet wird.

Urne (Behälter der Asche): Tod und Vergänglichkeit. Volkstümlich: Ein junger Verwandter kommt zu Ehren.

Urne (Wahlurne): Sie haben die Wahl, Ihr Leben so zu gestalten, wie es mögen.

Uroboros: ↗ Oroboros.

Urteil: Es geht hier um Ihre Meinung in einer wichtigen Angelegenheit und um Gerechtigkeit. In der älteren Traumdeutung sagte man, hier spreche Ihr Gewissen. ↗ Gericht, ↗ Rechtsanwalt/Rechtsanwältin und ↗ Beichte.

Urwald: Als unbegehbarer Wald der Ort des Unbewußten und der Triebe. Symbol starker Lebenskraft, aber auch der Gefahr, den Trieben zu erliegen. Verweist auf mehr Disziplin oder ermuntert Sie, Ihre Triebe auszuleben. ↗ Labyrinth, ↗ (Groß-)Stadt (als Asphalt-Dschungel).

V

Vagina: Der Ort, aus dem wir kommen (der Ursprung), und jener, zu dem sich die Männer magisch hingezogen fühlen. Die Vagina tritt im Traum selten und dann nur bei einem Sexualstau auf. Sie symbolisiert die weibliche Schöpferkraft, die Urkraft und die Identität als Frau. Man kann sie auch als Symbolisierung höchster Kreativität betrachten (vergleichbar mit dem ↗ Penis).

Vamp: Geben Sie sich zu raffiniert als Frau, oder sollten Sie sich sexuell aufreizender geben? Bei Männern ist dieses Traumbild oft ein Zeichen der Sehnsucht nach raffinierterer Sexualität.

Vampir: ↗ Fabelwesen, ↗ Fledermaus. Schuldgefühle, man fühlt sich ausgesaugt. Oft werden solche Träume von depressionsartigen Verstimmungen hervorgerufen. Personifizierter ↗ Schatten, der auf zu wenig Abgrenzung gegen die Schattenwelt verweist.

Vase: ↗ Gefäß. Schönes Heim, man hängt zu sehr am Äußerlichen. Allerdings auch ein Hinweis, daß Sie von Ihren (sexuellen) Gefühlen bestimmt werden, die Sie oft verwirren. Bei Frauen drückt dieses Traumsymbol oft die fordernde Seite ihrer Sexualität aus, die sie mehr ausleben sollten oder mit der sie in einer männlich geprägten Gesellschaft in Konflikt geraten. Nach Freud ein weibliches Symbol.

Vater: ↗ Chef, ↗ Lehrer, ↗ König. Vermittler der Lebensgesetze. Die archetypische Vaterfigur steht für Sicherheitsstreben, Ordnung, Autorität, Durchsetzungsvermögen (Mars) und Bewußtsein (Sonne). Sie ist oft ein Ausdruck schlechten Gewissens. Bei Vaterproblematik kommt es häufig vor, daß der Traum-Vater als Papst oder letztendlich Gottvater die Welt des Traumes lenkt und bestimmt. Nach Jung das Zeugende und Gestaltende, das sinngebende geistige Prinzip, derjenige, der ins Leben führt.

Veilchen: Bescheidenheit, eine reine Frau oder ein Mädchen. Auf der anderen Seite ist mit dem Veilchen die Farbe Violett (Lila) verbunden, die auf Emanzipation verweist. Die emanzipierte Frau als Grenzgängerin. Veilchen, lat. viola, ist sprachlich dem lateinischen Wort »violatio« verbunden, welches auf Gewalt und Vergewaltigung verweist.

Veranda: Dieses Symbol kann Unterschiedliches bedeuten. Auf der einen Seite steht es für Entspannung, auf der anderen Seite deutet es auf ein Gefühl, ausgeschlossen zu sein. Man bleibt außen vor, und der Kontakt zum Inneren bricht ab. Auf der anderen

Seite kann man von der Veranda aus die Welt betrachten, und somit ist in diesem Traumsymbol der Überblick angedeutet. Befinden Sie sich auf der Veranda oder sehen Sie diese nur? Falls Sie sich auf der Veranda befinden, wird eher der Aspekt des fehlenden Kontakts zur Innenwelt betont.

Verband (Wundverband): Welcher Teil Ihres Körpers ist verletzt und muß durch einen Verband geschützt, zusammengehalten oder verborgen werden?

Verband (Institution): Symbol der Fähigkeit zur Zusammenarbeit und zum Koordinieren vielfacher Interessen, welche auf die eigenen Kräfte verweisen. Das Einlassen auf andere oder auf unterschiedliche Seiten in sich selbst, das die bestehenden Kräfte verstärkt. Herdentrieb wie auch bei ↗ Uniform.

Verbannung: ↗ Verdrängung. ↗ Exil, ↗ Eremit. Volkstümlich: Glück.

Verbrecher: ↗ Räuber. Verlust, im Traum Gewissenskonflikte, oft sexueller Art (Marlene Dietrich: »Die Männer sind alle Verbrecher …«).

Verbrennen: Verbrennen ist oftmals ein Symbol der Verdrängung, besonders wenn man im Traum etwas verbrennt. Es kann aber auch ein Symbol der Leidenschaft sein. Wichtig für die Deutung ist, was man verbrennt.
Volkstümliche Traumdeutung: Verbrennt etwas mit viel Rauch, ist das ein negatives Zeichen. Verbrennt etwas fast ohne Rauch, wird damit eine notwendige Auf- oder Ablösung angesprochen.

Verbrennung: Ein häufiger Warntraum, wenn Sie ein zu großes Risiko eingehen. ↗ Flamme, ↗ Feuer, ↗ Licht.

Verdienst (Einkommen): ↗ Geld. Der Verdienst ist im Traum ein Symbol der Energie (meist Gefühlsenergie), die einem zufließt. Er ist etwas, das einem zusteht und das man vom Leben berechtigterweise verlangt.
Ein geringer oder fehlender Verdienst zeigt an, daß man unzufrieden ist und mit seinem Erfolg hadert. Halten Sie den Verdienst im Traum für angemessen?

Verdienst (Ehre): Wer sich im Traum Verdienste erwirbt, sehnt sich nach Anerkennung in seinem Alltagsleben.

Verein: Auf der Subjektstufe verkörpert der Verein die auf ein gemeinsames Ziel hin geordnete Verbindung unserer inneren Ichs. Auf der Objektstufe spricht der Traum vom Verein unser Bedürfnis nach Gruppenzugehörigkeit an. Er kann allerdings auch bedeuten, daß man bestimmte Gruppen ablehnt, denen man angehört. Für eine genauere Deutung sind die Art und das Ziel des Vereins symbolisch zu betrachten.

Vereinbarung: Eine Vereinbarung ist ein Symbol der Harmonie. Mit dieser Harmonie ist meist auf der Subjektstufe ein innerer Zustand des Ausgleichs gemeint. Sie können unterschiedliche oder gegensätzliche Kräfte produktiv miteinander verbinden. Was wird vereinbart?

Verfolgung: Außerordentlich häufiges Traumbild. Verdrängtes drängt sich wieder auf. Die Sexualität wird unbewußt als schlecht abgelehnt. Nach Freud: Der Trieb verfolgt einen. Man könnte aber auch im Gegensatz zu Freud deuten, daß bei einem solchen Traum der/die Träumende seinen/ihren Ansprüchen und Idealen hinterherläuft.
Ein Verfolgungstraum besagt für Jung, daß etwas zu mir kommen möchte. Was man abspaltet und verdrängt, das will sich mit einem vereinigen. Hierbei soll man keinen Widerstand leisten, sondern das verfolgende Element zu sich einladen. Wenn allerdings der Traum einen notwendigen Abschied und eine nötige Trennung betrifft, empfiehlt sich ein starker Widerstand gegen das Verfolgende.

Vergangenheit: Der Traum wendet sich oft unserer Vergangenheit zu. Nach Freud geht letztlich jeder Traum auf unsere frühkindliche Vergangenheit zurück. Tritt die Vergangenheit im Traum ins Bild, wird diese Zeit in unserem Leben angesprochen. Meist werden wir an Fähigkeiten und Einstellungen erinnert, die wir damals noch besaßen und heute verloren haben. Handelt es sich bei der Vergangenheit um Zeiten, in denen wir noch nicht lebten, dann sollte diese geschichtliche Periode symbolisch betrachtet werden.

Verhaftung: Aus dieser Traumsituation sprechen entweder Schuldgefühle, also das strenge Über-Ich, oder durch den Wortanklang werden Ihre Bindungen und eventuell Süchte angesprochen. Ferner drückt sich in dieser Traumsituation eine Angst vor zu engen Bindungen und dem damit verbundenen Freiheitsverlust aus.

Verhandlung: Jede Verhandlung im Traum ist auf den Versuch des Ausgleichs der verschiedenen Ichs in uns anzusehen. Eine Verhandlung im Traum kann ferner darauf verweisen, daß wir diplomatischer und beweglicher sein sollten.

Verirren: Symbol der Suche nach dem richtigen Weg in Situationen innerer Verwirrung. Irrfahrt, ↗ Umweg.

Verkäufer/-in: Der Verkäufer ist ein Symbol des Energieaustausches. Die Waren, die er anbietet, entsprechen unseren Talenten und Fähigkeiten. Ferner weisen Verkäufer und Verkäuferin darauf hin, daß man nach außen gehen sollte, da man etwas anzubieten hat. Sie richten unsere Aufmerksamkeit auf das Verhältnis von Geben und Nehmen. Was wird verkauft?

Verkehr: Der Verkehr verweist im Traum sowohl auf Ihre Beweglichkeit als auch auf Ihre Sexualität. Des weiteren zeigt die Verkehrslage, wie Sie auf Ihrem Lebensweg vorankommen. Wenig oder kein Verkehr weist häufig auf Einsamkeit hin. Kommen Sie schnell oder langsam voran? Sind viele andere unterwegs, oder sind Sie alleine?

Verkehrswege: ↗ Straße, ↗ Weg. Verkehrswege sind stets auf unseren Lebensweg zu beziehen. Sie zeigen, wie und in welchem Bereich wir am besten vorankommen. Bei den Wasserstraßen sind unsere Gefühle angesprochen, bei den Luftwegen unser Überblick und unser Bewußtsein, bei allen Landwegen geht es um unsere Erdung.

Verkehrszeichen: Wichtig ist, was das Verkehrszeichen anzeigt. Das ist oft auf das eigene Sexualverhalten hin zu deuten.

Verkleidung: Die Verkleidung ist ein Identitätswechsel und somit ein klassisches Persona-Symbol nach Jung. Man möchte etwas Bestimmtes im Leben darstellen, das man nicht ist, aber sein möchte. Der spielerische Aspekt der Verkleidung tritt im Traum seltener auf. Bedeutsam ist die Art der Verkleidung, die ausgewählt hat.

Verkleinerung: ↗ Zwerg, ↗ Teleskop. Minderwertigkeitsgefühl, Geringschätzung. Man nimmt eine Kleinigkeit zu wichtig. Möglicherweise ein Verweis auf die Vergrößerung Ihres Bezugsrahmens und somit auf Ihr wachsendes Bewußtsein.
Vgl. L. Caroll: Alice im Wunderland.

Verlegenheit: Man kann sich nicht mitteilen und sollte seine Bedürfnisse deutlicher ausdrücken. Man hat einen Teil von sich verlegt bzw. weggelegt (man lebt ihn nicht aus).

Verletzung/Wunde: Man fühlt sich getroffen und verletzt, man ist offen und fühlt sich schwach. Oft ein Ausdruck alter Verletzungen, die aufgelöst werden möchten.

Verlobung: ↗ Heirat, ↗ Hochzeit. Symbol einer zumindest vorübergehenden Verbindung (von männlicher und weiblicher Seite). Integration einer fremden Seite.

Es ist symbolisch wichtig, mit wem man sich verlobt. Volkstümlich: ein ungünstiges Zeichen.

Verlust: Verlustangst oder Freude einer Trennung. Verlust deutet auf das Gegenteil von Lust hin, d.h., es geht um die Lust, sie will wiedergewonnen werden.

Vermögen: Eigenschaften und Fähigkeiten, die man besitzt. Volkstümlich: je größer das Vermögen, umso größer ist die zukünftige Anstrengung im alltäglichen Leben. ↗ Reichtum, ↗ Besitz.

Verrottetes: Wenn man im Traum etwas Verrottetes sieht, ist man selbst gefährdet zu verrotten, das heißt zu verkommen. Was vorher schön und gesund war, das zerfällt, und damit kann der Zustand einer fortschreitenden Sucht oder anderen Erkrankung charakterisiert werden. Meistens wird jedoch mit diesem Traumbild angezeigt, daß man sich auf dem falschen Weg befindet.

Versagen: Diese Traumsituation ist meistens an Prüfungssituationen gebunden. Man steht typischerweise in der Prüfung und hat den Prüfungsstoff vergessen oder ist völlig unvorbereitet. Diese Situation spiegelt unsere Angst wider, angesichts der Leistungsanforderung zu versagen. Da in jedem bewußt oder unbewußt diese Angst wirkt, ist diese Traumsituation sehr verbreitet. Es zeigt sich jedoch glücklicherweise, daß vor Prüfungen, Einstellungsgesprächen und anderen wichtigen Herausforderungen diese Traumsituation fast nur auftritt, wenn man später *nicht* versagt. Nehmen Sie also Ihre Angst wahr, aber überbewerten Sie diese Angst nicht. In welcher Situation versagen Sie oder eine andere Traumperson?

Versicherung: Allbekanntes Sicherheitssymbol, das auf seelische Starrheit verweist. Mehr Mut zum Gefühl!

Verspätung: Angst, etwas nicht mitzubekommen.

Versteck: Symbol des Unbewußten. Verdrängung und Flucht aus einer Problemsituation. Bedürfnis und Lust, zu suchen und gefunden zu werden. Volkstümlich: schlechte Nachrichten.

Verstopfung: Schwierige (seelische) Aufarbeitung. Stockende Verarbeitung.

Verstorbener: ↗ Tote. Wenn Sie von Verstorbenen träumen, dann ist (meistens nur kurze Zeit nach deren Tod) die Beziehung zu diesem Verstorbenen auf der Objektstufe angesprochen. Es wird die emotionale Anteilnahme am Tod des Verstorbenen verarbeitet. An-

dere Traumforscher gehen allerdings davon aus, daß der Traum von einem Verstorbenen das Ende der Trauer um diese Person ausdrückt. Der Traum arbeitet noch einmal den Tod dieser Person auf, um dann frei von Trauer von sein. Er markiert das Ende des Trauerprozesses.
Oft jedoch symbolisiert der Verstorbene Eigenschaften des Träumers selbst, die abzusterben drohen, da sie vernachlässigt werden. Tritt eine Person, die im Realleben noch lebt, als Verstorbener im Traum auf, dann heißt dies meistens, daß diese Person für den Träumer oder die Träumerin gestorben ist. Die Freundschaft, Liebe oder Leidenschaft zu dieser Person ist abgestorben.

Verteidigung: ↗Kampf, ↗Krieg, ↗Rüstung, ↗Gericht, ↗Rechtsanwalt/Rechtsanwältin.

Vertrag: Der Vertrag im Traum ist meistens auf der Subjektstufe zu deuten. Er ist der Vertrag, den Ihr Bewußtsein mit Ihrem Unbewußten schließt, um effektiv und glücklich zu leben. Jeder Vertrag im Traum spricht eine starke Bindung an. Der Vertrag weist ferner auf die kluge Lösung eines Konflikts. Wichtig für die Deutung ist der Vertragsgegenstand. Zwischen wem wird der Vertrag geschlossen? Was besagt er? Welchen Nutzen bringt er?

Verwandlung: Verwandlungsszenen im Traum weisen auf mehr Beweglichkeit hin und auf die Hoffnung, daß sich eine Situation ändert.

Verwandte: Bezeichnen Seiten von einem/r selbst wie gut bekannte Charakterzüge und Eigenschaften. Werden die Verwandten abgelehnt, lehnt man auch an sich diese Seiten bis zur Verdrängung ab. Sexualorgane nach Freud und Steckel.

Vier: Ganzheitssymbol (Quaternitätssymbol nach Jung). Die vier Jahreszeiten, Mondphasen, Himmelsrichtungen etc., besonders auch die vier Elemente, die vier Gliedmaßen, die vier Funktionen des Bewußtseins (vgl. dazu genauer Jung GW 13, 53–58 ff.). Die Vier schafft Ordnung im Chaos und der Fülle der Erscheinungen, Symbol des Ganz- und Eins-Werdens (im Gegensatz zur Multiplizität).
Bei den Indianern gilt die Vier als heilige Zahl, Zahl alles Schönen (z.B. muß ein Gebet viermal gesprochen werden). In der Alchemie erfolgt der Prozeß der Umwandlung in vier Etappen. Alles Menschliche entsteht aus dem Viergeteilten, so teilt sich der Paradiesstrom nach der Legende in vier Ströme auf. Die Vier zeigt nach Jung immer das Werden des inneren Menschen an. Sie symbolisiert

Vollständigkeit und Totalität: Die vier Temperamente, bei Schopenhauer die vierfache Wurzel des Grundes, im Christentum die vier Richtungen des Kreuzes, und Christus wird von den vier Evangelisten umgeben.

Viertel/Stadtviertel: Teile des/der Träumenden selbst.

Villa: Verweist wie ↗ Vorteil meist auf den Haben-Modus nach E. Fromm, indem man die Villa als Symbol des Reichtums besitzen möchte. Wunschtraum.
Unter dem »Haben-Modus« versteht Erich Fromm die weitverbreitete Haltung, daß man eine seelische Leere mit Besitz auszufüllen sucht.

Violett: Ausgeglichenheit und Vollkommenheit. Symbol der Suche nach dem Transzendenten (Violett ist die Farbe am Rande des Unsichtbaren, des Ultravioletts). Höchste und feinste Schwingung des Spektrums wie Inspiration und Geistigkeit. Violett wirkt beruhigend (es baut beim Sehvorgang wenig Sehpurpur ab). Violett ist eine lichtabhängige Farbe, die unter verschiedener Beleuchtung sehr unterschiedlich wirken kann. Selten ist Violett auch die Farbe der Leidenschaft. Rot als Farbe des Körpers und Blau als die der Seele verbinden sich zur Beseelung des Körpers.
Im Rheinland galt Violett als Trauerfarbe (bis ins 19. Jh.). Es ist die wichtigste Farbe im Liebeszauber. Als Hexenfarbe (Grenzüberschreitung) wurde Violett zur Farbe der Feministinnen.
In Byzanz war Violett die Farbe der Macht, in der römisch-katholischen Kirche die Farbe hoher Geistlichkeit. Es gilt als Stellvertreter für Schwarz, dem Symbol der Demut und Buße in der katholischen Kirche. ↗ Veilchen, Lila.

Violine: ↗ Geige. Der Körper der Frau. Wenn jedoch eine Saite reißt, dann bedeutet das Streit.
Volkstümlich: (häusliches) Glück.

Visitenkarte: ↗ Aufstieg. Symbol der gewünschten Identität. Volkstümlich: heimliche Verehrer.

Vitamine: Das Nahrhafte und Gute. Sie brauchen mehr davon!

Vogel: ↗ Rabe, ↗ Eule, ↗ Taube. Geistige Inhalte. Man möchte den Überblick haben und erleichtert werden. Besitzt immer auch eine erotische Bedeutung (vögeln). Kann auch Abgehobenheit bedeuten (»einen Vogel haben«, und vgl. auch den Mythos von Ikaros).
Eine besondere Bedeutung besitzt der Vogelschwarm, der in seiner Bewegung die Intelligenz der Natur wiedergibt, die völlig anders als die individuelle Intelligenz des Menschen funktioniert. Es geht

hier um den Gruppenwillen (oft im Gegensatz zum Willen des Individuums). Im altwalisischen Epos Mabinogion wird die Göttin Rhiannon in Form eines Vogelschwarms dargestellt, da sie die weibliche Weisheit der Natur symbolisiert. Allerdings kann der Vogelschwarm wie der Insektenstaat auch als Gefahrensymbol auftreten.
Im Traum »Unterweltsvision eines assyrischen Kronprinzen« (8. bis 7. Jh. v. Chr.) wird der Helfer zum Bösen weitgehend wie ein Vogel beschrieben.

Vogelfrau: Fabelwesen, Symbol der Erregung und Verlockung; die Anima in ihrer himmlischen und zugleich tierischen Seite (die bedroht oder betört). Auch Symbol der weisen Frauen (z.B. Nachteule). Todessymbol (Sirenen bei Homer).

Vorgesetzte/-r: Das Abbild der eigenen Vorsätze und das, was das Leben einem vorsetzt, d.h. zur Aufgabe macht. ↗ Chef.

Vorhang: Es ist etwas verborgen. (Was ist es?) Täuschung und Isolation, aber auch berechtigte Distanz. ↗ Netz, ↗ Gardine, ↗ Nebel und ↗ Rauch.

Vorn: Symbolisiert stets das Offene und Offensichtliche, aber auch den Schein.

Vorrat: Vorräte symbolisieren stets entweder unsere Ängste, zu kurz zu kommen, oder unsere Potentiale und Fähigkeiten. Haben Sie Angst vor der Zukunft?

Vorstadt: Nicht ganz drinnen und nicht ganz draußen sein. ↗ Langeweile.

Vorteil: Ein Symbol, das von der Dynamik des Wunsches geprägt ist. Wie bei Villa warnt dieses Symbol vor dem einseitigen Ausleben des Haben-Modus nach E. Fromm (Ausführungen dazu siehe unter Villa).

Vortrag: Wie bei aller öffentlichen Tätigkeit ist hier die Selbstdarstellung (über den Intellekt) angesprochen, wie auch bei Theater und Ausstellung. Ist man der Redner oder die Rednerin, möchte man gerne etwas sagen. Die Aufgabe besteht darin, vielen Interessen (Zuhörern) zu dienen (↗ Konzert) und einen eigenen Standpunkt der Welt gegenüber zu finden und zu beziehen. Man möchte die anstehenden Probleme (intellektuell) lösen (siehe dazu auch Rätsel). Vom Redner selbst aus gesehen liegt es an, Gefühl und Verstand, Gemüt und Bewußtsein zu verbinden. Bei diesem Traumbild sind auch immer Aspekte des Selbstverständnisses und der Verständigung angesprochen. Oftmals verweist es auch darauf, besser zuzuhören (wie bei ↗ Ohr und ↗ Mund). Und nicht zuletzt spricht in diesem Traumbild die innere Stimme.

Vulkan: Triebstau und Triebentladung, Streß oder Streßabbau. Es geht hier um die »Feuerprobe«. Das Innerste kehrt sich nach außen. Ausdruck von Verschmelzungsphantasien in Beziehungen, aber auch ein Hinweis auf die Verschmelzung verschiedener eigener Anteile im Sinne der Persönlichkeitsbildung. Hier werden die Verhärtungen wieder zum Fließen gebracht.

W

Waage: ↗ Urteilskraft. Das eigene Gewicht, die persönliche Geltung und Bedeutung. Bewertung, Abwägen, Gleichgewicht, Ausgeglichenheit und Ordnung. Was wiegt (ist wie wichtig) im Leben? Lautlicher Anklang an das Vage, als das Ungewisse und Unentschiedene, und an das Verb »wagen«. Was wagen Sie?

Wabe: ↗ Honig. Symbol der Sehnsucht nach einem Leben in Liebe.

Wachs: Anpassungsfähigkeit, Unbeständigkeit und Formbarkeit. Symbol der Verführung.

Wächter: Die eigene Abwehr und Disziplin, Aufmerksamkeit und Einsicht. ↗ Eremit, ↗ Hund, ↗ Pfad(-finder), ↗ Löwe.

Waffel: Altbekanntes weibliches Sexualsymbol und Symbol der Häuslichkeit und des Genusses.

Waffen: Besonders bei Frauen ein Symbol der Sexualangst. Bei Männern teilweise Ausdruck der Angst vor den »Waffen der Frauen«. Ausdruck von Kriegsangst. A-, B- oder C-Waffen symbolisieren im Traum oft eine innere Vergiftung oder innere Zersetzung.
Nach Freud und den meisten Tiefenpsychologen ein Symbol männlicher Sexualität, da die Waffen in den Körper eindringen.

Wagen: ↗ Auto. Der Wagen zeigt, daß ein wichtiger Übergang bevorsteht. Häufiges Symbol der Ortsveränderung im Sinne der Lebensreise. Sie *wagen* sich, einen eigenen Kurs zu steuern und etwas selber in Erfahrung zu bringen (das Wagnis der Selbsterfahrung). Nach Jung ein von Menschenhand geschaffenes Fortbewegungsmittel, dessen Räder auf das Sonnenrad zurückgehen. Sie symbolisieren ↗ Mandalas.

Wahl: Eine Wahl weist stets auf Ihre Wahlmöglichkeiten hin und regt Sie an, diese Möglichkeiten und Chancen wahrzunehmen.
Bei der Wahl im Traum geht es häufig um gut oder böse, ↗ Himmel oder ↗ Hölle. Das geht von der Idee aus, daß es eine Instanz gibt, die unser Leben bewertet und entsprechend belohnt oder bestraft. So entstanden in der Mythologie zwei Orte: der Himmel (Elysium, Walhall) und die Hölle (Hades, Hel). Allerdings liegen Himmel oder Hölle im Traum im Diesseits. Man selbst wählt mit Hilfe seines Gewissens, an welchem Ort man leben möchte.

Wahnsinn: Symbolisiert zu emotionales, sinnloses Handeln und fordert mehr Klarheit und Einsicht. Verweist auf das Realitätsbewußtsein im alltäglichen Leben. Oft ein Hinweis darauf, daß man seinen fünf Sinnen zu wenig traut.

↗ Narr, ↗ Gürtel, ↗ Tür, ↗ Treppe, ↗ Verirren.

Wal: Man hat das Gefühl, von einer Aufgabe verschlungen zu werden, wie Jonas in der Bibel vom Wal verschlungen wurde. Symbol des Tierischen, das in der Welt ausstirbt.

Wald: ↗ Urwald, Baum. Häufigstes Traumsymbol des Unbewußten. Wo man verbotene Waldwege geht, dort können einen die Triebkräfte und die Instinkte weg- und mitreißen. Der Wald ist der schauerliche Ort der Gefahr, wo sich das Geheimnisvolle abspielt, der Übergangsort (z.B. gibt es in Dantes Divina Comedia den Wald vor der Pforte des Inferno und denjenigen am Ende des Purgatorio vor dem Paradiso). Auf der anderen Seite zeigt dieses Traumbild, daß man einen Kontakt mit seinem Unbewußten sucht (↗ Verstecken, ↗ Chaos). ↗ Wanderer/wandern/Wanderung.

Waldsterben: Oftmals ein Hinweis darauf, daß die Beziehung zur eigenen Lebensgrundlage, nämlich dem Unbewußten, gestört ist. Die rationale Sicht der Welt hat überhand genommen. ↗ Wald.

Walnuß: ↗ Nuß. Die Walnuß verdeutlicht häufig unsere Intelligenz, da ihr Kern der Form unseres Gehirns ähnelt. Sie kann aber häufiger noch auf eine Abkapselung und Isolierung hinweisen. Damit wird ein starkes Abwehrsystem des Träumers oder der Träumerin angesprochen – der Charakterpanzer im Sinne Wilhelm Reichs.

Walzer: Symbol der Liebe wie ↗ Rose, ↗ Kreis und ↗ Tanz. Volkstümlich: ein verborgener Verehrer.

Wand: Schutz oder Hindernis.

Wanderer/wandern/Wanderung: Man bewegt sich friedlich aus eigener Kraft fort und kommt langsam, aber stetig voran. Die Wanderung stellt meistens ein Bild des Lebenswegs dar. Sie ist die Pilgerreise, auf der man lernt und sich dabei seinem Ziel annähert. Auf der anderen Seite distanziert man sich beim Wandern von seinem Ausgangspunkt. Man entfernt sich von etwas.

Wandtafel: ↗ Tafel.

Wange: Die Wange empfängt sowohl den Freundschaftskuß als auch den Schlag (Ohrfeige). In der klassisch-griechischen Traumdeutung zeigen rote runde Wangen volle Kassen an, bleiche und weiße Wangen dagegen leere Kassen. Volkstümlich: ein gutes Omen.

Wanne: Reinigung wie ↗ Dusche, ↗ Bad und ↗ Sauna. Volkstümlich: Harte Zeiten brechen an, wenn die Wanne leer ist, gute dagegen, wenn sie gefüllt ist.

Wappen: Aufstieg, Ehrgeiz, Eitelkeit und Machtwille (F. Nietzsche). Volkstümlich: Schutz durch einen mächtigen Freund.

Warenhaus: Kaufhaus. Symbol des Konsums oder der ↗ Gier, aber auch der selbständigen Lebensgestaltung und der Selbstversorgung. Das Angebot des Warenhauses verbildlicht die Talente, die einem zur Verfügung stehen.

Wärme: Die Wärme wird häufig im Traum angesprochen, wenn einem im Bett kalt ist. Wärme symbolisiert Herzlichkeit und Zuneigung. Dieses Traumbild wird meistens durch eine Sehnsucht nach Innigkeit und zarten Gefühlen ausgelöst. Wärme zieht unsere Gefühle an und bedeutet Nähe und liebende Zuwendung. Nimmt die Wärme ab, verweist das auf abkühlende Gefühle, auf Zumutung und Beengung.

Warnung: Auch Traumwarnungen sollte man ernstnehmen und nach Lage der Dinge befolgen oder zurückweisen.

Warten: Warten ist unangenehm, da es nicht dem eigenen Zeitgefühl entspricht. Man lebt fremdbestimmt. Warten ist im Leben wie im Traum auch mit der Hoffnung verbunden, daß eintritt, worauf man wartet. Zugleich zeigt es an, daß man etwas vermißt. Es kann auch darauf hinweisen, daß der Träumer Schwierigkeiten hat, im Hier und Jetzt und leben, was zu einer Lebensfremdheit führt.

Wärter: ↗ Wächter.

Warzen: Hexensymbol. ↗ Hexe. Volkstümlich: Reichtum.

Waschbecken: ↗ Waschen, ↗ Wanne, ↗ Dusche, ↗ Bad und ↗ Sauna: ein Symbol der Sauberkeit und Reinheit.

Wäsche: ↗ Weiß. Weiße Wäsche und weiße Kleidung gelten als Symbol der Unschuld und Reinlichkeit.
Volkstümlich: Streit, Trennung und Verlust. Weiße Wäsche ist nach Freud ein Symbol des Weiblichen.

Waschen: Symbol der Reinigung, ↗ Wanne, ↗ Dusche, ↗ Bad und ↗ Sauna.
In der Alchemie folgt auf die Schwärzung oft die Waschung, auf das Chaos folgt die Reinigung (von Schuldgefühlen). Besonders das Händewaschen ist ein Zeichen der Unschuld (Pilatus, Lady Macbeth etc.).

Waschküche: ↗ Waschbecken und ↗ Waschen. Wird heute im Traum meist durch das Bild der Waschmaschine ersetzt.

Waschmaschine: ↗ Waschküche. Automatische Reinigung – der Kleidung oder der Seele.

Wasser: Fluß, See, Meer, Elemente. Man kann fünf Ebenen dieses Traumsymbols unterscheiden:

1. sexuelle Ebene,
2. emotionale Ebene, die eigenen Gefühle werden unbestimmt und fließend wahrgenommen,
3. Furcht vor Überschwemmung, Verschlingung durch das Unbewußte,
4. das Gefühl, im Lebensfluß zu sein,
5. man empfindet seine Lebenssituation als chaotisch.

Symbol des Wunsches nach vollkommener Neuordnung des Lebens. Alchemistisch ist das Wasser mit dem Gefühl verbunden, es ist die wilde Natur der Seele, die es zu meistern gilt. Das Wasser ist das Reich, in das die Seelen der Toten eingehen, sie reisen zur Wasserfrau, es ist der Ort der Verdrängung, ein Element der Entrückung, der Verwandlung und des Geheimnisses, es hat unbekannte Tiefen, kann wegreißen und überfluten und ist deswegen beängstigend. Wasser ist das Symbol der Wandelbarkeit. Hinab ins Wasser meint hinab ins Ur-Wissen. Wer ins Wasser schaut, geht zu sich selbst. Symbolisiert bei Frauen den Geburtsvorgang und die Schwangerschaft.

Fließendes Wasser heißt, daß die Sexualität positiv erlebt wird, stehendes Wasser bedeutet entweder, daß die Lebensenergie versiegt, es ist kein Kontakt zum Ursprung mehr vorhanden, oder Bedeutung wie bei ↗ Teich und Jungbrunnen, daß nämlich das Wasser Träger der Lebensenergie ist, die einen erneuert. Daran knüpft die Tradition der Taufe an. Ins Wasser zu fallen, bedeutet, ins Gefühl einzutauchen; es kann sich hierbei auch um einen Warntraum handeln, vgl. dazu auch ↗ Tauchen und ↗ Ertrinken. Der chinesischen Naturanschauung zufolge ist Wasser Symbol der weiblichen Urkraft YIN. Für die Taoisten ist das Wasser die Essenz des Lebens, sein Lauf ist Vorbild für ein Leben im Einklang mit der Natur (Lebensstrom). Nach Genesis 2 war das Wasser zuerst da, und der Geist Gottes schwebte über ihm. Das Weihwasser in der katholischen Kirche und das Taufwasser zeigen die heilende Kraft des Wassers. Ein Wassertraum stellt für Freud oft die Erinnerung an das Leben im Mutterleib dar. Aus dem Wasser herauszukommen, ist bei Freud ein Bild der Geburt. Wasser ist nach ihm immer mit der Geburt verbunden. ↗ Taufe, ↗ Schwimmen, ↗ Baden, ↗ Tränen, ↗ Trinken, ↗ Untergang, ↗ Geburt (Wiedergeburt).

Wasserfall: ↗ Wasser. Sich fallenbzw. loslassen.

Wasserhahn: Ist nicht nur nach Freud ein Symbol des männlichen Gliedes.

Wasserspeier: ↗ Wasser. Befruchtung, männliche Sexualität.

Webstuhl: Zeit und Schicksal (Nornen), Lebensfaden. Sehnsucht nach dem »einfachen Leben«. Häufiges Bild der Bewußtseinsarbeit.
Volkstümlich: Kleine finanzielle Verluste stehen bevor.

Wechseljahre: Frauentraum, der auf die Wechseljahre oder allgemein auf langfristige (körperliche) Veränderungen hinweist. Die Mitte des Lebens.

Weg: Wie ↗ Straße ein häufiges Symbol des Lebenswegs. ↗ Wagen.

Wegweiser/Wegkreuzung: An der Wegkreuzung muß oder kann man sich entscheiden. Der Wegweiser zeigt der/dem Träumenden, wo es langgeht (im Leben). ↗ Kreuz, ↗ Gabelung, ↗ Teilung, ↗ Oroboros (als Gegenbild).

Weide: Biegsamkeit, Anschmiegsamkeit, aber auch Trauer (Trauerweide). Anklang »weiden«: Ruhe und (Seelen-) Nahrung.

Weiher: ↗ See.

Weihnachten: Das ↗ Licht kommt aus der Finsternis. Es wird heller, d.h., das Bewußtsein erstarkt.

Weihnachtsbaum: ↗ Weihnachten.

Weihnachtsmann: ↗ Weihnachten. Der Weihnachtsmann bildet zusammen mit dem Knecht Ruprecht die Doppelnatur des Mannes und allgemein des Menschen als heiligen und als wilden Menschen ab. Er entspricht so dem Bild des Zentaur oder der Idee Nietzsches, daß der Mensch zwischen den Polen Übermensch und Tier lebt. Astrologisch gesehen wird hier das Schütze-Prinzip angesprochen. Auch ein Symbol des mächtigen Vaters.

Weihrauch: ↗ Reinigung. Der Weihrauch drückt stets eine besondere Situation aus. Er ist ein Reinigungssymbol, mitunter kann man ihn im Traum auch riechen.
Volkstümliche Traumdeutung: Verrat.

Wein/-stock/-berg: Rausch und harte Arbeit, Lebenssaft und Sinnenfreude. Müssen Sie jemandem reinen Wein einschenken (in vino veritas)? Symbol der Frau nach dem Hohen Lied und Freud.

Weinen: Befreiung von Schmerz und Loslassen (übrigens schon seit assyrischer Traumdeutung!).

↗ Wasser. Es ist auch die lautliche Verwandtschaft mit ↗ »Wein« zu beachten. ↗ Tränen. Weinen bedeutet nach Freud Ejakulieren.

Weiser: Der Archetyp des weisen Alten als der Lebensführer wird ausführlich von Jung in seiner Biographie »Gedanken, Träume und Erinnerungen von C. G. Jung« beschrieben. Besonders im Frauentraum Ausdruck der Sehnsucht nach der positiven Männlichkeit und dem »besseren« Vater.

Weiß: Reinigung und Unschuld, Reiz und Offenheit. Symbol der Unberührtheit (Jungfräulichkeit) und Ahnungslosigkeit. Man möchte mit einer »weißen Weste«, also unbefleckt, durchs Leben gehen. Weiß im Traum deutet auf Reinheit hin, entweder daß der/die Träumende in der Reinheit lebt oder sie anstrebt. Man möchte sich reinigen und reinigt sich wahrscheinlich im gewissen Maße schon alleine dadurch, daß man von der Farbe Weiß träumt. Aber auch als Hinweis auf die übertriebene Reinigung (Waschzwang, Putzwut etc.) möglich.
Auf der anderen Seite kann Weiß einen Ausdruck der Angst darstellen (der weiße Wal in »Mobby Dick« und der weiße Hai). Hier ist das blendende Weiß angesprochen. Gespenster stellt man sich wie die Wahnvorstellung der weißen Mäuse (Delirium tremens) immer weiß vor. Weiß ist auch eines der grundlegendsten Animus-Symbole, es verweist auf den männlichen Geist, aber auch auf die männliche Aggression (blendendes und gleitendes Weiß). Zugleich verbindet sich Weiß nicht nur lautlich mit Weisheit. Der Archetyp des weisen Mannes ist meistens weiß gekleidet (vgl. Gurus, aber auch die Ärzte).
Die Vereinigung von Rot und Weiß ist diejenige der Gegensätze, ein Symbol der mystischen Hochzeit (coniunctio) und der tantrischen Sexualität (weißer Samen und rotes [Menstruations-]Blut), hier treffen sich Unschuld und Körperlichkeit, Himmel und Hölle. Rot und Weiß sind die Farben der Alchemie und der Wappen Englands und der Schweiz.
Im Mabinogion gibt es weiße Unterweltshunde, die jedoch rote Nasen und Augen besitzen. Weiße Wäsche verweist nach Freud aufs Weibliche.

Weißdorn: Merlins Busch, hinter dem ihn die ↗ Fee Viviane verzauberte. Der Weißdorn gilt als zauberischer Busch, weswegen auch aus seinem Holz Zauberstäbe geschnitten wurden. In Glastonbury, in Südengland, steht der den Christen heilige Weißdorn, den Joseph von Arimathia hierher brachte und der zweimal im Jahr blüht. Volkstümlich: Glück.

Weizen: ↗ Getreide, ↗ Kornfeld.

Wellen: ↗ Wasser. Bild für Gefühlserregungen (Zärtlichkeit, Kuscheln und Sexualität). ↗ Surfer/-in, ↗ Schiff.

Wellensittich: ↗ Kanarienvogel.

Welt: Die Welt im Traum spiegelt stets die innere Welt des Träumers oder der Träumerin wider. Wer von der Welt träumt – sei es vom Weltengrund oder dem, was die Welt im Innersten zusammenhält –, der träumt damit von der Ordnung, die sein eigenes Leben betrifft und steuert bzw. steuern sollte. Der träumt von dem, was ihn bewegt, motiviert und leitet, kurzum von dem, was hinter seinen Handlungen steht. Im Traum von der Welt drückt sich auch eine Sehnsucht aus, die Welt kennenzulernen und zu bereisen.

Weltenschlange: ↗ Oroboros. In vielen Kulturen legt die Weltenschlange ein Ei, aus dem sich der Kosmos entwickelt. Verweist auf den vorbewußten Bereich und die Notwendigkeit ordnender Kräfte. Hier wird der/die Träumende auf die Wichtigkeit der Lebensenergie (der [Kundalini-]Schlange) hingewiesen, was meist einen Hinweis darauf einschließt, daß man seinen Trieben mehr Beachtung schenken sollte. In Indien ruht Vishnu nach der Schöpfung auf der Weltenschlange und wacht als ordnendes Prinzip über die Erhaltung des Kosmos.

Weltraum: Das geistige Umfeld des Träumers.

Wendeltreppe: ↗ Treppe. Eine Wendeltreppe symbolisiert wie jede Treppe den Auf- oder Abstieg des Träumers oder der Träumerin. Geht es aufwärts, wird die Bewußtseinsbildung angesprochen. Geht es abwärts, wendet sich der Träumer oder die Träumerin dem Unbewußten zu. Das Besondere bei der Wendeltreppe ist jedoch ihre spiralförmige Form. Das bedeutet in der Sprache des Traums, daß der Träumerin oder die Träumerin bei Auf- oder Abstieg permanent ihren Blickpunkt verändert. Es ist mit diesem Bild die Aufforderung verbunden, sich ein Problem aus unterschiedlichen Blickwinkeln anzuschauen.

Werkstatt: Im Traum Ort der seelischen, emotionalen, spirituellen und libidinösen Arbeit, Kreativität und Produktion.

Werkzeug: Arbeits- und Hilfsmittel. Nach Freud gelten alle Werkzeuge als Symbol des männlichen Gliedes.

Wespe: Aggressivität und Egozentrik.

Wetter: Das Wetter gibt im Traum die Stimmung und die Gefühle des Träumenden wieder. Wie in der Literatur steht im Traum das Äußere (das Wetter) für das Innere (die Befindlichkeit des Träumers). Psychisches wird durch Physisches ausgedrückt.

Wetterfahne: Symbol der Launen. Das Wetterwendische im Charakter.

Wettrennen: Bezieht sich fast immer auf Ihre Karriere. Es zählt bei diesem Traumbild hauptsächlich, ob Sie der Gewinner oder der Verlierer waren, denn das spricht in einem solchen Traum am meisten Ihre emotionalen Energien an. Laufen Sie vorweg, also die anderen Ihnen hinterher, oder laufen Sie den anderen hinterher? Die verschiedenen Teilnehmer eines Wettrennens sollten auch als diverse Seiten von Ihnen selbst angesehen werden. ↗ Verfolgung.

Widder: Bild der schöpferischen Naturkraft des Menschen. Astrologische Bedeutung: »Ich bin«. ↗ Lamm, ↗ Schaf, ↗ Ostern.

Wiege: ↗ Baby. Wenn hier kein Kinderwunsch symbolisiert wird, dann zeigt dieses Traumsymbol neue Ideen an. ↗ Waage.

Wiese: Eine große Wiese weist auf Wachstum und Freude. Wichtig ist der Zustand der Wiese.

Wiesel: Symbol der Schnelligkeit. Volkstümlich: Vorsicht vor sogenannten Freunden.

Wilder: Romantisierung des einfachen Lebens. Man sollte selber wilder sein und sich über Vorurteile und Vorbehalte bewußt hinwegsetzen, d.h., man sollte sich selbst mehr (zu-)trauen. »Mut zur Lücke«, ↗ Narr, ↗ Löwe, ↗ Tiger.

Wildnis: In der Traumwildnis wachsen die wilden Gefühle und die ungezähmten Triebe, durch die man sich hindurcharbeiten in Sinne von »verarbeiten« muß. Die Wildnis kann außer Dschungelcharakter auch die Wüste bezeichnen, als das Verwüstete, d.h. der unfruchtbare oder brachliegende Bereich in Ihnen.

Wind: ↗ Sturm, ↗ Orkan, ↗ Hurrikan. Hier sind die Luft-Geister angesprochen, die den Intellekt bzw. den Geist personifizieren. Der Wind kann so eine Idee oder ein neues Verständnis ausdrücken. Wenn ein frischer Wind weht, dann kommt etwas Neues. ↗ Luft, ↗ Atem.

Windmühle: Symbolisiert die Nutzung der Geisteskraft. Verbildlicht die intellektuelle bzw. geistige Arbeit (»etwas ventilieren«) wie das ↗ Spinnrad. Man kämpft mit sei-

ner Einbildung (M. Cervantes: Don Quichote).
Volkstümlich: kleiner Gewinn.

Winter: ↗ Eis, ↗ Kälte, ↗ Weiß.

Wirbelsäule: Die Stütze, die man in sich findet, um alles wieder ins Lot zu bringen. Die Aufrichtigkeit und Zivilcourage. Treppe, Turm, Hochhaus.

Wirsing: Wie die meisten Gemüse ein Symbol der weiblichen Sexualität.

Wirt/-in: Im Märchen ist der Wirt nicht selten eine zweifelhafte Person, er bringt oft gefährliche Überraschungen, im Traum tritt aber auch genauso oft der freundliche Wirt auf. Der Wirt spiegelt Ihnen wider, wie sehr Sie sich angenommen fühlen und sich selber annehmen können. Er ist eine Personifikation der Kunst, sich in der Welt ein Zuhause zu schaffen.

Wirtschaftsspezialist: Der Haben-Modus nach E. Fromm (nähere Erklärung ↗ Villa) ist überbetont wie bei ↗ Besitz und ↗ Vorteil.

Wissenschaft: Sicherheit im Intellekt oder im geistigen Bereich. Was schafft das Wissen für Sie (was nutzt Ihnen Ihr Wissen)? Was schaffen Sie mit Ihren Wissen? ↗ Universität, ↗ Weiß, ↗ Tempel.

Witwe: Verlust der Männlichkeit.

Witwer: Verlust der Weiblichkeit, Einsamkeit, Grübeln und Trauer. ↗ Tod, ↗ Trennung, ↗ Scheidung.

Witz: Ein Witz im Traum hilft stets, das zu verbinden, was für die Träumerin oder den Träumer zuvor unverbunden oder unvereinbar war. Er schafft so eine neue Perspektive. Der Witz kann die Funktion besitzen, den Träumenden aufzumuntern oder ihm eine Weisheit zu vermitteln, denn der Witz ist die vulgäre Form der Weisheit.

Wohnung: Lebensbereich. Ausdruck der Sehnsucht nach einer Beziehung, die Sicherheit und Geborgenheit gibt. Eine neue Wohnung (Umzug) entspricht einem neuen Lebensbereich. Symbol des eigenen Inneren.

Wohnwagen: Ein Wohnwagen spricht unsere Beweglichkeit an. Er zeigt, daß unser jetziger Zustand nur ein vorübergehender ist.

Wohnzimmer: Das Wohnzimmer symbolisiert im Traum häufig den inneren Raum des Träumers oder der Träumerin. Es ist der private Rückzugsraum.
Wie ist das Wohnzimmer eingerichtet? Wer befindet sich dort? Wie fühlen Sie sich in diesem Wohnzimmer?

Wolf: Der männliche Wolf gilt gemeinhin bei Männern als Bild des Problems sexueller Beherrschung und rücksichtloser Aggressivität. Der Wolf ist ein Raubtier, das auf Habgier und Hunger deutet, so verbildlicht er das Verlangen und das Unbefriedigtsein, ↗ Gier. Der Wolf symbolisiert oft den Schatten der männlichen Sexualität. Auf der anderen Seite seien Sie froh, solch ein starkes Traumbild geträumt zu haben: Sie stehen in Ihrer Kraft und brauchen nicht wie in »Rotkäppchen« den Wolf zu töten, sondern Sie können auch mit ihm tanzen.

Im Bild des Steppenwolfes (H. Hesse) wird der Wolf zum Sinnbild des einsam Suchenden (und Leidenden). Hier steht nicht mehr das Raubtierartige des Wolfes im Vordergrund, sondern die einsame Suche nach dem Sinn des Lebens.

Der Wolf wird im Christentum mit den falschen Propheten und Ketzern verglichen. Nach Jung ist der Wolf symbolisch die wildere Ausgabe des Löwen und der wilde Hund. Sehr berühmt wurde der Wolfsmann, den Sigmund Freud von 1910 bis 1914 behandelte. Dieser Patient litt als kleines Kind an einer übermäßigen Angst vor Wölfen, weswegen ihm Freud diesen Namen gab. Der früheste erinnerte Angsttraum des Wolfsmanns handelte von sechs oder sieben weißen Wölfen, die im Nußbaum vor seinem Fenster sitzen und von denen er befürchtet, gefressen zu werden. Freud macht hier auf den Anklang zu den beiden Märchen »Rotkäppchen« und »Der Wolf und die sieben Geißlein« aufmerksam. Außerdem sieht er im Wolf den Vaterersatz. Der Knabe hatte den Coitus a Tergo (Beischlaf von hinten) der Eltern beobachtet und so nach Freud den verdrängten Wunsch nach väterlicher Sexualbefriedigung in die Wolfsangst verwandelt (vgl. dazu genauer die ausführlichste Falldarstellung Freuds: Aus der Geschichte einer infantilen Neurose. In: Freud, Gesammelte Werke, Bd. VIII. Fischer, Frankfurt/M.1969).

Wölfin: Symbolisiert die nährende Kraft der wilden Natur (vgl. Romulus und Remus, die von der Wölfin genährt werden). Im Grunde schwingt dies auch im Märchen vom Rotkäppchen mit, in dem der Wolf nicht nur die Großmutter ißt, sondern sie auch ist (er ist die große Mutter als Symbol der wilden Natur).

Wolke: Krankheit oder Trübsal und Sorgen. Symbol der Stimmung des Träumers.

Zarte, weiße Wölkchen und Schönwetterwolken symbolisieren vergnügliche und verträumte Zeit. Die »dunklen Wolken am Horizont« deuten auf kommende Schwierigkeiten.

Die Chinesen sehen die Verschmelzung von YIN und YANG als sexuelle Vereinigung. Wenn Regen aus den Wolken fiel, war der Höhepunkt des Liebesspiels erreicht.

Wrack: Furcht vor dem Untergang.

Wunde: ↗ Verletzung. Schmerzliche (emotionale) Erfahrung.

Wunder: Sind im Traum »normal« und weisen auf Grenzüberschreitung hin. Man lebt zu starr in eingefahrenen Bahnen.

Wunsch: Der Wunsch im Traum ist eine Projektion des eigenen Lebens in der Zukunft, er ist ein Teil der Zukunftsplanung.
Volkstümliche Traumdeutung: Es ist hilfreich, seine Geheimnisse zu verbergen.

Wünschelrute: Erdung und seelische Feinfühligkeit.

Würfel (geometrisch): Man befindet sich auf dem Individuationsweg zu sich selbst (schon in Griechenland galt die Geometrie als Selbsterkenntnisweg). Der Würfel weist nach Platon auf die Erde hin.

Wurm: ↗ Schlange (sie wird oft als Wurm bezeichnet). Eine niedrige Stufe des animalischen Lebens. Symbolisiert oft entweder Gewissensbisse oder Ärger, häufig mit sexuellem Unterton. »Es wurmt einen etwas«. Der Ohrwurm. Die Würmer versinnbildlichen nach Jung die ersten unreflektierten Bewegungen der Seele und Inhalte, die noch farblos und unverbunden sind, ohne Gefühl und Vernunft, einzig blinder Lebensinstinkt.

Wurst: ↗ Fleisch. Penissymbol (besonders die Wurst in der Hand des Narren, vgl. auch den »Hanswurst« oder »Wurst-Narren«, ein Ausdruck, der aus Brants »Das Narrenschiff« stammt und von Luther übernommen wurde, als er 1651 die Streitschrift »Wider Hansworst« verfaßte). Vergleiche auch den Ausdruck »Alles Wurst« in der Bedeutung, es ist alles einerlei (die Haltung des Narren).

Wurzel: ↗ Baum. Erdung und Verwurzelung. Die Vorfahren, die Ahnen, aber auch die Ahnungen. Mögliches Symbol mangelnder Lösung und mangelnder Ich-Identität.

Wüste/Steppe: Seelische Vereinsamung, der Ort des Schreckens, der Versuchung und der Gespenster (vgl. hierzu auch T. S. Eliot »The Waste Land«). Rückzug und Askese. Symbol der Grenzerfahrungen in unserem Leben und speziell der Selbsterfahrung, insoweit die eigene Existenz ohne Vorbild und Beispiel ist. Eine Verbildlichung des Neuen und Unbekannten.

Wut: ↗ Aggression. Die Wut im Traum deutet auf unsere Aggressionen und häufig auf unterdrückte Wut hin.

X

X

X-Beine: Die sogenannten X-Beine sprechen unsere Erdung als auch unsere Eitelkeit an.

X-Form: ↗ Kreuz, ↗ Kreuzung.

Xylophon: Wie alle ↗ Musikinstrumente spricht das Xylophon unsere Fähigkeit an, Harmonie zu schaffen.

Y

Yacht: Symbolisiert verwöhnte, kostspielige Frauen. Starkes Bedürfnis nach Weiblichkeit.
Die eigenen Ambitionen erfüllen sich bei ruhiger See, bei wilder See werden diese Ambitionen gefährdet.

Y-Form: Auch als Buchstabe Vereinigung des Männlichen mit dem Weiblichen. Wünschelrute, die uns etwas Verborgenes finden läßt. Verbildlichung der magischen Formel, nach der sich Eins zu Zwei teilt und Zwei zu Eins werden.

Yoga: Körperbeherrschung und Meditation. Verweist im Traum zumeist auf einen bewußteren Umgang mit dem eigenen Körper und dem eigenen Leben.

Yogi: Dieses Traumsymbol spricht den Wunderglauben des Westlers an. Ausdruck der Hoffnung, sich über Naturgesetze hinwegsetzen zu können.

Z

Zahlen: Wenn Zahlen im Traum erscheinen, sollte man immer auf deren Zahlensymbolik achten (die Quersumme ist oft bedeutsam). Grundsätzlich stellen die Zahlen Ordnungsfaktoren in der Welt des Träumers dar.
Jung schlägt vor, wenn Zahlen im Traum auftreten, die nicht mythologisch besetzt sind, zu fragen, ob sie Jahre (oder andere Zeiteinheiten) bedeuten.

Zahlung: Oft kann man davon ausgehen, daß Zahlungen wie ↗ Geld überhaupt psychische beziehungsweise seelische Energien ausdrücken.
Bekommt der/die Träumende eine Zahlung, fließt ihm/ihr Energie zu. Muß er oder sie zahlen, dann fließt die Energie fort. Achten Sie hierbei immer auf die Richtung des Energieflusses: Von wo kommt die Zahlung? Wo fließt sie hin? Grundsätzlich kann man in jedem Traum davon ausgehen, daß ↗ Geld wie Zahlungen psychische beziehungsweise seelische Energien ausdrücken. Neben ihrer symbolischen Bedeutung können solche Träume auch leicht durch reale ökonomische Ängste hervorgerufen werden.

Zahm: Was zahm ist, das ist domestiziert, und es spricht meistens eine Unterdrückung unserer Triebe an.

Zahn/Zahnausfall: Symbolisieren Vitalität, Verwandte, Freundinnen und Geliebte, doch auch das Raubtierhafte und Reißerische (Vampir). Hinweis auf die Bissigkeit der/des Träumenden. Schon die griechische Mythologie sah die Zähne als Bild der Kinder an. Das kommt sicherlich daher, daß es während der Schwangerschaft oft zu einem rapiden Verfall an den Zähnen der Mutter kommt (»jedes Kind kostet einen Zahn«). Die Zähne sind im Mythos wie Saatkörner, vergleichbar dem Drachenblut.
Ferner symbolisieren die Zähne den oralen Charakter der/des Träumenden. Möglicherweise ein Hinweis auf einen Freß- oder Beißzwang oder dessen Hemmung. Und nicht zuletzt stehen die Zähne wie der Mund für das Bedürfnis, sich etwas einzuverleiben. ↗ Verdauung, ↗ Schönheit, ↗ Gesicht, ↗ Knochen.
Nach Jung und Freud sind Zähne ein häufiges Penissymbol, Zahnreizträume (Träume, in denen die Zähne schmerzen) sieht Freud als Onanieträume an. Nach neuester amerikanischer Traumforschung träumen Frauen in den Wechseljahren häufig von Zähnen.

Zahnarzt/Zahnärztin: Eine »bohrende Angelegenheit«. Gibt es reale Ursachen für Zahnschmerzen im Traum? Angst vor Krankheit und Schmerzen. Ein Saturn-Symbol.

Zahnschmerzen: Liebeskummer. Volkstümlich: eine glückliche Nachricht.

Zahnziehen: Man kann etwas leider nicht erreichen. Man kann sich nicht durchsetzen.

Zange: Fühlen Sie sich wie in die Zange genommen? Oft ein Hinweis darauf, daß man etwas entschiedener anpacken sollte oder etwas zu sehr erzwingen möchte. Verweist häufig auf eine komplizierte Situation, auf eine sogenannte »Zwickmühle«, die eine andere Ebene bzw. ein anderes Niveau der Betrachtung erfordert. Neue Lösungen werden verlangt.

Zank: ↗ Streit.

Zapfen: Penissymbol.

Zärtlichkeit: Wer von Zärtlichkeiten träumt, sehnt sich nach ihnen. Zärtlichkeiten können erwünscht oder aufdringlich sein. Erwünschte Zärtlichkeiten sprechen Sehnsüchte nach Nähe und Intimität an. Aufdringliche Zärtlichkeiten weisen auf Abwehr hin.

Zauber/Zauberer/Zauberin: Vormals (und auch teilweise noch heute) Bild übernatürlicher Kräfte, die man sich wünscht. Dieses Traumsymbol kommt häufig in Situationen vor, in denen man sich minderwertig fühlt. Heute kann man den Zauber eher als einen Hinweis auf die Realität des/der Träumenden sehen. Es geht in diesem Traumbild sehr oft um den Zauber des Individuums. Der Zauberer/die Zauberin drückt die Einheit und die Eindeutigkeit aus, weswegen im Tarot der Magier die Nummer 1 bekommt. Diese Einheit und Einzigartigkeit macht den Zauber des Individuums aus. Der Träumer/die Träumerin mag sich auf die »Zauberstücke« konzentrieren, die er/sie auf seinen/ihren Lebensweg vollbringt. Zugleich ein Hinweis darauf, daß man seinen eigenen Lebensweg gehen muß, sonst stellt sich keine persönliche Magie ein. Beschreiten Sie nicht Ihren eigenen Weg, wird Ihnen alles »wie verhext« erscheinen. Sie kommen nicht weiter und vielfältige Widerstände werden Sie behindern. Auf der anderen Seite kann dieses Traumbild Sie auch darauf hinweisen, daß Sie das Individuelle auf Kosten des Kollektiven zu sehr betonen. ↗ Hexe.

Zaun: Abgrenzung und das Gefühl der Sicherheit oder der Enge. ↗ Wand, ↗ Teilung.

Zebra: Man sollte die Gegensätze in seinem Leben wie Schwarz und Weiß integrieren oder deutlicher voneinander absetzen.
Volkstümlich: Meinungsverschiedenheit unter Freunden.

Zeche (Bergwerk): Die Zeche symbolisiert den positiven Umgang mit dem Schatten: Es wird das Dunkle aus dem tiefen Inneren zutage gefördert – das Unbewußte wird bewußt gemacht. Sie ist somit ein Symbol der Traumdeutung und der Therapie.

Zecke: Eine Zecke verkörpert im Traum negative Gedanken und Gefühle, die man nur schwer aufgeben kann. Sie kann bisweilen auch Offenheit bedeuten, da sie die Körpergrenzen durchbohrt.

Zehen(-spitzen): Verweist auf eine behutsame Vorgehensweise im jetzigen Lebensabschnitt. Wollen Sie etwas auf die Spitze treiben (zur höchsten Leistung bringen)? Aber auch ein möglicher Hinweis auf fehlende Standfestigkeit und fehlende Ganzheit (vgl. u.a. das Grimmsche Märchen »Aschenputtel«).
Volkstümlich: warnt vor Streit in der Liebe.

Zehn: Neuanfang, nachdem ein Ziel erreicht ist.

Zeichentrickfilm: Sich mit List und Tücke durchs Leben schlängeln. Die Komik in jeder Situation sehen können.

Zeichnen: Symbol des genauen Hinsehens und der aktiven Lebensgestaltung.

Zeigefinger: Der mahnende Finger oder Penissymbol.

Zeit: Der Umgang mit der Zeit ist ein Hinweis auf den Entwicklungsstand der Persönlichkeit. Ihre Lebensorganisation, Ihr Lebensplan wird hiermit angesprochen. Welche Zeit in einem Traum herrscht, ist immer bedeutungsvoll, sei es nun mittags oder nachts, Sommer oder Winter. Auch das Jahrhundert spielt eine Rolle.
Oft kommt es auch im Traum vor, daß die Zeit stehenbleibt (Stagnation) oder rast (Streßsymbol). Das Stoppen der Zeit kann auch als Zeitlupe gesehen werden, die Ihnen die Möglichkeit gibt, sich etwas genauer anzuschauen. Die Beschleunigung der Zeit wie im Zeitraffer symbolisiert häufig eine Bewußtseinserweiterung.

Zeitung: Oft ein Hinweis darauf, daß man sich mehr um die Außenwelt kümmern sollte. Seelische Neuigkeiten.

Zelle (Gefängnis): Die Zelle ist ein Symbol der Unfreiheit. Man fühlt sich eingeschlossen, beengt und in seinen Möglichkeiten beschnitten. In einer Zelle eingesperrt zu sein, ist meistens eine Strafe. Bedeutsam ist, wofür diese Strafe verhängt wurde. Allerdings kann die Zelle neben der Isolation auch den Ursprung ansprechen.

Zelt: Abenteuerlust, etwas Vorübergehendes und Provisorisches. Reiselust und Urlaubsstimmung, Sehnsucht nach einem naturnahen Leben. ↗ Schnecke, ↗ Eigenheim, ↗ Dach und ↗ Haut.

Zement: ↗ Beton.

Zeppelin: ↗ Flugzeug. Penissymbol. Volkstümlich: unerreichbare Ambitionen.

Zerfall: Es ist charakteristisch für Träume in Krisensituationen, daß beispielsweise Gebäude, Gegenstände oder Pflanzen zerfallen. Das zeigt dem Träumer an, was sich gerade auflöst, um für etwas Neues Platz zu machen. Betrachten Sie den Symbolwert dessen, was zerfällt, um zu verstehen, was sich zur Zeit in Ihrem Leben verändert oder verändern sollte.

Zerreißen: Wenn etwas im Traum zerreißt, dann steht dahinter die Befürchtung, daß eine Verbindung oder Beziehung nicht halten könnte.

Zerstörung: Wird im Traum etwas zerstört, dann steht dahinter die Angst, daß im eigenen Leben etwas zerstört wird. Das können eine Illusion, eine Beziehung, die Naivität oder andere Eigenschaften des Träumers oder der Träumerin sein.

Zerstückelung: Haben Sie das Gefühl auseinanderzufallen? Kommt häufig als Symbol der Entfremdung des Menschen in der Mythologie vor (z.B. Osiris wird von seinem Bruder Seth zerstückelt), wobei der zerstückelte Mensch meist von den Göttern wieder zusammengesetzt wird. ↗ Mosaik, ↗ Puzzle, ↗ Teilung.

Zeuge: Was wir in diesem Traum als Zeuge gesehen haben, das sollen wir ernstnehmen und genau behalten. Man fühlt sich mit eingeschlossen und dabei. Im Wortsinne von »zeugen« (erzeugen) ist man produktiv und fühlt sich evtl. selber als Urheber.

Zeugnis: ↗ Schule. Ausdruck von alten Versagensängsten bzw. Leistungen. Bewertung des eigenen Lebens, der Taten und Leistungen des/der Träumenden. Bestätigung und Anerkennung oder Tadel und Kritik.

Ziege/Ziegenbock: Symbolisiert den wilden Trieb und die Sexualkraft mit ihren Freuden und ihren Nöten, ↗ Bock. Ferner ein Symbol des Außenseiters, der sogenannte »Sündenbock«.
Die weibliche Ziege ist im übrigen ein geläufiges Bild der zänkischen Frau, aber auch für Genügsamkeit und Anpassungsfähigkeit.

Ziel: Deutet wie Zielscheibe auf zielgerichtetes Verhalten hin oder auf den notwendigen Abstand (Distanz). ↗ Schütze.

Zielscheibe: Zielgerichtetheit und Durchsetzungsvermögen.
Volkstümlich: Bei Treffern in die Mitte bedeutet sie Glück, geht der Schuß vorbei, wird Unglück kommen.

Ziffer: ↗ Zahl.

Zigarette: Bild geistiger Aktivität, bei dem aber auch Abhängigkeit und Sucht mitschwingt. Symbol der Ruhepause. Penissymbol nach Freud.
Volkstümlich: Das Anzünden der Zigarette weist auf neue Pläne.

Zigarre: ↗ Zigarette. Eine Zigarre spricht unsere oralen Bedürfnisse an, sie verweist auf Genuß und Männlichkeit. Sie ist ein Vater- und Penissymbol, auch im Traum symbolisiert sie sozialen Aufstieg und Autorität.

Zigeuner/-in: Das Wilde und die Abenteuerlust; zugleich wie »Juden« eines der ältesten Bilder des Sündenbocks in unserer Kultur. Der Begriff »Zigeuner« diskriminiert die Sinti und Roma und stempelt sie zu Außenseitern und »Menschen zweiter Ordnung« (wie »Nigger« für Schwarze). Deutet im Traum häufig auf unreife Männlichkeit hin.
Volkstümlich: Glück, wenn der Zigeuner Ware anbietet.

Zimmer: Seelenraum, der Raum im Inneren des Träumers. Verweist nach Freud auf die Frau (Frauenzimmer).

Zimmermann: ↗ Holz. Der Architekt und Baumeister des Dachstuhls, also des Bewußtseins, des Intellekts und/oder des Geistes (des »Oberstübchens«). Einer, der sich sein eigenes Wissen und Bewußtsein schafft.

Zink: ↗ Metall.
Volkstümlich: Die Zukunft ist gesichert.

Zinn: ↗ Metall.
Volkstümlich: Zufriedenheit.

Zirkel: Man läuft im Kreis, dreht sich im Kreis, aber genausogut Zeichen der Vollendung wie ↗ Mandala.

Zirkus: Gefühl, Triebe und der Körper werden anders als alltäglich, jedoch kontrolliert, eingesetzt. Man sollte »nicht so einen Zirkus« veranstalten. Traditionelles Gegenbild zum Alltag und zur Normalität wie auch ↗ Zigeuner, ↗ Schauspieler und ↗ Wanderung.

Zitrone: ↗ Obst. Man ist »sauer« und/oder lustig. Kann auch ein Verweis des Körpers darauf sein, daß er mehr Vitamin C braucht.
Volkstümlich: Unglück.

Zoologischer Garten: Betrachtung der eigenen tierischen Seite. Animalität im Sinne von Animus und Anima (die weibliche und die männliche Seite des/der Träumenden).

Zopf: Alte Zöpfe sollten abgeschnitten werden. Bild der Zähmung.

Zuchthaus: ↗ Gefängnis. Sie werden auf »Zucht und Ordnung«, also auf Ihre Disziplin verwiesen. Ansonsten ist dieses Symbol wie Gefängnis zu deuten. Wesentlich ist, welche Strafe Sie dort verbüßen.

Zucker: Ist im Traum meist nicht süß, obwohl man sich mit ihm das Leben versüßen möchte.

Zufall: Wenn im Traum etwas durch Zufall geschieht, zeigt es der/dem Träumenden meist, daß einem etwas ohne Anstrengung zufallen kann. Oft ein Hinweis darauf, daß sich Situationen auch von alleine lösen können und man keine Anstrengungen unternehmen sollte.

Zug/-führer: ↗ Eisenbahn. Kontaktfreude und Kommunikation, Reise. Der Zugführer kann auch als der Seelenführer (Reiseleiter und Wegweiser) angesehen werden. Er weiß, wo die Reise hingeht.

Zugbrücke: ↗ Brücke. Die Verbindung zwischen Bewußtem und Unbewußtem, die geöffnet und geschlossen werden kann. Hilfe und Unterstützung (Simon und Garfunkel: »Bridge over troubled water«).
Volkstümlich: unerwartete Reise.

Zügel: Sie symbolisieren unsere Fähigkeit, unseren Lebensweg eigenständig zu gestalten. Wenn wir aber Zügel angelegt bekommen, dann sind sie als Behinderung zu sehen. Wir fühlen uns gegängelt, d.h. zu einem bestimmten Weg gezwungen. Es kann mit diesem Traumsymbol auch der Hinweis verbunden sein, daß wir uns zügeln sollen.

Zukunft: Der Traum will oft wirklich vorhersagen, wenn er in der Zukunft spielt. Hier kann man seine Ahnungen, Befürchtungen und Erwartungen für die Zukunft bewußt erleben.
Volkstümlich: ein alter Streit wird beigelegt.

Zünder: Ein Zünder verweist stets auf unsere Aggressionen. Er ist die Ursache, die den Träumer oder die Träumerin zu einem unkontrollierten Ausbruch bringt. In seltenen Fällen ist mit dem Traumsymbol »Zünder« eine zündende Idee gemeint.

Zunge: Sprache, geistige Kreativität, Kommunikation, der Dolmetscher des Menschen. Die Zunge verweist immer auf das Kehl-Chakra (Svadisthana) und somit auf die (Un-)Ehrlichkeit der Kommunikation. ↗Rede, ↗Vortrag.

Zusammenstoß: Bei einem Zusammenstoß im Traum dreht es sich meistens um zwei gegensätzliche Tendenzen im Träumer, die nicht versöhnt werden können. Der Zusammenstoß kann auch einen Streit symbolisieren – auf der Subjektebene einen Streit zwischen den unterschiedlichen Ichs in Träumerin oder Träumer, auf der Objektebene einen Streit mit anderen Personen. Wer stößt mit wem zusammen?

Zuschauer: Symbolisiert die Selbstdarstellung und im Extrem den Exhibitionismus. Oft verbirgt sich hinter solch einem Traum der Wunsch nach Berühmtheit. Auf der anderen Seite ein Bild der Suche nach der eigenen Welt und dem realistischen Selbstbild. Verweist auch auf (manipulierte) Erfahrungen zweiter Hand, die in der Fernsehgesellschaft das reale Erleben der Wirklichkeit ersetzen.

Zwang: Ein sehr wichtiges Traumbild, das einem oft die eigenen inneren oder die äußeren Zwänge deutlich vor Augen hält. Sollten Sie sich mehr durchsetzen und mehr Macht und Stärke zeigen, oder sollten Sie die Dinge und Situationen nicht erzwingen?

Zwei: Die Gegensätze und Widersprüche, die unterschieden und ausgeglichen werden wollen (»Zwei Seelen wohnen, ach, in meiner Brust«, Faust). Sehr positiv ist bei diesem Traumsymbol, daß die vorhandenen Ambivalenzen (Doppeldeutig- und -wertigkeiten) erkannt werden. Anklang an »Zweifel«. ↗Zwillinge. Im Traum »Unterweltsvision eines assyrischen Kronprinzen« heißt es: »Jegliches Böse hatte zwei Köpfe.« Nach Jung hat das doppelte Auftreten eines Symbols die Bedeutung von unbewußt, da zwei Gleiche nicht unterschieden werden können. Die Boten der Unterwelt treten deswegen meist zu zweit auf.

Zweifel: ↗Zwei. So zeigt sich das schlechte Gewissen im Traum: in Gestalt des giftigen, lähmenden Zweifels. Solche Träume treten ferner häufig bei Entscheidungsschwierigkeiten auf. Auf der anderen Seite kann der Zweifel auf eine notwendige Differenzierung im Wahrnehmen und Fühlen hinweisen.

Zweig: ↗Ast, ↗Baum. Wachstum und Gedeihen. Symbol der eigenen Grundlage (man soll den Ast nicht absägen, auf dem man sitzt). Sinnbild des eigenen Wachstums und der Fähigkeit zu Verzweigungen, d.h. des vielfältigen Erfassens der Außenwelt. ↗Y-Form. Ein Zweig mit Blüten ist nach Freud ein deutliches Sexualsymbol.

Zwerg: Märchenwesen, Helfer der Menschen, Symbol der Erdverbundenheit. Man fühlt sich klein und minderwertig oder sollte etwas demütiger sein. Auch ein Symbol des Schattens, des Unscheinbaren und Unsichtbaren. Man empfindet sich noch als ein Kind oder man weiß, wie groß die Welt und der Kosmos sind, und empfindet sich wieder klein und als Kind.

Zwiebel: Lebenskraft und Gesundheit, aber auch falsche Tränen. Sie ist das scharfe Gewürz des Lebens. Volkstümlich: Glück.

Zwillinge: ↗ Zwei. Bild der Kommunikation mit zwei Seiten in einem selbst, oder es soll auf eine Seite in einem, die die Zwillinge besonders verdeutlichen, aufmerksam gemacht werden. »Die bessere Hälfte« und »das andere Ich« (Alter ego).
Volkstümlich: großes. Unglück.

Zwinger: Wie bei ↗ Käfig, ↗ Fahrstuhl und ↗ Gefängnis.

Zwirn: Verweist auf eine Verbindung, die halten soll. Der rote Zwirn ist der rote Faden der Ariadne, mit dem sie Theseus eine Orientierungshilfe im Labyrinth gibt. Faden.
Volkstümlich: ein freudiges Ereignis.

Zwölf: Zahl unseres Zeitmaßes (Stunden, Monate), die auf Vollendung, Ende und/oder Neubeginn verweist. Zwölf Apostel, zwölf Tierkreiszeichen usw.

Zylinder: Wunschtraum bei Männern nach größerer Potenz, bei Frauen bedeutet es oft, daß sie »unter die Haube« kommen wollen. Der Zylinder wurde nur zu bestimmten Anlässen wie Hochzeit und Beerdigung getragen. Achten Sie auf die Symbolik des Anlasses, zu dem der Zylinder getragen wird.
Heute wird der Zylinder eher mit dem Auto (dem Hubraum der Maschine und deren Stärke) in Verbindung gebracht. Je mehr Zylinder im Traum gesehen werden, desto größer ist die Macht und Stärke, auf die hingewiesen oder die ersehnt wird.

Zypresse: ↗ Baum. Ferienerinnerung. Sehnsucht nach Wärme. Schlankheit und Anmut.
Volkstümlich: Ärger.

Nachwort

Der persönliche Umgang mit Träumen – Praktische Hinweise –

Das Traumtagebuch

Falls Sie mit Ihren Träumen systematisch arbeiten wollen, ist das Führen eines Traumtagebuches unumgänglich. Schon allein dadurch, daß Sie ein Traumtagebuch führen, werden Sie Ihre Träume besser erinnern. Worauf Sie beim Führen Ihres Traumtagebuches achten sollten:

1. Halten Sie das Datum des Traumes fest (Datum des Morgens, der auf die Nacht folgte, in der Sie Ihren Traum hatten).

2. Schildern Sie zuerst das Traumgeschehen ohne jegliche Deutung in der Reihenfolge, in der es Ihnen einfällt.

3. Notieren Sie, ob es ein vollständig erinnerter Traum oder ein Traum-Fragment (ein unvollständig erinnerter Traum) war.

4. Schreiben Sie auf, wie Sie sich vor/nach dem Traum gefühlt haben.

5. Versehen Sie Ihren Traum am Schluß mit einer Überschrift, die ihn charakterisiert.

Zur Deutung beachten Sie u. a.,

1. welche Haltung Sie gegenüber dem Traumgeschehen einnehmen: Sind Sie passiver Beobachter oder stehen Sie aktiv mitten im Geschehen?

2. welche Personen im Traum auftreten und wie Sie zu diesen Personen gefühls- und handlungsmäßig stehen.

3. welche Stimmung von den einzelnen Traumszenen und dem gesamten Traum ausgeht.

Das persönliche Symbolbuch

Führen Sie ein persönliches Symbollexikon. Am besten tragen Sie dazu in ein alphabetisch geordnetes Adreßbuch die wichtigsten Symbole Ihrer Träume ein. Zuerst notieren Sie deren persönliche Bedeutung, dann eventuell deren allgemeine Bedeutung. Wählen Sie diejenigen Symbole aus, die Sie in Ihren Träumen für wichtig halten, und besonders die Symbole, die immer wiederkehren. Schreiben Sie hinter jedes Symbol den Titel und das Datum des Traumes, in dem es auftauchte. Die allgemeine Bedeutung eines Symbols, die Sie in diesem Handbuch der Traumsymbole nachschlagen können, wird nur dann notiert, wenn diese Ihr Verständnis Ihres persönlichen Traumsymbols erweitert oder verändert.

Die erste Annäherung an einen Traum

Den meisten Traum-Arbeiterinnen und -Arbeitern hilft es bei der schnellen, ersten Deutung ihres Traumes, wenn sie ein Schema entwickeln, nach dem sie geschwind jeden Traum durchsehen können. Ein solches Schema sollte folgende Abfragen enthalten:

1. Welche Gestalten treten in meinem Traum auf, die als Animus (die männliche Seite, primär in der Frau, aber auch im Mann) und/oder als Anima (die weibliche Seite, primär im Mann, aber auch in der Frau) gedeutet werden können?

2. Treten in meinem Traum Gestalten auf, die ich ablehne, bekämpfe oder hasse? Besonders wenn diese Gestalten das gleiche Geschlecht wie der Träumer/die Träumerin haben, kann man in diesen Gestalten die Personifizierung der eigenen dunklen und abgelehnten Seite, den Schatten erkennen.

3. Was ist das Hauptsymbol meines Traumes und wie stehe ich diesem Symbol gegenüber? Es können eventuell auch mehrere Hauptsymbole in einem Traum auftreten. Den schnellen Zugang zum Verständnis dieses Symbols oder dieser Symbole schafft deren Charakterisierung in nicht mehr als einem Satz.

4. Welche Gegenstände sind in Ihrem Traum wichtig? Was ist deren objektive Funktion im alltäglichen Leben, und was war deren subjektive Bedeutung in Ihrem Traum?

5. Schreiben oder denken Sie sich jetzt hinter allen bis jetzt notierten Personen und Gegenständen »in mir«, und fühlen Sie nach, welche Anteile diese Symbole in Ihnen verdeutlichen könnten.

6. Machen Sie sich den Handlungsstrang oder die Situationen in Ihrem Traum noch einmal klar, und fragen Sie sich, woher Sie solch ein Verhalten und solche Situationen aus Ihrem alltäglichen Leben kennen.

7. Nun erst versuchen Sie, den Traum im Zusammenhang zu deuten. Jede Deutung sollte sich in zwei oder drei prägnanten Sätzen fassen lassen.

Weitere Hinweise

Umkehrungen und Vertauschungen gehören generell zum Traumgeschehen. Sie bedeuten, daß jeder erdenkliche Zusammenhang in verkehrter Proportion, in vertauschter Abfolge oder verwechselter Wirkungsrichtung auftauchen kann. Der Täter erscheint z. B. als Opfer oder der Mittelpunkt am Rande, der Hintergrund im Vordergrund, die Zukunft in der Vergangenheit usw. Eine bekannte Szenerie nimmt eine völlig unbekannte Bedeutung an – Vertrautes findet unter unmöglichen Umständen statt usw. usw.

- **Personentausch** ist ein zentrales Element der Traumbildung. Jede Person, die im Traum auftritt, kann

  - die sein, für die sie sich ausgibt bzw. als die sie im Traum angesehen wird, oder
  - eine Darstellungsform der eigenen Person der Träumerin oder des Träumers sein oder
  - eine dritte Person vertreten oder
  - etwas Unpersönliches verkörpern.

  Selbst wenn diese Person im Traum ein bekannter Mitmensch ist (Partnerin, Kind, Kollege), kann diese Traumperson dennoch eine Art

Verkleidung für die Person der/des Träumenden sein oder an jemand ganz anderen erinnern.

- **Personalauswahl.** Achten Sie einmal darauf, über eine gewisse Zeit hinweg, wer in Ihren Träumen erscheint. – Sehen Sie sich selbst in voller Lebensgröße in Ihren Träumen? – Wenn sich in Träumen Unangenehmes häuft, wer tritt dabei vorzugsweise auf? Wenn Schönes im Traum geschieht, welche Personen sind da?

- **Zeitverschiebung.** Man kann sich selbst als Kind, Erwachsene/r oder Greis/in im Traum begegnen. Jedes Alter kann der Gegenwart im Traum entsprechen.

- **Ortsveränderung.** Jede/r kann sich an jedem Ort, von dem er/sie überhaupt Kenntnis hat, im Traum wiederfinden. Jeder Ort im Traum kann symbolisch der tatsächlichen Lage und dem momentanen Standpunkt des Träumers entsprechen.

- **Belebung von Unbelebtem.** Was die Märchen und der Computer-Bildschirm können – Unbelebtes zum Leben animieren –, das machen die Träume wie selbstverständlich auch. Dinge sprechen oder schweigen beredt. Räume erzeugen Spannungsfiguren usw. Ferner hängt mit der Animation von Unbelebtem auch eine Auflösung der üblichen Eigenschaftsmerkmale zusammen. Farben erzeugen dann z.B. Klänge, Worte verströmen Gerüche, Pferde beginnen zu fliegen, Fische zu laufen und Vögel zu schwimmen.

Vorschläge zur Traumbeobachtung

Für das selbständige Verständnis Ihrer Träume (und wenn es nötig ist: auch für die Distanz zu ihnen) haben sich folgende Tips und Regeln bewährt:

- **Alles ist wichtig.** Beachten Sie aufmerksam jedes Detail, jeden Zusammenhang. Woran erinnern Sie sich nach dem Traum? Was fühlen Sie im Moment der Erinnerung? Vergessen Sie erst einmal jede Bewertung. Hauptsache, Sie sehen in Ihrer Vorstellung das vor sich, wovon

Sie geträumt haben. Hauptsache, Ihr Gefühl und Ihre Empfindungen finden im halb- oder ganz wachen Zustand die Bilder, Eindrücke und Abläufe aus Ihren Träumen wieder.

- **Führen Sie die Kamera.** Sobald Sie Ihre Traumbilder genügend deutlich vor Ihrem geistigen Auge sehen, gehen Sie in die einzelnen Bilder hinein. Stellen Sie sich vor, Sie seien ein Beleuchter, der eine Szene nach unterschiedlichen Richtungen ausleuchtet, oder eine Kamerafrau, die die Szene nacheinander von mehreren Standpunkten aus betrachten kann.

- **Achten Sie auf Ihre Beobachtungen.** Oft passieren in einer Traumsequenz mehrere Handlungen zugleich. Unterschiedliche Argumente, Ereignisse, Gefühle und Taten können gleichzeitig wirken.

- **Seien Sie ehrlich sich selber gegenüber.** Legen Sie sich Zeugnis davon ab, was Sie im Traum gesagt und getan, gespürt und gedacht haben. Alles ist wichtig. Keine/r kennt Ihren Traum außer Ihnen.

- **Drücken Sie den Ablauf eines Traumes in Ihren Worten aus.** Sagen (oder schreiben) Sie sich in Worten und Sätzen die Traumgeschichte auf.

- **Speichern Sie Ihren Traum.** Merken Sie sich nun Ihren Traum mit seinen verschiedenen Szenen und Ihren Beobachtungen. Merken Sie sich die Traumgeschichte, wie Sie sich auch eine Einkaufsliste merken.

- **Gewinnen Sie Abstand zu Ihrem Traum.** Sie kennen jetzt Ihren Traum. Stellen Sie sich vor, ein guter Freund oder eine gute Freundin hätte Ihnen den Traum gerade erzählt. Wie würden Sie darüber urteilen?

- **Sammeln Sie Ideen zur Bewertung.** Bevor Sie den Traum bewerten, sammeln Sie Ideen, welche Bedeutungen hier vernünftiger- und verrückterweise zutreffen können.

- **Versuchen Sie die Logik oder Unlogik zu verstehen.** Wenn der Traum insgesamt – mit seinen verschiedenen Teilen, Brüchen oder Widersprüchen – einen Sinn oder auch einen bestimmten Unsinn darstellen soll, worin kann diese Logik oder Unlogik bestehen?

- **Entscheiden Sie sich für eine geeignete Interpretation.** Kommen Sie zu einer Entscheidung. Was unklar bleibt, darf unklar bleiben. Nur merken sollten Sie sich dieses. Gibt es mehrere stimmige Interpretationen, merken Sie es sich einzeln, und legen Sie Ihre nächsten Schritte fest.

- **Beziehen Sie sich auf Ihre sonstigen Träume und Überzeugungen.** Beziehen Sie sich bei Interpretation auf Ihre früheren oder sonstigen Auffassungen.

- **Beziehen Sie sich auf Ihre Wünsche und Ängste.** Staunen Sie, und lachen Sie. Es tut gut, wenn man weiß, warum man denkt und warum man träumt: Um mit vollem Bewußtsein Mensch und »Ich« zu sein.

Über den Autor

Klausbernd Vollmar, Diplompsychologe und Autor, wurde 1946 im Rheinland geboren. Abgeschlossenes Studium der Germanistik, Linguistik, Philosophie und Geologie. Lektor des Goethe-Instituts in Finnland, Forschungsstipendiat des Canada Council und Lehrauftrag an der McGill University/Montreal. Zweitstudium der Psychologie mit Ausbildung in tiefenpsychologischen Techniken nach C. G. Jung. Leiter eines Therapiezentrums in Amsterdam, längere Aufenthalte in Findhorn und Nepal. Schüler von Freifrau Dr. Olga von Ungern-Sternberg und dem Schamanen Black Horse Chavers, langjähriges Mitglied einer englischen Gurdjieff-Gruppe. Mitbegründer der Internetfirma TraumOnline, die umfangreich über das Thema Traum informiert und Beratungen und Seminare in diesem Bereich anbietet.

Er lebt in England und hält seit Jahren Seminare und Vorträge. Er führt Einzel- und Team-Coachings durch. Über seine Websites (s.u.) können Daten von Vorträgen, Workshops und Seminaren abgerufen werden.

Seine Bücher sind in 15 Sprachen übersetzt, durch zahlreiche Radio- und Fernsehbeiträge ist er einem breiten Publikum bekannt.

Wer Interesse an Vorträgen, Workshops und (Ferien-)Kursen in Kleingruppen oder an Einzelberatung und Coaching in deutscher Sprache hat, der wende sich bitte an:

Klausbernd Vollmar, Dipl.-Psych.
Rhu-Sila, Cley next the Sea, Holt/Norfolk NR 25 7UD
England
Tel. +44/1263740304
www.kbvollmar.de

TraumOnline *(www.traumonline.de)* ist eine Internetfirma, die von den Diplompsychologen Konrad Lenz und Klausbernd Vollmar gegründet wurde, um mit Träumen leichter und kreativer umgehen zu können. TraumOnline führt Vorträge zum Thema Traum und Symbolik durch und veranstaltet Wochenendworkshops über Traum und Traumdeutung sowie Fort- und Weiterbildungen. Die Website informiert über neueste Tendenzen der modernen Traumforschung.

Ferner hat TraumOnline eine an den Bedürfnissen der Träumerinnen und Träumer ausgerichtete Traumsoftware entwickelt:

Traumsoftware

Hier war es unser Ziel, ein Programm zu entwickeln, das beim Umgang mit den eigenen Träumen hilft und dazu anregt, sich mit der Bedeutung der nächtlichen Traumbilder auseinander zu setzen.

Eigentlich würde man meinen, dass zwei so unterschiedliche Dinge wie unsere Träume und der PC nicht zusammenpassen können. Wer jedoch schon selbst über längere Zeit seine Träume in den PC eingegeben hat – ich (Konrad Lenz) habe mehr als 15 Jahre lang meine Träume regelmäßig digital archiviert –, weiß die Vorteile des PCs zu schätzen. Das Problem war bisher, dass es kein Programm gab, das speziell auf die Bedürfnisse und Erfordernisse bei der Traumdeutung zugeschnitten war.

Im Mittelpunkt unserer Überlegungen stand und steht, die Kreativität der Träumenden mit unserem Programm anzuregen. Dies ist kein Widerspruch. Nicht nur Menschen, für die der Umgang mit dem Computer selbstverständlich ist, sondern gerade Träumern und Träumerinnen, denen der Gebrauch des PCs nicht so geläufig ist, soll das Programm durch seinen einfachen und klar strukturierten Aufbau helfen, dem Verständnis der eigenen Träume näher zu kommen. Es regt zum spielerischen Umgang mit Träumen an, vor allem durch die vielfältigen Möglichkeiten, die es bietet.

Die Highlights des Programms sind unter anderem:

Unsere **Traumsymboldatenbank** mit ca. 2600 Symbolen, die Sie mit Ihren eigenen Symbolen beliebig ergänzen können (die Traumsymboldatenbank wird permanent erweitert; mit dem Kauf des Programms erhalten Sie die Berechtigung zu den jährlich erscheinenden Updates).

Ein **Traumtagebuch**, in das Sie Ihre Träume eintragen können. Dabei haben wir großen Wert auf ausgefeilte Suchmethoden gelegt. So können Sie unter anderem mit Hilfe unseres Programms Träume, in denen spezielle Symbole vorkamen, heraussuchen. Damit können Sie sehr gut die Wandlung von Symbolen, vor allem bezüglich ihrer persönlichen Bedeutung, verfolgen.

Ein integriertes **Tagebuch**, in das Sie alle Informationen eintragen können, die für die Bedeutung Ihrer Träume relevant sind (natürlich auch alle anderen für Sie wichtigen Dinge). Auch hier können Sie mit einer ausgefeilten Suchroutine bestimmte Textstellen heraussuchen.

Das gesamte Programm beinhaltet die Möglichkeit, die darin von Ihnen eingetragenen Informationen mit einem Kennwort zu schützen.

Traum & Traumdeutung

Klausbernd Vollmar/Konrad Lenz
Kurs in Traumdeutung
Professionell Träume deuten Schritt für Schritt
mit CD-Rom, ISBN 978-3-89875-126-1

Klausbernd Vollmar
Traumdeutung
Personen, Methoden und Begriffe von A–Z
ISBN 978-3-89875-125-4

Klausbernd Vollmar
Besser schlafen – besser träumen
Schlaf-Traum-Traumdeutung
ISBN 978-3-89875-195-7

Regula Elizabeth Fiechter (Hg.)
Das Original Traumdeutungsbuch nach Mlle. Lenormand
ISBN 978-3-03819-124-7

Laura Hermes
Träumen wie die alten Römer
Antike Traum-Symbole von A–Z
ISBN 978-3-89875-055-4

Vadim Tschenze
Träume – Deutung der Zukunft
900 Traum-Symbole von A–Z
Set: Buch + 36 Traumorakel-Karten
ISBN 978-3-86826-081-6

Weitere Titel aus dem Königsfurt-Urania Programm
finden Sie im Internet:
www.koenigsfurt-urania.com

Farben und Farbdeutung

Klausbernd Vollmar
Das große Handbuch der Farben
Symbolik – Wirkung – Deutung, ISBN 978-3-89875-165-0

Klausbernd Vollmar
Das kleine Buch der Farben
Eine Einführung, ISBN 978-3-89875-196-4

Ingrid Kraatz von Rohr
Meine Kraftfarben finden
Set: Buch + 33 Karten zur Entwicklung von Persönlichkeit und Spiritualität
ISBN 978-3-03819-077-6

Ingrid Kraatz von Rohr
Farbkartendeutung – ganz einfach
Meine tägliche Farbe zur Stärkung der Persönlichkeit
Set: Buch + 31 Farbkarten, ISBN 978-3-86826-103-5

Heilkräuter

Ingrid Kraatz von Rohr
Das Original Heilblüten-Farbkarten-Set
Blütenmedizin nach Dr. Bach & Farbtherapie
Set: Buch + 77 Karten
ISBN 978-3-905017-09-0

Ingrid Kraatz von Rohr
Heilkräuter-Karten
78 Karten mit Anleitung, ISBN 978-3-905017-68-7

Michael Tierra/Candice Cantin
Kräuter Tarot
78 Karten mit Anleitung, ISBN 978-3-905017-21-2

Weitere Titel aus dem Königsfurt-Urania Programm
finden Sie im Internet:
www.koenigsfurt-urania.com